Das Recht auf Akteneinsicht im Besteuerungsverfahren

Bochumer Schriften zum Steuerrecht

Herausgegeben von Roman Seer

Band 17

PETER LANG
Frankfurt am Main · Berlin · Bern · Bruxelles · New York · Oxford · Wien

Karina Grundmann

Das Recht auf Akteneinsicht im Besteuerungsverfahren

PETER LANG
Internationaler Verlag der Wissenschaften

Bibliografische Information der Deutschen Nationalbibliothek
Die Deutsche Nationalbibliothek verzeichnet diese Publikation in der Deutschen Nationalbibliografie; detaillierte bibliografische Daten sind im Internet über <http://www.d-nb.de> abrufbar.

Zugl.: Bochum, Univ., Diss., 2008

Abbildung auf dem Umschlag:
Siegel der Universität Bochum.
Abdruck mit freundlicher Genehmigung der
Universität Bochum.

Gedruckt auf alterungsbeständigem,
säurefreiem Papier.

D 294
ISSN 1613-939X
ISBN 978-3-631-58983-0

Printed in Germany 1 2 3 4 5 7

www.peterlang.de

Die vorliegende Arbeit entstand zu einem großen Teil während meiner Tätigkeit am Lehrstuhl für Steuerrecht der Juristischen Fakultät der Ruhr-Universität Bochum. Sie wurde im Dezember 2007 abgeschlossen und im März 2008 von der Juristischen Fakultät der Ruhr-Universität Bochum zum Promotionsverfahren zugelassen. Für die Drucklegung wurde sie geringfügig überarbeitet.

Herrn Prof. Dr. Roman Seer gilt mein besonderer Dank für die Betreuung und Unterstützung meiner Arbeit. Aufgrund seiner wertvollen Anregungen insbesondere des Themas selbst und der wissenschaftlichen Hinweise konnte die Dissertation erst entstehen. Herrn Prof. Walter Drenseck danke ich für die Erstellung des Zweitgutachtens.

Dem Finanzamt Ibbenbüren danke ich für die Möglichkeit, die Praxis in der Landesfinanzverwaltung kennen zu lernen.

Ganz herzlich danken möchte ich meinen Eltern, die mich stets in allen Lebenslagen unterstützt haben und damit ebenfalls maßgeblich zum erfolgreichen Gelingen dieser Arbeit beitrugen.

Von ganzem Herzen bedanke ich mich bei Ronny, der stets hinter mir steht und mich auch während meiner gesamten Promotionszeit mit seiner Liebe und seinem Verständnis motiviert hat. Ihm sei diese Arbeit gewidmet.

Dresden, im Januar 2009 Karina Grundmann

Inhaltsverzeichnis

Literaturverzeichnis

Angelov, Jean, Grundlagen und Grenzen eines staatsbürgerlichen Informationszugangsanspruchs, Diss. Potsdam, Frankfurt/M. 2000;

App, Michael, Akteneinsichtsrecht des Finanzamtes im Insolvenzverfahren – Kurzüberblick, DStZ 2001, S. 83 – 84;

Arnim, Hans Herbert von, Wirtschaftlichkeit als Rechtsprinzip, Schriften zum Öffentlichen Recht, Bd. 536, Berlin 1988;

Axler, Birgit, Das Informationsfreiheitsgesetz Nordrhein-Westfalen (IFG NRW), CR 2002, S. 847 – 853;

Bartone, Roberto, Auswirkungen des Insolvenzverfahrens auf das Besteuerungsverfahren. Die richtige Maßnahme zum richtigen Zeitpunkt, AO-StB 2002, S. 22 – 24;

ders., Verfahrensrechtliche Fragen beim Insolvenzverfahren – Fehlervermeidung und Abwehr unberechtigter Maßnahmen der Finanzbehörde, AO-StB 2004, S. 142 – 146;

Bauer, Hartmut, Rechtsformen und Rechtsverhältnisse als Elemente einer zeitgemäßen Verwaltungsrechtsdogmatik, Die Verwaltung Bd. 25 (1992), S. 301 – 326;

Becker, Enno, Die Reichsabgabenordnung, 7. Auflage, Berlin 1930;

Becker, Hans Joachim, Zum Verwaltungsverfahrensgesetz des Bundes, JR 1976, S. 485 – 490;

Beckmann, Edmund, Informationsfreiheitsgesetz des Landes NRW, DVP 2003, S. 142 – 149;

Beermann, Albert; Gosch, Dietmar (Hrsg.), Steuerliches Verfahrensrecht. AO, FGO, Nebengesetzes, Kommentar, Loseblattsammlung, Bonn/Berlin, zit.: „Bearbeiter, in Beermann, Steuerliches Verfahrensrecht";

Bellstedt, Christoph, Bedürfen Subventionen gesetzlicher Grundlage?, DÖV 1961, S. 161 – 171;

Benda, Ernst, Steuergeheimnis: Kann der Bürger noch darauf vertrauen?, DStR 1984, S. 351 – 356;

Bettermann, Karl August, Das Verwaltungsverfahren, VVDStRL Heft 17 (1959), S. 118 – 182;

Bielefeld, Franz, Das soziale Verfahrensrecht des SGB X. Zum Verhältnis von SGB X und VwVfG, Diss. Göttingen, Baden-Baden 1997;

Bilsdorfer, Peter; Weyand, Raimund, Die Informationsquellen und –wege der Finanzverwaltung. Auf dem Weg zum „gläsernen Steuerbürger"!, 7. Auflage, Berlin 2005;

Birk, Dieter, Steuerrecht, 7. Auflage, Heidelberg 2004;

Bischopink, Olaf, Das Gesetz über die Freiheit des Zugangs zu Informationen für das Land Nordrhein-Westfalen vom 27.11.2001 (IFG NRW), NWVBl. 2003, S. 245 – 251;

Blümel, Willi, Grundrechtsschutz durch Verfahrensgestaltung, in: Frühzeitige Bürgerbeteiligung bei Planungen. Vorträge und Diskussionsbeiträge der 49. Staatswissenschaftlichen Fortbildungstagung 1981 der Hochschule für Verwaltungswissenschaften Speyer, hrsg. von Willi Blümel, Berlin 1982, S. 23 – 91, zit.: „W. Blümel, in Frühzeitige Bürgerbeteiligung bei Planungen";

Böckenförde, Ernst-Wolfgang, Demokratie als Verfassungsprinzip, in: Handbuch des Staatsrechts der Bundesrepublik Deutschland, hrsg. von Josef Isensee und Paul Kirchhof, Band II Verfassungsstaat, § 24, 3. Auflage, Heidelberg 2004, S. 429 – 496, zit.: „E.-W. Böckenförde, in Isensee/Kirchhof, Handbuch des Staatsrechts II";

Bohne, Eberhard; König, Herbert, Probleme der politischen Erfolgskontrolle, Die Verwaltung Bd. 9 (1976), S. 19 – 38;

Bonsels, Johannes, Einwirkungs- und Mitwirkungsrechte des Bundes bei der Verwaltung der Steuern durch die Länder, Diss. Mainz, Frankfurt/M. 1995;

Braun, Eberhard, Insolvenzordnung (InsO), Kommentar, 3. Auflage, München 2007;

Braun, Rainer, Die Konkurrentenklage im Steuerrecht – Ein Instrument zu mehr Gerechtigkeit?, DStZ 1986, S. 46 – 49;

Brauns, Uwe, Disziplinarische Verfolgung von Beamten nach strafbefreiender Selbstanzeige, in: Festschrift für Günter Kohlmann, hrsg. von Hans Joachim Hirsch, Jürgen Wolter und Uwe Brauns, Köln 2003, S. 387 – 411, zit.: „U. Brauns, in Festschrift G. Kohlmann";

Bräutigam, Tobias, Informationen werden freier: Auch in Deutschland? – Zu einem Informationsfreiheitsgesetz in Deutschland und den Erfahrungen in den USA mit dem Freedom of Information Act –, DÖV 2005, 376 – 382;

Breuer, Rüdiger, Grundrechte als Anspruchsnormen, in: Verwaltungsrecht zwischen Freiheit, Teilhabe und Bindung, Festgabe aus Anlas des 25jährigen Bestehens des Bundesverwaltungsgerichts, hrsg. von Otto Bachof, Ludwig Heigl und Konrad Redeker, München 1978, zit.: „R. Breuer, in Festgabe BVerwG";

ders., Die staatliche Berufsregelung und Wirtschaftslenkung, in: Handbuch des Staatsrechts der Bundesrepublik Deutschland, hrsg. von Josef Isensee und Paul Kirchhof, Bd. VI Freiheitsrechte, § 148, 2. Auflage, Heidelberg 2001, S. 957 - 1021, zit.: „R. Breuer, in Isensee/Kirchhof, Handbuch des Staatsrechts VI";

Brox, Hans, Fragen der rechtsgeschäftlichen Privatautonomie, JZ 1966, S. 761 - 767;

Brugger, Winfried, Konkretisierung des Rechts und Auslegung der Gesetze, AöR Bd. 119 (1994), S. 1 - 34;

Buciek, Klaus D., Bindende Erklärungen der Finanzverwaltung, DStZ 1999, S. 389 - 400;

Bühler, Ottmar, Die subjektiven öffentlichen Rechte und ihr Schutz in der Verwaltungsrechtsprechung, Berlin/Stuttgart/Leipzig 1914, zit.: „O. Bühler, Die subjektiven öffentlichen Rechte";

Bull, Hans Peter; Mehde, Veith, Allgemeines Verwaltungsrecht, 7. Auflage, Heidelberg 2005;

ders., Zweifelsfragen um die informationelle Selbstbestimmung - Datenschutz als Datenaskese, NJW 2006, S. 1617 - 1624;

Bundesminister des Innern, Musterentwurf eines Verwaltungsverfahrensgesetzes (EVwVerfG 1963), Köln, Berlin 1964, zit.: „Musterentwurf 1963";

Bunjes, Johann; Geist, Reinhold, (Begr.), Umsatzsteuergesetz, 8. Auflage, München 2005, zit.: „Bearbeiter, in Bunjes/Geist, UStG";

Burgmaier, Bernd; Eder, Georg, Die Steuernummer in der Rechnung (§ 14 Abs. 1a UStG), BB 2002, S. 2093 - 2099;

Burkhard, Jörg, Akteneinsichtsrecht des Strafverteidigers in Steuerstrafverfahren - hierzu gehört u. a. auch der „rote Bogen" und das Fallheft des Betriebsprüfers, StV 2000, S. 526 - 531;

ders., Die Tricks der Betriebsprüfer und Steuerfahnder, Stbg 2002, S. 321 - 326;

ders.; Adler, Jens H., Fehlerquellen in der Betriebsprüfung, Bonn 2004;

Bydlinski, Franz, Juristische Methodenlehre und Rechtsbegriff, 2. Auflage, Wien/New York 1991;

Canaris, Claus-Wilhelm, Die Feststellung von Lücken im Gesetz. Eine methodologische Studie über Voraussetzungen und Grenzen der richterlichen Rechtsfortbildung praeter legem, 2. Auflage, Diss. München, Berlin 1983;

Carl, Dieter; Klos, Joachim, Akteneinsicht im Steuerstreit, INF 1994, S. 488 – 490;

dies., Das rechtliche Gehör im Besteuerungsverfahren – Teil I, INF 1995, S. 417 – 422;

Claßen, Andrea, Anmerkung zu: Niedersächsisches FG, Urt. v. 17.3.2005 – 6 K 865/03, EFG 2005, S. 1070 – 1071;

Dagtoglou, Prodromos, Anmerkung zu: Hessischer VGH, Urt. v. 23.7.1964 – OS V 355/62, JZ 1965, S. 320 – 321;

Dalichau, Beatrice, Auskünfte und Zusagen der Finanzverwaltung. Modalitäten – Zivilrechtlicher Schadensersatz – Verhältnis zur Steuerberatung, Bielefeld 2003;

Danwitz, Thomas von, Zur Funktion und Bedeutung der Rechtsverhältnislehre, Die Verwaltung Bd. 30 (1997), S. 339 – 363;

Degenhart, Christoph, Gerichtsverfahren, in: Handbuch des Staatsrechts der Bundesrepublik Deutschland, hrsg. von Josef Isensee und Paul Kirchhof, Bd. III Das Handeln des Staates, § 76, 2. Auflage, Heidelberg 1996, S. 879 – 919, zit.: „C. Degenhart, in Isensee/Kirchhof, Handbuch des Staatsrechts III“;

ders., Staatsrecht Band I. Staatsorganisationsrecht, 21. Auflage, Heidelberg 2005;

Derlien, Hans-Ulrich, Theoretische und methodische Probleme der Beurteilung organisatorischer Effizienz der öffentlichen Verwaltung, Die Verwaltung Bd. 7 (1974), S. 1 – 22;

Dinger, Andrea; Koch, Uwe, Querulanz in Gericht und Verwaltung, München 1991;

Dißars, Ulf-Christian, Das Recht auf Akteneinsicht der Beteiligten im Steuerrecht, NJW 1997, S. 481 – 486;

ders., Akteneinsicht im steuerlichen Verwaltungsverfahren, DStR 2005, S. 137 – 141;

Dolde, Klaus-Peter, Grundrechtsschutz durch einfaches Verfahrensrecht?, NVwZ 1982, S. 65 – 71;

Dolzer, Rudolf; Vogel, Klaus; Graßhof, Karin, (Hrsg.), Bonner Kommentar zum Grundgesetz, Heidelberg 1950, zit.: „Bearbeiter, in Bonner Kommentar";

Dörr, Gernot; Franke, Konrad, Sozialverwaltungsrecht – Ein Grundriss – , Berlin 2002;

Dreier, Horst (Hrsg.), Grundgesetz, Kommentar, Band I Artikel 1 – 19, 2. Auflage, Tübingen 2004, zit.: „Bearbeiter, in Dreier, GG I";

ders. (Hrsg.), Grundgesetz, Kommentar, Band II Artikel 20 – 82, 2. Auflage, Tübingen 2006, zit.: „Bearbeiter, in Dreier, GG II";

ders. (Hrsg.), Grundgesetz, Kommentar, Band III Artikel 83 – 146, 2. Auflage, Tübingen 2008, zit.: „Bearbeiter, in Dreier, GG III";

Drüen, Klaus-Dieter, Typus und Typisierung im Steuerrecht. Anmerkungen zu Martin Strahl, Die typisierende Betrachtungsweise im Steuerrecht, StuW 1997, S. 261 – 274;

ders., Über „Sinn und Zweck" des Gesetzes – Die Struktur der teleologischen Auslegung, JuS 1997, S. L 81 – 84;

ders., Disziplinarverfahren und Steuergeheimnis, ZBR 2002, S. 115 – 127;

ders., Über konsistente Rechtsfortbildung – Rechtsmethodische und verfassungsrechtliche Vorgaben am Beispiel des richterrechtlichen Instituts der Betriebsaufspaltung. Zugleich Anmerkungen zum Vorlagebeschluß des BFH v. 12.5.2004 – X R 59/00, GmbHR 2005, S. 69 – 81;

Dubach, Alexander, Das Recht auf Akteneinsicht. Der verfassungsmäßige Anspruch auf Akteneinsicht und seine Querverbindungen zum Datenschutz – unter besonderer Berücksichtigung der elektronischen Datenverarbeitung, Diss. Bern, Zürich 1990;

Düwel, Peter, Das Amtsgeheimnis, Diss. Speyer, Berlin 1965;

Dziadkowski, Dieter, Zur Unternehmereigenschaft einer Einrichtung des öffentlichen Rechts aus gemeinschaftsrechtlicher Sicht. Zugleich Anmerkung zur Vorlage des BFH vom 8.7.2004 an den EuGH und zu den Anregungen des Bundesrechnungshofes vom 2.11.2004, UVR 2005, S. 65 – 68;

Eckhoff, Rolf, Rechtsanwendungsgleichheit im Steuerrecht. Die Verantwortung des Gesetzgebers für einen gleichmäßigen Vollzug des Einkommensteuerrechts, Habil. Münster, Köln 1999;

Ehlers, Hans, Das Steuergeheimnis nach der AO 1977, BB 1977, S. 1361 – 1368;

Ehrhardt-Rauch, Andrea, Die Konkurrentenklage im Steuerrecht, DStZ 2004, S. 641 – 644;

Eichenberger, Kurt, Leistungsstaat und Demokratie. Rektoratsrede gehalten an der Jahresfeier der Universität Basel am 28. November 1969, Basel 1969;

Eilers, Stephan, Schutz des Steuergeheimnisses zugunsten von Informanten der Finanzverwaltung?, DB 1986, S. 19 – 20;

Engel, Christoph, Das legitime Ziel als Element des Übermaßverbots. Gemeinwohl als Frage der Verfassungsdogmatik, in: Gemeinwohl in Deutschland, Europa und der Welt, hrsg. von Winfried Brugger, Stephan Kirste und Michael Anderheiden, Baden-Baden 2002, S. 103 – 172, zit.: „C. Engel, in Brugger/Kirste/Anderheiden";

Engisch, Karl, Die Einheit der Rechtsordnung, Heidelberg 1935;

ders., Einführung in das juristische Denken, 10. Auflage, Stuttgart, Berlin, Köln 2005;

Englisch, Joachim, Die negative Konkurrentenklage im Unternehmenssteuerrecht, StuW 2008, S. 43 – 61;

Erichsen, Hans-Uwe; Ehlers, Dirk, (Hrsg.), Allgemeines Verwaltungsrecht, 13. Auflage, Berlin 2006;

Esser, Josef, Grundsatz und Norm in der richterlichen Fortbildung des Rechts, 4. Auflage, Tübingen 1990, zit.: „J. Esser, Grundsatz und Norm";

Eversloh, Udo, Justizminister: Einigung über Gerichtsfusion, AO-StB 2005, S. 219;

Fassbender, Karl-Josef, Rechtsschutz privater Konkurrenten gegen kommunale Wirtschaftsbetätigung, DÖV 2005, S. 89 – 100;

Felix, Günther, Steuerrecht und Verwaltungsrecht, in: Gegenwartsfragen des Steuerrechts, Festschrift für Armin Spitaler, hrsg. von Gerhard Thoma, Köln 1958, S. 135 – 161, zit.: „G. Felix, in Festschrift A. Spitaler";

Fellner, Michael, Zur Regelung des Verwaltungsverfahrens in den Ländern, VerwArch Bd. 48 (1957), S. 95 – 111;

Fikentscher, Wolfgang, Methoden des Rechts in vergleichender Darstellung, Bd. III Mitteleuropäischer Rechtskreis, Tübingen 1976, zit.: „W. Fikentscher, Methoden des Rechts III";

Fischer, Peter, Auslegungsziele und Verfassung. Zur Bedeutung der Entstehungsgeschichte für die Anwendung des Gesetzes, in: Die Steuerrechtsordnung in der Diskussion, Festschrift für Klaus Tipke, hrsg. von Joachim Lang, Köln 1995, S. 187 – 212, zit.: „P. Fischer, in Festschrift K. Tipke“;

Flockermann, Paul G., Zur Umsetzung von Steuergesetzen im Bund-Länder-Verhältnis, in: Steuervereinfachung, Festschrift für Dietrich Meyding, hrsg. von Wilhelm Bühler, Paul Kirchhof und Franz Klein, Heidelberg 1994, S. 105 – 115, zit.: „P. G. Flockermann, in Festschrift D. Meyding“;

Fluck, Jürgen; Merenyi, Stefanie, Zugang zu behördlichen Informationen – Die Rechtsprechung zu den Umweltinformationsgesetzen und den Informationsfreiheitsgesetzen des Bundes und der Länder 2003-2005 –, VerwArch Bd. 97 (2006), S. 381 – 408;

Flume, Werner, Allgemeiner Teil des Bürgerlichen Rechts, 2. Band, Das Rechtsgeschäft, 3. Auflage, Berlin/Heidelberg/New York 1979, zit.: „W. Flume, AT des Bürgerlichen Rechts II“;

Förster, Martin, Datenschutz und Abgabenordnung, DStZ 1995, S. 621 – 622;

Franßen, Gregor, Informationsfreiheit im Amtshaftungsprozess?, NWVBl. 2003, S. 252 – 256;

Frenzel, Sabine, Zugang zu Informationen der deutschen Behörden. Mit einer Dokumentation aus- und inländischer Rechtsquellen, Speyer 2000;

Friauf, Karl Heinrich, Das Steuergeheimnis aus verfassungsrechtlicher Sicht, in: Jahrbuch der Fachanwälte für Steuerrecht 1984/85, hrsg. vom Deutschen Anwaltsinstitut e.V., Herne/Berlin 1985, S. 95 – 111, zit.: „K. H. Friauf, in JbFStR 1984/85“;

Friedersen, Gerd-Harald, Das Informationsfreiheitsgesetz für das Land Schleswig-Holstein, NordÖR 2001, S. 89 – 92;

Gaentzsch, Günter, Gesetzmäßigkeit und Wirtschaftlichkeit der Verwaltung: Beißt oder verträgt sich das?, DÖV 1998, S. 952 – 958;

Geiser, Anton, Rechtsschutz in Steuersachen nach zugerischem Recht, Diss. Zürich, Baar 1951;

Gitter, Wolfgang; Schmitt, Jochem, Sozialrecht. Ein Studienbuch, 5. Auflage, München 2001;

Gola, Peter; Schomerus, Rudolf, Bundesdatenschutzgesetz, Kommentar, 9. Auflage, München 2007;

Göldner, Detlef, Verfassung, Rechtsfortbildung und Lücke, in: Festschrift für Karl Larenz, hrsg. von Claus-Wilhelm Canaris und Uwe Diederichsen, München 1983, S. 199 – 210, zit.: „D. Göldner, in Festschrift K. Larenz, 1983“;

Goutier, Klaus E., Die evolutionäre Erkenntnistheorie als Grundlage einer leistungsfähigen Gesetzgebungslehre und einer anwendungsbezogenen juristischen Methodologie, StuW 1989, S. 18 – 52;

Gräber, Fritz (Begr.), Finanzgerichtsordnung mit Nebengesetzen, 6. Auflage, München 2006;

Grimm, Dieter, Verfahrensfehler als Grundrechtsverstöße, NVwZ 1985, S. 865 – 872;

Gröschner, Rolf, Vom Nutzen des Verwaltungsrechtsverhältnisses, Die Verwaltung Bd. 30 (1997), S. 301 – 338;

ders., Transparente Verwaltung: Konturen eines Informationsverwaltungsrechts, VVDStRL Bd. 63 (2004), S. 344 – 376;

Grundmann, Karina, Erweiterter Informationszugang gegenüber den Finanzbehörden durch die Informationsfreiheitsgesetze?, AO-StB 2004, S. 130 – 133;

Guckelberger, Annette, Die Tagung der Vereinigung der Deutschen Staatsrechtslehrer 2003 in Hamburg, AöR Bd. 129 (2004), S. 276 – 281;

Gusy, Christoph, Richterrecht und Grundgesetz, DÖV 1992, S. 461 – 470;

Häberle, Peter, Grundrechte im Leistungsstaat, VVDStRL Heft 30 (1972), S. 43 – 131;

ders., Effizienz und Verfassung, AöR Bd. 98 (1973), S. 625 – 635;

ders., Verfassungsprinzipien „im“ Verwaltungsverfahrensgesetz, in: Verwaltungsverfahren, Festschrift zum 50-jährigen Bestehen des Richard Boorberg Verlags, hrsg. von Walter Schmitt Glaeser, Stuttgart 1977, S. 47 – 93, zit.: „P. Häberle, in Festschrift Boorberg Verlag“;

Hassold, Gerhard, Strukturen der Gesetzesauslegung, in: Festschrift für Karl Larenz, hrsg. von Claus-Wilhelm Canaris und Uwe Diederichsen, München 1983, S. 211 – 240, zit.: „G. Hassold, in Festschrift K. Larenz, 1983“;

Haueisen, Fritz, Akteneinsicht im Verwaltungsverfahren, NJW 1967, S. 2291 – 2294;

Heerspink, Frank, Schützt das Steuergeheimnis den Denunzianten? Abwehrstrategien des Denunzierten, AO-StB 2002, S. 29 – 32;

Hegelau, Hans Joachim, Das Recht auf Akteneinsicht in Steuer- und Steuerstrafsachen, Institut Finanzen und Steuern Nr. 267, Bonn 1987, zit.: „H. J. Hegelau, Das Recht auf Akteneinsicht“;

Heißenberg, Lutz, Offenbarungszwang der Finanzverwaltung und Akteneinsicht im Verwaltungsverfahren, KÖSDI 2000, S. 12310 – 12319;

Hendricks, Claudia, Arbeitsbogen des Außenprüfers: Einsichtsrecht des Steuerpflichtigen und Vorlagepflicht beim Finanzgericht, StBp 1985, S. 67 – 69;

Hesse, Konrad, Grundzüge des Verfassungsrechts der Bundesrepublik Deutschland, 20. Auflage, Heidelberg 1995;

Hetzer, Wolfgang, Denunziantenschutz durch Steuergeheimnis?, NJW 1985, S. 2991 – 2996;

Hey, Johanna, Steuerplanungssicherheit als Rechtsproblem, Habil. Köln, Köln 2002;

Hilger, Marie Luise, Überlegungen zum Richterrecht, in Festschrift für Karl Larenz, hrsg. von Gotthard Paulus, Uwe Diederichsen und Claus-Wilhelm Canaris, München 1973, zit.: „M. L. Hilger, in Festschrift K. Larenz, 1973";

Hillgruber, Christian, Richterliche Rechtsfortbildung als Verfassungsproblem, JZ 1996, S. 118 – 125;

Höffler, Imke, Akteneinsichtsrechte des Bürgers bei deutschen Verwaltungsbehörden. Amtsgeheimnis oder Aktenöffentlichkeit, Münster 2002, zit.: „I. Höffler, Akteneinsichtsrechte des Bürgers";

Hoffmann, Jürgen, Der maßvolle Gesetzesvollzug im Steuerrecht, Diss. Heidelberg, Lohmar/Köln 1999;

Hoffmann-Riem, Wolfgang, Effizienz als Herausforderung an das Verwaltungsrecht – Einleitende Problemskizze, in: Effizienz als Herausforderung an das Verwaltungsrecht, hrsg. von Wolfgang Hoffmann-Riem und Eberhard Schmidt-Aßmann, Baden-Baden 1998, S. 11 – 57, zit.: „W. Hoffmann-Riem, in Hoffmann-Riem/Schmidt-Aßmann, Effizienz als Herausforderung an das Verwaltungsrecht";

ders., Verwaltungsrecht in der Informationsgesellschaft – Einleitende Problemskizze, in: Verwaltungsrecht in der Informationsgesellschaft, hrsg. von Wolfgang Hoffmann-Riem und Eberhard Schmidt-Aßmann, Baden-Baden 2000, S. 9 – 58, zit.: „W. Hoffmann-Riem, in Hoffmann-Riem/Schmidt-Aßmann, Verwaltungsrecht in der Informationsgesellschaft";

ders., Verwaltungsverfahren und Verwaltungsverfahrensgesetz – Einleitende Problemskizze, in: Verwaltungsverfahren und Verwaltungsverfahrensgesetz, hrsg. von Wolfgang Hoffmann-Riem und Eberhard Schmidt-Aßmann, Baden-Baden 2002, S. 9 – 66, zit.: „W. Hoffmann-Riem, in Hoffmann-Riem/Schmidt-Aßmann, Verwaltungsverfahren und Verwaltungsverfahrensgesetz";

Hofmann, Hans Georg , Denunziantenschutz für den Mitgeschäftsführer einer GmbH?, DStR 2000, S. 1078 – 1083;

Höhn, Ernst, Zweck(e) des Steuerrechts und Auslegung, in: Die Steuerrechtsordnung in der Diskussion, Festschrift für Klaus Tipke, hrsg. von Joachim Lang, Köln 1995, S. 213 – 236, zit.: „E. Höhn, in Festschrift K. Tipke";

Höppner, Horst-Dieter, Steuergeheimnis, Gesetzmäßigkeit der Besteuerung und Legalitätsprinzip, StuW 1969, S. 193 – 216;

ders., Zur verfassungsrechtlichen Gewährleistung des Steuergeheimnisses, DVBl. 1969, S. 723 – 727;

Hörster, Ralf; Köhler, Michael; Merker, Christian; Scheurle, Florian, Die aktuellen Steuerrechtsänderungen nach dem Vermittlungsverfahren, NWB vom 5.1.2004, Aktuelles, S. 5 – 14;

Hösch, Ulrich, Probleme der wirtschaftsverwaltungsrechtlichen Konkurrentenklage, Die Verwaltung Bd. 30 (1997), S. 211 – 232;

Huber, Peter-Michael, Konkurrenzschutz im Verwaltungsrecht. Schutzanspruch und Rechtsschutz bei Lenkungs- und Verteilungsentscheidungen der öffentlichen Verwaltung, Habil. München, Tübingen 1991;

Huber, Willy, Das Recht des Bürgers auf Akteneinsicht im Verwaltungsverfahren. Unterbesonderer Berücksichtigung der Verwaltungsverfahrensgesetze des Bundes und des Kantons Aargau, Diss. St. Gallen, 1980;

Hübschmann, Walter; Hepp, Ernst; Spitaler, Armin (Begr.), Kommentar zur Abgabenordnung und Finanzgerichtsordnung, 6. Auflage, Loseblattsammlung, Köln 1951/2006, zit.: „Bearbeiter, in Hübschmann/Hepp/Spitaler, AO/FGO";

Hüttemann, Frank, Nochmals: Das Recht auf Akteneinsicht der Beteiligten im Steuerrecht, NJW 1997, S. 2020 – 2021;

Hüttemann, Rainer, Besteuerung gemeinnütziger Körperschaften und Konkurrentenklage, in: Steuerberater-Jahrbuch 1998/99, hrsg. von Norbert Herzig, Manfred Günkel und Ursula Niemann, S. 323 – 332, zit.: „R. Hüttemann, in StbJb 1998/99";

ders., Grundprinzipien des steuerlichen Gemeinnützigkeitsrechts, in: Gemeinnützigkeit, hrsg. von Monika Jachmann, Deutsche Steuerjuristische Gesellschaft, Bd. 27, Köln 2003, S. 49 – 75, zit.: „R. Hüttemann, DStJG Bd. 27 (2003)";

Ibler, Martin, Zerstören die neuen Informationszugangsgesetze die Dogmatik des deutschen Verwaltungsrechts?, in: Der Wandel des Staates vor den Herausforderungen der Gegenwart, Festschrift für Winfried Brohm, hrsg. von Carl-Eugen Eberle, Martin Ibler und Dieter Lorenz, München 2002, S. 405 – 419, zit.: „M. Ibler, in Festschrift W. Brohm“;

Igelmann, Tino; Köhler, Benedikt, Zweites Gesetz zur Änderung des Finanzverwaltungsgesetzes und anderer Gesetze, NVwZ 2008, S. 48 – 51;

Ipsen, Jörn, Richterrecht und Verfassung, Diss. Göttingen, Berlin 1975;

Isensee, Josef, Dienst nach Vorschrift als vorschriftswidriger Dienst, JZ 1971, S. 73 – 80;

ders., Verwaltungsraison gegen Verwaltungsrecht. Antinomien der Massenverwaltung in der typisierenden Betrachtungsweise des Steuerrechts, StuW 1973, S. 199 – 206;

ders., Die typisierende Verwaltung. Gesetzesvollzug im Massenverfahren am Beispiel der typisierenden Betrachtungsweise des Steuerrechts, Berlin 1976;

ders., Staat und Verfassung, in: Handbuch des Staatsrechts der Bundesrepublik Deutschland, hrsg. von Josef Isensee und Paul Kirchhof, Band II Verfassungsstaat, § 15, 3. Auflage, Heidelberg 2004, S. 3 – 106, zit.: „J. Isensee, in Isensee/Kirchhof, Handbuch des Staatsrechts II“;

Jarass, Hans D.; Pieroth, Bodo, Grundgesetz für die Bundesrepublik Deutschland, Kommentar, 9. Auflage, München 2007, zit.: „Bearbeiter, in Jarass/Pieroth, GG";

Jellinek, Walter, Verwaltungsrecht, 3. Auflage, Offenburg 1948;

Jestaedt, Matthias, Das Geheimnis im Staat der Öffentlichkeit. Was darf der Verfassungsstaat verbergen?, AöR Bd. 126 (2001), S. 204 – 243;

Jörke, Rolf, Akteneinsicht als Voraussetzung effektiver Verteidigung. Zur Sicherung der Informationsrechte des Beschuldigten im Strafverfahren, Diss. Tübingen 1987, zit.: „R. Jörke, Akteneinsicht als Voraussetzung effektiver Verteidigung“;

Kahl, Wolfgang, Der europarechtlich determinierte Verfassungswandel im Kommunikations- und Informationsstaat Bundesrepublik Deutschland, in: Herausforderungen an das Recht der Informationsgesellschaft, hrsg. von Andreas Haratsch, Dieter Kugelmann und Ulrich Repkewitz, Bad Langensalza 1996, S. 9 – 31, zit.: „W. Kahl, in Herausforderungen an das Recht der Informationsgesellschaft“;

ders., Das Verwaltungsverfahrensgesetz zwischen Kodifikationsidee und Sonderrechtsentwicklung, in: Verwaltungsverfahren und Verwaltungsverfahrensgesetz, hrsg. von Wolfgang Hoffmann-Riem und Eberhard Schmidt-Aßmann, Baden-Baden 2002, S. 67 – 133, zit.: „W. Kahl, in Hoffmann-Riem/Schmidt-Aßmann, Verwaltungsverfahren und Verwaltungsverfahrensgesetz";

ders., Grundrechtsschutz durch Verfahren in Deutschland und in der EU, Verw Arch Bd. 95 (2004), S. 1 – 37;

Kaufmann, Arthur, Rechtsphilosophie zum Mitdenken. 5. Kapitel: Einführung in die juristische Methodenlehre I. Teil. Der Prozeß der Rechtserkenntnis, Jura 1992, S. 297 – 305;

ders., Rechtsphilosophie zum Mitdenken. 5. Kapitel: Einführung in die juristische Methodenlehre II. Teil. Der Prozeß der Rechtserkenntnis, Jura 1992, S. 346 – 351;

Kaufmann, Erich, Grundtatsachen und Grundbegriffe der Demokratie, München 1950;

Kilger, Joachim; Schmidt, Karsten, Insolvenzgesetze/KO/VglO/GesO, Kommentar, 17. Auflage, München 1997;

Kirchhof, Paul, Verfassungsrechtliche Maßstäbe für die Auslegung von Steuergesetzen, in: 75 Jahre Reichsfinanzhof – Bundesfinanzhof, Festschrift, hrsg. vom Präsident des Bundesfinanzhofes, Bonn 1993, S. 285 – 302, zit.: „P. Kirchhof, in Festschrift 75 Jahre RFH-BFH";

Klappstein, Walter, Rechtseinheit und Rechtsvielfalt im Verwaltungsrecht, Diss. Kiel, Heidelberg 1994, zit.: „W. Klappstein, Rechtseinheit und Rechtsvielfalt";

ders.; von Unruh, Georg-Christoph, Rechtsstaatliche Verwaltung durch Gesetzgebung. Entstehung und Bedeutung des Schleswig-Holsteinischen Landesverwaltungsgesetzes für das rechtsstaatliche Verwaltungsrecht, Heidelberg 1987, zit.: „W. Klappstein/G.-C. von Unruh, Rechtsstaatliche Verwaltung durch Gesetzgebung";

Klein, Franz; Orlopp, Gerd (Begr.), Abgabenordnung – einschließlich Steuerstrafrecht –, 9. Auflage, München 2006;

Kloepfer, Michael, Vom Zustand des Verfassungsrechts, JZ 2003, S. 481 – 485;

ders.; Lewinski, Kai von, Das Informationsfreiheitsgesetz des Bundes (IFG), DVBl. 2005, S. 1277 – 1288;

Klos, Joachim, Der Grundsatz des rechtlichen Gehörs. 35 Fragen und Antworten zu den Formen und dem Inhalt dieses Anspruchs in der Steuerpraxis, SteuStudium 1999, S. 362 – 369;

Klug, Ulrich, Juristische Logik, 4. Auflage, Berlin/Heidelberg/New York 1982;

Knack, Joachim (Begr.), Verwaltungsverfahrensgesetz, Kommentar, 8. Auflage, Köln, Berlin, Bonn, München 2004, zit.: „Bearbeiter, in Knack, VwVfG";

Knemeyer, Franz-Ludwig, Rechtliches Gehör im Gerichtsverfahren, in: Handbuch des Staatsrechts der Bundesrepublik Deutschland, hrsg. von Josef Isensee und Paul Kirchhof, Bd. VI Freiheitsrechte, § 155, 2. Auflage, Heidelberg 2001, S. 1271 – 1304, zit.: „F.-L. Knemeyer, in Isensee/Kirchhof, Handbuch des Staatsrechts VI";

Kniesch, Joachim, Soll man den allgemeinen Teil des Verwaltungsrechts kodifizieren?, NJW 1960, S. 1696 – 1698;

Knobbe-Keuk, Brigitte, Die Konkurrentenklage im Steuerrecht, BB 1982, S. 385 – 390;

dies., Rechtsfortbildung als Aufgabe des obersten Steuergerichts; erlaubte und unerlaubte Rechtsfortbildung durch den Bundesfinanzhof, in: Festschrift 75 Jahre Reichsfinanzhof – Bundesfinanzhof, hrsg. vom Präsidenten des Bundesfinanzhofes, Bonn 1993, S. 303 – 324, zit.: „*B. Knobbe-Keuk*, in Festschrift 75 Jahre RFH-BFH";

Koch, Karl; Scholtz, Rolf-Detlev (Hrsg.), Abgabenordnung, 5. Auflage, Köln/ Berlin/Bonn/München, zit.: „Bearbeiter, in Koch/Scholtz";

Koehler, Alexander, Probleme einer bundesgesetzlichen Regelung des Verwaltungsverfahrens, DÖV 1960, S. 612 – 614;

Köhler, Karl-Heinz von, Einsicht in Behördenakten, NJW 1956, S. 1460 – 1464;

Kohlmann, Günter, Waffengleichheit im Strafprozess, in: Einheit und Vielfalt des Strafrechts, Festschrift für Karl Peters, hrsg. von Jürgen Baumann und Klaus Tipke, Tübingen 1974, S. 306 – 321, zit.: „G. Kohlmann, in Festschrift K. Peters";

König, Doris, Das Umweltinformationsgesetz – ein Modell für mehr Aktenöffentlichkeit?, DÖV 2000, S. 45 – 56;

König, Hans-Günther, Der Grundsatz des rechtlichen Gehörs im verwaltungsbehördlichen Verfahren, DVBl. 1959, S. 189 – 196;

Kontny, Thorsten; Laschet, Christian, Die Akteneinsicht im Veranlagungsverfahren, SteuStudium 2007, S. 74 – 79;

Kopp, Ferdinand O., Verfassungsrecht und Verwaltungsverfahrensrecht, München 1971;

ders.; Ramsauer, Ulrich, Verwaltungsverfahrensgesetz, 10. Auflage, München 2008;

Krahmer, Utz; Stähler, Thomas P., Sozialdatenschutz nach SGB I und X. Einführung und Kommentar mit Schaubildern. Datenschutznormen, 2. Auflage, Köln/Berlin/Bonn/München 2003, zit.: „U. Krahmer/T. P. Stähler, Sozialdatenschutz";

Krasney, Otto Ernst, Zur Anhörungspflicht im Verwaltungsverfahren, NVwZ 1986, S. 337 – 343;

Kratzer, Jakob, Nochmals zum Musterentwurf eines Verwaltungsverfahrensgesetzes, BayVBl. 1965, S. 15 – 17;

Krause, Peter; von Mutius, Albert, Schnapp, Friedrich E.; Siewert, Joachim, Gemeinschaftskommentar zum Sozialgesetzbuch – Verwaltungsverfahren. GK-SGB X 1, Neuwied/Frankfurt/M. 1991, zit.: „Bearbeiter, in GK-SGB X 1";

Kriele, Martin, Das demokratische Prinzip im Grundgesetz, VVDStRL Heft 29 (1971), S. 46 – 84;

Kronthaler, Ludwig, Feuerbestattung – die Spitze des Eisbergs. Wird die Besteuerung öffentlicher Einrichtungen künftig von deren Konkurrenten betrieben?, DStR 2007, S. 227 – 229;

Kruse, Heinrich Wilhelm, Um das Steuergeheimnis, StuW 1968, S. 265 – 280;

ders., Steuerrecht I, Allgemeiner Teil, 3. Auflage, München 1973;

ders., Über Rechtsgefühl, Rechtsfortbildung und Richterrecht im Steuerrecht, BB 1985, S. 1077 – 1084;

ders., Der Standort der Finanzgerichtsbarkeit gegenüber der Finanzverwaltung und der Steuergesetzgebung, DStJG Bd. 18 (1995), S. 115 – 136;

ders., Die Einkommensteuer und die Leistungsfähigkeit des Steuerpflichtigen, in: Staat Wirtschaft Steuern, Festschrift für Karl Heinrich Friauf, hrsg. von Rudolf Wendt, Wolfram Höfling, Ulrich Karpen und Martin Oldiges, Heidelberg 1996, S. 793 – 807, zit.: „H. W. Kruse, in Festschrift K. H. Friauf";

ders., Auslegung am Gesetz vorbei. Über den heutigen Umgang mit dem Einkommensteuergesetz, in: Festschrift für Wolfgang Ritter, hrsg. von Max Dietrich Kley, Eckart Sünner und Arnold Willemsen, Köln 1997, S. 413 – 425, zit.: „H. W. Kruse, in Festschrift W. Ritter";

ders., Über das Steuergeheimnis, BB 1998, S. 2133 – 2136;

ders., Gesetzmäßigkeit der Verwaltung und Verfahrensordnungen, in: Staaten und Steuern, Festschrift für Klaus Vogel, hrsg. v. Paul Kirchhof, Moris Lehner, Arndt Raupach und Michael Rodi, Heidelberg 2000, S. 516 – 525, zit.: „H. W. Kruse, in Festschrift K. Vogel";

Küffner, Thomas, Dammbruch der umsatzsteuerlichen Neutralität. EuGH eröffnet Weg für Konkurrentenklage privater Mitbewerber auf umsatzsteuerliche Gleichbehandlung mit der öffentlichen Hand, DStR 2006, S. 1120 – 1123;

Kugelmann, Dieter, Die informatorische Rechtsstellung des Bürgers. Grundlagen und verwaltungsrechtliche Grundstrukturen individueller Rechte auf Zugang zu Informationen der Verwaltung, Habil. Mainz, Tübingen 2001, zit.: „D. Kugelmann, Die informatorische Rechtsstellung des Bürgers";

ders., Informationsfreiheit als Element moderner Staatlichkeit, DÖV 2005, S. 851 – 860;

ders., Das Informationsfreiheitsgesetz des Bundes, NJW 2005, S. 3609 –3613;

Kühn, Rolf (Begr.); *Wedelstädt, Alexander von* (Hrsg.), Abgabenordnung und Finanzgerichtsordnung, 19. Auflage, Stuttgart 2008, zit.: „Bearbeiter, in Kühn/v. Wedelstädt";

Kunig, Philip, Das Rechtsstaatsprinzip. Überlegungen zu seiner Bedeutung für das Verfassungsrecht der Bundesrepublik Deutschland, Habil. Hamburg, Tübingen 1986, zit.: „P. Kunig, Rechtsstaatsprinzip";

ders., Der Rechtsstaat, in: Festschrift 50 Jahre Bundesverfassungsgericht, hrsg. von Peter Badura und Horst Dreier, Tübingen 2001, S. 421 - 444, zit.: „P. Kunig, in Festschrift 50 Jahre Bundesverfassungsgericht";

Lahme, Stefan, Spendenabzugsverfahren und Anerkennungsverfahren gemeinnütziger Körperschaften, Heidelberg, Aachen 2004;

Lang, Joachim, Gemeinnützigkeitsabhängige Steuervergünstigungen. Ein Grundsatzthema zum Abbau von Steuersubventionen, StuW 1987, S. 221 – 252;

ders., Die Ausfüllung von Lücken in Steuergesetzen, in: Festschrift für Ernst Höhn, hrsg. von Francis Cagianut und Klaus A. Vallender, Bern/Stuttgart/Wien 1995, S. 159 – 188, zit.: „J. Lang, in Festschrift E. Höhn";

Lange, Hans-Friedrich, Bundesrechnungshof kritisiert mangelnde Umsatzbesteuerung der öffentlichen Hand, DB 2004, S. 2776 – 2779;

Larenz, Karl, Methodenlehre der Rechtswissenschaft, 6. Auflage, Berlin u.a. 1991, zit.: K. Larenz, „Methodenlehre";

Laubinger, Hans-Werner, Grundrechtsschutz durch Gestaltung des Verwaltungsverfahrens, VerwArch Bd. 73 (1982), S. 60 – 85;

Leibholz, Gerhard; Rinck, Hans-Justus; Hesselberger, Dieter, Grundgesetz für die Bundesrepublik Deutschland, Kommentar an Hand der Rechtsprechung des

Bundesverfassungsgerichts, 7. Auflage, Loseblatt, Köln 1993, zit.: „Bearbeiter, in Leibholz/Rinck/Hesselberger, GG";

Leisner, Walter, Effizienz als Rechtsprinzip, Tübingen 1971;

Lerche, Peter, Übermass und Verfassungsrecht, Habil. München, Köln/Berlin/München/Bonn 1961;

ders., „Funktionsfähigkeit" – Richtschnur verfassungsrechtlicher Auslegung, BayVBl. 1991, S. 517 – 522;

ders., Die Verfassung als Quelle von Optimierungsgeboten?, in: Verfassungsstaatlichkeit, Festschrift für Klaus Stern, hrsg. von Joachim Burmeister, München 1997, S. 197 – 209, zit.: „P. Lerche, in Festschrift K. Stern";

ders., Grundrechtsschranken, in: Handbuch des Staatsrechts der Bundesrepublik Deutschland, hrsg. von Josef Isensee und Paul Kirchhof, Band V Allgemeine Grundrechtslehren, § 22, 2. Auflage, Heidelberg 2000, S. 775 – 804, zit.: „P. Lerche, in Isensee/Kirchhof, Handbuch des Staatsrechts V";

Liedtke, Stefan, Freier Zugang zu den Informationen der Finanzbehörden?, NWVBl. 2006, S. 286 – 290;

Lishaut, Ingo van, Die Konkurrentenklage im Steuerrecht – Zugleich eine Untersuchung zum subjektiven öffentlichen Recht und zum funktionalen Schutzbereich der Grundrechte, Diss. Köln, Frankfurt/M. 1993, zit.: „I. v. Lishaut, Die Konkurrentenklage im Steuerrecht";

Lohmann, Hans Henning, Die Praktikabilität des Gesetzesvollzugs als Auslegungstopos im Verwaltungsrecht, AöR Bd. 100 (1975), S. 415 – 441;

Lohmeyer, Heinz, Das Akteneinsichtsrecht im Besteuerungsverfahren, DVR 1978, S. 18 – 21;

Loose, Matthias, Steuerliche Berücksichtigung von Umweltlasten und Weitergabe on Erkenntnissen über Verstöße gegen Umweltschutzbestimmungen, FR 1995, S. 393 – 399;

Löwer, Wolfgang, Rechtsverhältnisse in der Leistungsverwaltung, NVwZ 1986, S. 793 – 800;

ders., Verfassungsrechtsfragen der Steuerauftragsverwaltung, Schriftenreihe des Bundesministeriums der Finanzen Heft 70, Bonn 2000;

Mangoldt, Hermann von; Klein, Friedrich; Starck, Christian, Kommentar zum Grundgesetz, Band 3: Artikel 83 bis 146, 5. Auflage, München 2005, zit.: „Bearbeiter, in v. Mangoldt/Klein/Starck, GG";

Manke, Klaus, BMF-Schreiben = allgemeine Weisungen; basta? Betrachtungen zu einem eigenartigen Gebilde, DStZ 2000, S. 70 – 72;

Martens, Wolfgang, Öffentlich als Rechtsbegriff, Habil. Münster, Bad Homburg v.d.H./Berlin/Zürich 1969;

Marx, Thomas, Paradigmenwechsel beim Steuergeheimnis? Die Einführung eines § 31b AO durch das 4. Finanzmarktförderungsgesetz zur Bekämpfung der Geldwäsche, DStR 2002, S. 1467 – 1470;

Masing, Johannes, Transparente Verwaltung: Konturen eines Informationsverwaltungsrechts, VVDStRL Bd. 63 (2004), S. 377 – 441;

Maunz, Theodor; Dürig, Günter (Hrsg.), Grundgesetz, Kommentar, Loseblatt, München, zit.: „Bearbeiter, Maunz/Dürig, GG";

Maurer, Hartmut, Rechtsstaatliches Prozessrecht, in: Festschrift 50 Jahre Bundesverfassungsgericht. Zweiter Band: Klärung und Fortbildung des Verfassungsrechts, hrsg. von Peter Badura und Horst Dreier, Tübingen2001, S. 467 – 503, zit.: „H. Maurer, in Festschrift 50 Jahre BVerfG II";

ders., Allgemeines Verwaltungsrecht, 16. Auflage, München 2006;

Mayer, Franz, Verfahrensgrundsätze der Verwaltung, BayVBl. 1960, S. 332 – 339;

Melichar, Erwin, Das Verwaltungsverfahren, VVDStRL Heft 17 (1959), S. 183 – 245;

Meyding, Dietrich, Vereinfachender Gesetzesvollzug durch die Verwaltung, in: Steuervereinfachung, hrsg. von Peter Fischer, Deutsche Steuerjuristische Gesellschaft, Bd. 21, Köln 1998, S. 219 – 231, zit.: „D. Meyding, DStJG Bd. 21 (1998)";

Meyer, Hans, Diskussionsbeitrag, zu: Rechtsverhältnisse in der Leistungsverwaltung, VVDStRL Heft 45 (1987), S. 272;

ders.; Borgs-Maciejewski, Verwaltungsverfahrensgesetz, 2. Auflage, Frankfurt/M. 1982, zit.: „Bearbeiter, in Meyer/Borgs, VwVfG";

Meysen, Thomas, Die Haftung aus Verwaltungsrechtsverhältnis. Zugleich ein Beitrag zur Figur des „verwaltungsrechtlichen Schuldverhältnisses", Berlin 2000;

Mrozynski, Peter, Sozialgesetzbuch – Allgemeiner Teil (SGB I), Kommentar, 3. Auflage, München 2003;

Müller, Egon, Der Grundsatz der Waffengleichheit im Strafverfahren, NJW 1976, S. 1063 – 1067;

Müller-Franken, Sebastian, Maßvolles Verwalten, Habil. Passau, Tübingen 2004;

Müller, Friedrich; Christensen, Ralph, Juristische Methodik, Band I, Grundlagen. Öffentliches Recht, 9. Auflage, Berlin 2004;

Münch, Ingo von; Kunig, Philip, Grundgesetz-Kommentar, Band 1, 5. Auflage, München 2000, zit.: „Bearbeiter, in v. Münch/Kunig, GG";

dies., Grundgesetz-Kommentar, Band 3, 5. Auflage, München 2003, zit.: „Bearbeiter, in v. Münch/Kunig, GG";

Murswiek, Dietrich, Grundrechte als Teilhaberechte, soziale Grundrechte, in: Handbuch des Staatsrechts der Bundesrepublik Deutschland, hrsg. von Josef Isensee und Paul Kirchhof, Band V Allgemeine Grundrechtslehren, § 112, 2. Auflage, Heidelberg 2000, S. 243 – 289, zit.: „D. Murswiek, in Isensee/Kirchhof, Handbuch des Staatsrechts V";

Mutius, Albert von, Das Widerspruchsverfahren in der VwGO als Verwaltungsverfahren und Prozeßvoraussetzung, Diss. Kiel, Berlin 1969;

ders., Grundrechtsschutz contra Verwaltungseffizienz im Verwaltungsverfahren?, NJW 1982, S. 2150 – 2160;

ders., Frühzeitige Bürgerbeteiligung bei der Planung von Verkehrsanlagen, in: Frühzeitige Bürgerbeteiligung bei Planungen. Vorträge und Diskussionsbeiträge der 49. Staatswissenschaftlichen Fortbildungstagung 1981 der Hochschule für Verwaltungswissenschaften Speyer, hrsg. von Willi Blümel, Berlin 1982, S. 157 – 190, zit.: „A. v. Mutius, in Frühzeitige Bürgerbeteiligung bei Planungen";

Näckel, Antje; Wasielewski, Andreas, Das neue Recht auf Zugang zu Umweltinformationen, DVBl. 2005, S. 1351 – 1359;

Niedobitek, Matthias, Rechtsbindung der Verwaltung und Effizienz des Verwaltungsverfahrens, DÖV 2000, S. 761 – 768;

Niemann, Ursula, Der Beitrag Spitalers zur Lehre von der Auslegung der Steuergesetze, in: Die Auslegung der Steuergesetze in Wissenschaft und Praxis. Eine Sammlung von Beiträgen sowie Auszüge aus der Rechtsprechung zum Andenken an Armin Spitaler, hrsg. von Gerhard Thoma und Ursula Niemann, Köln 1965, zit.: „U. Niemann, in Gedenkschrift A. Spitaler";

Orrù, Giovanni, Das Problem des Richterrechts als Rechtsquelle, ZRP 1989, S. 441 – 444;

Ossenbühl, Fritz, Kernenergie im Spiegel des Verfassungsrechts, DÖV 1981, S. 1 – 11;

ders., Verwaltungsverfahren zwischen Verwaltungseffizienz und Rechtsschutzauftrag, NVwZ 1982, S. 465 – 472;

ders., Autonome Rechtssetzung der Verwaltung, in: Handbuch des Staatsrechts der Bundesrepublik Deutschland, hrsg. von Josef Isensee und Paul Kirchhof, Band III Das Handeln des Staates, § 65, 2. Auflage, Heidelberg 1996, S. 425 – 462, zit.: „F. Ossenbühl, in Isensee/Kirchhof, Handbuch des Staatsrechts III";

Palm, Thomas, Akteneinsicht im öffentlichen Recht. Eine Darstellung der Voraussetzungen für die Gewährung von Akteneinsicht in behördlichen und gerichtlichen Verfahren, Diss. Gelsenkirchen, Potsdam, Frankfurt/M. 2001;

Partsch, Christoph J., Brandenburgs Akteneinsichts- und Informationszugangsgesetz (AIG) – Vorbild für Deutschland?, NJW 1998, S. 2559 – 2563;

ders.; Schurig, Wiebke, Das Informationsfreiheitsgesetz von Nordrhein-Westfalen – ein weiterer Schritt aus dem Entwicklungsrückstand Deutschlands, DÖV 2003, S. 482 – 488;

Paulick, Heinz, Auslegung und Rechtsfortbildung im Steuerrecht, in: Die Auslegung der Steuergesetze in Wissenschaft und Praxis, Gedenkschrift für Armin Spitaler, hrsg. von Gerhard Thoma und Ursula Niemann, Köln 1965, S. 165 – 193;

Perschel, Wolfgang, Der geheime Behördeninformant, JuS 1966, S. 231 – 237;

Peters, Hans, Der allgemeine Teil des Verwaltungsrechts als Kodifikationsproblem, NJW 1960, S. 1698 – 1700;

Petrén, Gustaf, Die Aktenöffentlichkeit in Schweden, VerwArch Bd. 49 (1958), S. 323 – 333;

Pickel, Harald; Marschner, Andreas, Kommentar zum Sozialgesetzbuch Zehntes Buch. Verwaltungsverfahren, Schutz der Sozialdaten, Zusammenarbeit der Leistungsträger und ihre Beziehung zu Dritten, Loseblatt, Heidelberg 2006;

Pieroth, Bodo; Aubel, Tobias, Die Rechtsprechung des Bundesverfassungsgerichts zu den Grenzen richterlicher Entscheidungsfindung, JZ 2003, S. 504 – 510;

Pieroth, Bodo; Schlink, Bernhard, Grundrechte Staatsrecht II, 23. Auflage, Heidelberg 2007;

Pietzcker, Jost, Verwaltungsverfahren zwischen Verwaltungseffizienz und Rechtsschutzauftrag, VVDStRL Heft 41 (1983), S. 193 – 231;

ders., Das Verwaltungsrechtsverhältnis – Archimedischer Punkt oder Münchhausens Zopf?, Die Verwaltung Bd. 30 (1997), S. 281 – 299;

Pipkorn, Jörn, Auskunftsansprüche gegenüber Verwaltungsbehörden, DÖV 1970, S. 171 – 177;

Pohl, Dirk, Die Klassifikation des Steuergeheimnisses, BB 1995, S. 2093 – 2096;

Pump, Hermann, Das Informationsfreiheitsgesetz und seine Bedeutung für die Finanzbehörden, DStZ 2003, S. 535 – 539;

Raabe, Marius; Helle-Meyer, Niels, Informationsfreiheit und Verwaltungsverfahren – Zum Verhältnis neuer und klassischer Informationsrechte gegenüber der Verwaltung, NVwZ 2004, S. 641 – 647;

Rader, Jürgen, Was ist ein Zweckbetrieb im Sinne von § 65 der Abgabenordnung?, BB 1979, S. 1192 – 1195;

Raisch, Peter, Vom Nutzen der überkommenen Auslegungskanones für die praktische Rechtsanwendung, Heidelberg 1988;

Ramsauer, Ulrich, Das Verwaltungsverfahren im Spiegel der Kommentarliteratur, in: Verwaltungsverfahren und Verwaltungsverfahrensgesetz, hrsg. von Wolfgang Hoffmann-Riem und Eberhard Schmidt-Aßmann, Baden-Baden 2002, S. 387 – 413, zit.: „U. Ramsauer, in Hoffmann-Riem/Schmidt-Aßmann, Verwaltungsverfahren und Verwaltungsverfahrensgesetz“;

Redeker, Konrad, Legitimation und Grenzen richterlicher Rechtsetzung. Zugleich zu Robert Fischer: Die Weiterbildung des Rechts durch die Rechtsprechung, NJW 1972, S. 409 – 415;

ders., Grundgesetzliche Rechte auf Verfahrensteilhabe. Bemerkungen zu einem status activus processualis, NJW 1980, S. 1593 – 1598;

ders., Vereinheitlichung der öffentlich-rechtlichen Gerichtsbarkeiten?, NJW 2004, S. 496 – 498;

ders. (Begr.)*; Oertzen, Hans-Joachim von*, Verwaltungsgerichtsordnung, Kommentar, 14. Auflage, Stuttgart 2004, zit.: „Bearbeiter, in Redecker/v. Oertzen, VwGO“;

Rehbinder, Manfred, Die Informationspflicht der Behörden im Recht der Vereinigten Staaten, Berlin 1970;

Reinhardt, Michael, Konsistente Jurisdiktion. Grundlegung einer verfassungsrechtlichen Theorie der rechtsgestaltenden Rechtsprechung, Habil. Bonn, Tübingen 1997;

Reinhardt, Klaus, Das rechtliche Gehör in Verwaltungssachen, Diss. Zürich, Zürich 1968;

Reinhart, Oliver, Das gläserne Amt. Das Informationsfreiheitsgesetz als Jedermannsrecht auf Akteneinsicht, DÖV 2007, S. 18 – 24;

Reiß, Wolfram, EuGH-Vorlage des BFH vom 8.7.2004, VII R 24/03: Konkurrentenklage, IStR 2005, S. 53 – 55;

Richter-Brohm, Heinz, Die Verschwiegenheitspflicht des Beamten, Diss. Marburg, Greifswald 1927;

Rietdorf, Fritz, Über die Zweckmäßigkeit der Kodifizierung von Teilgebieten des allgemeinen Verwaltungsrechts in einem Verwaltungsverfahrensgesetz, DÖV 1960, S. 614 – 617;

Rittler, Thomas, Die Auslegung der Steuergesetze in der Rechtsprechung des Bundesfinanzhofs – Bestandsaufnahem und verfassungsrechtliche Würdigung, Diss. Bayreuth, 1987;

Rößler, Gerhard, Externer Fremdvergleich und Beziehung fremder Steuerakten zum finanzgerichtlichen Verfahren, StBp 2004, S. 336;

Roth, David, Aktuelle Rechtsprechung zum Auskunftsrecht, DStR 2008, S. 434 – 440;

Roth, Oliver, Die steuerliche Gemeinnützigkeit: Zur Problematik ihrer Rechtfertigung vor dem Hintergrund signifikanter ökonomischer Konsequenzen, Diss. Saarbrücken, 1994;

Ruegenberg, Guido, Das nationale und internationale Steuergeheimnis im Schnittpunkt von Besteuerungs- und Strafverfahren, Diss. Bayreuth, Köln 2001;

Rüthers, Bernd, Rechtstheorie. Begriff, Geltung und Anwendung des Rechts, München 1999;

Sachs, Michael (Hrsg.), Grundgesetz, Kommentar, 4. Auflage, München 2007, zit.: „Bearbeiter, in Sachs, GG“;

Schauhoff, Stephan (Hrsg.), Handbuch der Gemeinnützigkeit. Verein Stiftung GmbH. Recht Steuern Personal, 2. Auflage, München 2005, S. 273 – 367;

Schenke, Wolf-Rüdiger, Verwaltungsprozessrecht, 11. Auflage, Heidelberg 2007;

Scherzberg, Arno, Diskussionsbeitrag zu: Transparente Verwaltung: Konturen eines Informationsverwaltungsrechts, VVDStRL Bd. 63 (2004), S. 452 – 453;

Schick, Walter, Grundfragen des Lohnsteuerverfahrens, Nürnberg 1983;

Schild, Hans-Herrmann, Kindergeld ist nicht gleich Kindergeld. Eine Beitrag zur fehlenden Einheit der Rechtsordnung, NJW 1996, S. 2414 – 2416;

Schmidt-Aßmann, Eberhard, Die Grundgedanken des Verwaltungsverfahrens und das neue Verwaltungsverfahrensrecht, Jura 1979, S. 505 – 520;

ders., Das allgemeine Verwaltungsrecht als Ordnungsidee. Grundlagen und Aufgaben der verwaltungsrechtlichen Systembildung, 2. Auflage, Berlin/Heidelberg/New York 2004, zit.: „*E. Schmidt-Aßmann*, Das allgemeine Verwaltungsrecht als Ordnungsidee";

ders., Verwaltungsverfahren, in: Handbuch des Staatsrechts der Bundesrepublik Deutschland, hrsg. von Josef Isensee und Paul Kirchhof, Band III Das Handeln des Staates, § 70, 2. Auflage, Heidelberg 1996, S. 623 – 651, zit.: „E. Schmidt-Aßmann, in Isensee/Kirchhof, Handbuch des Staatsrechts III";

ders., Der Rechtsstaat, in: Handbuch des Staatsrechts der Bundesrepublik Deutschland, hrsg. von Josef Isensee und Paul Kirchhof, Band II Verfassungsstaat, § 26, 3. Auflage, Heidelberg 2004, S. 541 – 612, zit.: „E. Schmidt-Aßmann, in Isensee/Kirchhof, Handbuch des Staatsrechts II";

Schmidt-Liebig, Axel, Zum Recht auf Akteneinsicht beim Finanzamt – Anmerkung zur Anmerkung Rößlers zum Urteil des FG Saarland vom 4.11.1994, DStZ 1995, 349 –, DStZ 1995, S. 558 – 559;

Schmitt Glaeser, Walter, Partizipation an Verwaltungsentscheidungen, VVDStRL Heft 31 (1973), S. 179 – 258;

Schmitz, Heribert, Fortentwicklung des Verwaltungsverfahrensgesetzes: Konkrete Gesetzgebungspläne und weitere Perspektiven, in: Verwaltungsverfahren und Verwaltungsverfahrensgesetz, hrsg. von Wolfgang Hoffmann-Riem und Eberhard Schmidt-Aßmann, Baden-Baden 2002, S. 135 – 154, zit.: „H. Schmitz, in Hoffmann-Riem/Schmidt-Aßmann, Verwaltungsverfahren und Verwaltungsverfahrensgesetz";

Schoch, Friedrich, Informationsfreiheitsgesetz für die Bundesrepublik Deutschland, Die Verwaltung Bd. 35 (2002), S. 149 – 175;

ders., Das Recht auf Zugang zu staatlichen Informationen – Informationszugangsfreiheit in Deutschland und der Schweiz –, DÖV 2006, S. 1 – 10;

ders.; Kloepfer, Michael, Informationsfreiheitsgesetz (IFG-ProfE). Entwurf eines Informationsfreiheitsgesetzes für die Bundesrepublik Deutschland, Berlin 2002, zit.: „F. Schoch/M. Kloepfer, Informationsfreiheitsgesetz (IFG-ProfE)";

Schreier, Horst, Die Akteneinsicht im Sozialrecht, Die Sozialgerichtsbarkeit 1957, S. 195 – 198;

Schröder, Meinhard, Staatstheoretische Aspekte einer Aktenöffentlichkeit im Verwaltungsbereich, Die Verwaltung Bd. 4 (1971), S. 301 – 324;

Schuhmann, Helmut, Geheimhaltung der Namen von Informanten durch das Finanzamt, wistra 1996, S. 16 – 18;

Schumann, Ekkehard, Die Prozessökonomie als rechtsethisches Prinzip, in Festschrift für Karl Larenz, hrsg. von Gotthard Paulus, Uwe Diederichsen und Claus-Wilhelm, München 1973, zit.: „E. Schumann, in Festschrift K. Larenz, 1973";

Schuppert, Gunnar Folke, Verwaltungswissenschaft. Verwaltung, Verwaltungsrecht, Verwaltungslehre, Baden-Baden, 2000;

Schwab, Siegfried, Das Rechts auf Akteneinsicht, Pfaffenweiler 1989;

Schwan, Eggert, Amtsgeheimnis oder Aktenöffentlichkeit?. Der Auskunftsanspruch des Betroffenen, das Grundrecht auf Datenschutz und das Prinzip der Aktenöffentlichkeit, München 1984, zit.: „E. Schwan, Amtsgeheimnis oder Aktenöffentlichkeit?";

Schwarz, Bernhard, (Hrsg.), Kommentar zur Abgabenordnung, 11. Auflage, Loseblattsammlung, Freiburg, zit.: „Bearbeiter, in Schwarz";

Schwarz, Kyrill-Alexander, Funktionsfähigkeit als Abwägungstopos – Anmerkung zur Entscheidung des BayVerfGH vom 29.8.1997 (BayVBl. 1997, 622 ff.), BayVBl. 1998, S. 710 – 714;

Schwarze, Jürgen, Administrative Leistungsfähigkeit als verwaltungsrechtliches Problem, DÖV 1980, S. 581 – 594;

Seer, Roman, Verständigungen in Steuerverfahren, Habil. Köln, Köln 1996;

ders., Möglichkeit und Grenzen eines „maßvollen" Gesetzesvollzugs durch die Finanzverwaltung, FR 1997, S. 553 – 562;

ders., Reform des Veranlagungsverfahrens, StuW 2003, S. 40 – 59;

ders., Reform des (Lohn-)Steuerabzugs, FR 2004, S. 1037 – 1049;

Siegmund-Schultze, Gerhard, Zur Konkurrentenklage im Beamtenrecht aus der Sicht der Verwaltungspraxis, VerwArch Bd. 73 (1982), S. 137 – 152;

Simitis, Spiros (Hrsg.), Bundesdatenschutzgesetz, 6. Auflage, Baden-Baden 2006;

Sobota, Katharina, Das Prinzip Rechtsstaat – Verfassungs- und verwaltungsrechtliche Aspekte, Habil. Jena, Tübingen 1997;

Spanner, Hans, Grundsätzliches zum Verwaltungsverfahren, DÖV 1958, S. 651 – 656;

ders., Empfiehlt es sich, den allgemeinen Teil des Verwaltungsrechts zu kodifizieren?, Gutachten für den 43. Deutschen Juristentag, Tübingen 1960;

ders., Ein Entwurf eines Verwaltungsverfahrensgesetzes, DVBl. 1964, S. 845 – 849;

Spitaler, Armin, Beiträge zur steuerrechtlichen Auslegungslehre, in: Steuerberater-Jahrbuch 1956/57, hrsg. von Armin Spitaler, S. 105 – 145, zit.: „A. Spitaler, in StBJb 1956/57";

Stähler, Thomas P., Datenschutzrechtliche Aspekte der Weitergabe von Sozialdaten. Vor allem am Beispiel der gesetzlichen Rentenversicherung und verwandter Versicherungszweige sowie unter besonderer Berücksichtigung der Datenweitergabe an die Strafverfolgungs- und Gefahrenabwehrbehörden, Diss. Frankfurt./M., Baden-Baden 2000;

Starck, Christian, Die Bindung des Richters an Gesetz und Verfassung, VVDStRL Heft 34, S. 43 – 93;

ders., Die Grundrechte des Grundgesetzes, JuS 1981, S. 237 – 246;

Steiner, Udo, Verwaltungsverfahren und Grundrecht, NZS 2002, S. 113 – 118;

Stelkens, Paul; Bonk, Heinz Joachim; Sachs, Michael, Verwaltungsverfahrensgesetz, 7. Auflage, München 2008, zit.: „Bearbeiter, in Stelkens/Bonk/Sachs";

Stern, Klaus, Die Kompetenz der Untersuchungsausschüsse nach Artikel 44 Grundgesetz im Verhältnis zur Exekutive unter besonderer Berücksichtigung des Steuergeheimnisses, AöR Bd. 109 (1984), S. 199 – 303;

ders., Das Staatsrecht der Bundesrepublik Deutschland, Bd. I Grundbegriffe und Grundlagen des Staatsrechts, Strukturprinzipien der Verfassung, 2. Auflage, München 1984;

ders., Das Staatsrecht der Bundesrepublik Deutschland, Bd. III, Hbbd. 2 Allgemeine Lehren der Grundrechte, München 1994;

Stöcker, Ernst Erhard, Verfassungswidriges Versagen der Akteneinsicht. Durchsetzen eines wesentlichen Elements des rechtlichen Gehörs, AO-StB 2002, S. 161 – 166;

Stoll, Hans, Empfiehlt sich eine Neuregelung der Verpflichtung zum Geldersatz für immateriellen Schaden?, Gutachten für den 45. Deutschen Juristentag, Bd. I, Teil 1, München/Berlin 1964, zit.: „H. Stoll, 45. DJT 1964, Bd. I Teil 1";

Stollmann, Frank, Das Informationsfreiheitsgesetz NRW (IFG NRW), NWVBl. 2002, S. 216 – 222;

ders., Informationsfreiheitsgesetze in den Ländern, VR 2002, S. 309 – 315;

Stolterfoht, Joachim N., Vereinfachender Gesetzesvollzug durch die Verwaltung – Die Verständigungsvereinbarung als Methodenproblem –, in: Steuervereinfachung, hrsg. von Peter Fischer, Deutsche Steuerjuristische Gesellschaft, Bd. 21, Köln 1998, S. 233 – 257, zit.: „J. N. Stolterfoht, DStJG Bd. 21 (1998)";

Streck, Michael; Olbing, Klaus, Der beim Finanzamt angezeigte Steuerbürger: Auskunftsanspruch contra Steuergeheimnis, BB 1994, S. 1267 – 1270;

Tettinger, Peter J. , Fairneß und Waffengleichheit. Rechtsstaatliche Direktiven für Prozeß und Verwaltungsverfahren, München 1984;

Tipke, Klaus, Fünfzig Jahre Reichsabgabenordnung, AöR Bd. 94 (1969), S. 224 – 262;

ders., Zur Reform der Reichsabgabenordnung. Stellungnahme zum Reformentwurf. 2. Teil: Anwendungsbereich, Steuergeheimnis, Begriffsbestimmungen, Fristen, FR 1970, S. 327 – 330;

ders., Die Steuerrechtsordnung, Band III, Föderative Steuerverteilung, Rechtsanwendung und Rechtsschutz, Gestalter der Steuerrechtsordnung, Köln 1993, zit.: „K. Tipke, Steuerrechtsordnung III";

ders., Die Steuerrechtsordnung, Band I, Wissenschaftsorganisatorische, systematische und grundrechtlich-rechtsstaatliche Grundlagen, 2. Auflage, Köln 2000, zit.: „K. Tipke, Steuerrechtsordnung I";

ders.; Kruse, Heinrich Wilhelm, Abgabenordnung/Finanzgerichtsordnung, Kommentar, 16. Auflage, Loseblattsammlung, Köln, zit.: „Bearbeiter, in Tipke/Kruse, AO/FGO";

ders.; Lang, Joachim, Steuerrecht, 19. Auflage, Köln 2008, zit.: „Bearbeiter, in Tipke/Lang, Steuerrecht";

Trantas, Georgios, Akteneinsicht und Geheimhaltung im Verwaltungsrecht. Eine vergleichende Untersuchung zum deutschen und französischen Verwaltungsverfahrensrecht, Diss. Heidelberg, Berlin 1998, zit.: „G. Trantas, Akteneinsicht und Geheimhaltung";

Trzaskalik, Christoph, Die steuerliche Förderung des Sports, StuW 1986, S. 219 – 231;

Ule, Carl Hermann, Verwaltungsverfahren und Verwaltungsgerichtsbarkeit, DVBl. 1957, S. 597 – 603;

ders., Verfassungsrecht und Verwaltungsprozessrecht. DVBl. 1959, S. 537 – 545;

ders., Verwaltungsreform als Verfassungsvollzug, in: Recht im Wandel. Beiträge zu Strömungen und Fragen im heutigen Recht, Festschrift 150 Jahre Carl Heymanns Verlag KG, hrsg. von Carl Herrmann Ule, Karl Heinz Schwab, Hans Carl Nipperdey, Eugen Ulmer und Ignaz Seidl-Hohenverldern, Köln 1965, S. 53 – 90, zit.: „C. H. Ule, in Festschrift Heymanns Verlag";

ders., Zum Musterentwurf eines Verwaltungsverfahrensgesetzes. Ergebnisse eines Planspiels in der Verwaltungswissenschaftlichen Arbeitsgemeinschaft für Referendare aus Niedersachsen und Schleswig-Holstein an der Hochschule für Verwaltungswissenschaften Speyer. Sommersemester 1964, Speyer 1966, zit.: „C. H. Ule, Zum Musterentwurf";

ders.; Becker, Franz, Verwaltungsverfahren im Rechtsstaat. Bemerkungen zum Musterentwurf eines Verwaltungsverfahrensgesetzes, Köln/Berlin 1964, zit.: „C. H. Ule/F. Becker, Verwaltungsverfahren im Rechtsstaat";

ders.; Laubinger, Hans-Werner, Verwaltungsverfahrensrecht, 4. Auflage, Köln 1995;

Urban, Bernd, Das Recht auf Akteneinsicht, NWB vom 23.8.1999, Fach 2, S. 7195 – 7202;

Voßkuhle, Andreas, Theorie und Praxis der verfassungskonformen Auslegung von Gesetzen durch Fachgerichte – Kritische Bestandsaufnahme und Versuch einer Neubestimmung –, AöR 125 (2000), S. 177 – 201;

Wahl, Rainer, Verwaltungsverfahren zwischen Verwaltungseffizienz und Rechtsschutzauftrag, VVDStRL Heft 41, S. 151 – 192;

Waldhoff, Christian, Vertrauensschutz im Steuerrechtsverhältnis, in: Vertrauensschutz im Steuerrecht, hrsg. von Peter Fischer, Deutsche Steuerjuristische Gesellschaft, Bd. 27, Köln 2004, S. 129 – 160, zit.: „C. Waldhoff, DStJG Bd. 27 (2004)";

ders, Tagung der Vereinigung der Deutschen Staatsrechtslehrer vom 1.-4. Oktober 2003 in Hamburg, JZ 2004, S. 132 – 137;

Waldner, Wolfram, Der Anspruch auf rechtliches Gehör, 2. Auflage, Köln 2000;

Wank, Rolf, Richterliche Rechtsfortbildung und Verfassungsrecht, ZGR 1988, S. 314 – 339;

Weber, Max, Wirtschaft und Gesellschaft. Grundriss der verstehenden Soziologie, Tübingen 1972, zit.: „M. Weber, Wirtschaft und Gesellschaft“;

Wedelstädt, Alexander von, Kontrollmitteilung bei Außenprüfungen. Fertigung für Zwecke der Besteuerung Dritter – Zulässigkeit – Exkurs: Kontrollmitteilungen bei Steuerfahndungen, AO-StB 2005, S. 238 – 242;

Weichert, Thilo, Die Ökonomisierung des Rechts auf informationelle Selbstbestimmung, NJW 2001, S. 1463 – 1469;

Werner, Fritz, Verwaltungsrecht als konkretisiertes Verfassungsrecht, in: Recht und Gericht in unserer Zeit. Reden, Vorträge, Aufsätze 1948 – 1969, hrsg. von Karl August Bettermann, Carl Hermann Ule, Köln, Berlin, Bonn, München 1971, S. 212 – 226;

Wernsmann, Rainer, Wer bestimmt den Zweck einer grundrechtseinschränkenden Norm – BVerfG oder Gesetzgeber?, NVwZ 2000, S. 1360 – 1364;

Werres, Bettina, Information und Partizipation der Öffentlichkeit in Umweltangelegenheiten nach den Richtlinien 2003/4/EG und 2003/35/EG, DVBl. 2005, S. 611 – 619;

Wieacker, Franz, Gesetzesrecht und richterliche Kunstregel. Zu *Essers* Buch „Grundsatz und Norm“, JZ 1957, S. 701 – 706;

Wieland, Joachim, Bedeutung der Rechtsprechung des Bundesfinanzhofs für die Finanzverwaltung, DStR 2004, S. 1 – 5;

Wiethaup, Hans, Einsichtnahme in Behördenakten außerhalb des Verwaltungsgerichtsverfahrens, MDR 1958, S. 474 – 476;

Winkler, Jürgen, Sozialverwaltungsverfahren und Sozialdatenschutz (SGB X), München 2004;

Winter, Gerd, Akteneinsichtsrechte in Frankreich, UPR 1989, S. 81 – 89;

Winterhager, Antonia, Der Anwendungsbereich des Akteneinsichts- und Informationszugangsgesetzes des Landes Brandenburg, Diss. Potsdam, Frankfurt/M. 2002;

Wittreck, Fabian, Auftakt zu einer neuen Runde: die Vereinheitlichung der öffentlich-rechtlichen Fachgerichtsbarkeiten – Anmerkungen zu den neuesten Gesetzesinitiativen zur Zusammenführung der Gerichte der Verwaltungs-, Sozial- und Finanzgerichtsbarkeit in den Ländern –, DVBl. 2005, S. 211 – 220;

Wolf-Hegerbekermeier, Thomas R.; Pelizäus, Britta, Freie Informationen für alle – gut gemeint, aber auch gut gemacht?, DVBl. 2002, S. 955 – 960;

Wolff, Hans J., Verwaltungsrecht III, München/Berlin 1966;

ders. (Begr.); *Bachof, Otto; Stober, Rolf; Kluth, Winfried*, Verwaltungsrecht Band 1. Ein Studienbuch, 12. Auflage, München 2007, zit.: „H. J. Wolff/O. Bachof/R. Stober/W. Kluth, Verwaltungsrecht I";

Wolffgang, Hans-Michael, Informantenschutz im Steuerrecht, DStZ 1998, S. 102 – 107;

Wollweber, Harald, Der Informantenschutz – nur eine Frage der persönlichen Ehre?, NVwZ 2002, S. 825 – 826;

Wulffen, Matthias von (Hrsg.), SGB X Sozialverwaltungsverfahren und Sozialdatenschutz, Kommentar, 5. Auflage, München 2005, zit.: „Bearbeiter, in v. Wulffen, SGB X";

Wunsch, Oliver, Die Wettbewerbsklausel des § 65 Nr. 3 AO als Schutznorm zugunsten nicht begünstigter Konkurrenten gemeinnütziger Körperschaften, Diss. Hamburg, Frankfurt/M. 2002;

Würtenberger, Thomas, Akzeptanz durch Verwaltungsverfahren, NJW 1991, S. 257 – 263;

Zilkens, Martin, Informantenschutz in der Kommunalverwaltung von Nordrhein-Westfalen, DÖV 2001, S. 374 – 379;

Zippelius, Reinhold, Verfassungskonforme Auslegung von Gesetzen, in: Bundesverfassungsgericht und Grundgesetz, Festgabe aus Anlaß des 25jährigen Bestehens des Bundesverfassungsgerichts, 2. Band Verfassungsauslegung, hrsg. von Christian Starck, Tübingen 1976, S. 108 – 124, zit.: „R. Zippelius, in Festgabe 25 Jahre BVerfG II";

ders., Auslegung als Legitimationsproblem, in: Festschrift für Karl Larenz, hrsg. von Claus-Wilhelm Canaris und Uwe Diederichsen, München 1983, S. 739 – 749, zit.: „R. Zippelius, in Festschrift K. Larenz, 1983";

ders., Juristische Methodenlehre, 10. Auflage, München 2006.

Abkürzungsverzeichnis

a.A. (A.A.)	andere(r) Ansicht
ABl. EG/EU	Amtsblatt der Europäischen Gemeinschaften/ Europäischen Union
Abs.	Absatz
AEAO	Anwendungserlass zur Abgabenordnung 1977
a.F.	alte(r) Fassung
Alt.	Alternative
Anm.	Anmerkung(en)
AnwBl	Anwaltsblatt
AO	Abgabenordnung
AO-DV	Durchführungsverordnung zur Abgabenordnung
AO-StB	Der AO-Steuer-Berater (Zeitschrift)
AöR	Archiv für öffentliches Recht (Zeitschrift)
ArbGG	Arbeitsgerichtsgesetz
Art.	Artikel
AT	Allgemeiner Teil
Aufl.	Auflage
BayVBl.	Bayrisches Verwaltungsblatt (Zeitschrift)
BayVerfGH	Bayrischer Verfassungsgerichtshof
BB	Betriebs-Berater (Zeitschrift)
BBG	Bundesbeamtengesetz
Bd.	Band
BDSG	Bundesdatenschutzgesetz
Begr.	Begründer
Beschl.	Beschluss (Beschlüsse)
BFH	Bundesfinanzhof
BFH/NV	Sammlung amtlich nicht veröffentlichter Entscheidungen des Bundesfinanzhofes
BGB	Bürgerliches Gesetzbuch
BGBl.	Bundesgesetzblatt
BMF	Bundesministerium der Finanzen
BR	Bundesrat
BRRG	Beamtenrechtsrahmengesetz
BStBl.	Bundessteuerblatt
BT	Bundestag
BVerfG	Bundesverfassungsgericht
BVerfGE	Amtliche Sammlung von Entscheidungen des Bundesverfassungsgerichts
BVerfSchG	Bundesverfassungsschutzgesetz
BVerwG	Bundesverwaltungsgericht

BVerwGE	Amtliche Sammlung von Entscheidungen des Bundesverwaltungsgerichts
bzw.	beziehungsweise
CR	Computer und Recht (Zeitschrift)
DB	Der Betrieb (Zeitschrift)
ders.	derselbe
dies.	dieselbe
Diss.	Dissertation
DJT	Deutscher Juristentag
DÖV	Die öffentliche Verwaltung (Zeitschrift)
Drucks.	Drucksache
DSG	Datenschutzgesetz
DStJG	Deutsche Steuerjuristische Gesellschaft (Jahrestagungsband)
DStR	Deutsches Steuerrecht (Zeitschrift)
DStRE	Deutsches Steuerrecht Entscheidungsdienst (Zeitschrift)
DStZ	Deutsche Steuer-Zeitung (Zeitschrift)
DV(O)	Durchführungsverordnung
DVBl.	Deutsches Verwaltungsblatt (Zeitschrift)
DVP	Deutsche Verwaltungspraxis (Zeitschrift)
DVR	Deutsche Verkehrsteuer-Rundschau
EDV	Elektronische Datenverarbeitung
EFG	Entscheidungen der Finanzgerichte (Zeitschrift)
Einf.	Einführung
Einl.	Einleitung
EStG	Einkommensteuergesetz
EuGH	Europäischer Gerichtshof
EVwVfG	Entwurf eines Verwaltungsverfahrensgesetzes
f., ff.	folgend, fortfolgend
FA	Finanzamt
FAGO	Geschäftsordnung der Finanzämter
FG	Finanzgericht
FGG	Gesetz über die freiwillige Gerichtsbarkeit
FGO	Finanzgerichtsordnung
Fn.	Fußnote
FR	Finanz-Rundschau (Zeitschrift)
GG	Grundgesetz
ggf.	gegebenenfalls
GmbH	Gesellschaft mit beschränkter Haftung

GmbHR	GmbH-Rundschau (bis 1963: Rundschau für GmbH) (Zeitschrift)
GrS	Großer Senat
GVG	Gerichtsverfassungsgesetz
Habil.	Habilitation
Hess.	Hessischer
HFR	Höchstrichterliche Finanzrechtsprechung (Zeitschrift)
h.M.	herrschende Meinung
Hrsg., hrsg.	Herausgeber, herausgegeben
Hs.	Halbsatz
i.d.F.	in der Fassung
i.d.R.	in der Regel
i.e.S.	im engeren Sinn
IFG	Informationsfreiheitsgesetz
INF	Die Information (Zeitschrift)
InsO	Insolvenzordnung
i.S.d.	im Sinne des/der
IStR	Internationales Steuerrecht (Zeitschrift)
i.V.m.	in Verbindung mit
i.w.S.	im weiteren Sinn
JbFStR	Jahrbuch der Fachanwälte für Steuerrecht (Jahrestagungsband)
JR	Juristische Rundschau (Zeitschrift)
Jura	Juristische Ausbildung (Zeitschrift)
JuS	Juristische Schulung (Zeitschrift)
JZ	Juristenzeitung (Zeitschrift)
Kap.	Kapitel
KO	Konkursordnung
KöSDI	Kölner Steuerdialog (Zeitschrift)
KStG	Körperschaftsteuergesetz
LG	Landgericht
Ls.	Leitsatz
LT	Landtag
MDR	Monatsschrift für Deutsches Recht (Zeitschrift)
m.E.	meines Erachtens
m.w.N.	mit weiteren Nachweisen
n.F.	neue Fassung

NJW	Neue Juristische Wochenschrift (Zeitschrift)
NordÖR	Zeitschrift für öffentliches Recht in Norddeutschland (Zeitschrift)
Nr(n).	Nummer(n)
NWB	Neue Wirtschafts-Briefe (Zeitschrift)
NW/NRW	Nordrhein-Westfalen
NWVBl.	Nordrhein-Westfälische Verwaltungsblätter (Zeitschrift)
n.v.	nicht veröffentlicht
NVwZ	Neue Zeitschrift für Verwaltungsrecht (Zeitschrift)
NZS	Neue Zeitschrift für Sozialrecht (Zeitschrift)
OFD	Oberfinanzdirektion
OLG	Oberlandesgericht
OVG	Oberverwaltungsgericht
OVGE	Sammlung der Entscheidungen der Oberverwaltungsgerichte
PostG	Postgesetz
RAO	Reichsabgabenordnung
Rn.	Randnummer(n)
RFH	Reichsfinanzhof
Rspr.	Rechtsprechung
S.	Satz (Sätze)/ Seite(n)
SGB I	Sozialgesetzbuch – Allgemeiner Teil (I. Buch)
SGB X	Sozialgesetzbuch – Verwaltungsverfahren (X. Buch)
SGG	Sozialgerichtsgesetz
sog.	sogenannte(r)
SS	Sommersemester
Stbg	Die Steuerberatung (Zeitschrift)
StbJb	Steuerberater-Jahrbuch (Jahrestagungsband)
StBp	Die steuerliche Betriebsprüfung (Zeitschrift)
StEK	Steuererlasse in Karteiform (Loseblattsammlung, hrsg. von Günther Felix und Dieter Carle, Köln)
SteuStudium	Steuer und Studium (Zeitschrift)
StGB	Strafgesetzbuch
StPO	Strafprozessordnung
StuW	Steuer und Wirtschaft (Zeitschrift)
StV	Strafverteidiger (Zeitschrift)
Tz.	Textziffer
u.	und
u.a.	und andere/unter anderem

u.ä.	und ähnliche(s)
UPR	Umwelt- und Planungsrecht (Zeitschrift)
Urt.	Urteil(e)
UStG	Umsatzsteuergesetz
UVR	Umsatz- und Verkehrsteuer-Recht (Zeitschrift)
v.	vom/von
VBl.	Verwaltungsblatt
VerwArch	Verwaltungsarchiv (Zeitschrift)
Vfg.	Verfügung
VGH	Verwaltungsgerichtshof
vgl.	vergleiche
VIG	Gesetz zur Verbesserung der gesundheitsbezogenen Verbraucherinformation
Vorb.	Vorbemerkung
VR	Verwaltungsrundschau (Zeitschrift)
VVDStRL	Veröffentlichungen der Vereinigung der Deutschen Staatsrechtslehrer (Jahrestagungsband)
VwGO	Verwaltungsgerichtsordnung
VwVfG	Verwaltungsverfahrensgesetz
wistra	Zeitschrift für Wirtschaft, Steuer, Strafrecht (Zeitschrift)
WS	Wintersemester
z.B.	zum Beispiel
ZBR	Zeitschrift für Beamtenrecht (Zeitschrift)
ZGR	Zeitschrift für Unternehmens- und Gesellschaftsrecht (Zeitschrift)
Ziff.	Ziffer(n)
zit.	zitiert
ZPO	Zivilprozessordnung
ZRP	Zeitschrift für Rechtspolitik (Zeitschrift)
zutr.	zutreffend

Einführung

Die AO 1977 enthält kein ausdrückliches Recht auf Akteneinsicht. Weder das Anhörungsrecht (§ 91 AO) noch die Regel des Steuergeheimnisses (§ 30 AO) normieren ein solches Recht. Rechtsprechung und Jurisprudenz gehen dennoch fast unisono von einem Anspruch auf ermessensfehlerfreie Entscheidung über einen Antrag auf Akteneinsicht aus. Dies hat der Bundesfinanzhof in seinem jüngsten Urteil vom 4. Juni 2003 zum Akteneinsichtsrecht im Besteuerungsverfahren bestätigt[1]. Allerdings ist der rechtliche Anknüpfungspunkt eines Anspruchs auf ermessensfehlerfreie Entscheidung über den Antrag auf Akteneinsicht nicht hinreichend geklärt. Die Verfechter dieses Ermessensanspruchs lassen regelmäßig seine rechtliche Verankerung im Dunkeln[2]. Teilweise weisen sie lediglich darauf hin, dass die bewusste und gewollte Nichtregelung des Gesetzgebers einen Ermessensanspruch nicht schlechthin ausschließe[3].

Dennoch besteht in der Praxis ein großes Bedürfnis für ein Recht auf Akteneinsicht gegen die Finanzbehörde, denn dem Steuerpflichtigen sind entgegen einer weit verbreiteten Ansicht keinesfalls alle für ihn relevanten Informationen, die sich in behördlichen Steuerakten befinden, bekannt. Evident ist dies bei fremden Steuerakten. Die Notwendigkeit eines Informationsanspruches auch im Besteuerungsverfahren hat vor einiger Zeit auch die Bundesregierung erkannt, wie sich aus einer Bemerkung am Rande in der Begründung des Gesetzes zur Förderung der Steuerehrlichkeit zeigt, wo es heißt: „Die Bundesregierung erwägt jedoch, im Rahmen einer Überarbeitung der AO eine an § 19 BDSG[4] angelehnte Regelung zu schaffen; die Abstimmung zwischen dem Bundesministerium der Finanzen, den obersten Finanzbehörden der Länder, dem Bundesbeauftragten für den Datenschutz sowie Landesdatenschutzbeauftragten ist noch im Gange.“[5]. Die im Bundesfinanzministerium stattfindenden Gespräche zeigen, dass auf der einen Seite starke Verfechter des Transparenzgedanken stehen, während ein anderer Teil der restriktiven Praxis der Akteneinsicht das Wort redet.

Im Folgenden ist zu untersuchen, ob es gesetzliche Grundlagen gibt, die sich trotz fehlender ausdrücklicher Rechtsgrundlage für ein Akteneinsichtsrecht im Besteuerungsverfahren fruchtbar machen lassen. Dabei sind heutzutage nicht

---

1 VII B 138/01, BStBl. II 2003, S. 790.

2 So unter anderen BFH, Urt. v. 6.8.1965 – VI 349/63 U, BStBl. III 1965, S. 675; BFH, Beschl. v. 8.6.1995 – IX B 168/94, BFH/NV 1996, S. 64; Niedersächsisches FG, Urt. v. 17.3.2005 – 6 K 865/03, EFG 2005, S. 1068.

3 Exemplarisch BFH, Beschl. v. 4.6.2003 – VII B 138/01, BStBl. II 2003, S. 790, 791; *W. Dumke*, in Schwarz, AO/FGO, Vor §§ 78 – 133 AO Rn. 76.

4 Anmerkung: § 19 BDSG regelt einen Auskunftsanspruch des Betroffenen gegenüber Bundesbehörden und dessen Einschränkungen.

5 BR-Drucks. 542/03, S. 20.

nur die Normen der Abgabenordnung zu analysieren. Die jüngsten Entwicklungen auf dem Gebiet des europäischen und mittlerweile auch des deutschen Informationsverwaltungsrechts haben – vor allem in Form neuer Informationsfreiheitsgesetze – deutliche Spuren im Recht auf Informationszugang bei deutschen Behörden hinterlassen. Die Jahrhunderte lang von einer Arkantradition geprägte Behördenlandschaft verändert sich zusehends hin zu einer modernen, auf Kooperation und Gleichrangigkeit basierenden Verwaltung. Selbst wenn es sich dabei erst um Anfänge eines Umdenkprozesses handelt[6], könnten diese bereits Einfluss auf das Besteuerungsverfahren haben.

Nach einer umfassenden Analyse dieser Ausgangslage und den daraus resultierenden Schlussfolgerungen liegt ein weiterer Schwerpunkt auf der Erarbeitung eines tragfähigen Fundaments der Fortentwicklung. Ihre Basis kann nur eine verfassungskonforme Analogie sein. Nur das Grundgesetz kann trotz eines deutlich entgegenstehenden Willens des Gesetzgebers eine derartige Rechtsfortbildung rechtfertigen. Für eine solche müssen indes verfassungsrechtliche Direktiven für ein Akteneinsichtsrecht sprechen und dies letztlich gebieten. Wie die Untersuchung zeigen wird, existieren zahlreiche für ein solches Recht streitende verfassungsrechtliche Wertungen, die der Gesetzgeber nicht oder zumindest nicht hinreichend berücksichtigt hat.

Im Ergebnis der Verfassungsanalyse offenbart sich eine verfassungswidrige Lücke im Besteuerungsverfahren hinsichtlich eines Akteneinsichtsrechts. Diese in verfassungskonformer Weise zu schließen, ist Aufgabe des anschließenden Kapitels. Hierbei findet sich die erste Hürde darin, eine analog anzuwendende Vorschrift ins Auge zu fassen. Dabei drängt sich sowohl ein Vergleich mit Regelungen in anderen Verwaltungsbereichen als auch im sachnahen Finanzprozessrecht auf. Neben dieser Fragestellung kommt es zur Entscheidung, wie ein Akteneinsichtrecht im Besteuerungsverfahren auszugestalten ist. Den gesetzge-

6 Zum Informationsfreiheitsgesetz des Bundes vgl. *M. Kloepfer/K. v. Lewinski*, DVBl. 2005, S. 1277, 1288: „Einstiegsgesetz in die Informationszugangsfreiheit (bzw. als Ausstiegsgesetz aus der Arkanverwaltung)“; *D. Kugelmann*, NJW 2005, S. 3609, 3613: „Der entscheidende Fortschritt [...] besteht zunächst in seiner bloßen Existenz.“; *O. Reinhart*, DÖV 2007, S. 18: „eine kleine Revolution auf dem Gebiet der Bürgerinformationsrechte“; *F. Schoch*, DÖV 2006, S. 1, 10: „Ein Anfang scheint nun gemacht.“; ferner auch *T. Bräutigam*, DÖV 2005, S. 376, 382.

berischen Wertungen soll dabei soweit als möglich auch in der Zukunft Geltung verschafft werden. Bei den vom Finanzausschuss gegen ein Einsichtsrecht vorgetragenen Argumenten handelt es sich letztlich um Grenzen eines Akteneinsichtsrechts. Sie werden deshalb zunächst auf ihre verfassungsrechtlichen Wurzeln untersucht und im Rahmen der Ausgestaltung auf ihre Schrankenwirkung hin geprüft.

1. Kapitel: Status quo zum Akteneinsichtsrecht im Besteuerungsverfahren

A. Rechtslage bis zum Erlass der AO 1977

I. Historische Wurzeln: Kein Akteneinsichtsrecht in der Reichsabgabenordnung

Die Reichsabgabenordnung (RAO) sah kein Recht der Beteiligten eines Besteuerungsverfahrens auf Einsicht in „ihre“ Steuerakten oder in andere sie nicht betreffende Steuerakten vor. Punkte, in denen wesentlich von der durch den Steuerpflichtigen abgegebenen Steuererklärung (§§ 168 ff. RAO) und zu Ungunsten des Steuerpflichtigen abgewichen werden sollte, waren dem Steuerpflichtigen indes mitzuteilen (§ 205 Abs. 4 RAO[7]). Gegen diese heute so selbstverständlich erscheinende Vorschrift bestanden große Bedenken innerhalb der Finanzverwaltung, als sie eingeführt wurde. Die Finanzämter seien außerstande, diesen Anforderungen zu genügen. Obwohl er ein Verfechter des Akteneinsichtsrechts war, hatte auch *E. Becker* die Sorge, dass die Beamten ermüden und letztlich die Steuererklärung unbeanstandet durchgehen lassen würden[8]. Spätestens im Rechtsmittelverfahren sollten dem Steuerpflichtigen auf Antrag oder, wenn der Inhalt der Rechtsmittelschrift dazu Anlass gab, von Amts wegen die Unterlagen der Besteuerung mitgeteilt werden (§ 240 S. 1 RAO). Der Steuerpflichtige sollte wissen, wogegen er seine Angriffe im Rechtsmittelverfahren zu richten hatte[9]. Neben diesen Mitteilungen hatte der Steuerpflichtige im Rahmen eines finanzgerichtlichen Verfahrens ein Recht auf Akteneinsicht, das nur aus dringenden dienstlichen Gründen eingeschränkt werden durfte (§ 247 Abs. 1 S. 1 RAO). Für eine Akteneinsicht in Vorakten, Beiakten, Gutachten und Auskünfte musste jedoch die Stelle zustimmen, der die Akten gehörten oder die die Äußerung eingezogen hatte (§ 247 Abs. 1 S. 2 RAO). Zu diesen Vor- und Beiakten gehörten dabei nicht die Akten, die in der zu entscheidenden Sache selbst beim Finanzamt oder Finanzgericht entstanden sind[10]. Entsprechend einer weit verbreiteten Verwaltungsübung lehnten die Finanzämter Akteneinsicht gewohnheitsmäßig ab. Nach der Auffassung *E. Becker*s stand diese Übung im Gegensatz zum Grundgedanken der Abgabenordnung, wonach die Verwaltung das Vertrauen der Steuerpflichtigen erwerben und sichern müsse[11].

7 Entspricht dem heute in § 91 AO geregelten Anhörungsrecht.

8 *E. Becker*, Die Reichsabgabenordnung, § 205 RAO, Anm. 3.

9 *E. Becker*, Die Reichsabgabenordnung, § 240 RAO, Anm. 1.

10 *E. Becker*, Die Reichsabgabenordnung, § 247 RAO, Anm. 2.

11 *E. Becker*, Die Reichsabgabenordnung, § 247 RAO, Anm. 2; ähnlich auch das Bundesverfassungsgericht zur Stellung unter dem Grundgesetz, wonach die „Notwendigkeit des Gesprächs zwischen Verwaltung und Bürger [...] dem grundgesetzlichen Ver-

Nach seiner Ansicht war es also ein Anliegen der Abgabenordnung, einen vertrauensvollen gegenseitigen Umgang von Finanzverwaltung und Steuerpflichtigen zu erreichen. Er ging offensichtlich davon aus, dass mit einer großzügigeren Gewährung von Akteneinsicht dieses Ziel zu erreichen wäre.

II. Entwicklung der AO 1977

Die RAO wurde 1977 von der AO 1977 abgelöst. Der Bundestag forderte 1963 die Bundesregierung auf, die RAO zu reformieren[12]. Um die Arbeiten vorzubereiten, setzte der Bundesminister der Finanzen einen Arbeitskreis für die Reform der RAO ein, der 1969 das Ergebnis seiner Arbeiten in Form eines Berichts vorlegte. Dieser Bericht samt Begründung bildete die Grundlage für den von der Bundesregierung eingebrachten Entwurf[13]. Neben den Hauptzielen, die Abgabenordnung wieder als Mantelgesetz auszugestalten, die Systematik zu verbessern sowie einen gerechten Ausgleich zwischen den Grundsätzen der Rechtssicherheit und der Gleichmäßigkeit der Besteuerung zu finden, wurde die Vereinheitlichung mit dem allgemeinen Verwaltungsrecht besonders angestrebt[14]. Der Gesetzgeber wollte außerdem das Besteuerungsverfahren beschleunigen und das Steueraufkommen sichern[15]. Die nahezu zeitgleiche Beratung des Verwaltungsverfahrensgesetzes und der Abgabenordnung in den Ausschüssen des Bundestages ermöglichte es, die von beiden Gesetzen umfassten Regelungen zum Verwaltungsverfahren anzugleichen[16]. Viele Vorschriften des Entwurfs der Abgabenordnung entsprachen sachlich und zu einem großen Teil auch wörtlich den Vorschriften des Entwurfs eines Verwaltungsverfahrensgesetzes[17]. Die Besonderheiten des Steuerrechts und seine bis zu diesem Zeitpunkt eigenständige Entwicklung waren der Grund für einige Abweichungen[18]. Ohne Not sollte nicht

---

ständnis der Stellung des Bürgers im Staat" entspricht, BVerfG, Beschl. v. 10.5.1977 – 1 BvR 514/68 und 323/69, BVerfGE 45, S. 297, 335.

12 BT, Sten. Bericht 64. Sitzung, 4. Wahlperiode, v. 13.3.1963, S. 2973, BT-Drucks. IV/1005, S. 4; neu eingebracht als BT-Drucks. VI/1982, S. 93 bzw. als BT-Drucks. 7/79.

13 BT-Drucks. VI/1982, S. 93, neu eingebracht als BT-Drucks. 7/79.

14 BT-Drucks. VI/1982, S. 93 f., neu eingebracht als BT-Drucks. 7/79; BT-Drucks. 7/4292; *H. Söhn*, in Hübschmann/Hepp/Spitaler, AO/FGO, Einführung Rn. 83 (Oktober 1983); vgl. auch *K. Tipke*, AöR Bd. 94 (1969) S. 224, 252.

15 BT-Drucks. 7/4292, S. 3.

16 *W. Klappstein*, Rechtseinheit und Rechtsvielfalt, S. 45; *H. Söhn*, in Hübschmann/Hepp/Spitaler, AO/FGO, Einführung Rn. 84 (Oktober 1983).

17 Vgl. BT-Drucks. VI/1173; BT-Drucks. 7/910.

18 BT-Drucks. 7/4292, S. 4 f.; siehe auch *R. Seer*, Verständigungen in Steuerverfahren, S. 132.

in eine durch die Rechtsprechung gesicherte langjährige Verwaltungspraxis eingegriffen werden[19].

Die Bundesregierung hat nicht erwogen, einen Anspruch auf Akteneinsicht in den Entwurf der Abgabenordnung zu übernehmen. Sie hat damit die Möglichkeit, in diesem Reformprozess ein Akteneinsichtsrecht oder dessen dezidierten Ausschluss ins Gesetz aufzunehmen, nicht wahrgenommen. Diesen Punkt sah sie wohl als Teil der eigenständigen Entwicklung des Steuerrechts und der langjährigen Verwaltungspraxis[20] an, wenn man die zeitgleiche, trotz eines Vereinheitlichungswunsches dazu gegensätzliche Entwicklung im VwVfG betrachtet. Der Entwurf des VwVfG enthielt nämlich in § 25[21] ein Recht der Beteiligten eines Verwaltungsverfahrens auf Akteneinsicht[22].

Im Gegensatz zur Bundesregierung sah der Finanzausschuss des Bundestages das Thema Akteneinsicht zumindest als diskussionsbedürftig an und erwog, ein Akteneinsichtsrecht im Besteuerungsverfahren einzuführen. Letztlich lehnte er die Aufnahme in die Abgabenordnung dezidiert aus drei Gründen ab: Der Schutz Dritter, der Schutz des Ermittlungsinteresses der Finanzbehörden und der Schutz vor einer nicht vertretbaren Belastung der Finanzverwaltung[23]. Dabei ging nach der Begründung der dritte Aspekt jeweils eng mit den beiden erstgenannten Punkten einher. Die Interessen Dritter werden durch das Steuergeheimnis (§ 30 AO) geschützt. Tatsachen, die Dritte betreffen, seien häufig in Steuerakten vorhanden und müssten vor einer Einsichtnahme aus den Akten entfernt werden. Dasselbe gelte für das in den Akten enthaltene Kontrollmaterial. Die Finanzbehörden müssten also zunächst alle Akten vollständig überprüfen, um Daten, die Dritte betreffen bzw. Kontrollmitteilung entfernen zu können. Dies führe zu einem nicht vertretbaren Verwaltungsaufwand und sei daher unpraktikabel[24]. Zumindest von Seiten des Finanzausschusses handelte es sich um einen bewussten Ausschluss des Akteneinsichtsrechts.

---

19 BT-Drucks. VI/1982, S. 94, neu eingebracht als BT-Drucks. 7/79. Der Bund-Länder-Ausschuss brachte in der Begründung zum EVwVfG 1963, S. 67 zum Ausdruck, dass die Verfahrensvorschriften der RAO so stark auf die speziellen Bedürfnisse und Besonderheiten des Steuerrechts abgestimmt seien, dass es untunlich sei, diese bewährten Strukturen zugunsten einer Vereinheitlichung mit einem VwVfG aufzuheben. Bei einer nur teilweisen oder ergänzenden Anwendung käme es zu schwer handhabbaren Überschneidungen

20 *H. J. Hegelau*, Das Recht auf Akteneinsicht, S. 124; *E. Becker*, Die Reichsabgabenordnung, § 247 RAO, Anm. 2, hat auf die Verwaltungsübung bereits 1930 hingewiesen.

21 Entspricht dem heutigen § 29 VwVfG; BT-Drucks. 7/910.

22 BT-Drucks. 7/910, S. 52.

23 BT-Drucks. 7/4292, S. 9, 24 f.

24 BT-Drucks. 7/4292, S. 9, 24 f.

Damit unterscheidet sich der Bereich des Akteneinsichtsrechts von dem des Anhörungsrechts. Ein solches Recht wurde in die AO 1977 aufgenommen. Nach der Begründung des Regierungsentwurfs zu § 105 des Entwurfes der AO[25] enthält die Norm den Grundsatz des rechtlichen Gehörs und entsprach wörtlich § 21[26] des Entwurfes eines VwVfG[27]. In diesem Bereich kam es mithin zu der gewünschten Angleichung beider Verfahrensrechtsordnungen. Der Vereinheitlichungswunsch für das allgemeine Verwaltungsverfahren und das Besteuerungsverfahren hat der Gesetzgeber demgegenüber bezüglich der Akteneinsicht bewusst hintan gestellt. Während er das Anhörungsrecht in beiden Regelungsbereich ähnlich ausgestaltet hat, hat er ein Akteneinsichtsrecht nur in § 29 VwVfG normiert. Hieraus lässt sich nur der Schluss ziehen, dass der Gesetzgeber auch inhaltlich etwas Abweichendes regeln wollte.

B. Divergenz zwischen Bedürfnissen in der Praxis und Gesetzeslage

Das fehlende Recht auf Akteneinsicht im Besteuerungsverfahren könnte zu der Annahme führen, dass in diesem Bereich kein Bedürfnis auf Akteneinsicht besteht, weil der Gesetzgeber es ansonsten in einer der zahlreichen Änderungen der AO 1977 vermutlich bereits eingeführt hätte.

I. Forderungen der Praxis nach einem Akteneinsichtsrecht

Allerdings kann eine solche Diagnose nicht allein aus der gesetzgeberischen Untätigkeit geschlussfolgert werden. Die Bedürfnislage kann davon durchaus abweichen.

1. Einsicht in eigene Steuerakten

Die verbreitete Meinung, dass im Besteuerungsverfahren kein Bedürfnis für eine Akteneinsicht in die den Steuerpflichtigen selbst betreffenden Akten der Finanzbehörde besteht, stützt sich darauf, dass die Veranlagung im Besteuerungsverfahren auf dem Steuerpflichtigen bekannten Daten beruht, die er in seiner Steuererklärung angegeben hat[28]. Der Steuerbürger kennt also in weiten Teilen die der Finanzbehörde vorliegenden Informationen, weil er sie selbst der Behörde in seiner Steuererklärung zugänglich gemacht hat. Diese Position greift rechtlich und faktisch indes zu kurz. Die Finanzbehörde kann der Besteuerung auch andere als die vom Beteiligten in der Steuererklärung vorgetragene Tatsachen zugrunde legen. Dies unterstreicht die AO 1977 ausdrücklich in der Regelung des § 91 AO, wonach das Anhörungsrecht immer dann Platz greift, wenn die Finanzbehörde andere als die vom Beteiligten vorgetragenen Tatsachen ihrer

---

25 Entspricht dem heutigen § 91 AO 1977.

26 Entspricht dem heutigen § 25 VwVfG.

27 BT-Drucks. VI/1173, S. 41 f.

28 *R. Seer*, StuW 2003, S. 40, 42 f.

Entscheidung zugrunde legen will[29]. Das können sämtliche Formen behördlicher Erkenntnisse sein, wie Kontrollmitteilungen (§§ 93a, 194 Abs. 6 S. 4 AO), Anzeigen anderer Behörden, Beweiserhebungsergebnisse wie Auskünfte und Sachverständigengutachten oder Schätzungsergebnisse, deren Berechnungsmethode die Finanzbehörde nicht aufdeckt[30].

Dem Steuerpflichtigen nicht bekannte Daten und Informationen können die finanzbehördlichen Akten darüber hinaus beinhalten, wenn die Finanzbehörde besondere Verfahren der Sachaufklärung[31] wie Außenprüfung (§§ 193 ff. AO), Steuer- bzw. Zollfahndung (§ 208 AO) oder Steuerstrafverfahren eingeleitet bzw. durchgeführt hat[32]. In den beiden letzten Fällen existieren Ermittlungsakten, deren Inhalt der Steuerpflichtige der Behörde u. U. nicht selbst zugänglich gemacht hat. Im Falle der Außenprüfung existieren in der Akte der Finanzbehörde neben den vom Steuerpflichtigen selbst eingereichten Informationen Prüfungsunterlagen. Der Steuerpflichtige erhält zwar am Ende der Außenprüfung einen Prüfungsbericht, der das Ergebnis der Prüfung enthält. Darin sind die steuerrelevanten Prüfungsfeststellungen in tatsächlicher und rechtlicher Hinsicht sowie Änderungen der Besteuerungsgrundlagen enthalten (§ 202 Abs. 1 AO). Dieser Prüfungsbericht enthält jedoch nicht alle in der Prüferakte befindlichen Unterlagen und Daten. Es kann für den geprüften Steuerpflichtigen von Interesse sein, ob ein konkreter Anlass etwa in Form einer Kontrollmitteilung zu der Prüfung geführt hat. Eine solche Begründung muss weder in der die Duldungspflicht, die Außenprüfung hinzunehmen, konkretisierenden Prüfungsanordnung, noch im Prüfungsbericht enthalten sein[33]. Des Weiteren befinden sich in der Prüferakte die Berechnungen und Aufzeichnungen der Verprobungen des Außenprüfers häufig in Form handschriftlicher Aufzeichnungen[34]. Diese sind im Prüfungsbericht (§ 202 AO), der nur das Prüfungsergebnis zum Inhalt hat, ebenfalls nicht enthalten. Um Berechnungs-, Übertragungs-, Denk- oder Logikfehler feststellen zu können, benötigt der Steuerpflichtige auch Einsicht in die Prüferakte. Diese wird in der Praxis regelmäßig getrennt von der eigentlichen Steuerakte des Steuerpflichtigen aufbewahrt, was aus der Trennung zwischen auswertendem Sachgebiet und Prüfungsdienst resultiert. *J. Burkhard* sieht die Prüferak-

---

29 *K. Tipke*, in Tipke/Kruse, AO/FGO, § 91 AO Tz. 5 (August 2006); *J. Uterhark*, in Schwarz, AO/FGO, § 91 AO Rn. 8 (August 2001); für das allgemeine Verwahrensrecht und das Sozialrecht vgl. *O. E. Krasney*, NVwZ 1986, S. 337, 338.

30 *M. Streck/K. Olbing*, BB 1994, S. 1267; *J. Uterhark*, in Schwarz, AO/FGO, § 91 AO Rn. 8 (August 2001).

31 Dazu näher *R. Seer*, in Tipke/Lang, Steuerrecht, § 21 Rn. 224 ff.

32 Siehe *Burkhard/J. H. Adler*, Fehlerquellen in der Betriebsprüfung, S. 303 ff.

33 *R. Seer*, in Tipke/Lang, Steuerrecht, § 21 Rn. 241 für die Prüfungsanordnung.

34 *J. Burkhard/J. H. Adler*, Fehlerquellen in der Betriebsprüfung, S. 313.

te dennoch als Teil der Steuerakte an[35] Auf die Kenntnis dieser Daten ist der Steuerpflichtige angewiesen, um die Willensbildung der Behörde nachvollziehen und gegebenenfalls anfechten zu können. Neben die Diagnose, welche dem Steuerpflichtigen unbekannten Informationen die Steuerakte im Fall einer Außenprüfung enthält, tritt die Tatsache, dass die Finanzverwaltung aus Rationalisierungsgründen heutzutage häufig gar keine ausführlichen Prüfungsberichte mehr erstellt. Sie begnügt sich dann mit sog. Kurzberichten, welche die Ergebnisse der Außenprüfung zusammenfassen, ohne aussagekräftige Hinweise zum tatsächlichen Geschehensablauf und zur rechtlichen Würdigung zu geben[36]. Bei einer solchen Verfahrensweise sind auch die ansonsten im Prüfungsbericht enthaltenen Daten dem Steuerpflichtigen unbekannt.

Aber auch in dem Fall, dass der Steuerpflichtige alle Informationen, die sich in der Akte des Finanzamtes über ihn befinden, selbst eingereicht hat, kann ein Bedürfnis auf Akteneinsicht nicht automatisch verneint werden. Aufgrund der langen Fristen für die Festsetzung, Aufhebung oder Änderung von Steuern (§ 169 AO) sind oft mehrere Jahre zwischen der Abgabe der Steuererklärung und dem Anlass für ein Akteneinsichtsgesuch vergangen, nach denen der Steuerpflichtige – unter Umständen unter Verstoß gegen seine Aufbewahrungspflichten (§§ 140 ff. AO) – seine abgegebene Erklärung nicht mehr rekonstruieren kann und deshalb auf eine umfassende Akteneinsicht angewiesen ist.

Wie bei den Prüferakten gesehen ist die Einsichtnahme in die eigenen Steuerakten zur Vorbereitung von Rechtsbehelfsverfahren sinnvoll. Der Steuerpflichtige muss dafür auf der einen Seite wissen, welche Informationen der Steuerbehörde über ihn bekannt sind. Auf der anderen Seite möchte er möglicherweise von der Behörde gemachte Fehler aufdecken, um sich dagegen wehren zu können. Solche Fehler kann der Steuerpflichtige nur mittels einer Einsicht in die behördlichen Akten aufdecken. Es sind viele Fälle denkbar, in denen der Steuerpflichtige auf eine solche angewiesen ist, um seine Rechte wirkungsvoll und effektiv verfolgen zu können. Einige typische Fallkonstellationen des Besteuerungsverfahrens drängen sich auf[37]: Es kann darum gehen, einen Verwaltungsakt wegen offensichtlicher Unrichtigkeit zu berichtigen (§ 129 AO) oder wegen nachträglich bekannt gewordener Tatsachen zu ändern (§ 173 Abs. 1 Nr. 1 AO). Um das Finanzamt zu einer Änderung wegen offenbarer Unrichtigkeit zu bewegen, muss der Steuerpflichtige das zur Unrichtigkeit führende Versehen oder Vertun der Finanzbehörde kennen. Ansonsten kann er es nicht darlegen[38]. Dies wird ihm

35 Vgl. *J. Burkhard*, StV 2000, S. 526, 527.

36 *R. Seer*, in Tipke/Lang, Steuerrecht, § 21 Rn. 248.

37 *L. Heißenberg*, KÖSDI 2000, S. 12310, 12315; *B. Urban*, NWB v. 23.8.1999, Fach 2, S. 7195.

38 Zur Notwendigkeit der Darlegung *K. Tipke*, in Tipke/Kruse, AO/FGO, § 129 AO Tz. 31 (April 2008).

regelmäßig nur nach einer Einsichtnahme der Akten möglich sein. Typische Rechtsprechungsbeispiele sind Ablese- und Übertragungsfehler beispielsweise hinsichtlich der Steuertabelle des Steuersatzes oder der Steuerklasse, Eingabefehler, Übersehen anderer Grundlagenbescheide, erklärter Besteuerungsgrundlagen und ähnlichem oder Doppelerfassungen[39]. Ebenso notwendig ist die Akteneinsicht für den Steuerpflichtigen, wenn er prüfen will, ob eine Tatsache dem zur Bearbeitung des Steuerfalls berufenen Finanzbeamten[40] nachträglich bekannt wurde. Die Aufhebung oder Änderung des Steuerbescheids steht nicht im Ermessen der Behörde (§ 173 Abs. 1 1. Hs. AO). Ein Antrag des Steuerpflichtigen ist nicht vonnöten. Ob die Finanzbehörde ihrer Pflicht zu ändern oder aufzuheben nachgekommen ist, kann er jedoch nur nach Einsichtnahme prüfen. Für eine Änderung oder Aufhebung zu seinen Gunsten trägt er auch die Beweislast[41]. Des Weiteren gibt es Situationen, in denen die Finanzbehörden gegen das Steuergeheimnis verstoßen, indem sie anderen Behörden oder auch nicht mit Steuerverfahren befassten Teilen von Finanzbehörden Erkenntnisse über festgestellte Unregelmäßigkeiten zukommen lassen. Solche Verstöße werden dem Steuerpflichtigen nur durch Akteneinsicht in seine Steuerakten bekannt, die eventuell diesbezügliche Aktenvermerke oder Durchschriften enthalten. Nicht zwingend erforderlich ist eine Akteneinsicht demgegenüber, wenn unklar ist, ob die Finanzbehörde einen Steuerverwaltungsakt innerhalb der Festsetzungsfrist abgesendet hat (§ 169 Abs. 1 Nr. 1 AO), weil die Finanzbehörde hierfür die Beweislast trifft[42]. Es genügt mithin, wenn der Steuerpflichtige sich darauf beruft, dass die Festsetzungsfrist zu diesem Zeitpunkt bereits abgelaufen war[43].

Überdies ist es für den steuerlichen Berater aus verschiedenen Gründen wichtig zu wissen, welche Daten der Finanzverwaltung über den Steuerpflichtigen vorliegen. Das umfassende Informationsbedürfnis resultiert zum einen aus tatsächlichen Gründen. Insbesondere für Berater, die ein neues Mandat annehmen, ist es häufig notwendig, sich anhand der der Finanzbehörde vorliegenden Akten in die Verhältnisse des Steuerpflichtigen einzuarbeiten. Unerlässlich wird dies, wenn der „Vorberater“ zum Beispiel wegen noch offener oder ungeklärter For-

---

39 Zu den Beispielen *K. Tipke*, in Tipke/Kruse, AO/FGO, § 129 AO Tz. 18-26 (April 2008).

40 Zu dem Streit, wem die Tatsache nachträglich bekannt werden muss, *M. Loose*, in Tipke/Kruse, AO/FGO, § 173 AO Tz. 28-32 (August 2006); *R. Seer*, in Tipke/Lang, Steuerrecht, § 21 Rn. 413, befürwortet eine Sphärenverantwortung.

41 *M. Loose*, in Tipke/Kruse, AO/FGO, § 173 AO Tz. 53 (August 2006).

42 Vgl. *H. W. Kruse*, in Tipke/Kruse, AO/FGO, § 169 AO Tz. 27 f. (Oktober 2006).

43 Den Tag der Aufgabe zur Post nachzuweisen, bereitet der Finanzbehörde häufig Schwierigkeiten. Die Finanzämter versuchen, sich dafür auf Postaufgabevermerke, Sammellisten, Posteinlieferungsbücher, auf das Datum des Steuerbescheids oder das Datum des Poststempels auf dem Briefumschlag zu berufen (*K. Tipke*, in Tipke/Kruse, AO/FGO, § 122 AO Tz. 59 (April 2008).

derungen Unterlagen des neuen Mandanten zurückbehält. Zum anderen bestehen aus Beratersicht rechtliche Gründe für einen Informationszugang. Er kann der Gefahr von Haftungsfällen vor allem durch umfassende Kenntnis der steuerlichen Verhältnisse des Steuerpflichtigen entgegenwirken[44].

Ein weiteres Beispiel ist der Steuerpflichtige, der bei der Finanzbehörde angezeigt worden ist. Er kann ein Interesse daran haben festzustellen, wie bzw. von wem die Finanzbehörde ihn betreffende Informationen erhalten hat. Steuerakten enthalten häufig Daten zu anderen Personen, gegen die der Steuerpflichtige ggfs. vorgehen möchte. Die Steuerbehörden sind nämlich auch auf Informationen Dritter angewiesen, um die richtige Besteuerung sicherstellen zu können[45]. Solche Personen unterrichten die staatlichen Behörden von der Steuerunehrlichkeit anderer[46]. Offenkundig ist diese Interessenlage bei ehrverletzenden und unwahren Tatsachen. In diesem Fällen will der Steuerpflichtige u. U. straf- oder auch zivilrechtlich gegen den Informanten vorgehen. Für strafrechtliche Sanktionen treten besonders die Tatbestände der üblen Nachrede (§ 186 StGB) oder der Verleumdung (§ 187 StGB) ins Blickfeld. Gehen mit der Verbreitung von unwahren Tatsachen Ehrverletzungen einher, die auch das allgemeine Persönlichkeitsrecht tangieren[47], können Schadensersatzansprüche bestehen (§§ 823 Abs. 1, 253 Abs. 1 BGB). Außerdem wollen Betroffene sich regelmäßig rehabilitieren. Aber auch in weniger gravierenden Fällen ist es nachvollziehbar, dass der Angezeigte erfahren möchte, wem er beispielsweise die Einleitung eines Steuerstrafverfahrens oder auch nur eine Außenprüfung zu „verdanken“ hat. Letztlich kann es zur Festsetzung von Mehrsteuern aufgrund der Aussage des Informanten kommen, deren Unrichtigkeit der Angezeigte unter Umständen nicht näher beweisen kann und bei denen er von der Finanzbehörde auf das Steuergeheimnis der Informantenperson verwiesen wird[48].

---

44 *K. Grundmann*, AO-StB 2004, S. 130.

45 Vgl. *R. Seer*, in Tipke/Lang, Steuerrecht, § 21 Rn. 4, 172; *ders.*, in Tipke/Kruse, AO/FGO, § 90 AO Tz. 1 (April 2008).

46 *H. G. Hofmann*, DStR 2000, S. 1078; *H.-M. Wolffgang*, DStZ 1998, S. 102, plädiert dafür, diese Personen nicht, wie es häufig geschieht, als „Denunzianten“ (vgl. exemplarisch KG, Beschl. v. 6.6.1985 – Zs 1048/84 – 4 Ws 50/85, NJW 1985, S. 1971, 1972; *P. Bilsdorfer/ R. Weyand*, Die Informationsquellen und –wege der Finanzverwaltung, S. 44; *F. Heerspink*, AO-StB 2002, S. 29; *W. Hetzer*, NJW 1985, S. 2991), sondern als „Informanten“ zu bezeichnen, weil letzteres eine wertneutrale Bezeichnung ist.

47 Vgl. folgende Beispiele: BFH, Urt. v. 7.5.1985 – VII R 25/82, BStBl. II 1985, S. 571, 572; Urt. v. 8.2.1994 – VII R 88/92, BStBl. II 1994, S. 552, 554.

48 Vgl. das Beispiel bei *H. G. Hofmann*, DStR 2000, S. 1078, in der ein ehemaliger Gesellschafter-Geschäftsführer einer GmbH das Finanzamt von einem angeblichen Sachverhalt unterrichtet, der bei Vorliegen zu einer verdeckten Gewinnausschüttung

2. Einsicht in fremde Steuerakten

In den bisher dargestellten Sachlagen erstrebte der Steuerpflichtige Einsicht in die ihn betreffenden Steuerakten. Erforderlich kann daneben auch Akteneinsicht in die Steuerakten anderer Steuerbürger sein. Informationen über Konkurrenten können im wirtschaftlichen Leben wichtig und oft lebensnotwendig sein, um im Klagewege gegen mögliche Fehlbesteuerungen mit subventivem Charakter dieser Wettbewerber vorgehen zu können[49]. Indes erschöpft sich das Interesse an Einsicht in andere Steuerpflichtige betreffende Steuerakten nicht in diesen Konkurrentenfällen. Von größter wirtschaftlicher Relevanz ist daneben die Akteneinsicht des Insolvenzverwalters in die steuerlichen Akten des Steuerpflichtigen[50], über dessen Vermögen das Insolvenzgericht (§ 2 Abs. 1 InsO) ein Insolvenzverfahren eröffnet hat (§§ 27, 80 ff. InsO)[51]. Dem Insolvenzverwalter stehen, besonders wenn er mit der Verwaltung kleinerer Unternehmen betraut ist, häufig keine vollständigen Akten mehr zur Verfügung, aus denen er ersehen könnte, in welcher Lage sich der Insolvenzschuldner hinsichtlich seiner Steuerpflicht bzw. seiner Steuerschulden befindet. War das Unternehmen schon längere Zeit überschuldet, so hat es in aller Regel auch seine steuerlichen Pflichten nicht mehr erfüllt. Es hat also weder Steuererklärungen eingereicht, noch Steuern entrichtet. Gerade kleinere Unternehmen mit einer geringfügigen Buchhaltung verletzen in dieser Phase des Öfteren ihre Aufzeichnungs- und Aufbewahrungspflichten. Die einzige dem Insolvenzverwalter verbleibende Chance ist eine Einsichtnahme in die dem Finanzamt über den betreffenden Steuerpflichtigen vorliegenden Akten. Darin finden sich die ergangenen Steuerbescheide, bei denen es sich oft um Schätzungsbescheide (§§ 162, 155 Abs. 1 S. 1 AO) handeln wird. Ebenso kann er aus den Akten ersehen, ob der Insolvenzschuldner die festgesetzten Steuern entrichtet hat, ob das Finanzamt bereits Säumnis- oder Verspätungszuschläge oder Zinsen festgesetzt hat und ob sogar schon Vollstreckungsmaßnahmen eingeleitet wurden.

Diese Beispiele zeigen, dass ein großes praktisches Bedürfnis besteht, Einsicht sowohl in die „eigenen" als auch in fremde finanzbehördliche Akten zu nehmen. Zwischen der praktischen Notwendigkeit einer Akteneinsicht und der gesetzlichen Lage klafft mithin eine sehr große Kluft, die der Gesetzgeber bereits seit Jahrzehnten unberücksichtigt lässt.

---

bei dem anderen Gesellschafter-Geschäftsführer führen würde, von deren Bejahung das Finanzamt trotz gegenteiliger Beweise nicht abrückt.

49 *G. Rößler*, StBp 2004, S. 336, zu Möglichkeiten der Aktenbeiziehung fremder Steuerakten zu einem Finanzprozess.

50 Ob es sich hierbei um einen Fall der Akteneinsicht in eigene oder fremde Steuerakten handelt, soll an dieser Stelle noch offen bleiben. Dazu detailliert 5. Kapitel, B. I. 3.

51 Vgl. zum entgegen gesetzten Fall, dass das Finanzamt Einsicht in die Akten des Insolvenzschuldners begehrt, *M. App*, DStZ 2001, S. 83.

II. Potentielle normative Anknüpfungspunkte für ein Akteneinsichtsrecht im Besteuerungsverfahren

Wegen der beschriebenen Diskrepanz erstaunen nicht die Versuche, nicht ausdrücklich auf das Akteneinsichtsrecht im Besteuerungsverfahren zugeschnittene Normen als Rechtsgrundlage für ein solches Recht heranzuziehen.

1. Akteneinsicht und Anhörungsrecht (§ 91 AO)

Sowohl Teile der Rechtsprechung[52] als auch der Finanzverwaltung[53] und der Literatur[54] sehen einen Anknüpfungspunkt für ein Akteneinsichtsrecht in dem für das Besteuerungsverfahren in § 91 AO normierten Recht auf Gehör. Sie verstehen das Recht auf Akteneinsicht teilweise als Ausfluss des Anhörungsrechts der Beteiligten, obwohl es als solches nicht normiert ist.

Deutlich wird diese Sicht im Anwendungserlass zur AO 1977[55], wenn er zu § 91 AO bestimmt, dass den Beteiligten im Steuerfestsetzungsverfahren ein Recht auf Akteneinsicht nicht gewährt wird[56]. Im Einzelfall könne die Finanzbehörde jedoch nach ihrem Ermessen Akteneinsicht gewähren[57]. Zweckmäßig könne eine Akteneinsicht insbesondere nach einem Beraterwechsel sein[58]. Die Formulierung „insbesondere" zeigt, dass auch in anderen Fällen als dem explizit genannten Fall des Wechsels eines Beraters dieselbe gewährt werden kann. Eine entsprechende Formulierung enthält auch der Anwendungserlass zur AO 1977 zu § 364 AO, für den Fall, dass ein außergerichtliches Rechtsbehelfsverfahren mit dem Charakter eines (verlängerten) Verwaltungsverfahrens[59] durchgeführt wird. Dieser verwaltungsinterne Anwendungserlass zur AO 1977 könnte aber nur dann eine Rechtsgrundlage für einen Ermessensanspruch auf Akteneinsicht sein,

52 FG Mecklenburg-Vorpommern, Urt. v. 23.6.1994 – I 174/93, EFG 1995, S. 50; ausdrücklich ablehnend BFH, Beschl. v. 4.6.2003 – VII B 138/01, BStBl. II 2003, S. 790, 791.

53 FinMin NW Vfg. v. 1.11.2004 – 2002–10–01 S 0226, Tz. 2.1 c), juris; OFD Frankfurt am Main, Vfg. v. 27.11.2003 – S 0622 A–20–St II 4.01, StEK AO 1977 § 364 Nr. 1, S. 2; OFD Hannover, Vfg. v. 14.9.1999 – S 0226–26–StO 321, Tz. 2.1.3, juris.

54 *U.-C. Dißars*, NJW 1997, S. 481, 482; *W. Dumke*, in Schwarz, AO/FGO, Vor §§ 78 – 133 AO Rn. 76; *J. Klos*, SteuStudium 1999, S. 362, 363; *F. Oswald*, AnwBl. 1979, S. 405; *J. Uterhark*, in Schwarz, AO/FGO, § 91 AO Rn. 27 (August 2001).

55 FG Mecklenburg-Vorpommern, Urt. v. 23.6.1994 – I 174/93, EFG 1995, S. 50; FG Münster, Urt. v. 5.11.2002 – 1 K 7155/00 S, EFG 2003, S. 499, 501; BFH, Beschl. v. 4.6.2003 – VII B 138/01, BStBl. II 2003, S. 790, 791, sieht die Rechtsgrundlage ausdrücklich nicht im AEAO zu §§ 91 oder 364.

56 AEAO zu § 91, Tz. 4 S. 1. Eine fast wortgleiche Formulierung findet sich auch in der für Bundesfinanz- bzw. Zollbehörden geltenden AO-DV zu § 91 AO.

57 AEAO zu § 91, Tz. 4 S. 2.

58 AEAO zu § 91, Tz. 4 S. 4.

59 *R. Seer*, in Tipke/Lang, Steuerrecht, § 22 Rn. 33.

wenn er eine bindende Natur hätte. Diese ist ebenso wie seine Rechtsnatur nicht unumstritten[60]. Eindeutig ist im Ergebnis allerdings, dass der Anwendungserlass zur AO 1977 durch eigene Veröffentlichungen der obersten Finanzbehörden der Länder für die ihnen nach geordneten Behörden bindend ist[61]. Die einheitliche Umsetzung seitens der obersten Finanzbehörden der Länder führt dazu, dass die Steuerbehörden dieses Recht einheitlich anwenden[62]. Die Finanzbehörden sind durch den Anwendungserlass zur AO 1977 mithin in ihrer Rechtsanwendung, auch soweit sie das Akteneinsichtsrecht betrifft, gebunden. Eine rechtssatzgleiche und mithin bindende Wirkung für die Gerichte geht von dem Anwendungserlass indes nicht aus.

Das Akteneinsichtsrecht könnte dem Gehörsrecht immanent ist. Jede Stellungnahme eines Betroffenen, der von seinem Recht auf Gehör Gebrauch machen möchte, setzt dessen umfassende und rechtzeitige Kenntnis des Verfahrensstof-

---

60 Es handelt sich nicht um eine Verwaltungsvorschrift, die zur näheren Bestimmung der Organisation und des Handelns der Verwaltung dient (*F. Ossenbühl*, in Isensee/Kirchhof, Handbuch des Staatsrechts III, § 65 Rn. 4), weil der Anwendungserlass entgegen Art. 108 Abs. 7 GG nicht von der Bundesregierung mit Zustimmung des Bundesrates, sondern vom Bundesminister der Finanzen erlassen wurde. Vielmehr ist der Anwendungserlass ein sog. Schreiben des Bundesministers für Finanzen an die obersten Finanzbehörden der Länder (zur Rechtsnatur von BMF-Schreiben und zu ihren Unterschieden zu Verwaltungsvorschriften nach Art. 108 Abs. 7 GG, *K. Manke*, DStZ 2002, S. 70 ff.). Zum Streit zur Zuständigkeit für solche Erlasse und einer möglichen Lösung durch eine Entscheidung des Bundesverfassungsgerichts siehe *R. Seer*, in Bonner Kommentar zum GG, Art. 108 Rn. 103 f. (November 1999) m.w.N.; *W. Löwer*, Verfassungsrechtsfragen der Steuerauftragsverwaltung, S. 141 f. An die Stelle der bisherigen koordinierten Ländererlasse treten Schreiben des Bundesministers der Finanzen an die obersten Finanzbehörden der Länder. Zum Erlass allgemeiner Verwaltungsvorschriften außerhalb von Art. 108 Abs. 7 GG in Gestalt der Bund-Länder-Vereinbarung vom 15. Januar 1970 (abgedruckt bei *J. Bonsels*, Einwirkungs- und Mitwirkungsrechte des Bundes bei der Verwaltung der Steuern durch die Länder, S. 115, Note 258, und *P. G. Flockermann*, in Festschrift D. Meyding, S. 105, 111); zur Bindungswirkung dieser Vereinbarung *P. G. Flockermann*, in Festschrift D. Meyding, S. 105, 108 ff.; *R. Seer*, Verständigungen in Steuerverfahren, S. 57; *ders.*, in Bonner Kommentar zum GG, Art. 108 Rn. 107 (November 1999); vgl. auch *J. Bonsels*, Einwirkungs- und Mitwirkungsrechte des Bundes bei der Verwaltung der Steuern durch die Länder, S. 120 ff.

61 In der Praxis warten die Finanzämter häufig diese Veröffentlichungen gar nicht erst ab, *J. Bonsels*, Einwirkungs- und Mitwirkungsrechte des Bundes bei der Verwaltung der Steuern durch die Länder, S. 119. In Nordrhein-Westfalen ergibt sich die Weisung an die nachgeordneten Behörden, um die Papierflut einzudämmen, unmittelbar aus dem im BStBl. I veröffentlichten BMF-Schreiben, das vorbehaltlich einer anderslautenden Weisung gleichzeitig Erlass des Finanzministeriums Nordrhein-Westfalens ist, FinMin NW VV v. 13.6.1997 – S 2010–25–V B 5, juris.

62 *F. Ossenbühl*, in Isensee/Kirchhof, Handbuch des Staatsrechts III, § 65 Rn. 4; *K. Tipke*, Steuerrechtsordnung III, S. 1163.

fes bzw. der der Behörde über das Verfahren vorliegenden Daten voraus[63]. Die Möglichkeit dazu kann ihm eine Akteneinsicht verschaffen. Ebenso denkbar ist es, dass die Behörde den Beteiligten die Informationen, die diese für eine Geltendmachung ihres Rechts benötigen, auch mündlich oder schriftlich weiterreicht[64]. Eine umfassende Unterrichtung ist auf diesem Wege aber in den meisten Fällen nicht durchführbar, weil die Behörde dadurch zu stark belastet würde. Außerdem kann es Punkte geben, deren Relevanz die Behörde zumindest zunächst nicht erkennt und deshalb den Beteiligten auch nicht mitteilt. Die Beteiligten könnten diese Information aber aus den Akten entnehmen und zum Gegenstand ihres Vortrages machen, wenn ihnen Akteneinsicht gewährt würde. Deshalb ist die Akteneinsicht, wenn auch nicht streng rechtslogisch, so doch aber rein praktisch eine wichtige Voraussetzung der effektiven Wahrnehmung rechtlichen Gehörs[65]. Ein solcher praktischer Nutzen genügt indes nicht, um die politische Entscheidung gegen ein Akteneinsichtsrecht auszuhebeln.

M. Fellner spricht von „engstem“, *H. Spanner* gar von einem „untrennbaren Zusammenhang“ zwischen Akteneinsichtsrecht und Anhörungsrecht[66]. Diese Charakterisierungen betreffen zwar das allgemeine Verwaltungsrecht, lassen sich aber auf das Besteuerungsverfahren übertragen. Allerdings besteht im Bereich des allgemeinen Verwaltungsverfahrens eine dieses Recht positiv regelnde Norm. Es besteht gerade kein Fall, in denen aus einer nur das Anhörungsrecht bestimmenden Norm des einfachen Rechts gleichzeitig ein Einsichtsrecht abgeleitet wird. Die genannten Autoren haben im Vorfeld des Erlasses des VwVfG erfolgreich auf das Zusammenspiel zwischen beiden Mitwirkungsrechten hingewiesen und erreicht, dass neben dem Anhörungs- auch ein Akteneinsichtsrecht in das VwVfG aufgenommen wurde. Ein Akteneinsichtsrecht direkt aus § 91 AO herzuleiten, erscheint deshalb trotz des engen Zusammenwirkens als zu weitgehend. Damit würde die bewusste Entscheidung des Gesetzgebers gegen ein solches Recht negiert. Darüber hinaus ist unklar, welchen methodischen Rahmen eine solche Herleitung haben sollte.

---

63 So schon *H. Wiethaup*, MDR 1958, S. 474, 475; später ebenso *W. Clausen*, in Knack, VwVfG, § 29 Rn. 6; *H. Borgs*, in Meyer/Borgs, VwVfG, § 29 Rn. 5; *G. Dürig*, in Maunz/Dürig, GG, Art. 103 I, Rn. 62 (November 1988); vgl. auch *W. Blümel*, in Frühzeitige Bürgerbeteiligung bei Planungen, S. 23, 60 f.; *H.-W. Laubinger*, VerwArch Bd. 73 (1982), S. 60, 75; *R. Jörke*, Akteneinsicht als Voraussetzung effektiver Verteidigung, S. 27, zur Notwendigkeit der Akteneinsicht im Strafverfahren.

64 Hierzu und zum folgenden *F. O. Kopp*, Verfassungsrecht und Verwaltungsverfahrensrecht, S. 83; *O. E. Krasney*, NVwZ 1986, S. 337, 339, 341; *G. Trantas*, Akteneinsicht und Geheimhaltung, S. 443.

65 *C. H. Ule/F. Becker*, Verwaltungsverfahren im Rechtsstaat, S. 41.

66 *M. Fellner*, VerwArch Bd. 48 (1957), S. 95, 10; *H. Spanner*, DÖV 1958, S. 651, 653.

2. Kein Akteneinsichtrecht im Besteuerungsverfahren nach § 30 AO oder §§ 147, 475 StPO

Das Steuergeheimnis (§ 30 AO) schützt die Daten Dritter. Es wird zum Teil als Rechtsgrundlage angesehen, um Zugang zu den von den Finanzbehörden erfassten Informationen zu erlangen[67]. Der Schutzbereich des Steuergeheimnisses umfasst nach § 30 Abs. 2 Nr. 1, 2 AO die Verhältnisse eines anderen, die in einem Verwaltungsverfahren in Steuersachen, Steuerstraf- oder Steuerordnungswidrigkeitenverfahren bekannt geworden sind. Dabei sind alle Merkmale, die eine Person von ihrer Umwelt abheben und zum Individuum machen, also die gesamten persönlichen, wirtschaftlichen, rechtlichen, öffentlichen und privaten Verhältnisse einer Person Verhältnisse in diesem Sinne[68]. Ein Amtsträger verletzt das Steuergeheimnis, wenn er Verhältnisse eines anderen, die ihm in einem der in § 30 Abs. 2 AO aufgezählten Verfahren bekannt geworden sind, offenbart. Die Verletzung des Steuergeheimnisses kann allerdings gerechtfertigt sein, wenn der Amtsträger zur Offenbarung befugt war. Eine Befugnis besteht in den in § 30 Abs. 4 und 5[69] AO beschriebenen, abschließenden[70] Fällen. § 30 AO ist jedoch keine anspruchsbegründende Norm[71], denn sie enthält weder ein Akteneinsichtsrecht noch eine andere Form des Informationszugangs.

Während eines Steuerstraf- oder Steuerordnungswidrigkeitenverfahrens erstreckt sich das Akteneinsichtsrecht nach § 147 StPO (i.V.m. § 385 AO bzw. 410 Abs. 1 AO i.V.m. § 49 OWiG) auf die Steuerakten, die Gegenstand des Verfahrens sind[72]. Außerdem kann Privatpersonen Akteneinsicht gewährt wer-

---

67 *H. Pump*, DStZ, 2003, S. 535, 538.

68 *K.-D. Drüen*, in Tipke/Kruse, AO/FGO, § 30 AO Tz. 12 (März 2004); *ders.*, ZBR 2002, S. 115, 117; *H.-M. Wolffgang*, DStZ 1998, S. 102, 103.

69 Dabei ist umstritten, welche Rechtsnatur die unter § 30 Abs. 4 Nr. 5 AO aufgezählten Fälle haben. Der Großteil der Stimmen geht von Regelbeispielen aus. Vgl. *C. Alber*, in Hübschmann/Hepp/Spitaler, AO/FGO, § 30 AO Rn. 191 (September 2003); *B. Metzner*, in Beermann, Steuerliches Verfahrensrecht, § 30 AO Rn. 117 (August 2002). Dem tritt *K.-D. Drüen*, ZBR 2002, S. 115, 121; *ders.*, in Tipke/Kruse, AO/FGO, § 30 AO Tz. 120 (März 2004), zutreffend entgegen. Die ein Regelbeispiel charakterisierende „Indizwirkung" liegt in den Fällen des § 30 Abs. 4 Nr. 5 AO nicht vor. Vielmehr ist die Behörde bei Vorliegen der Voraussetzungen stets befugt. Zustimmend auch *U. Brauns*, in Festschrift G. Kohlmann, S. 387, 401, 403.

70 *K.-D. Drüen*, in Tipke/Kruse, AO/FGO, § 30 AO Tz. 57 (März 2004); *K. Koch*, in Koch/Scholtz, AO, § 30 Rn. 17; *M. Loose*, FR 1995, S. 393, 397; *B. Metzner*, in Beermann, Steuerliches Verfahrensrecht, § 30 AO Rn. 65 (August 2002).

71 FG Köln, Urt. v. 15.5.2002 – 2 K 1781/99, EFG 2002, S. 1150, 1151; *H. Wollweber*, NVwZ 2002, S. 825 f.; *K. Grundmann*, AO-StB 2004, S. 130, 132; im Anschluss ebenso *S. Liedtke*, NWVBl. 2006, S. 286, 289; vgl. auch *A. Claßen*, EFG 2005, S. 1070, 1071 (Urteilsanm.).

72 *H. Söhn*, in Hübschmann/Hepp/Spitaler, AO/FGO, § 91 AO Rn. 132 (November 2003).

den, wenn sie ein berechtigtes Interesse darlegen und der hiervon Betroffene kein schutzwürdiges Interesse an der Versagung hat (§ 475 Abs. 2 i.Vm. Abs. 1 StPO). Auf das Besteuerungsverfahren haben diese Rechtsgrundlagen indes keine Auswirkung.

3. Akteneinsicht und Datenschutzrecht

Auch zwischen dem Datenschutzrecht und einem Recht auf Akteneinsicht bestehen Interdependenzen. Die Datenschutzgesetze bezwecken die sachgerechte Verteilung von Informationen entsprechend den im Raume stehenden Interessen[73]. Sie konkretisieren damit eine der Kernaussagen des Volkszählungsurteils, wonach der Bürger wissen müsse, „wer was wann und bei welcher Gelegenheit über ihn weiß“[74]. Die Datenschutzgesetze enthalten jeweils eigene Rechtsgrundlagen für Auskunftsansprüche[75]. Die Landesdatenschutzgesetze enthalten teilweise auch Akteneinsichtsrechte[76]. Die auf die Akten bezogenen Auskunfts- und/oder Einsichtsrechte nach den Datenschutzgesetzen sind gegenüber entsprechenden bereichsspezifischen Ansprüchen nachrangig[77]. Dabei können andere Normen den Datenschutzgesetzen nur vorgehen, soweit sie hinsichtlich ihres Regelungsgegenstandes mit dem der Datenschutzgesetze deckungsgleich sind[78].

a. Akteneinsichtsrecht gegenüber Bundesbehörden nach dem Bundesdatenschutzgesetz

Das BDSG[79] gewährt den Betroffenen gegenüber Bundesbehörden lediglich ein Auskunftsrecht, das in seinem persönlichen und sachlichen Umfang deutlich hinter einem Akteneinsichtsrecht zurückbleibt. Der Auskunftsanspruch nach § 19 BDSG steht nur natürlichen, nicht jedoch juristischen Personen oder Personenmehrheiten zu[80]. Außerdem bezieht sich der Auskunftsanspruch nur auf Ein-

73 *A. Dubach*, Das Recht auf Akteneinsicht, S. 44, Fn. 152; *H. P. Bull*, NJW 2006, S. 1617, 1622; § 19 BDSG genügt den verfassungsmäßigen Anforderungen an einen Informationszugang bei staatlichen Datensammlungen i.S.d. § 88a AO.

74 BVerfG, Urt. v. 15.12.1983 – 1 BvR 209, 269, 362, 420, 440, 484/83, BVerfGE 65, S. 1, 43.

75 § 19 Abs. 1 BDSG, für die Landesdatenschutzgesetze etwa § 18 DSG NRW oder §§ 8, 18 HessDSG.

76 Etwa § 18 Abs. 2 DSG NRW.

77 § 1 Abs. 3 S. 1 BDSG, § 2 Abs. 3 DSG NRW.

78 *P. Gola/R. Schomerus*, BDSG, § 1 Rn. 24.

79 Zu Zweifelsfragen im Zusammenhang mit dem praktizierten Datenschutz *H. P. Bull*, NJW 2006, S. 1617.

80 *O. Mallmann*, in Simitis, BDSG, § 19 Rn. 10 f.

zelangaben[81]. In seinem Antrag auf Auskunft soll der Betroffene die Art der Daten, über die Auskunft erteilt werden soll, bezeichnen (§ 19 Abs. 1 S. 2 BDSG). Verlangt er Auskunft über in Akten enthaltene Daten, hat er die Pflicht, Angaben zu machen (§ 19 Abs. 1 S. 3 BDSG)[82]. Anders ist das beim Akteneinsichtsrecht, bei dem die gesamte Akte zur Verfügung gestellt wird. Zwischen dem nach § 19 BDSG bestehenden Auskunftsanspruch und dem Akteneinsichtsrecht besteht mithin ein grundlegender Unterscheid. So dass ein Vorrangigkeit nicht bejaht werden kann. Aus dem BDSG kann auch kein Akteneinsichtsrecht abgeleitet werden.

b. Akteneinsicht gegenüber Landesfinanzbehörden nach den Landesdatenschutzgesetzen

Ob dieses Ergebnis auch hinsichtlich der Landesdatenschutzgesetze bedarf der Überprüfung. Die Landesdatenschutzgesetze statuieren Akteneinsichtsrechte gegenüber allen Landesbehörden. Damit könnten sie Rechtsgrundlage für ein Akteneinsichtsrecht im Besteuerungsverfahren sein. Es ist das Verhältnis zwischen der absichtsvollen Nichtregelung des Akteneinsichtsrechts im Besteuerungsverfahren durch den Bundesgesetzgeber zum landesrechtlichen Akteneinsichtsrecht zu klären. In einem Beschluss vom 4. Juni 2003 hat der Bundesfinanzhof sowohl die Einsichtsrechtsnormen der Landesdatenschutzgesetze[83] als auch die ihnen zugrunde liegende Richtlinie 95/46/EG vom 24. Oktober 1995 zum Schutz natürlicher Personen bei der Verarbeitung personenbezogener Daten und zum freien Datenverkehr[84] als Rechtsgrundlage für ein Akteneinsichtsrecht im Besteuerungsverfahren ausgeschlossen[85]. Der Bundesfinanzhof sieht in der AO 1977 eine abschließende und damit vorrangige, das Akteneinsichtsrecht nach den Datenschutzgesetzen ausschließende Regelung. Der Gesetzgeber habe mit dem absichtsvollen Unterlassen von seiner Regelungsbefugnis im steuerlichen Verfahrensrecht Gebrauch gemacht[86].

Eine solche Eindeutigkeit in der Frage der Subsidiarität lässt ein weiteres Urteil, das allerdings das BDSG und damit nur einen Antrag auf Auskunft und nicht auf Akteneinsicht zum Gegenstand hatte, leider vermissen. Am 30. Juli 2003 ent-

81 *O. Mallmann*, in Simitis, BDSG, § 19 Rn. 19 ff.; *U. Krahmer/ T. P. Stähler*, Sozialdatenschutz nach dem SGB I und X, § 35 SGB I Rn. 6.

82 Dazu näher *O. Mallmann*, in Simitis, BDSG, § 19 Rn. 37 ff.

83 Im konkreten Fall stand das hessische Landesdatenschutzgesetz zur Diskussion.

84 ABl. EG Nr. L 281/31, im Folgenden Datenschutzrichtlinie.

85 BFH, Beschl. v. 4.6.2003 – VII B 138/01, BStBl. II 2003, S. 790, 793 f., ähnlich BFH, Urt. v. 8.2.1994 – VII R 88/92, BStBl. II 1994, S. 552, 553; noch zur Datenschutzrichtlinie, FG Münster, Urt. v. 5.11.2002 – 1 K 7155/00 S, EFG 2003, S. 499 (juris, soweit nicht in EFG 2003, S. 499 abgedruckt).

86 BFH, Beschl. v. 4.6.2003 – VII B 138/01, BStBl. II 2003, S. 790, 793 f.

schied der Bundesfinanzhof, dass § 19 Abs. 1 BDSG als Anspruchsgrundlage für ein Auskunftsbegehren grundsätzlich in Frage kommen könnte[87]. Gescheitert war ein Auskunftsanspruch in diesem Fall, weil eine Auskunftserteilung die ordnungsgemäße Erfüllung von Aufgaben des Bundesamtes für Finanzen gefährdet hätte und damit ein Ausschlusstatbestand eingriff (§ 19 Abs. 4 Nr. 1 BDSG). Eine mögliche Subsidiarität dieser Anspruchsgrundlage prüfte der Bundesfinanzhof nicht mehr. Dies wäre aber in diesem konkreten Fall notwendig gewesen, weil das vorinstanzliche Finanzgericht Köln die Argumentation des Bundesfinanzhofs, wonach die bewusste Negativregelung zum Akteneinsichtsrechts in der AO 1977 gegenüber den Datenschutzgesetzen vorrangig sei, gerade nicht geteilt hat. Das Finanzgericht konnte keine speziellen Regelungen in anderen Gesetzen für einen Auskunftsanspruch erkennen. Zur Klarstellung wäre eine deutliche Aussage des Bundesfinanzhofs zu dieser Ansicht wünschenswert gewesen. Es ist jedoch nicht davon auszugehen, dass sich der Bundesfinanzhof diese Auffassung damit automatisch zu eigen gemacht hat und seine langjährige Rechtsprechung zum Akteneinsichtsrecht ändern wollte. Hierfür wäre eine deutlichere Reaktion zu erwarten gewesen, nachdem es sich bei der Annahme einer bewussten gesetzgeberischen Nichtregelung einer Akteneinsichtsrechts im Besteuerungsverfahren um eine gefestigte Rechtsprechung handelt. Vielmehr hat er den Anspruch anhand des am einfachsten darzulegenden Einwandes abgelehnt.

Die erste Entscheidung des Bundesfinanzhofs steht im Einklang mit einer in der Literatur verbreiteten Ansicht, wonach die AO 1977 eine spezielle Regelung treffen wollte und mit der bewussten Nichtregelung auch getroffen hat[88]. Nach einem entgegenstehenden Ansatz ginge nur eine ausdrückliche Regelung in der AO 1977 den Landesdatenschutzgesetzen vor[89]. Diese Auffassung ist indes zumindest vor dem kompetenzrechtlichen Hintergrund fragwürdig. Denn nicht nur die Subsidiarität ist in diesem Verhältnis problematisch. Ebenso besteht die kompetenzrechtliche Frage, ob sich die Landesgesetzgeber über diese klare bundesgesetzliche Wertung hinwegsetzen dürften. Dafür müssten die Länder befugt sein, Regeln für diesen Bereich zu erlassen. Dem Bund steht im Bereich der Länderfinanzverwaltung für die Ausgestaltung des Verfahrens eine sog. fakultative Regelungskompetenz zu (Art. 108 Abs. 5 GG). Er hat insofern eine Regelungsbefugnis, aber keine Regelungspflicht[90]. Diese fakultative Regelungs-

---

87 BFH, Urt. v. 30.7.2003 – VII R 45/02, BStBl. II 2004, S. 387, 388.

88 *U.-C. Dißars*, DStR 2005, S. 137; *ders.*, NJW 1997, S. 481, 482 f.; *M. Förster*, DStZ 1995, S. 621; *H. Söhn*, in Hübschmann/Hepp/Spitaler, AO/FGO, § 91 AO Rn. 126 (November 2003).

89 *F. Hüttemann*, NJW 1997, S. 2020, 2021; sich anschließend *T. Palm*, Akteneinsicht im öffentlichen Recht, S. 241; andeutungsweise auch *H.-H. Schild*, NJW 1996, S. 2414, 2416.

90 *M. Heintzen*, in v. Münch/Kunig, GG, Art. 108 Rn. 43.

kompetenz ähnelt der konkurrierenden Gesetzgebungskompetenz (Art. 70 Abs. 2, 72, 74 GG), unterliegt aber nicht den einschränkenden Voraussetzungen des Art. 72 Abs. 2 GG[91]. Für den Bereich des steuerlichen Verfahrensrechts hat der Bund diese Regelungskompetenz mit Erlass der AO 1977 ausgeübt[92]. Daneben dürfen landesgesetzliche Regelungen nur ergehen, soweit das Bundesgesetz hierfür Raum lässt[93]. Der Bund hat mit dem Erlass der AO 1977 seine Gesetzgebungskompetenz mit abschließender Wirkung ausgeübt. Den Landesgesetzgebern kann mithin keine Gesetzgebungskompetenz für das steuerliche Verfahrensrecht zustehen, zu welchem auch ein Anspruch auf Akteneinsicht gehört[94].

Der Ansicht des Bundesfinanzhofs ist daher zuzustimmen. Die Landesgesetzgeber können keine Rechtsgrundlage für ein Einsichtrecht in finanzbehördliche Akten statuieren, weil der Bundesgesetzgeber mit der AO 1977 das Besteuerungsverfahren abschließend geregelt und ein Akteneinsichtsrecht bewusst nicht aufgenommen hat. Ein Anspruch auf Akteneinsicht kann darum schon kompetenzrechtlich nicht aus den Landesdatenschutzgesetzen resultieren.

Zwischenfazit

Eine Rechtsgrundlage für ein Akteneinsichtsrecht im Besteuerungsverfahren enthalten die untersuchten Normen nicht. An dieser Stelle seien – zunächst nur kurz – die Informationsfreiheitsgesetze ebenfalls erwähnt. Es handelt sich bei dieser Rechtsmaterie, die dem sog. Informationsverwaltungsrecht[95] zuzuordnen ist, um eine in Deutschland noch junge Rechtsentwicklung. Sie ist in ihren Auswirkungen insbesondere auf die Finanzbehörden noch nicht abschließend geklärt und bedarf daher einer ausführlichen Untersuchung[96]. Ebenso wie bei den Datenschutzgesetzen ist bei diesen zwischen Bundes- und Landesinformationsfreiheitsgesetzen zu differenzieren. Während bei dem Informationsfreiheitsgesetz des Bundes ein Anspruch auf Akteneinsicht auch gegen Bundesbehörden nicht

---

91 *R. Seer*, in Bonner Kommentar zum GG, Art. 108 Rn. 136 (November 1999).

92 *M. Heintzen*, in v. Münch/Kunig, GG, Art. 108 Rn. 44; *R. Seer*, in Bonner Kommentar zum Art. 108 Rn. 140 (November 1999); *H. Siekmann*, in Sachs, GG, Art. 108 Rn. 32.

93 *R. Seer*, in Bonner Kommentar zum GG, Art. 108 Rn. 136 (November 1999).

94 Zum Verhältnis zwischen landesgesetzlichen Informationszugangsrecht und bundesgesetzlicher Regelung *C. J. Partsch/ W. Schurig*, DÖV 2003, S. 482, 485; *M. Raabe/N. Helle-Meyer*, NVwZ 2004, S. 641, 644, verkennen, dass es außerhalb des Anwendungsbereiches von § 1 III VwVfG noch weitere „eigentliche Verwaltungsverfahren“ wie etwa das Besteuerungsverfahren gibt, bei denen landesrechtlichen Regelungen kein Vorrang eingeräumt wird. Es besteht auch keine von ihnen angedachte „landesrechtliche Annexkompetenz zur Regelung einer bestimmten Materie“.

95 Dazu 2. Kapitel D. I.

96 Dazu 2. Kapitel D. II.

ausgeschlossen erscheint, stellen sich bei den bislang erlassenen Landesinformationsfreiheitsgesetzen vor allem kompetenzrechtliche Fragen.

C. Ermessensentscheidung als inkonsistente Reaktion

Die fehlende Rechtsgrundlage und die bewusste Entscheidung des Gesetzgebers gegen die Aufnahme des Akteneinsichtsrechts[97] haben in Rechtsprechung[98], Finanzverwaltung[99] und Literatur[100] weitgehend nicht zu dem Schluss geführt, ein Akteneinsichtsrecht sei ausgeschlossen und dürfe nicht gewährt werden. Abgesehen von vereinzelten Stimmen ist es allgemeiner Konsens, dass die Gewähr von Akteneinsicht und gegebenenfalls ihr Umfang im pflichtgemäßen Ermessen der Finanzbehörde steht. Der Bundesfinanzhof vertrat diesen Standpunkt bereits unter der Geltung der Reichsabgabenordnung. Seine ersten Entscheidungen zu einem im Ermessen der Finanzbehörde stehenden Akteneinsichtsrecht ergingen in den Jahren 1961 und 1965[101]. In der steuerrechtswissenschaftlichen Literatur unterstrich zu dieser Zeit vor allem *K. Tipke* die Erforderlichkeit eines gebundenen Anspruchs auf Akteneinsicht. In seinem Reformvorschlag für eine Neuordnung der AO nahm er ein solches Recht ausdrücklich auf[102].

---

97 BT-Drucks. 7/4292, S. 9, 24 f.; BFH, Beschl. v. 4.6.2003 – VII B 138/01, BStBl. II 2003, S. 790, 794; FG Münster, Urt. v. 20.11.2003 – 12 K 6405/02 S, EFG 2004, S. 387, 388.

98 Ständige Rechtsprechung BFH, Urt. v. 27.3.1961 – I 276/60 U, BStBl. III 1961, S. 290, 291; Urt. v. 6.8.1965 – VI 349/63 U, BStBl. III 1965, S. 675, 676; Urt. v. 7.5.1985 – VII R 25/82, BStBl. II 1985, S. 571, 572; Urt. v. 8.2.1994 – VII R 88/92, BStBl. II 1994, S. 552, 554; Beschl. v. 26.5.1995 – VI B 91/94, BFH/NV 1995, S. 1004; Beschl. v. 8.6.1995 – IX B 168/94, BFH/NV 1996, 64, 65; Beschl. v. 4.6.2003 – VII B 138/01, BStBl. II 2003, S. 790; Hessisches FG, Urt. v. 16.3.1990 – 1 K 4538/89, EFG 1990, S. 503, 504; FG Niedersachsen, Urt. v. 8.12.1992 – I 368/89, EFG 1993, S. 531, 532; FG Mecklenburg-Vorpommern, Urt. v. 23.6.1994 – I 174/93, EFG 1995, S. 50; FG Münster, Urt. v. 5.11.2002 – 1 K 7155/00, EFG 2003, S. 499, 500 f.

99 AEAO zu §§ 91 und 364 AO.

100 *W. Birkenfeld*, in Hübschmann/Hepp/Spitaler, AO/FGO, § 364 AO Rn. 34 (September 2000); *D. Carl/J. Klos*, INF 1994, S. 488 f.; *dies.* INF 1995, S. 456; *U.-C. Dißars*, NJW 1997, S. 481, 482; *ders.*, DStR 2005, S. 137; *W. Dumke*, in Schwarz, AO/FGO, Vor §§ 78 – 133 AO Rn. 76 (Dezember 2001), § 364 AO Rn. 10 (Juni 2003); *W. Hartmann*, in Beermann, Steuerliches Verfahrensrecht, § 91 AO Rn. 27 (Oktober 1998); *L. Heißenberg*, KÖSDI 2000, S. 12310, 12313; *C. Hendricks*, StBp 1985, S. 67, 68; *M. Streck/K. Olbing*, BB 1994, S. 1267; *K. Tipke*, in Tipke/Kruse, AO/FGO, § 91 AO Tz. 14 (August 2006).

101 BFH, Urt. v. 27.3.1961 – I 276/60 U, BStBl. III 1961, S. 290; Urt. v. 6.8.1965 – VI 349/63 U, BStBl. III 1965, S. 675.

102 *K. Tipke*, AöR Bd. 94 (1969) S. 224, 261.

Nur einzelne Gerichte und einige Stimmen in der Literatur lehnen mit dem ausdrücklichen Willen des Gesetzgebers einen Ermessensanspruch auf Akteneinsicht ab[103]. Ein Teil der Literatur geht sogar davon aus, dass ein derartiger Anspruch dem steuerlichen Verfahrensrecht gänzlich unbekannt sei[104]. Letzteres widerlegt der Wortlaut der AO 1977 bereits selbst, weil etwa § 187 AO für das Verfahren der Zerlegung von Steuermessbescheiden ausdrücklich ein Akteneinsichtsrecht der steuerberechtigten Gemeinden (§ 186 Nr. 2 AO) durch ihre Amtsträger in die Zerlegungsunterlagen zulässt.

I. Kritische Würdigung der Rechtsprechung

1. Inkonsistenz der Rechtsprechung

Die systematische Fragwürdigkeit der Annahme, ein Akteneinsichtsrecht sei zwar bewusst nicht im Gesetz geregelt, aber dennoch bestünde im Falle eines Antrags auf Akteneinsicht ein pflichtgemäß auszuübendes Ermessen, zeigt sich exemplarisch an dem zurückweisenden Beschluss über eine Nichtzulassungsbeschwerde des Bundesfinanzhofs vom 4. Juni 2003[105]. Die Entscheidung überzeugt trotz ihrer für eine Nichtzulassungsbeschwerde bemerkenswerten Länge nicht. Darin spricht sich der Bundesfinanzhof ausdrücklich dagegen aus, einen Ermessensanspruch auf Akteneinsicht aus dem Gehörsrecht im Besteuerungsverfahren (§ 91 AO) herzuleiten[106]. Außerdem sieht er „das Fehlen der Regelung eines allgemeinen Anspruchs auf Akteneinsicht (...) als absichtsvollen Regelungsverzicht des Gesetzgebers an“[107]. Im Folgenden geht er davon aus, dass „maßgebend für die Art und Weise der Ermessensanwendung im Falle eines geltend gemachten Anspruchs auf Gewährung von Akteneinsicht im steuerlichen Verwaltungsverfahren der vom Gesetzgeber gesteckte Ermessensrahmen“ sei[108]. Die sich aufdrängende Frage, woraus sich dieser Ermessensrahmen ergeben soll, obwohl die AO 1977 keinen Ermessensanspruch auf Akteneinsicht regelt, beantwortet der Bundesfinanzhof folgendermaßen: „Dieser [Ermessensrahmen] ist durch das Fehlen eines Anspruchs auf Akteneinsicht in der AO 1977 so gezogen worden, dass die Einsichtnahme in die Akten während des laufenden Verwaltungs- oder Steuerermittlungsverfahrens *lediglich eine in Anwendung des § 91* oder des § 364 AO 1977 *aus Gründen der Gewährung des rechtlichen*

103 FG Saarland, Urt. v. 4.11.1994 – 1 K 151/94, EFG 1995, S. 156, 157; zustimmend *A. Schmidt-Liebig*, DStZ 1995, S. 558, 559.

104 *R. Hörster/M. Köhler/C. Merker/F. Scheurle*, NWB v. 5.1.2004, Aktuelles, S. 10.

105 BFH, Beschl. v. 4.6.2003 – VII B 138/01, BStBl. II 2003, S. 790.

106 BFH, Beschl. v. 4.6.2003 – VII B 138/01, BStBl. II 2003, S. 790, 791.

107 BFH, Beschl. v. 4.6.2003 – VII B 138/01, BStBl. II 2003, S. 790, 794.

108 BFH, Beschl. v. 4.6.2003 – VII B 138/01, BStBl. II 2003, S. 790, 792.

Gehörs zu gewährende Ausnahme sein soll."[109] Dem entspräche die Gesetzesbegründung des Finanzausschusses[110]. Die Antwort des Bundesfinanzhofs auf diese Frage erstaunt in Hinblick auf die Aussage, das Akteneinsichtsrecht sei kein Ausfluss des Anhörungsrechts (§ 91 AO) und erscheint insofern widersprüchlich.

Den Ausführungen des Bundesfinanzhofs[111] ist insoweit zuzustimmen, als die Gesetzesbegründung einen Anspruch auf Akteneinsicht ausdrücklich ablehnt[112]. Nach dieser Entscheidung bleiben mehrere grundlegende Punkte ungelöst. Insbesondere bleibt offen, inwiefern sich aus einer im Gesetz nicht enthaltenen Regelung ein Ermessensrahmen ergeben kann. Ermessenserwägungen ergeben sich stets aus dem Zweck der Ermächtigungsnorm (§ 5 AO). Diesen Grundsatz stellt der Gerichtshof zwar an den Anfang seiner Erwägungen. Bevor dieser Rahmen aber abgesteckt werden kann, ist auf einer ersten Stufe die Eingangsfrage zu klären, ob überhaupt ein Ermessen besteht bzw. aus welcher Norm es sich ergibt. Hierfür zieht das Gericht „das Fehlen eines Anspruchs auf Akteneinsicht in der AO 1977" heran. Wie allerdings vom Fehlen einer Norm auf einen damit angeblich verbundenen Ermessensrahmen geschlossen werden kann, bleibt im Dunkeln. Schwer nachvollziehbar ist bei diesem Ausgangspunkt auch der Schluss des Bundesfinanzhofs von der eindeutigen Ablehnung eines Akteneinsichtsrechts seitens des Gesetzgebers auf einen durch das Anhörungsrechts (§ 91 AO) auf Ausnahmen begrenzten Ermessensanspruch auf Akteneinsicht. Trifft die Ansicht des Bundesfinanzhofs zu, das Akteneinsichtsrecht sei kein Ausfluss des Anhörungsrechts (§ 91 AO), leuchtet es nur schwer ein, wie dieses Recht *„aus Gründen der Gewährung des rechtlichen Gehörs* [eine] zu gewährende Ausnahme sein soll"[113]. Ein solcher Zusammenhang ist nur denkbar, wenn das Akteneinsichtsrecht wie teilweise vertreten in einer inneren Verbindung zum Anhörungsrecht stehen würde, wenn es beispielsweise eine Vorstufe oder Voraussetzung der wirksamen Ausübung des rechtlichen Gehörs wäre[114]. Beide Aussagen des Bundesfinanzhofs sind jeweils für sich verständlich, jedoch nicht miteinander zu vereinbaren. Steht die Prämisse fest, dass das Einsichtsrecht keine Vorstufe des Gehörsrechts sei, können nicht im Rahmen der Grenzen der Ermessensausübung beim Einsichtsrecht die Vorgaben von § 91 AO herangezo-

109 BFH, Beschl. v. 4.6.2003 – VII B 138/01, BStBl. II 2003, S. 790, 792 (Hervorhebungen durch die Verfasserin).

110 BT-Drucks. 7/4292, S. 24, 25.

111 BFH, Beschl. v. 4.6.2003 – VII B 138/01, BStBl. II 2003, S. 790, 792.

112 BT-Drucks. 7/4292, S. 9, 25.

113 BFH, Beschl. v. 4.6.2003 – VII B 138/01, BStBl. II 2003, S. 790, 792 (Hervorhebungen durch die Verfasserin).

114 Zum Charakter des Akteneinsichtsrecht als Voraussetzung der Ausübung des Rechts auf Gehör, 3. Kapitel A. II. 2. c.

gen werden. Die Grenzen für eine Ermessensausübung sowie der Zweck der Ermächtigung, an dem die Ermessenserwägungen auszurichten sind, könnten demgegenüber nur dann aus der Norm des § 91 AO abgeleitet werden, wenn zwischen Anhörungsrecht und Akteneinsichtsrecht ein innerer Zusammenhang bestünde, den der Bundesfinanzhof jedoch explizit ablehnt[115]. Diese Entscheidung des Bundesfinanzhofs zeigt exemplarisch, dass es an einer in sich schlüssigen und konsistenten Rechtsprechung zu der Frage des Akteneinsichtsrechts bisher fehlt.

2. Unklarer Ermessensrahmen

Nicht nur die Herleitung des vorwiegend von der Rechtsprechung entwickelten Anspruchs auf ermessensfehlerfreie Entscheidung über den Antrag auf Akteneinsicht ist in sich widersprüchlich. Des Weiteren sind auch die Folgen dieser Rechtsprechung unklar. Im Rahmen des nach überwiegender Meinung bestehenden pflichtgemäßen Ermessens hat die Finanzbehörde das Interesse des Antragstellers und die Interessen der Allgemeinheit und der Finanzbehörde bei der Frage abzuwägen, ob sie die Akteneinsicht gestatten soll[116]. Dabei hat sie das Steuergeheimnis (§ 30 AO) zu wahren. Das Interesse der Finanzbehörde erstreckt sich dabei in erster Linie auf einen ordnungsgemäßen Geschäftsgang[117]. Weitgehende Einigkeit besteht darüber, dass es sich um berechtigte Interessen handeln muss[118]. Inwieweit dazu Interessen rechtlicher, wirtschaftlicher oder ideeller Art zählen, ist indes ungeklärt. Zumindest rechtliche Interesse sind nach einhelliger Meinung stets berechtigte Interessen in diesem Sinn[119]. Beispielsweise zieht die Rechtsprechung das grundrechtlich verbürgte allgemeine Persönlichkeitsrecht (Art. 1 Abs. 1, 2 Abs. 1 GG) als rechtliches Interesse heran, wenn der Steuerpflichtige einen Antrag auf Akteneinsicht gestellt hat, um den Namen eines Informanten der Finanzbehörde zu erfahren. Nach verbreiteter Ansicht kann sich der Anspruch auf ermessensfehlerfreie Entscheidung über den Antrag

---

115 BFH, Beschl. v. 4.6.2003 – VII B 138/01, BStBl. II 2003, S. 790, 791.

116 BFH, Urt. v. 27.3.1961 – I 276/60 U, BStBl. III 1961, S. 290, 291; Urt. v. 6.8.1965 – VI 349/63 U, BStBl. III 1965, S. 675; Urt. v. 8.2.1994 – VII R 88/92, BStBl. II 1994, S. 552, 554; Niedersächsisches FG, Urt. v. 8.12.1992 – I 368/89, EFG 1993, S. 531, 532; FG Mecklenburg-Vorpommern, Urt. v. 23.6.1994 – I 174/93, EFG 1995, S. 50; *R. Seer*, in Tipke/Lang, Steuerrecht, § 21 Rn. 10; *H. Lohmeyer*, DVR 1978, S. 18; *F. Oswald*, AnwBl. 1979, S.405.

117 OFD Frankfurt am Main, Vfg. v. 27.11.2003 - S 0622 A - 20 - St II 4.01, StEK AO 1977 § 364 Nr. 1, S. 3; *W. Dumke*, in Schwarz, AO/FGO, Vor §§ 78 – 133 AO Rn. 78.

118 Hessisches FG, Urt. v. 16.3.1990 – 1 K 4538/89, EFG 1990, S. 503, 504; OFD Frankfurt am Main, Vfg. v. 27.11.2003 - S 0622 A - 20 - St II 4.01, StEK AO 1977 § 364 Nr. 1, S. 3.

119 Nach Ansicht von *S. Schwab*, Das Recht auf Akteneinsicht, S. 24, muss der im allgemeinen Verwaltungsverfahren Einsicht Begehrende solche rechtlichen Interessen geltend machen. Ebenso *E. E. Stöcker*, AO-StB 2002, S. 161, 162.

sogar zu einem Anspruch auf Akteneinsicht verdichten, wenn es das allgemeine Persönlichkeitsrecht des Antragstellers gebietet[120].

Schwieriger fällt es, das Gewicht wirtschaftlicher Interessen einzuordnen. Wirtschaftliche Interessen, sei es um festzustellen, ob ein Konkurrent seine Steuern gezahlt hat oder um zu erfahren, ob Schadensersatzansprüche bestehen, werden häufig nicht als berechtigte Interessen angesehen[121]. Das Hessische Finanzgericht und die OFD Frankfurt am Main begründen dies mit dem fehlenden unmittelbaren Zusammenhang zwischen dem Einsichtsgesuch und dem Gegenstand des steuerlichen Verfahrens, der nach ihrer Ansicht Voraussetzung für die Gewähr von Akteneinsicht ist[122]. Letztlich lehnen sie eine Akteneinsicht dann ab, wenn es dem Antragsteller nicht um seine eigenen steuerlichen Verhältnisse geht[123].

Neben den erforderlichen berechtigten Interessen ist auch der zeitliche Anwendungsbereich für die von der Rechtsprechung entwickelte, im Ermessen der Finanzbehörde stehende Akteneinsicht nicht abschließend geklärt. Regelmäßig wird ein solches Recht nur in den zeitlichen Grenzen des Verwaltungsverfahrens gewährt, wobei die gesetzliche Anknüpfung offen bleibt. Diejenigen, die das Akteneinsichtsrechts als Ausfluss von § 91 Abs. 1 AO ansehen, stützen sich dafür auf die Parallele zum Anhörungsrecht, welches nach Abschluss des Besteuerungsverfahrens ebenfalls ausgeschlossen ist[124].

Obwohl der Bundesfinanzhof behauptet, die sich um das Akteneinsichtsrecht im Besteuerungsverfahren rankenden Probleme seien mehrfach höchstrichterlich geklärt[125] und es handele sich somit um eine im Rahmen der Nichtzulassungsbeschwerde nicht mehr klärungsbedürftige Frage, verdeutlichen die offen gelegte Inkonsistenz der Rechtsprechung und die beschriebenen Anwendungsschwierig-

---

120 BFH, Urt. v. 7.5.1985 – VII R 25/82, BStBl. II 1985, S. 571, 572; Urt. v. 8.2.1994 – VII R 88/92, BStBl. II 1994, S. 552, 554; Beschl. v. 25.7.1994 – X B 333/93, BStBl. II 1994, S. 802, 803; Beschl. v. 7.5.2001 – VII B 199/00, BFH/NV 2001, S. 1366, 1368; Beschl. v. 19.11.2002 – VII B 123/02, BFH/NV 2003, S. 294, 295; FG Münster, Urt. v. 5.11.2002 – 1 K 7155/00 S, EFG 2003, 499, 501; Niedersächsisches FG, Urt. v. 17.3.2005 – 6 K 865/03, EFG 2005, S. 1068, 1069 f.

121 *W. Dumke*, in Schwarz, AO/FGO, Vor §§ 78 – 133 AO Rn. 78 (Dezember 2001), § 364 AO Rn. 10 (Juni 2003); *H. Söhn*, in Hübschmann/Hepp/Spitaler, AO/FGO, § 91 AO Rn. 128 (November 2003).

122 Hessisches FG, Urt. v. 16.3.1990 – 1 K 4538/89, EFG 1990, S. 503, 504; OFD Frankfurt am Main, Vfg. v. 27.11.2003 - S 0622 A - 20 - St II 4.01, StEK AO 1977 § 364 Nr. 1, S. 2.

123 So ausdrücklich Hessisches FG, Urt. v. 16.3.1990 – 1 K 4538/89, EFG 1990, S. 503, 504.

124 FG Mecklenburg-Vorpommern, Urt. v. 23.6.1994 – I 174/93, EFG 1995, S. 50, 51.

125 BFH, Beschl. v. 4.6.2003 – VII B 138/01, BStBl. II 2003, S. 790, 791.

keiten, dass es sich bisher nicht um bis in die Einzelheiten geklärte Rechtsentwicklung handelt. Neben der offenbarten Inkonsistenz der Rechtsprechung leidet der entwickelte Ermessensanspruch an einem weiteren schwer wiegenden Mangel: Weder die Rechtsprechung noch andere Verfechter dieses Anspruchs decken auf, welche rechtsmethodische Basis dieser Ermessensanspruch haben soll. Da die in dieser Hinsicht schweigsamen Verfechter des Ermessensanspruchs keine Voraussetzungen anderer rechtsmethodischen Instrumente prüfen, gehen sie offensichtlich von einer Fortentwicklung mittels Auslegung aus. Folglich ist zunächst die Leitfrage zu beantworten, ob sich im Wege der Auslegung der AO 1977 ein Anspruch auf Akteneinsicht in Steuerverfahren generieren lässt.

II. Versuch einer Rekonstruktion eines Akteneinsichtsrechts im Besteuerungsverfahren im Wege der Auslegung

Hierzu ist auf die modifizierten und dem heutigen Stand der juristischen Auslegungslehre angepassten[126] klassischen, auf *F. C. v. Savigny* und *R. v. Jhering* zurückgehenden Auslegungskanones[127] abzustellen. Die juristische Auslegung ist dabei nicht „Nachdenken eines Vorgedachten, sondern Zuendedenken eines Gedachten“[128].

1. Kein Rückschluss aus Gesetzeswortlaut und Systematik der AO 1977

Die AO 1977 schweigt wie gesehen zur Frage eines Akteneinsichtsrechts. Die Wortlautauslegung gibt mithin für dieses Problem keine explizite Antwort. Die Nichtregelung lässt bei „wörtlicher“ Betrachtung den Schluss zu, ein solches Recht solle nicht bestehen. Andererseits muss nicht jede Erweiterung des Rechtskreises gesetzlich normiert sein. Die Auslegung anhand der grammatischen Methode kann also keinen entscheidenden Aspekt für eine Auslegung bieten. Vielmehr handelt es sich um ein „Vakuum“ des Gesetzes[129].

---

126 *F. Bydlinski*, Juristische Methodenlehre und Rechtsbegriff, S. 436 f.; *K. Engisch*, Einführung in das juristische Denken, S. 84 ff.; *K.-D. Drüen*, in Tipke/Kruse, AO/FGO, § 4 AO Tz. 251 ff. (Oktober 2006); *K. Tipke*, Steuerrechtsordnung III, S. 1239 f.

127 Näher *K. E. Goutier*, StuW 1989, S. 18, 39; *K. Larenz*, Methodenlehre, S. 11 ff.; *P. Raisch*, Vom Nutzen der überkommenen Auslegungskanones für die praktische Rechtsanwendung, 1988, S. 25 ff.; kritisch dazu *W. Fikentscher*, Methoden des Rechts III, S. 67.

128 *A. Spitaler*, in StBJb 1956/57, S. 105, 111; später *B. Knobbe-Keuk*, in Festschrift 75 Jahre RFH-BFH, S. 303, 308.

129 So im Zusammenhang von öffentlich-rechtlichem Vertrag und tatsächlicher Verständigung *R. Seer*, in Tipke/Kruse, AO/FGO, AO Einführung Tz. 2 (April 2006).

Der systematisch auslegende Rechtsanwender leitet aus der Stellung einer Norm im Gesetz[130] und dem Regelungszusammenhang, in den diese Norm gestellt ist[131], ein Ergebnis her[132]. Einzelne Rechtssätze, die der Gesetzgeber in einen sachlichen Zusammenhang gestellt hat, sind grundsätzlich so zu interpretieren, dass sie logisch miteinander vereinbar sind[133]. Der Vergleich der auszulegenden Norm mit den übrigen Normen desselben Gesetzes ergibt das Normverständnis, durch welches die auszulegende und die übrigen Normen einen logischen Verbund darstellen[134]. Die AO 1977 legt die Rechtspositionen der am Besteuerungsverfahren Beteiligten regelmäßig klar fest. Beispielweise ist das Recht auf rechtliches Gehör in § 91 AO geregelt. Diese Norm legt zumindest einen Mindeststandard[135] für das zu gewährende rechtliche Gehör nieder. In der AO 1977 findet sich kein systematischer Anhaltspunkt, der auf ein Akteneinsichtsrecht in Form eines Beteiligtenrechts verweist, ein solches voraussetzt oder es für bestimmte Fälle ausschließt bzw. modifiziert. Insbesondere setzt das einfachgesetzlich geregelte Recht auf Gehör ein solches Recht nicht zwingend voraus, wenn das Akteneinsichtsrecht auch unterstützende Wirkung haben kann.

Die AO 1977 enthält in § 187 AO eine punktuelle Regelung eines Akteneinsichtsrechts. Dabei ist es ein schwer erträgliches Missverhältnis, dass der AO-Gesetzgeber in § 187 AO explizit ein Akteneinsichtsrecht der Steuerberechtigten im Zerlegungsverfahren normiert, eines der Beteiligten indes nicht. Es handelt sich um eine konkrete Norm, die nur im Bereich des Zerlegungsverfahrens greift. Sie berechtigt nicht den Beteiligten des Verfahrens, sondern den Steuerberechtigten. Gerade dieses punktuelle Akteneinsichtsrecht des Steuerberechtigten im Rahmen des Zerlegungsverfahrens deutet darauf hin, dass der Gesetzgeber dieses Recht in jedem Verfahrensschritte gesondert regeln wollte, ohne dass von einer Verfahrensart auch die andere geschlussfolgert werden kann. Dieser Regelung kann keine Beispielswirkung für den Rest des Besteuerungsverfahrens entnommen werden.

Weder die systematische noch die grammatische Auslegung führen somit hinsichtlich des Akteneinsichtsrechts weiter.

---

130 *K.-D. Drüen*, in Tipke/Kruse, AO/FGO, § 4 AO Tz. 272 (Oktober 2006); *R. Wank*, ZGR 1988, S. 314, 327 f.

131 *F. Bydlinski*, Juristische Methodenlehre und Rechtsbegriff, S. 442 f.; *H. Paulick*, in Gedenkschrift A. Spitaler, S. 165, 172; *R. Wank*, ZGR 1988, S. 314, 327 f.

132 *W. Brugger*, AöR Bd. 119 (1994), S. 1, 24 f., spricht von Kontextauslegung.

133 BVerfG, Beschl. v. 9.5.1978 – 2 BvR 952/75, BVerfGE 48, S. 246, 257; vgl. auch Beschl. v. 26.2.1980 – 2 BvR 752/78, BVerfGE 53, S. 207, 216.

134 *R. Wank*, ZGR 1988, S. 314, 327 f.

135 So insbesondere *K. Tipke*, in Tipke/Kruse, AO/FGO, § 91 AO Tz. 1 (August 2006).

2. Motive des Gesetzgebers

Die historische Auslegung entnimmt ihre Anknüpfungspunkte den dem Gesetz zugrunde liegenden Vorstellungen, Wertungen und Zwecke, soweit sie historisch erforschbar sind[136]. Verwertbar ist alles, was Rückschlüsse auf diese Punkte zulässt. Heranzuziehen sind vor allem der rechtliche und tatsächliche Zustand vor Erlass der fraglichen Norm sowie der Kontext mit anderen Normen[137].

Die RAO enthielt keinen anspruchsbegründenden Tatbestand für ein Akteneinsichtsrecht. Anlässlich der Reform der Abgabenordnung sprach sich der Finanzausschuss im Gegensatz zum allgemeinen Verwaltungsrecht gegen ein Recht auf Akteneinsicht in die AO 1977 aus und begründete dies mit drei gegen ein solches Recht streitenden Argumenten[138]. Die AO 1977 enthält aus diesen Gründen keine Anspruchsgrundlage für ein Akteneinsichtsrecht der Beteiligten eines Besteuerungsverfahrens. Bei dieser Diagnose kann die Auslegung jedoch nicht stehen bleiben. Vielmehr bleibt zu fragen, inwieweit diese lediglich vom Finanzausschuss geäußerten Vorstellungen den Rechtsanwender bei der Auslegung der AO 1977 binden. Dafür ist zu klären, welches Gewicht der historische Wille des Gesetzgebers hat und ob die Erwägungen des Finanzausschusses mit dem gesetzgeberischen Willen gleichzusetzen sind.

a. Objektive oder subjektive Theorie der Gesetzesauslegung?

Eine Antwort auf die erste Frage gibt die Entscheidung, ob die als subjektiv zu bezeichnenden Motive des historischen Gesetzgebers heranzuziehen sind, ob auf einen objektivierten Zweck abzustellen ist oder ob beide Aspekte einen Einfluss haben. Die subjektive Theorie fragt nach dem Willen des Gesetzgebers, für die objektive Theorie ist die heute vernünftige Bedeutung und Funktion einer Norm maßgebend[139].

Als Vertreter der subjektiven Auslegungstheorie geht *P. Fischer* davon aus, dass es dem Rechtsanwender grundsätzlich untersagt sei, den Gesetzestext in einer Sinnvariante auszulegen, wenn der Gesetzgeber bewusst von einer Änderung in diesem Sinn Abstand genommen hat und ein Gesetzesvorschlag damit keinen Erfolg hatte[140]. *K. Engisch* folgt der subjektiven Theorie zumindest insofern, als

---

136 *F. Bydlinski*, Juristische Methodenlehre und Rechtsbegriff, S. 449; *K. Larenz*, Methodenlehre, S. 328 ff.; *H. Paulick*, in Gedenkschrift A. Spitaler, S. 165, 173.

137 *F. Bydlinski*, Juristische Methodenlehre und Rechtsbegriff, S. 449.

138 Siehe bereits 1. Kapitel A. II.

139 *K. F. Röhl*, Allgemeine Rechtslehre, S. 611 f.; zum Stand der Meinungen vgl. *F. Bydlinski*, Methodenlehre, S. 428 ff; *K. Larenz*, Methodenlehre, S. 316 ff.

140 *P. Fischer*, in Festschrift K. Tipke, S. 187, 201 mit Bezug auf BGH, Beschl. v. 22.12.1971 – 2 StR 609/71, BGHSt 24, S. 276, 278 f.; ähnlich auch *H. Brox*, JZ 1966, S. 761, 763 f.

„das, was der Gesetzgeber feststellbar als klar verboten, geboten, erlaubt oder gewollt erklärt hat, als Gehalt seiner Regelung hinzunehmen ist“[141]. Andere formulieren folgendermaßen: „Soweit der Gesetzgeber Rechtsfragen entschieden hat und der Inhalt des gesetzlichen Tatbestandes mit den Mitteln der Auslegung unzweideutig festgestellt werden kann, sind für den Rechtsanwender grundsätzlich die im gesetzlichen Tatbestand festgelegten Problemlösungen und Entscheidungskriterien verbindlich“[142]. Nach einer weiteren Ansicht besteht die subjektive Theorie darauf, dass mit Rücksicht auf das Gewaltenteilungsprinzip die Gerichte dem Willen des Gesetzgebers Geltung verschaffen müssen, wenn sich dieser Wille hinreichend klar ermitteln lässt und sich die Verhältnisse seither nicht grundlegend geändert haben[143].

Der Bundesfinanzhof hat sich frühzeitig ausdrücklich der sog. objektiven Theorie der Gesetzesauslegung zugewendet[144]. Damit hat er sich dem vom Bundesverfassungsgericht wiederholt vertretenen Standpunkt angeschlossen, wonach „der Entstehungsgeschichte einer Vorschrift [...] nur insoweit Bedeutung zu[kommt], als sie die Richtigkeit einer nach den angegebenen Grundsätzen ermittelten Auslegung bestätigt oder Zweifel behebt, die auf dem angegebenen Weg allein nicht ausgeräumt werden können“[145]. Trotz seiner erklärten Anwendung rein objektiver Auslegungskriterien löst sich aber auch der Bundesfinanzhof nicht vollständig vom subjektiven Willen des Gesetzgebers wie ein Urteil des III. Senats des Bundesfinanzhofs zeigt[146]: „[Gesetzesmaterialien] können für die Auslegung des Gesetzes nur in Betracht kommen, wenn der aus ihnen herzuleitende Gedanke als Wille der gesetzgebenden Faktoren im Gesetz einen – wenngleich unvollkommenen oder zweideutigen – Ausdruck gefunden hat.“ Dem entspricht die sog. Andeutungstheorie, wonach der gesetzgeberische Wille

141 *K. Engisch*, Einführung in das juristische Denken, S. 123 Note 47.

142 *R. Zippelius*, Juristische Methodenlehre, S. 11; *H. Brox*, JZ 1966, S. 761, 763 f.; ähnlich *H. Paulick*, in Gedenkschrift A. Spitaler, S. 165, 173, 175, wonach zwar die objektive Theorie maßgeblich sei, aber der Rechtsanwender sich frei von Willkür halten müsse.

143 *K. F. Röhl*, Allgemeine Rechtslehre, S. 611 f.; für dieses Verständnis spricht Art. 253 EGV, der für Verordnungen, Richtlinien und Entscheidungen des Rates und der Kommission eine Begründungspflicht vorsieht.

144 BFH, Urt. v. 10.2.1953 – I 113/52 U, BStBl. III 1953, S. 102, 104; Urt. v. 23.2.1956 – II 128/55 S, BStBl. III 1956, S. 117, 118; Urt. v. 11.12.1956 – I 115/56 U, BStBl. III 1957, S. 49, 51; Überblick bei *T. Rittler*, Die Auslegung der Steuergesetze, S. 18.

145 BVerfG, Urt. v. 21.5.1952 – 2 BvH 2/52, BVerfGE 1, S. 299, 312.

146 BFH, Urt. v. 22.8.1958 – III 283/56 U, BStBl. III 1958, S. 404, 406.

nur insoweit bei der Auslegung berücksichtigt werden kann, „als er im Gesetz selbst einen hinreichend bestimmten Ausdruck gefunden hat“[147].

Auch das Plenum des Bundesverfassungsgerichts hat die Wertigkeit von Gesetzgebungsmotiven zumindest für die Fälle aufgewertet, in denen die richterliche Entscheidung im Einzelfall und die gesetzgeberische Entscheidung für die fragliche Norm in einem engeren zeitlichen Zusammenhang stehen[148], als dies etwa bei vorkonstitutionellen Gesetzen denkbar ist. „Zumal bei zeitlich neuen und sachlich neuartigen Regelungen kommt den anhand des Gesetzgebungsverfahrens deutlich werdenden Regelungsabsichten des Gesetzgebers erhebliches Gewicht bei der Auslegung zu, sofern Wortlaut und Sinnzusammenhang der Norm Zweifel offen lassen. Über die erkennbare Regelungsabsicht darf die Auslegung in solcher Lage nicht hinweggehen.“ Die AO 1977 ist im Jahre 1977 in Kraft getreten. Mit Urteil vom 7. Mai 1985 entschied der Bundesfinanzhof erstmals nach Erlass der AO 1977, dass über einen Antrag auf Akteneinsicht im pflichtgemäßen Ermessen zu entscheiden sei[149] und wiederholte dies mit Urteil vom 8. Februar 1994[150]. Zumindest bei der Entscheidung im Jahr 1985 waren seit In-Kraft-Treten der AO 1977 nicht einmal zehn Jahre vergangen. Ein solcher Zeitraum kann in der Lebensgeschichte eines Gesetzes, das für Rechtsbeständigkeit und Rechtssicherheit einen Rückhalt bieten soll, als zeitlich neu betrachtet werden. Zu dieser Zeit hätte der Bundesfinanzhof als Rechtsanwender nach der dargestellten Rechtsprechung des Bundesverfassungsgerichts somit den gesetzgeberischen Willen stärker in seine Betrachtungen einbeziehen müssen, wenn dieser als Entscheid gegen ein Akteneinsichtsrecht zu verstehen ist.

Sowohl die Argumente der Rechtsprechung als auch die in der Literatur vertretenen illustrieren, dass weder in der rein subjektiven noch in der rein objektiven Theorie die volle Wahrheit steckt[151]. Bezieht man den Geltungsgrund des Rechts in das Problem ein, so wird man als Ziel der Auslegung die Ermittlung des heute maßgeblichen, also normativen Gesetzessinns bezeichnen müssen[152]. Der so verstandene normative Gesetzessinn ist einerseits historisch gebunden, indem er den Willen des historischen Gesetzgebers als Faktum beachtet, und andererseits durch objektive in der Sache gelegene Momente konstituiert. Der objektivierte

---

147 BVerfG, Beschl. v. 17.5.1960 – 2 BvL 11/59, 11/60, BVerfGE 11, S. 126, 130; *P. Fischer*, in Festschrift K. Tipke, S. 187, 189; *A. Spitaler*, in StBJb 1956/57, S. 105, 125; letzterem zustimmend *U. Niemann*, in Gedenkschrift A. Spitaler, S. 9, 17.

148 BVerfG, Beschl. v. 11.6.1980 – 1 PBvU 1/79, BVerfGE 54, S. 277, 297 f.

149 BFH, Urt. v. 7.5.1985 – VII R 25/82, BStBl. II 1985, S. 571, 572.

150 BFH, Urt. v. 8.2.1994 – VII R 88/92, BStBl. II 1994, S. 552, 554.

151 *K. Larenz*, Methodenlehre, S. 316 f.; ebenso *J. Lang*, in Tipke/Lang, Steuerrecht, § 5, Rn. 62 f.; *W. Brugger*, AöR Bd. 119 (1994), S. 1, 19.

152 *K. Larenz*, Methodenlehre, S. 318; ebenso *K.-D. Drüen*, in Tipke/Kruse, AO/FGO, § 4 AO Tz. 234 (Oktober 2006).

Wille des Gesetzgebers erfasst also auch die in der Gesellschaft bestehenden Rechtsüberzeugungen und daneben auch die für Gesetze kausalen historischen Interessen. Mithin ist davon auszugehen, dass zumindest eine rein auf den objektivierten Zweck des Gesetzes zur Zeit der Rechtsanwendung abstellende Auslegung den Rang des demokratisch legitimierten Gesetzgebers sowie das Gebot der Gewaltenteilung außer Acht ließe. Damit ist zumindest auch der historische Wille des Gesetzgebers von Belang. Um dem Bericht des Finanzausschusses entsprechendes Gewicht innerhalb der Auslegung zuzugestehen, müsste er als Ausdruck des Willens des historischen Gesetzgebers zu verstehen sein.

b. Stellung des Finanzausschusses

Rechtsprechung sowie Literatur identifizieren unisono den Bericht des Finanzausschusses mit dem gesetzgeberischen Willen. Der Bundesfinanzhof setzt den Bericht des Finanzausschusses ausdrücklich mit dem Willen des Gesetzgebers gleich, wenn er ausführt: „Dem entspricht die Gesetzesbegründung des Finanzausschusses in BT-Drucks. 7/4292, S. 24, 25. Der Gesetzgeber hat dort ausdrücklich ein [...] allgemeines Akteneinsichtsrecht im Steuerverwaltungsverfahren für nicht praktikabel gehalten“[153]. Mit dieser Gleichstellung ignorieren Rechtsprechung und Literatur indes einen differenzierteren Ansatz des Bundesverfassungsgerichts, den das Gericht in einer Plenarentscheidung aus dem Jahre 1980 bekräftigte. Danach stellen „konkrete Vorstellungen, die von Ausschüssen oder einzelnen Körperschaften über die nähere Bedeutung oder Reichweite einer einzelnen Bestimmung, eines Normbestandteils oder eines Begriffs und ihrer Handhabung wie Wirkung geäußert werden, [...] für die Gerichte jedenfalls nicht eine bindende Anleitung dar, so erhellend sie im Einzelfall für die Sinnermittlung auch sein mögen.“[154] Das Gericht unterstreicht damit den zwischen Gesetzgeber und am Gesetzgebungsverfahren beteiligten Ausschüssen bestehenden Unterschied. Diese Differenzierung findet ihren rechtlichen Grund in der unterschiedlichen Wertigkeit der von den einzelnen Gesetzgebungsorganen bzw. -organteilen ins Verfahren eingebrachten Äußerungen. Während sich der Rechtsanwender über konkrete Vorstellungen des Gesetzgebers nicht hinwegsetzen darf[155], ist dies bei Äußerungen von Ausschüssen leichter möglich. Sie können somit auf der Grundlage einer umfassenden Abwägung vor allem im Rahmen einer Rechtsfortbildung überwunden werden. Nichtsdestotrotz sind sie für die

153 BFH, Urt. v. 4.6.2003 – VII B 138/01, BStBl. II 2003, S. 790, 792.

154 BVerfG, Beschl. v. 1.6.1980 – 1 PBvU 1/79, BVerfGE 54, S. 277, 297 f.; zu der Möglichkeit einer Rechtsfortbildung entgegen den Vorstellungen des Finanzausschusses aufgrund verfassungsrechtlicher Gesamtbetrachtung 4. Kapitel B.

155 BVerfG, Beschl. v. 1.6.1980 – 1 PBvU 1/79, BVerfGE 54, S. 277, 297 f.

teleologische Auslegung heranzuziehen, um Schlussfolgerungen für den gesetzgeberisch gewollten Zweck einer Norm zu ziehen[156].

3. Grenzen der teleologischen Auslegungsmethode

Ziel der teleologischen Auslegungsmethode ist es, dem Gesetz die Auslegung zu geben, die dem Zweck des Gesetzes entspricht[157]. Dies erfolgt in zwei Schritten. Auf der ersten Ebene sind die Zwecke des Gesetzes bzw. einzelner Regeln wertungsneutral zu bestimmen[158]. Anschließend sind die ermittelten Zwecke zu bewerten und ggf. gegeneinander abzuwägen[159]. Der Zweck kann sich beispielsweise aus der Systematik oder der Entstehungsgeschichte[160] entnehmen lassen. Die Gesetzesmaterialien zur AO 1977 enthalten in Gestalt des Berichts des Finanzausschusses Gründe, die gegen die Einführung eines Akteneinsichtsrechts sprachen. Diese umreißen den Zweck der unterlassenen Regelung. Daneben könnte es sich an dieser Stelle anbieten, auf den Zweck des Akteneinsichtsrechts im VwVfG abzustellen. Allerdings negierte man damit die bewusste Entscheidung des Gesetzgebers an diesem Punkt von dem Vereinheitlichungsziel abzuweichen und stattdessen verschiedene Regelungen in VwVfG und AO 1977 zu schaffen[161]. Dieses Vorgehen scheidet folglich aus.

Die Gesetzesbegründung enthält mithin Anhaltspunkte, die gegen die Einführung eines Akteneinsichtsrechts sprachen. Fraglich ist allerdings, ob nur vom Gesetzgeber gewollte und als solche erkennbare Zwecke oder alle möglichen, verfassungsrechtlich zulässigen Zwecke innerhalb der teleologischen Auslegung herangezogen werden können. Der Erste Senat des Bundesverfassungsgerichts formuliert dazu: „Das Bundesverfassungsgericht prüft, ob eine gesetzliche Regelung verfassungsgemäß ist unter Berücksichtigung aller Gesichtspunkte, auch wenn sie in der Gesetzesbegründung keinen Niederschlag gefunden haben“[162]. Der Zweite Senat vertritt eine abweichende Auffassung: „Eine solche Interven-

---

156 Vgl. zur Wertigkeit des Berichts des Rechtsausschusses innerhalb der Entstehungsgeschichte BVerfG, Beschl. v. 11.6.1980 – 1 PBvU 1/79, BVerfGE 54, S. 277, 286 f.

157 *K.-D. Drüen*, in Tipke/Kruse, AO/FGO, § 4 AO Tz. 274 (Oktober 2006); *H. Paulick*, in Gedenkschrift A. Spitaler, S. 165, 169.

158 *K.-D. Drüen*, in Tipke/Kruse, AO/FGO, § 4 AO Tz. 275, 285 f. (Oktober 2006).

159 *K.-D. Drüen*, JuS 1997, S. L 81, 83, 84.

160 Exemplarisch BFH, Urt. v. 26.8.1976 – V R 55/73, BStBl. II 1977, S. 105, 108; Urt. v. 26.3.1985 – IX R 41/80, BStBl. II 1985, S. 692, 694; Beschl. v. 25.1.1994 – VIII B 111/93, BStBl. II 1994, S. 455, 456; Beschl. v. 6.6.2001 – II R 47/98, BStBl. II 2001, S. 695, 696 f.

161 Siehe bereits 1. Kapitel A. II.

162 BVerfG, Beschl. v. 31.3.1998 – 1 BvR 2167/93 und 2198/93, NJW 1998, S. 1776, 1777; vgl. auch *R. Wernsmann*, NVwZ 2000, S. 1360, 1361.

tion [...] setzt aber eine erkennbare Entscheidung des Gesetzgebers voraus“[163]. Der Zweite Senat des Bundesverfassungsgerichts prüft also nur vom Gesetzgeber selbst verfolgte Zwecke. Andere ebenfalls mögliche Zwecke lässt er außer Acht[164]. Die letztere Ansicht vertreten auch zahlreiche Stimmen in der Literatur. Der vom Gesetzesanwender im Wege der Auslegung gewonnene Zweck dürfe nicht den eindeutig erkennbaren Zielen des Gesetzgebers widersprechen[165]. Der Rechtsanwender dürfe seine rechtspolitischen Erwägungen nicht an die Stelle des demokratisch legitimierten Gesetzgebers setzen[166].

Selbst wenn man mit dem Ersten Senat davon ausgeht, dass auch nicht erkennbare Zwecke für die Auslegung herangezogen werden können, bleibt fraglich, wo in einem solchen Fall der Anknüpfungspunkt liegt und welche Reichweite eine solche Auslegung haben kann. Dabei wäre, weil der Begriff des Zwecks elastisch und vieldeutig ist[167], neben konkreten Normzwecken auch an abstrakt-ideele Ziele und Werte, Rechts- und insbesondere Verfassungsprinzipien zu denken[168]. Ein solches sehr weites Verständnis der teleologischen Auslegung hätte den Vorteil, dass schon innerhalb der Auslegung alle mit diesem Rechtssatz einhergehenden Wertungen und auch alle sich im Lauf der Zeit ändernde Rechtsauffassungen vollumfänglich zu betrachten wären. Außerdem müssten dann ebenso alle verfassungsrechtlichen Grenzen und negativen Tatbestandsmerkmale in diese Untersuchung einbezogen werden, um eine ausgewogene Rechtsanwendung zu gewährleisten.

Das Akteneinsichtsrecht im Besteuerungsverfahren befindet sich, wie schon ein kurzer Blick in dazu ergangene Urteile, Lehrbücher oder Gespräche in der Praxis zeigen, in einem Spannungsfeld zahlreicher Faktoren. Der Gesetzgeber ist weder auf die unterschiedlichen Normierungen in den einzelnen Verwaltungsverfahren oder zu den Verwaltungsgerichtsprozessen noch auf die Funktionen eines Akteneinsichtsrechts oder auf für ein Akteneinsichtsrecht sprechende verfassungsrechtliche Impulse eingegangen. Darüber hinaus hat er naturgemäß die zumindest in Deutschland spätere Entwicklung des Informationsverwaltungsrechts nicht antizipieren können.

163 BVerfG, Beschl. v. 22.6.1995 – 2 BvL 37/91, BVerfGE 93, S. 121, 147 f.

164 *R. Wernsmann*, NVwZ 2000, S. 1360, 1361.

165 *J. Lang*, in Festschrift Höhn, S. 173 f.; *K.-D. Drüen*, in Tipke/Kruse, AO/FGO, § 4 AO Tz. 275, 285 f. (Oktober 2006); *R. Wernsmann*, NVwZ 2000, S. 1360, 1362 f.

166 FG Köln, Urt. v. 28.1.1999 – 2 K 3825/96, EFG 1999, S. 707, 709; *R. Zippelius*, in Festschrift K. Larenz, 1983, S. 739; 748; *R. Wernsmann*, NVwZ 2000, S. 1360, 1362.

167 Treffend *K. Engisch*, Einführung in das juristische Denken, S. 97.

168 Vgl. *W. Brugger*, AöR Bd. 119 (1994), S. 1, 28 ff.; *F. Bydlinski*, Methodenlehre2, S. 453 ff.; *K. Larenz*, Methodenlehre, S. 333 f.

An dieser Stelle offenbaren sich die Schwierigkeiten, alle objektiv-teleologischen Argumente noch in den Anwendungsbereich der Auslegung einfließen zu lassen. Verfechter der objektiv-teleologischen Auslegung müssten alle zur Zeit der Gesetzesanwendung für und wider ein Akteneinsichtsrecht sprechenden Punkte abwägen, unabhängig ob diese im Gesetzgebungsverfahren oder im Gesetzestext angeklungen sind. Die Befürworter einer historisch/subjektiv-teleologischen Auslegung könnten diese Aspekte mangels Andeutung im Gesetzeswortlaut nicht im Rahmen der Auslegung heranziehen. Dies bedeutet indes keinesfalls das Ende der rechtsmethodischen Möglichkeiten für diese zweite Gruppe. Sie wahrt vielmehr eine größere Methodenehrlichkeit und signalisiert die Schwelle zur Rechtsfortbildung.

4. Spannungsfeld zwischen Auslegung und Rechtsfortbildung

Die Rechtsmethodik unterscheidet regelmäßig zwischen Auslegung und Rechtsfortbildung. Beide sind nicht wesensverschieden, sondern unterscheiden sich in gradueller Weise[169]. Bereits die Auslegung enthält Elemente der Rechtsfortbildung, weil jede Rechtsanwendung immer zugleich ein Stück Rechtsfortbildung enthält[170]. Grenze zwischen diesen Instituten ist nach allgemeiner Ansicht der Wortsinn des Gesetzes[171], wobei die genaue Bestimmung dieser Wortsinngrenze jedoch schwer fällt. Divergenzen bestehen zwischen einem umgangssprachlichen und einem fachlichen Wortsinn, dem Wortsinn, wie ihn der historische Gesetzgeber verstanden hat und wie ihn heute Rechtsprechung und wissenschaftliche Lehre normativ verstehen, irgendeinem oder dem passenden Wortsinn[172]. Jedes außerhalb der Wortsinngrenze liegende Verständnis stellt nach dieser Unterscheidung eine Schöpfung und damit Rechtsfortbildung dar. Eine Grenze des Wortsinns und der vom Gesetzgeber auch nur im Entferntesten angedeuteten Aspekte ließe sich bei der beschriebenen grenzenlosen Auslegung, die alle Gesichtspunkte und Schranken einbezieht, nicht mehr aufrecht halten. Die Grenzen zwischen Auslegung und Rechtsfortbildung verschwimmen bei einem weiten Verständnis der objektiv-teleologischen Auslegung vollends. Damit verbleichen notgedrungen aber auch die hinter der Abgrenzung beider rechtsmethodischen Institute stehenden, verfassungsrechtlichen Bezüge.

---

169 *C.-W. Canaris*, Die Feststellung von Lücken im Gesetz, § 10, S. 23; *G. Hassold*, in Festschrift K. Larenz, 1983, S. 211, 220; *K. Larenz*, Methodenlehre, S. 366; *M. Reinhardt*, Konsistente Jurisdiktion, S. 86 f., 339; dazu und zum folgenden auch *K.-D. Drüen*, GmbHR 2005, S. 69, 79.

170 *J. Esser*, Grundsatz und Norm, S. 120; *F. Wieacker*, JZ 1957, S. 701, 705; *H. W. Kruse*, Steuerrecht I, § 8 I 1, S. 86 ff.

171 *K. Larenz*, Methodenlehre, S. 323, 366; *H. W. Kruse*, in Festschrift W. Ritter, S. 413, 414; *H. Paulick*, in Gedenkschrift A. Spitaler, S. 165, 171; *R. Wank*, ZGR 1988, S. 314, 316.

172 Zu diesen Divergenzen im Überblick *R. Wank*, ZGR 1988, S. 314, 316 ff.

Die Unterscheidung zwischen Auslegung und Rechtsfortbildung orientiert sich vor allem an den Verfassungsprinzipien der Bindung des Richters an das Gesetz (Art. 20 Abs. 3 GG) sowie der Gewaltenteilung (Art. 20 Abs. 2 GG). Diese begrenzen somit den Anwendungsbereich der Auslegung. Der Rechtsanwender darf eine de lege ferenda gewünschte Regel nicht zum Maßstab der Auslegung des geltenden Rechts machen[173]. Er ist vielmehr im Rahmen der Auslegung und damit auch hinsichtlich der teleologischen Argumente im weiteren Sinn an die gesetzgeberische Zwecksetzung gebunden[174] und darf kollidierende Prinzipien nicht anders gewichten, als es der Gesetzgeber getan hat, soweit dessen Entscheidungen in Einklang mit der Verfassung stehen. Beispielsweise neuere Entwicklungen müssen damit innerhalb der Auslegung weitgehend außen vor bleiben. In diesen Fällen und besonders, wenn der Gesetzgeber möglicherweise nicht alle verfassungsrechtlichen Gesichtspunkte beachtet und gegeneinander abgewogen hat, muss der Rechtsanwender eine andere Möglichkeit haben, diese einzubinden. Innerhalb der Auslegung können verfassungsrechtliche Argumente lediglich bei der sog. verfassungskonformen Auslegung eine Rolle spielen. Diese ist dann – und nur dann – vorzunehmen, wenn das einfache Recht nach den Auslegungskanones mehrere Auslegungsmöglichkeiten zulässt und nicht alle Auslegungsergebnisse mit dem Grundgesetz in Einklang stehen[175]. Vorliegend ergibt die Auslegung ein klares Ergebnis, das sich vor allem aus der Gesamtschau von historischen und grammatischen Argumenten ergibt. Die verfassungskonforme Auslegung ist kein Instrument, um im Rahmen der Auslegung die Wertungen des Gesetzes zu ändern und den normativen Regelungsgehalt des Gesetzes neu zu bestimmen[176]. Sie ist mithin kein Mittel zur Optimierung eines in einzelnen Fällen als unbefriedigend erachteten Gesetzes und kommt vorliegend nicht in Betracht.

Jede Rechtsnorm ist jedoch im Einklang mit dem Grundgesetz anzuwenden. Sie empfängt entweder im Rahmen ihres Wortlauts einen ergänzenden Sinn oder ist, wenn dies die Grenzen der Auslegung übersteigt und die übrigen Voraussetzun-

---

173 *H. W. Kruse*, in Festschrift K. H. Friauf, S. 793, 807; *ders.*, in Festschrift W. Ritter, S. 413, 420, 424; vgl. auch *P. Kirchhof*, in Festschrift 75 Jahre RFH-BFH, S. 285.

174 *G. Hassold*, in Festschrift K. Larenz, 1983, S. 211, 232 f.; *R. Zippelius*, in Festschrift K. Larenz, 1983, S. 739, 748.

175 BVerfG, Beschl. v. 9.8.1978 – 2 BvR 831/76 BVerfGE 49, S. 148, 156 f.; Beschl. v. 3.6.1992 – 2 BvR 1041/88, 78/89, BVerfGE 86, S. 288, 320; dazu auch *A. Voßkuhle*, AöR Bd. 125 (2000), S. 177, 180 f.; vgl. *K.-P. Dolde*, NVwZ 1982, S. 65, 66; *K. Larenz*, Methodenlehre, S. 339, 345; *F. Müller/R. Christensen*, Juristische Methodik I, Rn. 100.

176 Exemplarisch BVerfG, Beschl. v. 22.6.1977 – 1 BvL 23/75, BVerfGE 45, S. 393, 400; Beschl. v. 7.4.1997 - 1 BvL 11/96, NJW 1997, S. 2230; BFH, Urt. v. 23.9.1999 – VI R 74/98, BStBl. II 2000, S. 7, 8.

gen hierfür erfüllt sind, im Einklang mit dem Grundgesetz fortzubilden[177]. Jedes extensivere Verständnis der Auslegung lässt die fließenden Grenzen von Auslegung und Rechtsfortbildung und damit auch die dahinter stehenden verfassungsrechtlichen Wertungen und mit der Unterscheidung einher gehende Grenzen außer Acht. Die Nähe dieser beiden Instrumente zeigt auch wie eng teleologische und verfassungsrechtliche Argumentation verzahnt sind. Alle noch vom Gesetzgeber entfernt ins Auge gefassten Gründe können im Rahmen der Auslegung herangezogen werden. Darüber hinausgehende Aspekte kommen erst bei Erwägung einer Rechtsfortbildung zum Tragen. Diese Vorgehensweise beugt der Gefahr vor, innerhalb der Auslegung einzelne Argumente aus ihrem Gesamtzusammenhang zu reißen und isoliert zu betrachten, ohne begrenzende und gegenläufige Aspekte zu beachten[178]. Eine solche umfassende Abwägung, die auch vom Gesetzgeber vollkommen unbeachtete vor allem verfassungsrechtliche Argumente einbezieht, findet nur im Rahmen der Rechtsfortbildung Raum.

Diese feinsinnige Unterscheidung mag konstruiert klingen, führt aber zu einer klaren Grenze von Auslegung und Rechtsfortbildung. Sie beachtet die hinter der Differenzierung stehenden Verfassungsprinzipien, insbesondere das Gewaltenteilungsprinzip, und zwingt den Rechtsanwender zu einer klaren Stellungnahme, welches methodische Instrument er anwendet, sowie zur Einhaltung der entsprechenden Grenzen. Auch das Bundesverfassungsgericht bekräftigt diese differenzierte Betrachtungsweise in dem bereits untersuchten Beschluss vom 11. Juni 1980[179]. Darin wertet es die Berichte von Bundestagsausschüssen abhängig vom anzuwendenden methodischen Instrument: Für die Auslegung seien Ausschussberichte heranzuziehen und könnten durchaus als Motive des Gesetzgebers im Rahmen der historischen Auslegung angesehen werden. Einen ganz anderen Punkt beträfe allerdings die Frage, inwieweit die Argumente des Finanzausschusses als bloßen Teilausschnitt des Parlaments einer verfassungsrechtlichen Würdigung standhalten. Die Differenzierung zeigt dann ihre Wirkungen, wenn verfassungsrechtliche Argumente gegen das im Wege der historisch-subjektiven Auslegung gefundene Ergebnis streiten[180]. Das Grundgesetz kann in einem solchen Fall zu einer verfassungskonformen Rechtsfortbildung zwingen[181]. Die vom Bericht des Finanzausschusses ausgehende Bindungswirkung kann dort geringer sein als andere Gesetzesmotive, obwohl sie im Rahmen der Auslegung zu einem eindeutigen Ergebnis geführt hat.

177 BVerfG, Beschl. v. 19.6.1979 – 2 BvL 14/75, BVerfGE 51, S. 304, 323.

178 *E. Höhn*, in Festschrift K. Tipke, S. 213, 231.

179 BVerfG, Beschl. v. 11.6.1980 – 1 PBvU 1/79, BVerfGE 54, S. 277, 286 f.

180 Dazu unter 4. Kapitel B. III.

181 *D. Göldner*, in Festschrift K. Larenz, 1983, S. 199, 208.

Die von der Rechtsmethodik aufgezeigten Grenzen zwischen beiden Mitteln haben auch keinen rein akademischen Charakter. Vielmehr besteht ein praktisches Bedürfnis für ein klares und offenes Vorgehen bei der Inanspruchnahme durch den Rechtsanwender, wie ein Blick auf die Rechtsfolgen dieser Instrumente offenbart: Während die Auslegung sich innerhalb des Rahmens des Gesetzeswortlauts bewegt und damit nur in diesen Grenzen ihre schöpferische Natur zeigen kann, überschreitet die Rechtsfortbildung diesen Kreis und schafft bis dato nicht vorhandene Rechtssätze. Dieser entscheidende Unterschied in der Folgewirkung ist der Grund für die stark divergierenden Zulässigkeitsvoraussetzungen beider Instrumente. Der nur auslegende Rechtsanwender beachtet den vom Gesetzgeber gesetzten Rahmen, während der bedeutend stärker rechtsschöpfende bzw. rechtsfortbildende Anwender diesen Bereich verlässt und an die Stelle des Gesetzgebers tritt. Es entsteht augenscheinlich ein Gewaltenteilungsproblem zwischen Gesetzgebung und Rechtsprechung, das im vorliegenden konkreten Fall in der Frage mündet, ob der Bundesfinanzhof einen ermessengebundenen Anspruch auf Akteneinsicht entgegen dem gesetzgeberischen Willen schaffen durfte. Dabei hat er nämlich den ihm im Zusammenspiel der drei öffentlichen Gewalten zustehenden Raum verlassen und sich in das grundsätzlich nur dem Gesetzgeber zur Verfügung stehende Gebiet begeben.

Indem er die rechtsmethodische Natur seines Vorgehens im Dunkeln gelassen und nicht aufgeklärt hat, hat er sich auf der einen Seite der Bürde entledigt, die Zulässigkeitsvoraussetzungen einer Rechtsfortbildung zu prüfen und zu begründen. Dieser erhöhten Argumentationslast auch hinsichtlich eines im ersten Schritt zu bejahenden Bedürfnisses einer solchen Rechtsfortbildung hat er sich damit entzogen. Auf der anderen Seite hat er sich aber auch der Möglichkeit begeben, auf eine saubere Weise alle für und wider ein Akteneinsichtsrecht sprechenden Argumente prüfen und gegeneinander abwägen zu können. Eine Offenlegung aller Aspekte hätte ganz klar gemacht, dass es sich nicht mehr um Auslegung handeln kann, weil neben den subjektiv-teleologischen Ansätzen eine umfassende Analyse der objektiv-teleologischen Gesichtpunkte notwendig gewesen wäre. Darin enthalten musste neben einer Funktionsuntersuchung vor allem eine verfassungsrechtliche Prüfung sein. Darüber hinaus hat der Bundesfinanzhof auch die Chance vergeben, die Akteneinsicht im Besteuerungsverfahren im Vergleich zu anderen Verwaltungsverfahren und im Lichte eines geänderten Verständnisses von einem Informationsverwaltungsrecht zu überprüfen. Überdies hätte er darauf eingehen müssen, dass sich selbst die Verwaltung nicht an das Auslegungsergebnis gebunden fühlt, wie die Regelung im Anwendungserlass zur AO 1977 zeigt[182]. Es hätte sich vielmehr die Frage eröffnet, ob der his-

182 AEAO zu § 91: „4. Ein Recht auf Akteneinsicht im Steuerfestsetzungsverfahren wird den Beteiligten nicht eingeräumt. Im Einzelfall kann jedoch nach Ermessen der Finanzbehörde Akteneinsicht gewährt werden. [...] Die Gewährung einer Akteneinsicht kann insbesondere nach einem Beraterwechsel zweckmäßig sein.“; AEAO zu § 364:

torische Gesetzgeber die Finanzbehörden quasi paternalistisch vor einem von ihm befürchteten Verwaltungsaufwand schützen durfte bzw. ob diese damalige Entscheidung auch vor dem Hintergrund eines deutlich gewandelten Verwaltungsverständnisses Geltung behalten muss.

Zwischenfazit: Rechtsmethodische Zweifel

Da der in den Gesetzesmaterialien zum Ausdruck gekommene Wille des Gesetzgebers bezüglich des Akteneinsichtsrechts mit dem Wortlaut des Gesetzes übereinstimmt, ist der AO 1977 im Wege der Auslegung kein Akteneinsichtsrecht weder als gebundener noch als ermessensabhängiger Anspruch zu entnehmen. Dieses Zwischenfazit ist indes noch kein Endergebnis. Es verdeutlicht lediglich, dass der rechtsmethodische Anwendungsbereich der Auslegung überschritten ist. Damit geht parallel die Diagnose einher, dass Bundesfinanzhof und herrschende Lehre ihre Vorgehensweise lediglich als Auslegung bemänteln, eine solche aber tatsächlich nicht vornehmen. Untechnisch betrachtet, erweitern sie den Gesetzesbereich um eine ungenannte und – zumindest vom Finanzausschuss – ausdrücklich ungewollte Rechtsposition. Eine solche Erweiterung ist Rechtsschöpfung und reicht über den Bereich der Auslegung hinweg. Es soll nicht behauptet werden, dass der vom Bundesfinanzhof beschrittene Weg trotz der gesetzgeberischen Ausgangslage unzulässig war und ist. Für eine klare und offene Rechtsanwendung wäre dieser Problemkreis offensiv anzusprechen gewesen. Vor einer Entscheidung für ein ermessensgebundenes Akteneinsichtsrecht hätte der Bundesfinanzhof sodann die vom Gesetzgeber unterlassene Abwägung vornehmen müssen, um festzustellen, ob es einer Abweichung vom gesetzgeberischen Willen überhaupt bedurfte. Darin hätte er auch neuere Entwicklungen beleuchten können. Bevor also zu prüfen sein wird, auf welchem Wege ein Akteneinsichtsrecht ggf. geschaffen werden könnte, ist positiv das Fazit zu ziehen, dass ein Akteneinsichtsrecht überhaupt von Rechts wegen erforderlich ist. Dafür sind die vom Gesetzgeber unberücksichtigten Aspekte bezüglich eines Akteneinsichtsrechts zu untersuchen. In den Blick zu nehmen ist neben einer rechtsvergleichenden Diagnose die neuere Entwicklung eines Informationsverwaltungsrechts. Außerdem sind die Funktionen des Akteneinsichtsrechts sowie die verfassungsrechtliche Anknüpfungspunkte zu analysieren.

„Die Beteiligten haben nur einen Anspruch auf Mitteilung der Besteuerungsunterlagen, nicht jedoch einen Rechtsanspruch auf Akteneinsicht. Im Einzelfall kann jedoch nach Ermessen der Finanzbehörde Akteneinsicht gewährt werden. [...] Die Gewährung einer Akteneinsicht kann insbesondere nach einem Beraterwechsel zweckmäßig sein.“

2. Kapitel: Sonderweg des Besteuerungsverfahrens und Wandel durch das Informationsverwaltungsrecht

Der Gesetzgeber hat im Besteuerungsverfahren hinsichtlich eines bewusst ausgeschlossenen Akteneinsichtsrechts gegenüber Regelungen des allgemeinen und besonderen Verwaltungsrechts einen Sonderweg beschritten. Ein Hinweis auf die Gründe findet sich in der Gesetzesbegründung nicht. Sowohl im allgemeinen Verwaltungsrecht als auch im Sozialverwaltungsrecht ist für die Beteiligten eines Verwaltungsverfahrens ein gebundener Anspruch auf Akteneinsicht mit Einschränkungen und Ausnahmetatbeständen vorgesehen. Dieser fehlende Gleichklang mutet vor dem Hintergrund des Vereinheitlichungswunsches des historischen Gesetzgebers fragwürdig an. Der auf die Einheit der Rechtsordnung[183] bedachte Rechtsanwender erwartet vielmehr, auch im Besteuerungsverfahren ein Recht auf Akteneinsicht vorzufinden. Die in beiden verwandten Rechtsgebieten bestehenden Akteneinsichtsrechte sind daher auf ihre Besonderheiten zu untersuchen. Dabei lassen sich Differenzen aufdecken, die eine unterschiedliche Behandlung rechtfertigen. Fehlen indes sachliche Unterscheidungskriterien kann dies auf eine Lücke hinweisen, die vom Gesetzgeber und Finanzausschuss übersehen und damit zu schließen sein könnte, wenn weitere insbesondere verfassungsrechtliche Argumente für ein solches Recht streiten. Außerdem lassen sich auf diese Weise Versäumnisse des Gesetzgebers leichter auf- und andere, möglicherweise besser funktionierende Systeme entdecken.

Nicht nur der Vergleich mit diesen klassischen Rechtsgebieten kann Rückschlüsse auf die Stichhaltigkeit der Argumente des Finanzausschusses contra ein Akteneinsichtsrecht im Besteuerungsverfahren zulassen. Eine gewandelte Rechtsanschauung gekennzeichnet durch das noch in der Entfaltung befindliche Informationsverwaltungsrecht könnte auch auf das Besteuerungsverfahren Auswirkungen haben und das dargelegte System eines ausgeschlossenen Akteneinsichtsrechts konterkarieren, wenn damit ein umfänglicher Paradigmenwechsel hin zu einem voraussetzungslosen Informationszugangsrecht eingeleitet wurde. Diese Entwicklung „post legem" könnte dann auch Forderungen de lege ferenda für das Besteuerungsverfahren hervorrufen.

A. Die Akteneinsicht im Verwaltungsverfahren

Das Verwaltungsverfahrensgesetz beinhaltet Regelungen, deren Grundgedanken für das gesamte Verfahrensrecht der öffentlich-rechtlichen Materien anwendbar sein könnten. Im Verwaltungsverfahren sieht § 29 Abs. 1 VwVfG ein Akteneinsichtsrecht der Beteiligten (§ 13 Abs. 1 VwVfG) eines konkreten Verwaltungs-

183 *W. Flume*, AT des Bürgerlichen Rechts II, S. 295; hierzu umfassend *K. Engisch*, Die Einheit der Rechtsordnung, S. 64 ff. und passim.

verfahrens (§ 9 VwVfG) vor, soweit es erforderlich ist, um seine rechtlichen Interessen geltend zu machen.

I. Die Entwicklung des Verwaltungsverfahrensgesetzes und Gründe für ein Akteneinsichtsrecht

Das Verwaltungsverfahrensgesetz des Bundes trat am 1. Januar 1977 in Kraft[184]. Vorausgegangen waren seit dem 13. Dezember 1960 die Arbeiten eines Bund-Länder-Ausschusses, der den Musterentwurf 1963 erarbeitete und am 17. März 1964 veröffentlichte[185]. Anstöße für diese Arbeiten waren bereits von der Tagung der Staatsrechtslehrer im Jahre 1958 gekommen[186]. Ebenfalls hatte der 43. Deutsche Juristentag Empfehlungen abgegeben[187]. Unter dem Thema: „Empfiehlt es sich, den allgemeinen Teil des Verwaltungsrechts zu kodifizieren?" fasste die öffentlich-rechtliche Abteilung folgenden Beschluss: „Jede gesetzliche Regelung im Bereich des Allgemeinen Verwaltungsrechts muß dem Ziel der Rechtseinheit und Rechtssicherheit dienen. (...)" Dieser Musterentwurf eines Verwaltungsverfahrensgesetzes wurde weiterentwickelt in einem Referentenentwurf von 1965[188] sowie in der sog. Münchener Fassung[189] und den Musterentwürfen 1970[190] und 1973[191]. Das Verwaltungsverfahrensgesetz entwickelte sich also zeitgleich zu den Entwürfen und Vorarbeiten, die dem Inkrafttreten der AO 1977 vorausgingen. Mit dem Erlass eines einheitlichen Verwaltungsverfahrensgesetzes verfolgte der Gesetzgeber verschiedene Ziele und wollte insgesamt erreichen, dass die staatlichen Aufgaben auf diesem Wege leichter verwirklicht werden können[192]. Bis dato hatte es eine Kodifikation des Allgemeinen Verfahrensrechts nur in Teilbereichen wie dem Gewerberecht, Baurecht, Straßen- und Wegerecht gegeben. Daneben waren zu beachtende Rechtsgrundsätze lediglich

184 BGBl. I 1976, S. 1253 – 1277.

185 Musterentwurf 1963; *M. Sachs*, in Stelkens/Bonk/Sachs, VwVfG, Einleitung, Rn. 17 ff.; *W. Klappstein/G.-C. von Unruh*, Rechtsstaatliche Verwaltung durch Gesetzgebung, S. 72 ff.; *W. Klappstein*, Rechtseinheit und Rechtsvielfalt, S. 20 f.

186 *K. A. Bettermann*, VVDStRL Heft 17 (1959), S. 118, 141 ff. sowie Mitbericht von *E. Melichar*, S. 183 ff.; siehe hierzu auch *W. Klappstein/G.-C. von Unruh*, Rechtsstaatliche Verwaltung durch Gesetzgebung, S. 62 ff.

187 *H. Spanner*, Gutachten für den 43. Deutschen Juristentag; vgl. zum Diskussionsstand auch *J. Kniesch*, NJW 1960, S. 1696; *A. Koehler*, DÖV 1960, S. 612; *H. Peters*, NJW 1960, S. 1698; *F. Rietdorf*, DÖV 1960, S. 614.

188 *W. Klappstein/G.-C. von Unruh*, Rechtsstaatliche Verwaltung durch Gesetzgebung, S. 78, 128.

189 EVwVfG 19632 mit Anhang „Münchener Fassung", 1967.

190 BT-Drucks. VI/1173; *W. Klappstein/G.-C. von Unruh*, Rechtsstaatliche Verwaltung durch Gesetzgebung, S. 129.

191 BT-Drucks. 7/910.

192 BT-Drucks. 7/910, S. 28.

in von der Rechtsprechung und dem Schrifttum entwickelten ungeschriebenen Rechtssätzen enthalten[193]. Diese Grundlagen des Verwaltungsverfahrens hatten die Verwaltungsbehörden zu beachten. Die auf diese Weise entwickelten Mindeststandards eines geordneten Rechts- und Verfassungsstaats sollten nunmehr vereinheitlicht werden.

Bis das Verwaltungsverfahren kodifiziert wurde, war ein Recht auf Akteneinsicht im Verwaltungsverfahren nur für einzelne Rechtsgebiete – beispielsweise in § 90 BBG, § 56 BRRG, § 34 FGG – ausdrücklich geregelt. Aus diesem Rechtsstand schlussfolgerten Rechtswissenschaft und Praxis, dass die Verwaltungsbehörden in den übrigen Rechtsgebieten nach ihrem Ermessen darüber entscheiden könnten, ob sie Akteneinsicht gewähren[194]. Diesen Zustand bezeichnet die Gesetzesbegründung zu § 25 EVwVfG[195] ausdrücklich als unbefriedigend[196]. Im Rechtsstaat sei der Bürger als mündig anzuerkennen und nicht wie ein Objekt staatlichen Handelns zu behandeln[197]. Ihm nicht das Recht zuzuerkennen, die behördlichen Entscheidungen nachzuvollziehen, indem man ihn von den Behördeninterna, fernhalte, sei ein Widerspruch zu diesem Grundsatz[198].

Noch der Musterentwurf des Bund-Länder-Ausschusses vom 17. März 1964 enthielt in § 22 EVwVfG 1963 jedoch nur einen Anspruch auf ermessenfehlerfreie Entscheidung. Ein gebundener Anspruch sollte nach Auffassung des Ausschusses gerade nicht in Betracht kommen, weil die Tatbestände, bei denen die Behörde im überwiegenden Interesse der Allgemeinheit oder Einzelner die Akteneinsicht berechtigterweise versagen dürfe, so vielfältig seien, dass sie nicht abschließend geregelt werden könnten[199]. Außerdem entspräche ein Ermessensanspruch der bis dahin allgemein vertretenen Ansicht in Rechtsprechung und

---

193 *F. Ossenbühl*, NVwZ 1982, S. 465, 467; *U. Ramsauer*, in Kopp/Ramsauer, VwVfG, Einführung Rn. 25.

194 OVG für das Land NRW, Beschl. v. 18.11.1958 – VII B 873/58, OVGE 14, S. 199, 202; vgl. Musterentwurf 1963, S. 126; vgl. BT-Drucks. 7/910, S. 52; *F. Haueisen*, NJW 1967, S. 2291; *K.-H. v. Köhler*, NJW 1956, S. 1460, 1463; *J. Kratzer*, BayVBl. 1965, S. 15, 16; *G. Trantas*, Akteneinsicht und Geheimhaltung, S. 261; *H. J. Wolff*, Verwaltungsrecht III, S. 243; *H. Wiethaup*, MDR 1958, S. 474, 475; vgl. auch BVerwG, Urt. v. 10.7.1964 – VII C 124.63, BVerwGE 19, S. 128, 131 f.

195 Entspricht dem heutigen § 29 VwVfG.

196 BT-Drucks. 7/910, S. 52.

197 *H. D. Jarass*, in Jarass/Pieroth, GG, Art. 1 Rn. 6; *H. J. Bonk/D. Kallerhoff*, in Stelkens/Bonk/Sachs, VwVfG, § 29 Rn. 1, 4; *U. Ramsauer*, in Kopp/ Ramsauer, VwVfG, § 29 Rn. 2.

198 BT-Drucks. 7/910, S. 52.

199 Musterentwurf 1963, S. 127.

Literatur[200]. Ein Ausschluss schlechthin käme jedoch ebenso wenig in Frage. Eine rechtlich haltbare und gleichzeitig interessengerechte Lösung sei nur in einem Ermessensanspruch zu finden. Ein großer Teil der Rechtswissenschaft sprach sich aus Praktikabilitätsgründen ebenfalls gegen einen gebundenen Anspruch auf Akteneinsicht aus. Argumente gegen die Einführung des Akteneinsichtsrechts ergaben sich insbesondere aus dem damit verbundenen Arbeitsaufwand der Verwaltung, wenn innerdienstliche Vorgänge zuvor auszusondern oder getrennt geführt werden müssten[201]. „Ein verständiges Wirken" der Behörden dürfe nicht erschwert werden[202]. Dieser Ansicht traten mehrere Vertreter der Lehre entschieden entgegen[203]. Aus rechtsstaatlichen Gründen sei ein Recht auf Akteneinsicht zu gewähren[204]. Die Frage dürfe nicht lauten: Warum besteht im Einzelfall ein Recht auf Akteneinsicht? Vielmehr sei darauf abzustellen, weshalb die Behörde ausnahmsweise berechtigt sei, die Akten geheim zu halten. Eine Ausnahme bestehe nur, wenn schutzwürdige Interessen der Allgemeinheit, eines Dritten oder eines Beteiligten ansonsten ernstlich gefährdet wären. Dennoch dürfe die Behörde auch dann nicht von einer Abwägung absehen. Allein mit dem Hinweis, die Beteiligten müssten beaufsichtigt oder innerdienstliche Vorgänge müssten von den übrigen Aktenteilen getrennt werden, genügten nicht, um die Akteneinsicht zu verweigern[205]. Schon zu dieser Zeit wiesen die Anhänger dieser Ansicht darauf hin, dass es wenig sinnvoll sei, die Akteneinsicht zu verweigern, weil die Prozessbeteiligten eines verwaltungsgerichtlichen Verfahrens die Akten spätestens dort einsehen könnten[206].

Auch der Gesetzgeber erkannte alsbald, dass ein in das Ermessen der Behörde gestellter Anspruch auf Akteneinsicht nicht genügt, um der verfassungsrechtlich gesicherten Position des Bürgers Genüge zu leisten. Er wendete sich ausdrücklich von dem bisherigen Prinzip der Aktengeheimhaltung im Verwaltungsverfahren ab und stellte an seine Stelle den Grundsatz der „beschränkten Aktenöffentlichkeit"[207]. Die Erkenntnisquellen der Behörde sollen transparent, nachprüf-

---

200 Musterentwurf 1963, S. 126; pars pro toto *F. Haueisen*, NJW 1967, S. 2291.

201 *F. Haueisen*, NJW 1967, S. 2291, *H. J. Wolff*, Verwaltungsrecht III, S. 243.

202 *J. Kratzer*, BayVBl. 1965, S. 15, 16.

203 *P. Düwel*, Das Amtsgeheimnis, S. 239 f.; *C. H. Ule*, DVBl. 1957, S. 597, 601.

204 *C. H. Ule*, Zum Musterentwurf, S. 47; *ders.*, in Festschrift Carl Heymanns Verlag, S. 53, 67; *C. H. Ule/F. Becker*, Verwaltungsverfahren im Rechtsstaat, S. 41.

205 *C. H. Ule/F. Becker*, Verwaltungsverfahren im Rechtsstaat, S. 43; a.A. *J. Kratzer*, BayVBl. 1965, S. 15, 16, der dadurch auch Unmengen von Verwaltungsakten auf „biedere Landbürgermeister" zukommen sieht, die man damit überfordern würde.

206 *M. Fellner*, VerwArch Bd. 48, S. 95, 104 f.; *F. Mayer*, Bay. VBl. 1960, S. 332, 336; *C. H. Ule/F. Becker*, Verwaltungsverfahren im Rechtsstaat, S. 43; *H. Spanner*, DVBl. 1964, S. 845, 847.

207 BT-Drucks. 7/910, S. 52.

und nachvollziehbar sein. Die Akteneinsicht dient dabei nicht nur den Interessen des Bürgers. Vielmehr liegt sie auch im Interesse der Verwaltung. Einer Behörde muss das Gespräch und die Suche nach einem Konsens mit einem informierten Bürger leichter fallen, als mit einem uninformierten[208]. Die Verwaltung kann, indem sie dem Bürger Einsicht in die Akten gewährt, dessen Vertrauen gewinnen und sich dasselbe sichern[209].

II. Einschränkungen des Akteneinsichtsrechts im Verwaltungsverfahren

Das Akteneinsichtsrecht während eines Verwaltungsverfahrens gilt nicht unbegrenzt. Es ergeben sich zum einen Grenzen für seine Anwendung in zeitlicher, gegenständlicher, verfahrensmäßiger und personeller Hinsicht und zum anderen hat der Gesetzgeber Ausnahmefälle des Rechts auf Akteneinsicht aufgenommen (§ 29 Abs. 2 VwVfG). Außerdem ist ein rechtliches Interesse an ihr vonnöten.

1. Voraussetzungen und Grenzen des Akteneinsichtsrechts

In zeitlicher Hinsicht ist der Anspruch auf Akteneinsicht auf ein laufendes Verwaltungsverfahren beschränkt. Er kann also nur von Beginn (§ 22 VwVfG) bis zum Abschluss eines Verwaltungsverfahrens geltend gemacht werden[210]. Das Akteneinsichtsrecht gilt nur im Rahmen öffentlich-rechtlicher Verwaltungstätigkeit, nicht hingegen, wenn die Behörde fiskalisch oder verwaltungsprivatrechtlich tätig wird. Der Anspruch steht nur Beteiligten (§ 13 Abs. 1 VwVfG) des Verwaltungsverfahrens zu[211] und ist auf die das Verfahren betreffenden Akten beschränkt. Akten betreffen dann das Verwaltungsverfahren des Beteiligten, wenn sie bezüglich der Sachentscheidung im Verlauf des Verfahrens angelegt, sonst entstanden, zu dessen Durchführung von der Behörde beigezogen worden sind oder materiell-rechtlich dazu gehören[212]. Es ist im Einzelfall zu entscheiden, wobei der jeweilige Sach- und Rechtsstand zu beachten ist. Ausgenommen vom Recht auf Akteneinsicht sind Entwürfe zu Entscheidungen sowie sonstige Arbeiten zu ihrer unmittelbaren Vorbereitung (§ 29 Abs. 1 S. 2 VwVfG). Hier zeigt sich ein deutlicher Gleichklang mit den Akteneinsichtsrechten im Rahmen

---

208 *H. J. Bonk/D. Kallerhoff*, in Stelkens/Bonk/Sachs, VwVfG, § 29 Rn. 30.

209 *M. Schröder*, Die Verwaltung Bd. 4 (1971), 301; siehe schon *E. Becker*, Die Reichsabgabenordnung, § 247 RAO, Anm. 2.

210 *H. J. Bonk/D. Kallerhoff*, in Stelkens/Bonk/Sachs, VwVfG, § 29 Rn. 18; BVerwG, Urt. v. 16.9.1980 – 1 C 52.75, BVerwGE 61, S. 15, 22; Urt. v. 1.7.1983 – 2 C 42.82, BVerwGE 67, S. 300, 304; Urt. v. 5.6.1984 – 5 C 73.82, BVerwGE 69, S. 278, 279.

211 BVerwG, Urt. v. 16.9.1980 – 1 C 52.75, BVerwGE 61, S. 15, 24; BVerwG, Urt. v. 1.7.1983 – 2 C 42.82, BVerwGE 67, S. 300, 304; Urt. v. 20.2.1990 – 1 C 42.83, BVerwGE 84, S. 375, 376; *U. Ramsauer*, in Kopp/Ramsauer, VwVfG, § 29 Rn. 19.

212 *W. Clausen*, in Knack, VwVfG, § 29 Rn. 12 ff.; *U. Ramsauer*, in Kopp/Ramsauer, VwVfG, § 29 Rn. 14; *C. H. Ule/H.-W. Laubinger*, Verwaltungsverfahrensrecht, § 25 I, Rn. 1.

der gerichtlichen Verfahren (§ 100 Abs. 3 VwGO, § 78 Abs. 3 FGO, § 120 Abs. 4 SGG). Diese Ausnahmeregelung verfolgt den Zweck, den Einsichtnehmenden nicht zu verwirren, indem er Entscheidungsentwürfe oder Arbeiten sieht, deren Bedeutung er unter Umständen nicht beurteilen kann und wodurch letztlich die Situation nicht geklärt, sondern belastet würde[213].

Voraussetzung des Akteneinsichtsrechts ist ein rechtliches Interesse. Dafür muss Zweck der Einsichtnahme sein, die Voraussetzungen für ein rechtlich relevantes Verhalten nach dem Ergebnis der Einsichtnahme zu klären oder eine gesicherte Grundlage für die Verfolgung des Anspruchs zu schaffen[214]. Ausreichend ist dabei, wenn der Beteiligte es für möglich hält, dass der Akteninhalt etwas für die Untermauerung seines Standpunktes oder seiner Interessen Wesentliches enthält. Es kommt mithin nur auf darauf an, ob es möglich ist, dass der Akteninhalt bedeutsam sein kann. Das rechtliche Interesse an einer Akteneinsicht ist nur ausgeschlossen, wenn die Akten unter keinem denkbaren Gesichtspunkt für eine Entscheidung von Belang sein können, wie es bei offensichtlich querulatorischen oder missbräuchlichen Begehren der Fall ist[215].

Jenseits eines Verwaltungsverfahrens ist Akteneinsicht ebenfalls nicht ausgeschlossen. Die Behörde ist befugt, über einen entsprechenden Antrag nach ihrem Ermessen zu entscheiden[216]. Insbesondere nach Abschluss eines Verwaltungsverfahrens oder vor seinem Beginn kann es zu dieser Frage kommen. Beispielsweise in der Zeit zwischen dem Ende des Verwaltungsverfahrens, das auf Erlass eines Verwaltungsaktes gerichtet war und dem Beginn eines Widerspruchsverfahrens, in dem sich der Betroffene gegen denselben richtet. Die Akteneinsicht kann aber auch von Interesse sein für Personen, die zwar nicht am Verfahren beteiligt, aber durch dessen Ausgang in ihren rechtlichen Interessen berührt sind[217]. Die Behörde ist auch berechtigt nach ihrem Ermessen, dem Antragsteller Einsicht in Entwürfe zu Entscheidungen sowie sonstige Arbeiten zu ihrer unmittelbaren Vorbereitung zu gewähren.

2. Ausnahmenkatalog

Neben diesen Grenzen hat der Gesetzgeber einzelne Bereiche aus dem Bereich eines Anspruchs auf Akteneinsicht herausgenommen. Betroffen sind vier Kons-

213 *U. Ramsauer*, in Kopp/Ramsauer, VwVfG, § 29 Rn. 23.

214 *W. Clausen*, in Knack, VwVfG, § 29 Rn. 16; *U. Ramsauer*, in Kopp/Ramsauer, VwVfG, § 29 Rn. 15.

215 *U. Ramsauer*, in Kopp/Ramsauer, VwVfG, § 29 Rn. 17 f.

216 *H. J. Bonk/D. Kallerhoff*, in Stelkens/Bonk/Sachs, VwVfG, § 29 Rn. 18.

217 BVerwG, Urt. v. 1.7.1983 – 2 C 42.82, BVerwGE 67, S. 300, 304 f.; siehe dazu *U. Ramsauer*, in Kopp/Ramsauer, VwVfG, § 29 Rn. 20.

tellationen, deren Schutzbedürftigkeit anerkannt ist[218]: Die ordnungsgemäße Erfüllung der behördlichen Aufgaben, der Geheimnisschutz aus Gründen des Staatswohls und ihrem Wesen oder dem Gesetz nach geheimhaltungsbedürftige Vorgänge wie die berechtigten Interessen Dritter. Der Katalog der Ausnahmen ist enumerativ, wodurch die hohe Bedeutung der Akteneinsicht unterstrichen wird[219]. Die Ausnahmeregel ist dabei mit der Formulierung „insoweit" so gefasst, dass sie nur für die Aktenteile gilt, bei der die Voraussetzungen vorliegen. Die Behörde hat diese Norm also restriktiv anzuwenden. Wenn dem Beteiligten in einem nachfolgenden gerichtlichen Verfahren ohnehin ein Anspruch auf Akteneinsicht zusteht, wäre es auch und besonders, um unnötige Prozesse zu vermeiden, nicht zu rechtfertigen, im Verwaltungsverfahren die Akteneinsicht stark zu beschränken[220].

Die Behörde darf die Akteneinsicht ablehnen, wenn dadurch die Erledigung des Verwaltungsverfahrens konkret, aktuell und unmittelbar beeinträchtigt wäre (§ 29 Abs. 2 Var.1 VwVfG)[221]. Die Vorschrift dient dem Schutz der Funktionsfähigkeit der Behörde[222]. Geringfügige oder unwesentliche Beeinträchtigungen genügen nicht, um eine Akteneinsicht zu verwehren. Vielmehr muss die Ausnahme eng ausgelegt werden[223]. Die Behörde kann insbesondere durch die große Zahl der potentiellen Einsichtnahmen oder ihre Art und Weise gehindert sein, ihre Aufgaben ordnungsgemäß zu erfüllen. Außerdem kann die Einsichtnahme den Erfolg der behördlichen Arbeit zunichte machen, was die Behörde verhindern darf, indem sie die Akteneinsicht verwehrt[224]. Ebenso muss die Behörde keine Nachteile für das Wohl des Bundes oder eines Landes in Kauf nehmen (§ 29 Abs. 2 Var. 2 VwVfG). Will sie aus Gründen eines solchen drohenden Nachteils die Akteneinsicht verweigern, hat sie eine abstrakte Prüfung vorzunehmen, wobei jede nicht unwesentliche rechtliche oder tatsächliche Beeinträchtigung, auch beispielsweise fiskalische Gründe[225], geschützter Rechte oder Inte-

---

218 *H. J. Bonk/D. Kallerhoff*, in Stelkens/Bonk/Sachs, VwVfG, § 29 Rn. 56.

219 *U. Ramsauer*, in Kopp/Ramsauer, VwVfG, § 29 Rn. 26.

220 *U. Ramsauer*, in Kopp/Ramsauer, VwVfG, § 29 Rn. 28.

221 VGH München, Urt. v. 5.9.1989 – 25 B 88.01631, NVwZ 1990, S. 775, 778; *H. J. Bonk/D. Kallerhoff*, in Stelkens/Bonk/Sachs, VwVfG, § 29 Rn. 59; *W. Clausen*, in Knack, VwVfG, § 29 Rn. 19.

222 *U. Ramsauer*, in Kopp/Ramsauer, VwVfG, § 29 Rn. 30.

223 *H. J. Bonk/D. Kallerhoff*, in Stelkens/Bonk/Sachs, VwVfG, § 29 Rn. 59; *H. Borgs*, in Meyer/Borgs, VwVfG, § 29 Rn. 16; *U. Ramsauer*, in Kopp/Ramsauer, VwVfG, § 29 Rn. 30.

224 VGH München, Urt. v. 5.9.1989 – 25 B 88.01631, NVwZ 1990, S. 775, 778; *U. Ramsauer*, in Kopp/Ramsauer, VwVfG, § 29 Rn. 31a; *C. H. Ule/H.-W. Laubinger*, Verwaltungsverfahrensrecht, § 25 II, Rn. 5.

225 *U. Ramsauer*, in Kopp/Ramsauer, VwVfG, § 29 Rn. 34.

ressen genügt[226]. Als weitere Ausnahmen hat der Gesetzgeber geschützte Geheimhaltungsinteressen aufgenommen (§ 29 Abs. 2 Var. 3 und 4 VwVfG). Darunter fallen sowohl Vorgänge und Informationen aus dem staatlichen wie aus dem privaten Bereich. Mit der besonderen Erwähnung der Drittinteressen hat der Gesetzgeber deutlich klar gestellt, dass die Privatsphäre besonders geschützt ist. Unter die nach dem Gesetz geheimhaltungsbedürftigen Vorgänge fallen solche, für die das Gesetz eine Geheimhaltungspflicht statuiert[227]. Dazu gehören das BDSG sowie das BVerfSchG, aber auch §§ 30, 5 Abs. 2 Nr. 2 VwVfG, § 30 AO oder § 39 PostG. Der Anwendungsbereich der dem Wesen nach geheimhaltungsbedürftigen Vorgänge hat sich durch weit reichende Normierungen verengt.

B. Die Akteneinsicht im Sozialverwaltungsverfahren

Im Sozialverwaltungsverfahren sieht § 25 Abs. 1 SGB X ein Akteneinsichtsrecht der Beteiligten (§ 12 Abs. 1 SGB X) eines konkreten Verwaltungsverfahrens (§ 8 SGB X) vor. Es betrifft wie das Besteuerungsverfahren besonderes Verwaltungsrecht, das Massenfallrecht ist[228]. In beiden Bereichen werden gleichförmige Verwaltungsakte in sehr großer Zahl erlassen. Obwohl Einzelfälle beschieden werden, handelt es sich um stark formalisierte Verfahren. Beide Bereiche sind somit gut vergleichbar.

Die legislative Geschichte des SGB X ähnelt denen des VwVfG und der AO 1977. Es wurde etwa im selben Zeitraum geschaffen. Die ersten Vorschläge, das Sozialrecht zu kodifizieren, stammen bereits aus dem Jahr 1955[229]. Am 5. Mai 1970 wurde dann beim Bundesministerium für Arbeit und Sozialordnung die Sachverständigenkommission konstituiert. Es sollte wie bei der Fassung der AO 1977 versucht werden, möglichst mit dem VwVfG übereinstimmende Lösungen zu finden[230], wenn auch wegen unterschiedlich gewachsenem Verfahrensrecht

226 BVerwG, Urt. v. 19.8.1986 – 1 C 7.85, BVerwGE 75, S. 1, 13.

227 *C. H. Ule/H.-W. Laubinger*, Verwaltungsverfahrensrecht, § 25 I, Rn. 7.

228 So schon *A. Spitaler*, in StBJb 1956/57, S. 105, 107; später *R. Seer*, in Tipke/Lang, Steuerrecht, § 21 Rn. 5; *E. Schmidt-Aßmann*, in Isensee/Kirchhof, Handbuch des Staatsrechts III, § 70 Rn. 10.

229 Überblick zu den damaligen Vorschlägen bei *M. v. Wulffen*, in v. Wulffen, SGB X, Einleitung Rn. 1-6; zum Werdegang des § 25 SGB X; vgl. *N. Schneider-Danwitz*, in Knopp/Schneider-Danwitz/Schroeter, Gesamtkommentar Sozialversicherung/SGB/RVO/SGG, Losebl., Bd. 4, § 25 SGB X, Anm. 3; zu der frühen Forderung nach einem Akteneinsichtsrecht im Sozialverwaltungsverfahren, *H. Schreier*, Die Sozialgerichtsbarkeit 1957, S. 195.

230 Vgl. der kurze Hinweis bei *H. J. Becker*, JR 1976, S. 485, 487.

auf eine einheitliche Kodifizierung verzichtet wurde[231]. Nach längeren Beratungen[232] und der Anrufung des Vermittlungsausschusses[233] beschloss der Bundestag das SGB X am 4. Juli 1980[234].

Ebenso wie das Akteneinsichtsrecht im allgemeinen Verwaltungsverfahren unterliegt das Akteneinsichtsrecht nach § 25 SGB X verschiedenen Grenzen in zeitlicher und personeller Hinsicht. Es steht nur den Beteiligten des Verwaltungsverfahrens zu, die geltend machen können, dass die Informationen der Verteidigung ihrer rechtlichen Interessen dienen[235]. Darüber hinaus ist bis zum Abschluss des Verfahrens keine Einsicht in Entwürfe zu Entscheidungen sowie in Arbeiten zu ihrer unmittelbaren Vorbereitung zulässig. Daneben bestehen ähnlich dem Ausnahmenkatalog des § 29 VwVfG auch im Rahmen des § 25 SGB X Einschränkungen. Das Einsichtsrecht in die sozialrechtlichen Akten ist in zweierlei Hinsicht begrenzt: Zum einen bei der Einsicht in Akten mit für den Beteiligten sensiblen Daten und zum anderen, wenn es berechtigte Geheimhaltungsinteressen gebieten.

I. Einsicht in Akten mit für den Beteiligten sensiblen Daten (§ 25 Abs. 2 SGB X)

Die Sozialbehörde kann statt einer Akteneinsicht den Inhalt der Akten durch einen Arzt vermitteln lassen, soweit die Akten Angaben über gesundheitliche Verhältnisse eines Beteiligten (§ 12 Abs. 1 SGB X) enthalten (§ 25 Abs. 2 S. 1 SGB X). Dies soll sie tun, soweit zu befürchten ist, dass die Akteneinsicht dem Beteiligten einen unverhältnismäßigen Nachteil, insbesondere an der Gesundheit, zufügen würde (§ 25 Abs. 2 S. 2 SGB X). Die Sätze 1 und 2 gelten, soweit die Akten Angaben enthalten, die die Entwicklung und Entfaltung der Persönlichkeit des Beteiligten beeinträchtigen können, mit der Maßgabe entsprechend, dass der Akteneinhalt auch durch einen durch Vorbildung sowie Lebens- und Berufserfahrung dazu geeigneten und befähigten Bediensteten der Behörde vermittelt werden kann (§ 25 Abs. 2 S. 3 SGB X). Allerdings darf durch diese besonderen Vermittlungswege das Recht auf Akteneinsicht nicht beschränkt werden (§ 25 Abs. 2 S. 4 SGB X). Diese besondere Entwicklung ist dem Umstand geschuldet, dass die Informationen in den sozialrechtlichen Akten beim Betroffenen gesundheitliche Probleme hervorrufen können[236], etwa wenn der Beteilig-

---

231 Dazu *A. Marschner*, in Pickel/Marschner, SGB X, Allgemeines Rn. 18 (Oktober 2004).

232 BR-Drucks. 170/78; BT-Drucks. 8/2034; BT-Drucks. 8/4022, BR-Drucks. 288/80.

233 BR-Drucks. 288/80.

234 Vgl. BR-Drucks. 421/80.

235 *J. Winkler*, Sozialverwaltungsverfahren und Sozialdatenschutz (SGB X), Rn. 214 f.

236 Z.B. Schock- oder Suizidgefahr, *J. Winkler*, Sozialverwaltungsverfahren und Sozialdatenschutz (SGB X), Rn. 221.

te erfährt, dass er nur noch wenige Zeit zu leben habe oder schwer seelisch erkrankt sei[237]. Darauf hat der Gesetzgeber reagiert und ein spezielles Offenbarungsverfahren entwickelt. Die Vorschriften dienen dem Schutz des Beteiligten[238] und haben ihren Ursprung in einer besonderen Fürsorgepflicht[239]. Der Arzt soll dem Beteiligten den Akteninhalt erklären und versuchen, die negativen Folgen durch die Art der Darstellung abzufangen[240]. Außerdem ist auf die Besonderheit der Sozialrechtsadressaten abzustellen. Satz 1 will den Schwierigkeiten begegnen, die der Adressat beim Verständnis dieser Daten, insbesondere ärztlicher Gutachten, haben kann. Das Akteneinsichtsrecht wäre für viele Betroffene wertlos, die nach ihrem Bildungsstand solche Gutachten nicht verstehen können.

II. Verweigerung aufgrund berechtigter Geheimhaltungsinteressen (§ 25 Abs. 3 SGB X)

Von den im Ausnahmenkatalog des § 29 Abs. 2 VwVfG enthaltenen Verweigerungstatbeständen enthält § 25 Abs. 3 SGB X lediglich den dritten Aspekt, nämlich geschützte Geheimhaltungsinteressen. Das berechtigte Geheimhaltungsinteresse umfasst dabei jedes öffentlich-rechtliche oder privatrechtliche nach der Sachlage anzuerkennende schutzwürdige Interesse rechtlicher, wirtschaftlicher[241] und ideeller Art[242], soweit es sich auf das Verfahren bezieht[243]. Der Gesetzgeber nahm also aufgrund abweichender Ausgangslagen für das SGB X und das VwVfG unterschiedliche Lösungen in die jeweiligen Gesetze auf[244]. Es handelte sich um eine „notwendige Anpassung an die speziellen Bedürfnisse der Sozialleistungsverwaltung“[245]. Der Akteneinhalt insbesondere bei Landesversicherungsanstalten, Ortskrankenkassen oder ähnlichen Trägern sei insbesondere nicht geeignet, durch sein bekannt Werden das Wohl des Bundes oder eines Landes zu gefährden[246]. Ein Bedürfnis für einen Geheimhaltungsschutz im

237 *F. Bielefeld*, Das soziale Verfahrensrecht des SGB X, S. 105 ff.

238 *A. v. Mutius*, in GK-SGB X 1, § 25 Rn. 25.

239 *G. Dörr/K. Franke*, Sozialverwaltungsrecht, S. 295.

240 *A. v. Mutius*, in GK-SGB X 1, § 25 Rn. 25.

241 BVerwG, Urt. v. 7.10.1955 – II C 27.54, BVerwGE 2, S. 229, 231, zum wirtschaftlichen Interesse als berechtigtes Interesse.

242 Vgl. etwa *H. v. Nicolai*, in Redeker/v. Oertzen, VwGO, § 43 Rn. 20.

243 *M. v. Wulffen*, in v. Wulffen, SGB X, § 25 Rn. 9.

244 Vgl. Zusammenfassung bei *F. Bielefeld*, Das soziale Verfahrensrecht des SGB X, S. 26 ff.

245 Bericht des Ausschusses für Arbeit und Sozialordnung, BT-Drucks. 8/4022, S. 81 zu § 24 des Entwurfs.

246 *M. v. Wulffen*, in v. Wulffen, SGB X, § 25 Rn. 9; vgl. Bericht des Ausschusses für Arbeit und Sozialordnung, BT-Drucks. 8/4022, S. 81.

Rahmen des § 25 SGB X bestand nicht, weil diesem schon durch §§ 35 SGB I und §§ 67 bis 85a SGB X Rechnung getragen wird.

Warum der Gesetzgeber die erste Variante der Ausnahmetatbestände nach § 29 Abs. 2 VwVfG, also die potenzielle Beeinträchtigung der ordnungsgemäßen Aufgabenerfüllung durch die Behörde, nicht auch in das SGB X aufgenommen hat, lässt sich den Gesetzesmaterialien nicht entnehmen[247]. Im Besteuerungsverfahren führte vor allem dieser Punkt zu einem vollständigen Ausschluss des Akteneinsichtsrechts[248]. Gerade im Sozialverwaltungsverfahren als Massenfallrecht besteht eine gegenüber dem allgemeinen Verwaltungsrecht viel größere Gefahr von Fehlern, weil es ungleich mehr zu bearbeitende Fälle gibt und nicht jeder Fall einzeln betrachtet werden kann. Vielmehr laufen viele Vorgänge in einer vergleichsweise automatisierten Form ab. Dies ließe auf ein besonders hohes Bedürfnis für Akteneinsicht durch den Betroffenen schließen, weil bei einer hohen Fehlerquote auch die Rate an Rechtsbehelfsverfahren steigt. Um diese vorzubereiten, ist die Akteneinsicht fast unerlässlich. Dennoch scheint der Gesetzgeber eine Überlastung der Sozialbehörden nicht als ernst zu nehmende Gefahr angesehen zu haben. Dies mag daran gelegen haben, dass Sozialakten selten Daten Dritter enthalten. Ausgeschlossen ist dies indes nicht, so dass solche Daten vor einer Akteneinsicht entfernt werden müssten. Die dem Besteuerungsverfahren ähnliche Ausgangslage lässt nur den Schluss zu, dass diese Bedenken gegenüber der Notwendigkeit eines Akteneinsichtsrechts zurück gestellt wurden. Eine verfassungsrechtliche Analyse des Akteneinsichtsrechts wird die Gründe aufdecken[249].

C. Typologie der Akteneinsichtsrechte

Betrachtet man die beschriebenen bereichsspezifischen Regelungen der Akteneinsicht und stellt sie in einem größeren Zusammenhang, so lässt sich mittels einer typologischen Einordnung ein besserer Überblick erlangen. Dieser ist geeignet, einen Anhaltspunkt für den Umfang eines erforderlichen Akteneinsichtsrechts zu finden.

Eine der wichtigsten Aufgaben der Jurisprudenz ist es, die Sinnzusammenhänge zwischen den einzelnen Normen und Regelungen zu finden, aufzudecken und in den Überblick ermöglichenden Systemen zu veranschaulichen. Dabei hat sich die Jurisprudenz in jüngerer Zeit gelegentlich sog. Typen bedient. Die Typen enthalten einander unter einem bestimmten leitenden Gesichtspunkt zugeordnete

247 Vgl. *F. Bielefeld*, Das soziale Verfahrensrecht des SGB X, S. 104 f.

248 Den durch die Inanspruchnahme von Akteneinsichtsrechten entstehende Verwaltungsaufwand erachtete der Finanzausschuss als derart unpraktikabel, dass er dieses Recht gänzlich ausschloss. Siehe bereits 1. Kapitel A. II.

249 Dazu 3. Kapitel.

Elemente[250]. Kann die Praxis bzw. die Regelung der Akteneinsicht im Besteuerungsverfahren einem Typus in einer Typenreihe zugeordnet werden, so wird deutlich inwiefern es sich um einen Grund- oder ein Mischtypus handelt. Verbindende Züge mit benachbarten Typen treten deutlicher hervor[251]. Typologisches Vorgehen setzt einen Ähnlichkeitsvergleich voraus[252]. Für den Bereich der Akteneinsicht verspricht die Typenbildung einen Überblick, aus dem sich nähere Beziehungen, aber auch Notwendigkeiten ableiten lassen können. Eine Typologie der Akteneinsicht kann an verschiedenen Punkten ansetzen. Ausgangspunkt der folgenden Typenbildung soll der mögliche Umfang eines zu gewährenden Akteneinsichtsrechts von einem gebundenen Anspruch, über ein im Ermessen stehendes Recht hin zu einem ausgeschlossenen Akteneinsichtsrecht sein.

Zwei Grundtypen kristallisieren sich bei einer Untersuchung der gesetzlich geregelten bzw. nicht geregelten, aber gewährten Akteneinsichtsrechte in der Rechtswirklichkeit heraus. Im Besteuerungsverfahren ist ein Akteneinsichtsrecht gesetzlich nicht geregelt. Rechtsprechung und Finanzverwaltung haben jedoch einen Anspruch auf ermessensfehlerfreie Entscheidung über den Antrag auf Akteneinsicht entwickelt und damit den Typus des Ermessensanspruchs auf Akteneinsicht ohne eine gesetzliche Norm, die als Rechtsfolge Ermessen enthält, geschaffen. Der Typus des gebundenen Anspruchs auf Akteneinsicht mit Einschränkungen und Ausnahmetatbeständen tritt am häufigsten auf. Dazu gehören die Akteneineinsichtsrechte im allgemeinen Verwaltungsrecht (§ 29 VwVfG) und im Sozialrecht (§ 25 SGB X), in der Finanzgerichtsbarkeit (§ 78 FGO), in der Verwaltungsgerichtsbarkeit (§ 100 VwGO) und in der Sozialgerichtsbarkeit (§ 120 SGG). Dieses Typus kann außerdem noch untergliedert werden in gebundene Ansprüche des Beteiligten innerhalb von Verwaltungsverfahren, wozu die eben genannten Fälle gehören (sog. begrenzte Aktenöffentlichkeit), und die nicht an bestimmte Verwaltungsverfahren und deren Beteiligte gebundenen Ansprüche (sog. unbegrenzte Aktenöffentlichkeit). Letzteren Untertypus verwirklichen die Informationsfreiheitsgesetze des Bundes und einzelner Bundesländer.

Zwei weitere Grundtypen der Ausgestaltung eines Akteneinsichtsrechts sind denkbar, in der Rechtswirklichkeit jedoch nicht vorhanden. Zum einen ist dies die gänzlich ausgeschlossene Akteneinsicht durch ein gesetzliches Verbot oder eine bewusste Nichtregelung des Gesetzgebers, über die sich die Rechtsanwender nicht hinwegsetzen. Die Gesetzeslage der AO 1977 in Verbindung mit dem gesetzgeberischen Willen entspricht dem Typus der ausgeschlossenen Akteneinsicht. Finanzrechtsprechung und Finanzverwaltung haben diesen gesetzlichen

250 *K. Larenz*, Methodenlehre, S. 437 f.; in diese Richtung auch *K.-D. Drüen*, StuW 1997, S. 261, 264.

251 Dazu *K. Larenz*, Methodenlehre, S. 472.

252 *K.-D. Drüen*, StuW 1997, S. 261, 267.

Typus jedoch durch ihre Rechtsanwendung negiert. Zum anderen ist ein Einsichtsrecht denkbar, das vollkommen frei ist von Einschränkungen in zeitlicher, sächlicher und räumlicher Hinsicht und das weder an ein laufendes Verfahren gebunden ist, noch bei Vorliegen von bestimmten Ausnahmetatbeständen ausgeschlossen werden kann. Diese zwei in der Praxis nicht vorkommenden Typen bilden Anfang und Ende der vorgestellten Typenreihe. Innerhalb dieser herausgearbeiteten Regelungsbreite müsste sich auch eine Norm zum Akteneinsichtsrecht im Besteuerungsverfahren bewegen.

D. Der Weg zu einem Informationsverwaltungsrecht

Wie in der Typologie der Einsichtsrechte bereits kurz erwähnt, bestehen neben den bereichsspezifischen Regelungen der Akteneinsicht im allgemeinen Verwaltungsverfahrens- bzw. Sozialverwaltungsverfahrensrecht auch gesetzliche Akteneinsichtsrechte außerhalb bestimmter Verwaltungsverfahren. Angesprochen sind die modernen Informationsverwaltungsgesetze. Kaum ein Bereich des Verwaltungsrechts kann sich den Tendenzen des sog. Informationsverwaltungsrechts entziehen. Das Finanzgericht Münster ist dennoch ersten Versuchen entgegengetreten, aus dem Informationsfreiheitsgesetz NRW Akteneinsichtsrechte im Besteuerungsverfahren gegenüber Landesfinanzbehörden herzuleiten[253]. Damit hat es Anlass gegeben, den steuerverwaltungsrechtlichen Sonderweg nicht nur im Vergleich zu den verwandten Rechtsgebieten, sondern auch im Lichte eines modernen Verwaltungsverständnisses zu überdenken. Diese Entwicklung lässt – ebenso wie die trotz ähnlicher Ausgangslage unterschiedliche Ausgestaltung des Akteneinsichtsrechts in den Verwaltungsgebieten – die Argumente des Finanzausschusses fragwürdig erscheinen lassen. Der bewusst fehlende Anspruch auf Akteneinsicht im Besteuerungsverfahren[254] könnte durch das am 1. Januar 2006 in Kraft getretene Bundesinformationsfreiheitsgesetz sowie die Informationsfreiheitsgesetze der Bundesländer Nordrhein-Westfalen[255], Schleswig-Holstein[256], Brandenburg[257], Berlin[258] und die jüngsten

253 FG Münster, Urt. v. 5.11.2002 – 1 K 7155/00 S, EFG 2003, S. 499; Urt. v. 20.11.2003 – 12 K 6405/02 S, EFG 2004, S. 387.

254 Siehe bereits 1. Kapitel A. II.

255 Aus der zahlreichen Literatur *B. Axler*, CR 2002, S. 847; *E. Beckmann*, DVP 2003, S. 142; *O. Bischopink*, NWVBl. 2003, S. 245; *C. J. Partsch/W. Schurig*, DÖV 2003, S. 482; *F. Stollmann*, NWVBl. 2002, S. 216; *T. R. Wolf-Hegerbekermeier/ B. Pelizäus*, DVBl. 2002, S. 955.

256 Dazu *G.-H. Friedersen*, NordÖR 2001, S. 89.

257 Eingehend *A. Winterhager*, Der Anwendungsbereich des Akteneinsichts- und Informationszugangsgesetzes des Landes Brandenburg; ferner *C. J. Partsch*, NJW 1998, S. 2559.

258 Näher *W. Clausen*, in Knack, VwVfG, § 29 Rn. 51-56; *S. Frenzel*, Zugang zu Informationen der deutschen Behörden, S. 15 f.

Gesetze in Bremen, Hamburg und dem Saarland ins Wanken geraten sein. Diese Gesetze könnten ein vollkommen eigenständiges Recht auf Akteneinsicht geschaffen haben, das unabhängig von den herkömmlich für das Besteuerungsverfahren relevanten Rechtsgrundlagen einen Zugang zu Informationen der Finanzbehörden gewährt.

I. Impulse für ein Informationsverwaltungsrecht

1. Hamburger Tagung der deutschen Staatsrechtslehrer als Spiegel des Diskussionsstandes

In der Rechtswissenschaft hat seit Erlass der AO 1977 und verstärkt in den letzten Jahren eine neue Entwicklung ihre Spuren hinterlassen, die von einem gewandelten Transparenzverständnis zeugt. Dies spiegelte sich unter anderem auf der Tagung der Deutschen Staatsrechtslehrer im Oktober 2003 in Hamburg wider, wo *R. Gröschner* und *J. Masing* sich mit den für eine transparente Verwaltung notwendigen Konturen eines Informationsverwaltungsrechts befassten[259]. Unter diesem Stichwort[260] proklamiert ein Teil der Rechtswissenschaft, dass durch Publizität und der daraus folgenden Transparenz eine Verwaltungskontrolle zu erreichen sei[261]. Das Informationsverwaltungsrecht beträfe die Gesamtheit der öffentlich-rechtlichen Normen, die sich auf den staatlichen Umgang mit Informationen und Kommunikationshandeln beziehen und die das Informationshandeln der Behörden untereinander und gegenüber dem Bürger regeln[262]. Die Prinzipien des Rechtsstaats sowie der Demokratie würden es konturieren[263].

Dieser neue Ansatz mit seinem Schwerpunkt auf einer erhöhten Transparenz steht im Gegensatz zum bisherigen deutschen Verwaltungsrecht, das in seiner Tradition von der Geheimhaltung geprägt ist[264]. Nach dem bisherigen Grundsatz des Aktengeheimnisses bzw. der beschränkten Aktenöffentlichkeit bleiben solche Vorgänge geheim, die nach dem klassischen Republikprinzip von öffentlichem Interesse sind[265]. Die Geheimhaltung wurde mit der Amtsverschwiegen-

259 *R. Gröschner* und *J. Masing*, VVDStRL Bd. 63 (2004), S. 344 und 377; siehe auch Berichte von *A. Guckelberger*, AöR Bd. 129 (2004), S. 276, und *C. Waldhoff*, JZ 2004, S. 132.

260 Zu den Schichten des Informationsverwaltungsrechts *E. Schmidt-Aßmann*, Das allgemeine Verwaltungsrecht als Ordnungsidee, S. 280 ff.

261 *R. Gröschner*, VVDStRL Bd. 63 (2004), S. 344, 362 f.

262 *W. Hoffmann-Riem*, in Hoffmann-Riem/Schmidt-Aßmann, Verwaltungsrecht in der Informationsgesellschaft, S. 9, 14 m.w.N.

263 *R. Gröschner*, VVDStRL Bd. 63 (2004), S. 344, 346.

264 *M. Weber*, Wirtschaft und Gesellschaft, S. 572; *P. Düwel*, Das Amtsgeheimnis, S. 26; *G. Trantas*, Akteneinsicht und Geheimhaltung, S. 257; *J. Angelov*, Grundlagen und Grenzen eines staatsbürgerlichen Informationszugangsanspruches, S. 24.

265 *R. Gröschner*, VVDStRL Bd. 63 (2004), S. 344, 355.

heit der Beamten gekoppelt[266]. Neben der Amtsverschwiegenheit wahrt die Verwaltung das Amtgeheimnis mit dem klassischen Mittel, die Akteneinsicht in Behördenakten zu versagen[267]. In vielen Bereichen besteht ein staatliches Wissens- und Informationsmonopol[268]. Informationen bedeuten seit jeher Macht[269]. Dieses Gewicht kann sich derjenige zunutzen machen, der die Informationen besitzt, weil er sie geheim halten, veröffentlichen oder zielgerichtet einsetzen kann. Dies eröffnet eine Einflussmöglichkeit auf diejenigen, denen die Informationen nicht zur Verfügung stehen.

J. Masing wies 2003 darauf hin, dass die funktional begründete Nichtöffentlichkeit nicht als Relikt des vordemokratischen deutschen Konstitutionalismus abgetan werden könne[270]. Ein Grund liege in der das Verhältnis Bürger – Staat stark beeinflussenden Lehre der subjektiv-öffentlichen Rechte[271]. Dadurch konnte sich ein überaus leistungsfähiges System des Individualschutzes entwickeln, in dem private Interessen durch materielle Gewährleistungen und Verfahrensrechte geschützt und gerichtlich gewährleistet werden[272].

---

266 *H. Richter-Brohm*, Die Verschwiegenheitspflicht des Beamten, S. 27; sich anschließend *G. Trantas*, Akteneinsicht und Geheimhaltung, S. 259.

267 *P. Düwel*, Das Amtsgeheimnis, S. 34: Drittes klassisches Mittel hierfür ist die Verweigerung der behördlichen Auskunft; *I. Höffler*, Akteneinsichtsrechte des Bürgers, S. 14. Insbesondere *M. Weber* hat die traditionelle Geheimhaltung der Behördeninterna untersucht und festgestellt, dass der sog. „Vorteil der kleinen Zahl" am besten durch Geheimhaltung der Absichten, gefassten Beschlüsse und Kenntnisse der Herrschenden zur Geltung kommt. Informationen enthielten seit jeher Steuerungsressourcen und sind Grundlage administrativer Entscheidungen (*W. Hoffmann-Riem*, in Schmidt-Aßmann/Hoffmann-Riem, Verwaltungsrecht in der Informationsgesellschaft, S. 9, 13). Jede Steigerung der Pflicht des „Amtsgeheimnisses" sei ein Symptom entweder für die Absicht der Herrschenden, die Herrschaftsgewalt weiter anzuziehen, oder für ihren Glauben an deren wachsende Bedrohtheit. Jede auf Kontinuierlichkeit eingerichtete Herrschaft sei an irgendeinem entscheidenden Punkt Geheimherrschaft (*M. Weber*, Wirtschaft und Gesellschaft5, S. 548). *M. Weber* fand heraus, dass bürokratische Verwaltung der Tendenz nach stets Verwaltung mit Ausschluss der Öffentlichkeit ist (*M. Weber*, Wirtschaft und Gesellschaft, S. 572 f.).

268 *F. Schoch/M. Kloepfer*, Informationsfreiheitsgesetz (IFG-ProfE), S. 25.

269 *J. Angelov*, Grundlagen und Grenzen eines staatsbürgerlichen Informationszugangsanspruches, S. 23; *T. R. Wolf-Hegerbekermeier/ B. Pelizäus*, DVBl. 2002, S. 955.

270 *J. Masing*, VVDStRL Bd. 63 (2004), S. 377, 384 ff.; *M. Ibler*, in Festschrift W. Brohm, S. 405, 410 f., sieht diesen Grundsatz als durch die Informationsfreiheitsgesetze gefährdet an.

271 Dazu *H. Maurer* Allgemeines Verwaltungsrecht, § 8 Rn. 1 ff.; *E. Schmidt-Aßmann*, Das allgemeine Verwaltungsrecht als Ordnungsidee, S. 74 ff.

272 *J. Masing*, VVDStRL Bd. 63 (2004), S. 377, 387.

2. Der moderne Ansatz der Informationsfreiheitsgesetze

Es ist umstritten, ob das deutsche Verwaltungsverfahren und dabei insbesondere das Steuerverfahren weiterhin vom Grundsatz des Amtgeheimnisses geprägt oder gar ein Geheimverfahren ist[273]. Nach der Ansicht einiger Stimmen ist das Steuerverfahren als besonderes Verwaltungsverfahren von Transparenz gezeichnet, weil der Steuerbürger in allen Stadien über Maßnahmen des Finanzamtes zu informieren sei[274]. Die Verwaltung in Deutschland sei keine „Geheimangelegenheit" mehr. „Die alte Vorstellung vom „Amtsgeheimnis" dagegen [sei] dank der vielen Einsichtsrechte Beteiligter längst überholt". Die gebliebene Vertraulichkeit solle vor allem die Handlungsfähigkeit der Behörden sicherstellen[275]. Demgegenüber weisen andere dezidiert auf die nach wie vor bestehenden Spuren der Arkantradition des deutschen Verwaltungsrechts hin[276]. Sie sehen den Grundsatz der sog. begrenzten Aktenöffentlichkeit des allgemeinen Verwaltungsrechts als zu behebenden Entwicklungsrückstand an, weil darin der nach wie vor geltende Grundsatz der Geheimhaltung von Verwaltungsinformationen zum Ausdruck komme[277]. Das Verwaltungsrecht sei diesem Dogma immer noch weitgehend verhaftet[278]. Allerdings gelte dies nur noch eingeschränkt, weil der Gesetzgeber mittlerweile dahin tendiert, den Bürger an den innerbehördlichen Vorgängen teilhaben zu lassen[279].

Anstöße zu mehr Transparenz kamen zu einen aus den USA, wo der sog. Freedom of Information Act einen umfassenden Behördenzugang eröffnet[280]. Diese Entwicklung ging und geht aber nicht nur in den USA seit Jahren bzw. Jahr-

---

273 Dies bejaht, wenn auch mit Einschränkungen *R. Gröschner*, VVDStRL Bd. 63 (2004), S. 344, 365 ff.

274 *J. Klos*, SteuStudium 1999, S. 362, 363.

275 *M. Ibler*, in Festschrift W. Brohm, S. 405, 409.

276 *R. Gröschner*, VVDStRL Bd. 63 (2004), S. 344, 347; *M. Kloepfer/K. v. Lewinski*, DVBl. 2005, S. 1277, 1279; ebenso LT NRW Drucks. 13/1311, S. 1 und BT-Drucks. 15/4493, S. 6, mit dem Gesetzentwurf eines IFG auf Bundesebene.

277 *F. Schoch*, Die Verwaltung Bd. 35 (2002), S. 149; ähnlich erneut zumindest bis Ende 2005 *ders.*, DÖV 2006, S. 1.

278 *I. Höffler*, Akteneinsichtsrechte des Bürgers, S. 239; *F. Schoch/M. Kloepfer*, Informationsfreiheitsgesetz (IFG-ProfE), S. 29; vgl. auch *T. R. Wolf-Hegerbekermeier/B. Pelizäus*, DVBl. 2002, S. 955 und *M. Raabe/N. Helle-Meyer*, NVwZ 2004, S. 641, 644.

279 *I. Höffler*, Akteneinsichtsrechte des Bürgers, S. 239 ff.

280 Dazu *M. Rehbinder*, Die Informationspflicht der Behörden im Recht der Vereinigten Staaten, S. 16 ff. und passim; *C. J. Partsch*, NJW 1998, S. 2559; *M. Schröder*, Die Verwaltung Bd. 4 (1971), S. 301 ff.

zehnten in großen Schritten voran[281]. Auch in Europa sind derartige Entfaltungen seit langem zu beobachten[282]. Vorreiter war Schweden[283]. Jeder schwedische Staatsbürger und Ausländer hat ein Recht auf freien Zugang zu amtlichen Schriftstücken, um den freien Meinungsaustausch und die allseitige Aufklärung zu fördern[284]. Viele andere europäische Staaten beginnend mit Finnland (1951), Dänemark (1970) und Norwegen (1970) sind diesem Beispiel gefolgt[285].

Diese Veränderung im Bewusstsein bzw. im Verständnis des Staates hat auch in Deutschland an Gewicht gewonnen. Insbesondere die Menschenwürde und die Grundrechte gebieten es, den Menschen nicht nur als Objekt des staatlichen Handelns zu sehen. Ihm ist vielmehr eine Stellung einzuräumen, die es ihm ermöglicht, sich aktiv am Handeln des Staates zu beteiligen und dessen Entscheidungen mit zu gestalten[286]. In Deutschland machte das Umweltinformationsgesetz als spezielles Informationsgesetz den Anfang[287]. Das Umweltrecht sehen Teile der Rechtswissenschaft als Referenzgebiet für einen grundsätzlichen Wandel im Recht der Akteneinsicht an. In diesem Gebiet sei der Datenschutz jedoch von geringer Brisanz, deshalb bestehe kein Anlass zu einer Transparenz-

---

281 Umfangreiche Dokumentation in- und ausländischer Rechtsquellen bei *S. Frenzel*, Zugang zu Informationen der deutschen Behörden, S. 24 ff.

282 *M. Ibler*, in Festschrift W. Brohm, S. 405, 419, fordert eine neue Erforschung dieser ausländischen Informationsfreiheitsgesetze, die auch das jeweilige Verwaltungsrecht und dessen Dogmatik in den Blick nehmen, weil es ansonsten zu einem „Äpfel-Birnen-Vergleich" komme.

283 *D. Kugelmann*, Die informatorische Rechtsstellung des Bürgers, S. 172; *G. Petrén*, VerwArch Bd. 49 (1958), S. 323; *F. Schoch/M. Kloepfer*, Informationsfreiheitsgesetz (IFG-ProfE), S. 26 f.

284 *G. Petrén*, VerwArch Bd. 49 (1958), S. 323.

285 Den Zugang eröffneten später auch Spanien, Frankreich und die Niederlande (1978), Griechenland (1986), Österreich (1988), Italien (1990), Portugal (1993), Belgien und Großbritannien (1994) und Irland (1997). Vgl. *D. Kugelmann*, Die informatorische Rechtsstellung des Bürgers, S. 170 ff.; *F. Schoch/M. Kloepfer*, Informationsfreiheitsgesetz (IFG-ProfE), S. 27 f. Das französische Akteneinsichtsgesetz 1978 ist besonders durch seine Universalität geprägt ist. Vgl. dazu *G. Trantas*, Akteneinsicht und Geheimhaltung, S. 174-250; *G. Winter*, UPR 1989, S. 81, 83 ff.; vgl. auch Art. 255 EGV, der ein allgemeines Zugangsrecht zu den Dokumenten des Europäischen Parlaments, des Rates und der Kommission beinhaltet; umfassender Überblick bei *T. Bräutigam*, DÖV 2005, S. 376 ff.

286 BVerfG, Urt. v. 16.7.1969 – 1 BvL 19/63, BVerfGE 27, S.1, 6; *F. O. Kopp*, Verfassungsrecht und Verwaltungsverfahrensrecht, S. 17.

287 Dazu OVG Münster, Beschl. v. 15.8.2003 -21 B 1375/03, NVwZ 2004, S. 169; *D. König*, DÖV 2000, S. 45 ff.; *F. Schoch*, Die Verwaltung Bd. 35 (2002), S. 149, 151 ff.; näher zu den zugrunde liegenden Richtlinien 2003/4/EG und 2003/35/EG *B. Werres*, DVBl. 2005, S. 611 ff.

euphorie[288]. In den allgemeinen Informationsfreiheitsgesetzen der Bundesländer Nordrhein-Westfalen, Schleswig-Holstein, Brandenburg und Berlin fand dieser Prozess seinen Fortgang[289]. Auch der in den letzten Jahren immer lauter werdende Ruf nach einem Informationsfreiheitsgesetz auf Bundesebene hat sich Gehör verschafft. Für ein Bundesinformationsfreiheitsgesetz[290] gab es im Vorfeld mehrere Entwürfe[291]. Das Informationsfreiheitsgesetz des Bundes[292] vom 5. September 2005 ist am 1. Januar 2006 in Kraft getreten[293].

Sowohl die Länder-Informationsfreiheitsgesetze[294] als auch das Bundesinformationsfreiheitsgesetz verfolgen vor allem die Ziele der Transparenz und des bürgerschaftlichen Mitwirkens[295]. Daneben sollen sie der politischen Meinungs- und Willensbildung und der Korruptionsvorsorge dienen. Die Bürger bekommen

---

288 *R. Gröschner*, VVDStRL Bd. 63 (2004), S. 344, 349; vgl. auch Bericht bei *A. Guckelberger*, AöR Bd. 129 (2004), S. 276, 277.

289 IFG NRW, IFG Schleswig Holstein, Berliner IFG, AIG des Landes Brandenburg; zu letzteren insbesondere *A. Winterhager*, Der Anwendungsbereich des Akteneinsichts- und Informationszugangsgesetzes des Landes Brandenburg.

290 Fraglich ist, ob das Verwaltungsverfahrensgesetz nicht der richtige Punkt wäre, um einen allgemeinen Anspruch auf Informationszugang zu regeln. Dies wäre sinnvoll, wenn das VwVfG als bundesweite Kodifikation des Verwaltungsrechts (Begriff bei *W. Kahl*, in Hoffmann-Riem/ Schmidt-Aßmann, Verwaltungsverfahren und Verwaltungsverfahrensgesetz, S. 67, 70) anzusehen wäre. Die Vorschriften des VwVfG gelten jedoch nur für das Verwaltungsverfahren. Regelungen für Stadien außerhalb des Verwaltungsverfahrens enthält das VwVfG grundsätzlich nicht. Nach Ansicht von *H. Schmitz*, in Hoffmann-Riem/Schmidt-Aßmann, Verwaltungsverfahren und Verwaltungsverfahrensgesetz, S. 135, 143, ist daher das VwVfG derzeit nicht als konzeptioneller Standort für eine umfassende Regelung der Verwaltungsinformationen geeignet. Außerdem gilt das VwVfG nicht für das hier in Rede stehende Besteuerungsverfahren sowie das Verwaltungsverfahren im Sozialrecht.

291 So unter anderen der Referentenentwurf des Bundesinnenministeriums, abgedruckt als Anhang I bei *F. Schoch/M. Kloepfer*, Informationsfreiheitsgesetz (IFG-ProfE), S. 201, sowie der sog. Professorenentwurf, *F. Schoch/M. Kloepfer*, Informationsfreiheitsgesetz (IFG-ProfE), S. 13 – 21. Der erste Gesetzesentwurf von Bündnis 90/Die Grünen scheiterte bereits in der 13. Legislaturperiode. Das in der Koalitionsvereinbarung von 1998 vorgesehene Gesetzesprojekt gedieh bis zum Referentenentwurf, konnte aber in der 14. Legislaturperiode nicht mehr vom Kabinett verabschiedet werden.

292 Im Folgenden Bundesinformationsfreiheitsgesetz.

293 BGBl. I S. 2722. Den Entwurf, der die textliche Grundlage des Bundesinformationsfreiheitsgesetzes bildet, brachten die Fraktionen der SPD sowie Bündnis 90/Die Grünen in den Bundestag ein. Danach traten zum 1. August 2006 auch in den Bundesländern Hamburg und Bremen und zum 15. September im Saarland weitere Informationsfreiheitsgesetze auf Länderebene in Kraft.

294 Darstellung am Beispiel des Informationsfreiheitsgesetzes NRW.

295 Hierzu und zum folgenden BT-Drucks. 15/4493, S. 6; LT NRW Drucks. 13/1311, S. 1 f.

einen mehr oder weniger ungehinderten Zugang zu Informationen. Erwünscht ist es, durch diesen Zugang die Nachvollziehbarkeit und Akzeptanz behördlicher Entscheidungen und der zugrunde liegenden politischen Beschlüsse deutlich zu erhöhen. Des Weiteren schaffen diese Informationen eine breitere Argumentationsgrundlage. Dies optimiert die Mitsprachemöglichkeiten der Bürger beim Handeln der staatlichen Organe. In diesem Sinn soll das Informationszugangsrecht einer – wenn auch mittelbaren – Kontrolle staatlichen Handelns dienen. Transparenz kann dabei als die „jüngere Schwester der Publizität" angesehen werden[296]. Ein gesetzlich geregelter Anspruch auf Informationszugang folgt den Tendenzen des modernen Staates und fördert ein partnerschaftliches Verhältnis zwischen den Bürgern und dem Staat[297].

Inhalt des gewährten Anspruchs sind Informationen aller Art, die bei den öffentlichen Stellen gespeichert oder aufbewahrt werden, ohne Einschränkungen auf die Art des Informationsträgers (§ 2 Nr. 1 Bundesinformationsfreiheitsgesetz, § 3 IFG NRW). Die nicht abschließende Aufzählung umfasst die Schrift-, Bild-, Ton- und Datenverarbeitungsform. Dieser materielle Aktenbegriff[298] beinhaltet daher beispielsweise auch Dienstanweisungen und Satzungen. Anspruchsverpflichtet ist grundsätzlich jede öffentliche Stelle des Bundes oder Landes, der Gemeinden und Gemeindeverbände sowie der sonstigen der Aufsicht des Landes unterstehenden juristischen Personen des öffentlichen Rechts und deren Vereinigungen, die Verwaltungstätigkeit ausübt (§ 1 Abs. 1 S. 1 Bundesinformationsfreiheitsgesetz, § 2 Abs. 1 S. 1 IFG NRW). Einschränkungen erfährt der Informationsanspruch aus dem Schutz öffentlicher Belange und der Rechtsdurchsetzung, des behördlichen Entscheidungsprozesses, von Betriebs- und Geschäftsgeheimnissen sowie personenbezogener Daten (§§ 3-6 Bundesinformationsfreiheitsgesetz, §§ 6-9 IFG NRW). Die Gewährung des Informationszugangs setzt einen mündlichen, schriftlichen oder in elektronischer Form gestellten Antrag voraus (§ 7 Bundesinformationsfreiheitsgesetz, § 5 Abs. 1 S. 1 IFG NRW), der teilweise hinreichend bestimmt sein und erkennen lassen muss, auf welche Informationen er gerichtet ist (§ 5 Abs. 1 S. 2 IFG NRW). Über den Antrag soll die Behörde unverzüglich, spätestens innerhalb eines Monats nach Antragstellung entscheiden (§ 7 Abs. 5 S. 2 Bundesinformationsfreiheitsgesetz, § 5 Abs. 2 IFG NRW)[299].

---

296 Ausdrücklich *R. Gröschner*, VVDStRL Bd. 63 (2004), S. 344, 346, der diese Erkenntnis an den Anfang seiner Ausführungen stellt.

297 *H. Schmitz*, in Hoffmann-Riem/Schmidt-Aßmann, Verwaltungsverfahren und Verwaltungsverfahrensgesetz, S. 135, 142.

298 *E. Beckmann*, DVP 2003, S. 142.

299 Zu den Voraussetzungen sowie zum Anspruchsumfang mit Überblick zu den vier Landesgesetzen *W. Clausen*, in Knack, VwVfG, § 29 Rn. 44-71; vgl. im einzelnen

II. Einfluss der Informationsfreiheitsgesetze auf Finanzbehörden

Ob die Informationsfreiheitsgesetze auch für das Steuerverfahren fruchtbar gemacht werden können und außerhalb des Regimes der AO 1977 möglicherweise einen Anspruch auf Akteneinsicht bei den Finanzbehörden außerhalb der AO 1977 eröffnen, erscheint ebenso ungewiss wie die Verwerfungen, die dann entstehen können. Ob sich die Landes- und der Bundesgesetzgeber dieser denkbaren Auswirkungen bei Erlass der Informationsfreiheitsgesetze bewusst waren, bleibt nach den Gesetzbegründungen, in denen diese Problematik keinen Niederschlag findet, offen.

Ziel der Informationsfreiheitsgesetze ist es nicht, existierende Informationsansprüche auszuhebeln. Bestehen bereits Informationszugangsrechte, so treten die Ansprüche nach den Informationsfreiheitsgesetzen als subsidiäre Rechtsnormen hinter diese zurück, weil keine bewährten Systeme unterlaufen werden sollen[300]. Solche angeordneten Subsidiaritätsregeln haben allerdings regelmäßig konkrete positive Anspruchsnormen im Blick. Die AO 1977 enthält demgegenüber eine reine, wenn auch absichtsvolle[301] Negativregelung des Akteneinsichtsrechts. Inwiefern in einem solchen Fall die angeordnete Subsidiarität eingreift, bleibt sowohl für das Bundesinformationsfreiheitsgesetz als auch für die Landesinformationsfreiheitsgesetze der folgenden Betrachtung vorbehalten.

1. Akteneinsichtsrecht nach dem Bundesinformationsfreiheitsgesetz

a. Finanzbehörden des Bundes als Anspruchsverpflichtete

Ausgehend vom Zweck und der Systematik des Gesetzes muss vor einem weiteren Fortgang der Prüfung feststehen, ob das Bundesinformationsfreiheitsgesetz überhaupt Finanzbehörden in Bezug genommen hat. Als Bundesgesetz bindet es grundsätzlich alle Behörden des Bundes (§ 1 Abs. 1 S. 1 Bundesinformationsfreiheitsgesetz)[302]. Das Gesetz wäre mithin auf die Behörden der Bundesfinanzverwaltung, also die Zollämter und Hauptzollämter vor Ort sowie seit 1.1.2008 geschaffenen Bundesfinanzdirektionen[303] und das Bundesministerium der Finanzen, anwendbar. Ziel des Gesetzes ist der freie und ungehinderte Zugang zu staatlichen Informationen, um dem Bürger zu ermöglichen, staatliche Entschei-

---

zum IFG NRW *O. Bischopink*, NWVBl. 2003, S. 245, 246 ff.; *C. J. Partsch/ W. Schurig*, DÖV 2003, S. 482, 484 ff.; *F. Stollmann*, NWVBl. 2002, S. 216.

300 BT-Drucks. 15/4493, S. 6.

301 So ausdrücklich BFH, Beschl. v. 4.6.2003 – VII B 138/01, BStBl. II 2003, S. 790, 794.

302 BT-Drucks. 15/4493, S. 7.

303 Mit Wirkung zum 1.1.2008 wurden fünf Bundesfinanzdirektionen geschaffen, siehe 2. Gesetz zur Änderung des FVG und anderer Gesetze vom 13.12.2007, BGBl. I 2007, S. 2897. Dadurch wurden Landes- und Bundesfinanzbehörden organisatorisch voneinander getrennt. Dazu näher *T. Igelmann/ B. Köhler*, NVwZ 2008, 48 f.; *R. Seer*, in Tipke/Kruse, AO/FGO, § 8 FVG Tz. 1 ff. (Juli 2008).

dungen nachzuvollziehen, seinen Meinungsbildungsprozess zu unterstützen und ihn daher in Grenzen am staatlichen Entscheidungsprozess teilhaben zu lassen[304]. Dies spricht dafür, Finanzbehörden nicht vom Anwendungsbereich des Gesetzes auszuschließen.

Ein systematischer Blick auf das Gesetz lässt ebenfalls darauf schließen, dass das Bundesinformationsfreiheitsgesetz auf Finanzbehörden anwendbar sein soll. Dies verdeutlicht ein im Gesetz enthaltener Katalog von besonders schutzwürdigen Belangen. Dazu gehören unter anderem Kontroll- und Aufsichtsaufgaben der Finanzbehörden (§ 3 Nr. 1d Bundesinformationsfreiheitsgesetz)[305]. Der Gesetzgeber hat mithin die Finanzverwaltung in seine Überlegungen einbezogen[306] und Daten der Finanzbehörden genauso behandelt wie andere sensible Bereiche, etwa den Schutz der inneren und äußeren Sicherheit oder den Bereich der Nachrichtendienste (§ 3 Nr. 1c und Nr. 8 Bundesinformationsfreiheitsgesetz). Wenn es einen Ausschlusstatbestand für den Informationszugangsanspruch gibt, muss im Ausgangspunkt ein Anspruch gegen diese Behörden gegeben sein. Dies deutet darauf hin, dass die Bundesfinanzbehörden nach dem Willen des Gesetzgebers grundsätzlich als Anspruchsverpflichtete in Betracht kommen. Die Gesetzesbegründung benennt als gegebenenfalls ausgeschlossene Informationen solche, die beim Bundesamt für Finanzen über den Steuerpflichtigen gespeichert sind, wenn mit der Offenbarung der Kontrollzweck gefährdet und das Steueraufkommen gemindert wäre[307]. Daneben erfasst der gesetzliche Ausschlusstatbestand nach der Gesetzesbegründung Informationen, die der ordnungsgemäßen Erfüllung der Aufgaben der Zollverwaltung dienen[308]. Betroffen sind mithin ausdrücklich Finanzbehörden des Bundes.

b. Subsidiarität des Bundesinformationsfreiheitsgesetz?

Das Bundesinformationsfreiheitsgesetz verdrängt spezialgesetzliche Informationszugangsregelungen grundsätzlich nicht. Diese gehen dem Gesetz auch dann vor, wenn sie einen geringeren Anspruchumfang eröffnen als dieses Gesetz[309]. Einen ausdrücklichen Hinweis auf das Verhältnis zum Bereich der Abgabenangelegenheiten enthält das Gesetz nicht. Die AO 1977 enthält spezielle, das Besteuerungsverfahren regelnde Normen. Sie könnte mithin eine bereichsspezifische und damit vorrangige Regelung eines Informationszugangsrechts enthal-

304 Vgl. BT-Drucks. 15/4493, S. 6.

305 Externe Finanzkontrolle (§ 3 Nr. 1e Bundesinformationsfreiheitsgesetz) nehmen Bundesrechnungshof und die ihn unterstützenden Prüfungsämter vor (BT-Drucks. 15/4493, S. 10).

306 So auch jüngst *J. Fluck/S. Merenyi*, VerwArch Bd. 97 (2006), S. 381, 395 f.

307 BT-Drucks. 15/4493, S. 9.

308 BT-Drucks. 15/4493, S. 9.

309 Differenzierend *M. Raabe/N. Helle-Meyer*, NVwZ 2004, S. 641, 642 ff.

ten[310]. In Folge der Negativregelung des Akteneinsichtsrechts im Besteuerungsverfahren steht weder Verfahrensbeteiligten noch Nichtbeteiligten ein Anspruch auf Akteneinsicht zu. Vor diesem historischen Hintergrund könnte die AO 1977 eine umfassende bereichsspezifische Norm enthalten, die ein Akteneinsichtsrecht ausschließt[311]. Insofern würde es sich um eine gegenüber dem Informationszugangsrecht des Bundesinformationsfreiheitsgesetzes vorrangige Norm handeln.

Diese rein formaljuristische Deutung erscheint indes fragwürdig. Zum einen ist diese angebliche bereichsspezifische Regelung eine reine „Nicht-Norm". Der Bundesgesetzgeber könnte diese Nichtregelung durch seine positive Regelung in einem neuen Bundesgesetz aufgehoben haben. Zum anderen ist dieser Befund aufgrund des zeitlichen Abstands zwischen dem AO-Gesetzgebungsverfahren vor 1977 und dem aktuellen zum Bundesinformationsfreiheitsgesetz erneut zu analysieren. Aus dieser neuen Rechtsmaterie und ihrer Entwicklung ist möglicherweise zu schlussfolgern, dass auch im Bereich der Abgabenordnung, zumindest soweit sie Bundesbehörden betrifft, entgegen dem Willen des historischen AO-Gesetzgebers ein Akteneinsichtsrecht bestehen soll. Der Wille des modernen Gesetzgebers zum Erlass des Bundesinformationsfreiheitsgesetzes mit seinem weiten Anwendungsbereich würde damit über die Beweggründe des historischen Finanzausschusses außerhalb des AO 1977 hinweggehen. Um diesen unklaren Rechtszustand nicht entstehen zu lassen, wäre es indes ein Leichtes für den Gesetzgeber gewesen, die Abgabenordnung selbst in diesem schwierigen Punkt entweder an die geänderten Bedingungen anzupassen oder aber den damaligen Willen des Finanzausschusses in eine klare Norm zu gießen.

Der Gesetzgeber hat in der Subsidiaritätsnorm des Bundesinformationsfreiheitsgesetzes sowohl das allgemeine Verwaltungsverfahren als auch das besondere Verwaltungsverfahren in Sozialsachen bedacht. Der Gesetzgeber hätte zur Klarstellung auch den Bereich der Abgabenangelegenheiten von seiner Vorrangigkeit ausschließen können, wie er es für das allgemeine Verwaltungsverfahren (§ 29 VwVfG) und das Sozialverwaltungsverfahren (§ 25 SGB X) getan hat. In diesen Bereichen ist der Gesetzgeber offensichtlich zu dem Schluss gelangt, dass eine Kollision entweder nicht möglich oder unschädlich ist. Auf beiden Gebieten besteht bereits ein gebundener Anspruch auf Akteneinsicht. Dieser wird nur in Randbereichen durch die neue Regelung erweitert. Ein Aktenein-

---

310 Diese Frage wegen klarem Vorliegen des Ausschlussgrundes nach § 3 Nr. 4 Bundesinformationsfreiheitsgesetz (Information unterlag einer durch Rechtsvorschrift geregelten Geheimhaltungs- oder Vertraulichkeitspflicht) offen lassend BFH, Beschl. v. 7.12.2006 – V B 163/05, BStBl. II 2007, S. 275, 276.

311 So ausdrücklich FG Münster, Urt. v. 20.11.2003 – 12 K 6405/02 S, EFG 2004, S. 387, 388, für einen das IFG NRW betreffenden Fall.

sichtsrecht besteht damit auch für Nicht-Verfahrensbeteiligte[312] und nach Abschluss des Verwaltungsverfahrens[313]. Diese Ausgangslage unterscheidet sich somit grundlegend von dem in der AO 1977 geregelten Verfahren. Ein Anspruch ist dort gerade ausgeschlossen.

Demgegenüber würde eine Ausweitung der Ausnahmevorschrift des § 1 Abs. 3 Bundesinformationsfreiheitsgesetz das bestehende System der AO zur Akteneinsicht komplett verändern und einen Anspruch in diesem Bereich erst schaffen. Dass der Gesetzgeber das Besteuerungsverfahren und die Finanzbehörden durchaus im Blick hatte, wurde bereits nachwiesen. Es wäre widersinnig, wenn er diese offensichtliche Anwendbarkeit durch einen nicht positiv geregelten Ausschluss dieses Rechts im Besteuerungsverfahren konterkarieren würde. Dann wären die sich auf Finanzbehörden beziehenden Ausschlussgründe (§ 3 Nr. 1d Bundesinformationsfreiheitsgesetz) zwecklos, weil von vorn herein ein solcher Anspruch aufgrund der Subsidiarität dieses Gesetzes ausscheiden müsste. Damit würde sich der Gesetzgeber selbst ad absurdum führen. Ein solches Ergebnis kann nicht gewollt sein.

Näher liegt demgegenüber ein anderes Verständnis: Der Bundesgesetzgeber wollte für die Bürger ein Informationszugangsrecht zu allen Bundesbehörden schaffen. Für die Bereiche des allgemeinen Verwaltungsrechts und des Sozialverwaltungsverfahrens hat er dieses Recht sogar neben schon existierende weit reichende Anspruchsgrundlagen gestellt und damit den besonders ausgeprägten Wunsch nach Aktenöffentlichkeit dokumentiert. Im Besteuerungsverfahren gibt es indes keine das Akteneinsichtsrecht weder positiv noch negativ regelnde Norm. Diese hat der Bundesgesetzgeber für die vom Bundesinformationsfreiheitsgesetz betroffenen Bundesbehörden geschaffen. Statt dies jedoch direkt in der Abgabenordnung zu regeln, hat er ein Gesetz mit einem in Bezug auf die betroffenen Verwaltungsbereiche weiteren, in Bezug auf Bundes- und Landesbehörden engeres, weil nur auf Bundesbehörden anwendbares Gesetz gewählt. Dies durfte er auch tun, weil er als Bundesgesetzgeber durchaus die Möglichkeit hat, frühere eigene Entscheidungen zu ändern. Er hat somit für den Bereich der Bundesfinanzbehörden einen Anspruch auf Akteneinsicht geschaffen, der das System der AO 1977 für diese Behörden aushebelt.

Diese Erkenntnis hat sich auch in der für die Bundesfinanzverwaltung zuständigen Abteilung des Bundesministeriums der Finanzen durchgesetzt, welche bereits einen Erlass an die ihr nachgeordneten Bundesbehörden gerichtet hat, der

312 A.A. *D. Kugelmann*, NJW 2005, S. 3609, 3611; *ders.*, DÖV 2005, S. 851, 858, entgegen der insoweit eindeutigen Gesetzesbegründung.

313 BT-Drucks. 15/4493, S. 9.

die Modalitäten der Akteneinsicht nach dem Bundesinformationsfreiheitsgesetz regelt[314].

2. Akteneinsicht gegenüber Landesfinanzbehörden nach den Landesinformationsfreiheitsgesetzen

Anders könnte das Ergebnis einer Untersuchung der Landesinformationsfreiheitsgesetze aussehen. Der Kreis der Verpflichteten des Bundesinformationsfreiheitsgesetz und der bereits vorher bestehenden Landes-Informationsfreiheitsgesetze ist nicht deckungsgleich[315]. Die Landesinformationsfreiheitsgesetze können nur Geltung für die jeweiligen Behörden der Länder beanspruchen.

a. Subsidiarität der Landesinformationsfreiheitsgesetze gegenüber der bewussten Nichtregelung eines Akteneinsichtsrechts im Besteuerungsverfahren

Wie auch das Bundesinformationsfreiheitsgesetz greifen die Landesinformationsfreiheitsgesetze[316] nur dann ein, wenn keine vorrangigen Rechtsvorschriften bestehen (§ 4 Abs. 2 IFG NRW). Vorrangige Rechtsvorschriften regeln abschließend den Zugang zu amtlichen Informationen, die Auskunftserteilung oder die Gewährung von Akteneinsicht. Die Subsidiarität besteht in den bereits umfassend geregelten Bereichen. Diese bereichsspezifischen Ausnahmevorschriften verschließen den Anwendungsbereich der Landesinformationsfreiheitsgesetze auch dann, wenn der nach ihnen gewährte Anspruch nur einen geringeren Umfang hat als der Informationszugang, den das Landesinformationsfreiheitsgesetz gewährt[317]. Allerdings muss es sich bei den Ausnahmevorschriften um konkrete Regelungen im Bereich des Informationszuganges handeln. Allgemeine Regelungen wie §§ 242 BGB, 421 ff. ZPO genügen den Anforderungen an Ausnahmevorschriften in diesem Sinn nicht[318]. Nach der zutreffenden Ansicht des FG Münster ist der Anspruch nach den Landesinformationsfreiheitsgesetzen subsi-

314 BMF Erlass v. 22.12.2005, III A 5 – O 1000 – 424/05.

315 Bis zum 31.12.2007 bestand davon eine Ausnahme bei den sog. „janusköpfigen" Oberfinanzdirektionen, bei denen der Oberfinanzpräsident sowohl Landes- als auch Bundesbeamter ist. Möglich war dies nur bei Oberfinanzdirektionen mit einer oder mehreren Landesabteilungen und einer (Bundes-)Zoll- und Verbrauchsteuerabteilung, was nur noch bei den Oberfinanzdirektionen Chemnitz, Hannover, Karlsruhe und Koblenz der Fall war. Seit der Trennung von Landes- und Bundesfinanzbehörden mit Wirkung zum 1.1.2008, siehe 2. Gesetz zur Änderung des FVG und anderer Gesetze vom 13.12.2007, BGBl. I 2007, S. 2897, besteht dieser Ausnahmefall nicht mehr.

316 Darstellung am Beispiel des IFG NRW.

317 *E. Beckmann*, DVP 2003, S. 142, 145; *F. Schoch*, DÖV 2006, S. 1, 7; *F. Stollmann*, NWVBl. 2002, S. 216, 217; *ders.*, VR 2002, S. 309, 310.

318 OVG NRW, Beschl. v. 19.6.2002 – 21 B 589/02, NWVBl. 2002, S. 441, 442 f.; a.A. ausdrücklich *G. Franßen*, NWVBl. 2003, S. 252, 254 f.

diär gegenüber der bewussten Nichtregelung eines Anspruchs auf Informationszugang durch den AO – (Bundes-) Gesetzgeber[319]. Gegen diesen Ansatz wird indes teilweise vorgebracht, dass die Regelungen beider Gesetze nicht deckungsgleich seien, weil das IFG NRW einen verfahrensunabhängigen Anspruch gegen die Finanzbehörden eröffne, wogegen die AO 1977 reines Verfahrensrecht beinhalte. Eine Kollision der Gesetzgebungskompetenzen läge mithin nicht vor und der Anspruch nach dem IFG NRW trete nicht in Anwendung von Art. 31 GG hinter die AO zurück[320]. Dieser Argumentation ist entgegenzutreten, denn sie birgt die Gefahr der Umgehung einzelgesetzlicher verfahrensabhängiger Informationszugangsrechte[321]. Diese würden regelmäßig ausgehebelt, denn der verfahrensunabhängige Anspruch nach den Informationszugangsrechten wurde jeweils parallel bestehen.

Es besteht mithin dieselbe Spannungslage wie zwischen der AO 1977 und den Landesdatenschutzgesetzen[322]. Ebenso besteht dieselbe kompetenzrechtliche Problematik, ob die Landesgesetzgeber eine Wertung des Bundesgesetzgebers durch eigene Regelungen unterlaufen können. Dies ist wie gesehen nicht der Fall[323].

b. Einfluss des Bundesinformationsfreiheitsgesetzes?

Das neu geschaffene Bundesinformationsfreiheitsgesetz könnte diesen Grundsatz allerdings untergraben. Wenn der Bundesgesetzgeber abweichend von seiner Rechtsauffassung im Gesetzgebungsverfahren zur AO 1977 nunmehr für Bundesbehörden einen Informationszugang eindeutig positiv normiert hat, könnte dies Auswirkungen auf die durch Landesgesetze geregelten Landesbehörden haben. Darum müssen die obigen Ausführungen zu den Landesinformationsfreiheitsgesetzen unter den Vorbehalt eines gesetzlichen Bedeutungswandels durch das Bundesinformationsfreiheitsgesetz gestellt werden. An dieser Stelle offenbart sich ein vom Gesetzgeber offensichtlich nicht beachtetes Problem vor dem Hintergrund des Grundsatzes "Bundesrecht bricht Landesrecht" (Art. 31 GG). Die bewusste (Nicht-) Regelung eines Rechts auf Informationszugang auf bundesgesetzlicher Ebene kann durch eine landesgesetzliche Regelung unstreitig

---

319 FG Münster, Urt. v. 20.11.2003 – 12 K 6405/02 S, EFG 2004, S. 387, 388; *T. Kontny/C. Laschet*, SteuStudium 2007, S. 74, 75, schließen sich dieser Beurteilung an.

320 Ebenso *S. Liedtke*, VWVBl. 2006, S. 286, 287 f.

321 *O. Reinhart*, DÖV 2007, S. 18, 20.

322 Siehe bereits 1. Kapitel B. II. 3. b.

323 Ebenfalls 1. Kapitel B. II. 3. b.

nicht ausgehebelt werden[324]. Die Bürger derjenigen Länder, die bereits ein Informationsfreiheitsgesetz geschaffen haben, könnten aber auf die Wertung des Bundesinformationsfreiheitsgesetzes „aufsetzen" und ebenfalls einen Anspruch auf Akteneinsicht für sich proklamieren. Zumindest in den Ländern ohne ein solches Gesetz verbietet sich ein solches Vorgehen von vorn herein, weil keine Anspruchsgrundlage existiert, aus der sich ein Informationszugangsrecht zu den Landesfinanzbehörden ergeben könnte. Aber auch in den Bundesländern, die ein solches Gesetzes erlassen haben, stellt sich die Frage nach dem Verhältnis zur AO 1977. Die beschriebene Reflexwirkung würde dazu führen, dass die Landesgesetzgeber mittelbar durch den Erlass der Informationsfreiheitsgesetze einen Anspruch auf Akteneinsicht im Besteuerungsverfahren eingeführt hätten, ohne dass dafür eine eigene Anspruchsgrundlage besteht. Außerdem hat der das steuerliche Verfahrensrecht regelnde Bundesgesetzgeber keine Aussage hinsichtlich eines Akteneinsichtsrechts gegenüber Landesfinanzbehörden getroffen. Geäußert hat er sich mit dem Bundesinformationsfreiheitsgesetz lediglich zu Bundesbehörden.

Im Gesetzgebungsverfahren zum Bundesinformationsfreiheitsgesetz hat der Gesetzgeber diesen potentiellen Zusammenhang offensichtlich nicht erkannt. Das Bundesinformationsfreiheitsgesetz hatte nicht in erster Linie die Finanzbehörden im Blick. Dem Bundesgesetzgeber ging es nicht darum ein Akteneinsichtsrecht im Besteuerungsverfahren einführen. Dies war m. E. eher ein (positiver) Nebeneffekt. Aufgrund dieser Entwicklung erscheint es als zu weit gehend, nunmehr auch gegenüber Landesfinanzbehörden ein Akteneinsichtsrecht anzunehmen. Hätte der Bundesgesetzgeber auch gegenüber Landesfinanzbehörden ein Akteneinsichtsrecht zulassen wollen, wäre der richtige Ort für eine Regelung die AO 1977 gewesen.

c. Bundesinformationsfreiheitsgesetzes als Organisationsregel im Rahmen der Auftragsverwaltung durch Landesfinanzbehörden?

Das Bundesinformationsfreiheitsgesetz hat auch unter dem Gesichtspunkt, dass die Landesfinanzbehörden die Steuergesetze im Rahmen der Bundesauftragsverwaltung ausführen, keinen Einfluss auf diese Behörden. Die Auftragsverwaltung der Länder für den Bund ist eine Form der Landesverwaltung[325]. Die Organisationsgewalt liegt grundsätzlich bei den Ländern (Art. 30, 70 Abs. 1 GG). Die sich daraus an sich ergebende weitgehende Gestaltungsfreiheit der Länder schränkt Art. 108 Abs. 2 Satz 2 GG aber zugunsten des Bundesgesetzge-

324 Bereits die Gesetzesbegründung zum Schleswig-Holsteinisches IFG wies darauf hin, dass Bundesrecht durch Landesrecht „ohnehin nicht außer Kraft gesetzt" werde, LT-Drucks. 14/2374, S. 19.

325 *B. Pieroth*, in Jarass/Pieroth, GG, Art. 85 Rn. 2; *H.-H. Trute*, in v. Mangoldt/Klein/Starck, GG, Art. 85 Rn. 4.

bers auch für den Bereich der Bundesauftragsverwaltung ein[326]. Diese Norm ermächtigt den Bund, die wesentlichen Organisationsregelungen für die Steuerverwaltungen der Länder zu erlassen[327]. Der Bund hat von dieser Ermächtigung mit dem Finanzverwaltungsgesetz Gebrauch gemacht. Das Bundesinformationsfreiheitsgesetz ist demgegenüber keine derartige Organisationsregel für die Steuerverwaltung. Der Normgeber hat das Gesetz weder ausdrücklich auf Art. 108 Abs. 2 S. 2 GG gestützt, noch hat er der danach erforderlichen Zustimmung genügt. Das Bundesinformationsfreiheitsgesetz wirkt sich daher weder direkt noch als Bestandteil der Organisationsregeln im Rahmen der Bundesauftragsverwaltung auf die Landesfinanzbehörden aus.

Zwischenfazit: Unterschiedliche Rechtslage gegenüber Landes- und Bundesfinanzbehörden

Der Gesetzgeber hat das Akteneinsichtsrecht im Besteuerungsverfahren auf künstliche Weise unterschiedlichen Regelungen unterworfen, die einer inneren Logik entbehren. Er hat mithin, möglicherweise ohne sich der weit reichenden Konsequenzen einer ungleichmäßigen Rechtspraxis zwischen Landes- und Bundesfinanzbehörden bewusst zu sein, große Verwerfungen im Bereich der Akteneinsicht im Besteuerungsverfahren geschaffen. Im Ergebnis besteht gegenüber Bundesfinanzbehörden[328] ein Recht auf Akteneinsicht nach dem Bundesinformationsfreiheitsgesetz. Gegenüber Landesbehörden kann der Betroffene demgegenüber keinen Anspruch auf Akteneinsicht geltend machen. Insbesondere handelt es sich bei dem Bundesinformationsfreiheitsgesetz nicht um eine Organisationsregel für die Auftragsverwaltung durch die Länder. Mithin ist zumindest in dem vom Bundesinformationsfreiheitsgesetz umfassten Bereich ein auf höchstrichterliche Rechtsprechung gestützter Ermessensanspruch obsolet.

E. Funktionsanalyse der Akteneinsicht

Die dargestellten Akteneinsichtsrechte in anderen Verwaltungsgebieten und übergreifend aufgrund der Informationsfreiheitsgesetze sowie die Bedürfnislage in der Praxis zeigen die tatsächliche Bedeutung und zahlreiche Funktionen, die Akteneinsichtsrechte haben können. Die Verwaltungsverfahren sind vom Grundsatz der sog. begrenzten Aktenöffentlichkeit geprägt[329], weil sie das Akteneinsichtsrecht an die Beteiligtenstellung und an ein berechtigtes Interesse anknüpfen. Dieser Grundsatz dürfte allerdings durch die nicht bestehende Nachrangigkeit des Bundesinformationsfreiheitsgesetzes in den Anwendungsberei-

326 *R. Seer*, in Bonner Kommentar zum GG, Art. 108 Rn. 94, 80 (November 1999).

327 *T. Maunz*, in Maunz/Dürig, GG, Art. 108 Rn. 37 (Mai 1983).

328 Dabei handelt es sich um alle Zollbehörden und das Bundesministerium der Finanzen.

329 *F. Schoch*, Die Verwaltung Bd. 35 (2002), S. 149.

chen des VwVfG und des SGB X deutlich eingeschränkt worden sein[330]. Die Informationsfreiheitsgesetze proklamieren eine unbeschränkte Aktenöffentlichkeit. Beide Systeme haben teilweise unterschiedliche Funktionen, die sich aber regelmäßig in Teilbereichen überschneiden. Unterscheiden lassen sich Funktionen mit objektiv-rechtlicher und solche mit individualrechtsschützender Richtung.

I. Funktionen mit objektiv-rechtlicher Schutzrichtung

1. Funktionen einer unbegrenzten Aktenöffentlichkeit

Eines der wichtigsten Ziele einer unbeschränkten Aktenöffentlichkeit ist die Darstellung sonst geheim gehaltener Vorgänge. Die staatliche Macht soll vor den Augen der Öffentlichkeit ausgeübt werden. Sie hat daher eine Darstellungsfunktion. Dazu müssen angeblich zugängliche Dokumente auch tatsächlich zugänglich sein. Es müssen mithin Sanktionen folgen, wenn die Verwaltung ungerechtfertigt Akteneinsicht verweigert. Diese unbeschränkte nicht auf den Einzelfall bezogene Aktenöffentlichkeit soll die Struktur und Arbeitsweise der Behörden transparent machen. Sie dient nicht dazu, Vorgänge der Privatsphäre in der Gesellschaft offen zu legen[331]. Letztlich führt die Aktenöffentlichkeit damit dazu, dass die Öffentlichkeit Schlüsse über die Arbeitsweise der Verwaltung zieht. Dies ist denknotwendige Folge der Kenntnis der Struktur und Vorgehensweise der Behörden und kann durchaus unliebsam für diese sein.

Publizität hat jedoch nicht nur zur Folge, dass die staatlichen Organe dem Bürger das staatliche Handeln darstellen. Vielmehr will sie auch das Verhalten der Publizitätsadressaten beeinflussen. Auf diese Weise kann das bürgerliche Verhalten verändert werden. Ziel erhöhter Öffentlichkeit ist es nämlich, das Interesse an den staatlichen Vorgängen und damit auch das Vertrauen in einen sachgerechten Ablauf des Entscheidungsprozesses zu erhöhen oder es im ersten Schritt überhaupt erst zu wecken[332]. Zum zweiten appelliert die Aktenöffentlichkeit an das Vertrauen der Öffentlichkeit in die ordnungsgemäße Arbeit Behörden und einen sachgerechten Ablauf des Entscheidungsprozesses. Letztlich zielt die mit dem Akteneinsichtsrecht einhergehende Transparenz darauf, das Verständnis der Öffentlichkeit für Verwaltungsprobleme zu erhöhen. Die Öffentlichkeit kann auf diese Weise Kenntnis von den komplexen Sachverhalten, über die die Verwaltung entscheidet, erlangen. Die Aktenöffentlichkeit kann auf diesem Weg dazu beitragen, die verbreitete Unpopularität der Verwaltung abzubauen und im Gegenzug unter Umständen eine Mitarbeit der Öffentlichkeit zu erreichen. Die Aktenöffentlichkeit kann also einen Rückkopplungseffekt haben: Publizität ist

---

330 *F. Schoch*, DÖV 2006, S. 1.

331 *M. Schröder*, Die Verwaltung, Bd. 4 (1971), S. 301, 310.

332 *W. Kahl*, in Herausforderungen an das Recht der Informationsgesellschaft, S. 9, 16 f.

ein Kommunikationsprinzip, das den Gegensatz von Gesellschaft und Staat aufzuheben vermag[333]. Ein solches Recht fördert Kooperationsstrukturen zwischen dem Bürger und der Behörde[334]. Ein geordnetes, auf Kooperation mit dem Bürger angelegtes Verwaltungsverfahren kann die Effektivität und die Wirksamkeit des Verwaltungshandelns sichern[335]. Sind die Akten frei zugänglich, können die Bürger schneller und umfangreicher Anregungen und Kritikpunkte am staatlichen Handeln vortragen. Die Verwaltung kann darauf frühzeitig und angemessen reagieren[336].

Neben diesen Aspekten könnte das Recht auf Akteneinsicht eine konkrete Garantiefunktion für die Richtigkeit behördlicher Entscheidungen verwirklichen. Dies würde die Akteneinsicht zu einem Garanten für qualitativ hochwertige Administrativentscheidungen im Sinne einer Qualitätssicherung anheben. Eine weitgehende Aktenöffentlichkeit vermittelt eine potentielle Präsenz der Öffentlichkeit im Entscheidungsprozess und bewirkt damit, dass jede Etappe dieses Prozesses stärker daraufhin überprüft werden muss, ob sie dem kritischen Auge der Öffentlichkeit standhält[337]. In diesem Lichte betrachtet, erwartet die Öffentlichkeit von Publizität häufig, dass sie für eine richtige und zweckmäßige staatliche Machtausübung sorgt. Sowohl empirisch als auch theoretisch gesehen ist es jedoch fraglich, ob die Aktenöffentlichkeit tatsächlich eine solche Erwartungshaltung erfüllen kann. Die bisherigen Erfahrungen sprechen gegen eine solche Garantiefunktion der Publizität. Auch theoretisch ist es unscharf, der Publizität eine Garantiefunktion beizumessen. Es kann sich immer nur, wie angedeutet, darum handeln, dass sich die Publizität aus den schon beschriebenen Gründen positiv auswirkt. Es ist daher wohl nur richtig, ihr keine Garantie- aber durchaus eine Kontrollfunktion zuzusprechen[338]. Informationszugangsfreiheit führt zu Transparenz. Transparenz wiederum ist die Vorbedingung einer Kontrolle durch Öffentlichkeit[339].

---

333 *M. Schröder*, Die Verwaltung, Bd. 4 (1971), S. 301, 314.

334 *G. Trantas*, Akteneinsicht und Geheimhaltung, S. 444.

335 *E. Schmidt-Aßmann*, Jura 1979, S. 505, 509; *J. Schwarze*, DÖV 1980, S. 581, 585.

336 *J. Angelov*, Grundlagen und Grenzen eines staatsbürgerlichen Informationszugangsanspruches, S. 27.

337 *W. Kahl*, in Herausforderungen an das Recht der Informationsgesellschaft, S. 9, 13 f.; *M. Kloepfer/K. v. Lewinski*, DVBl. 2005, S. 1277, 1279; *M. Schröder*, Die Verwaltung, Bd. 4 (1971), S. 301, 305.

338 *M. Schröder*, Die Verwaltung, Bd. 4 (1971), S. 301, 305; für eine Kontrollfunktion der Akteneinsicht auch *F. O. Kopp*, Verfassungsrecht und Verwaltungsverfahrensrecht, S. 180, 186; *A. v. Mutius*, in Frühzeitige Bürgerbeteiligung bei Planungen, S. 157, 164; *G. Trantas*, Akteneinsicht und Geheimhaltung, S. 179 f., 442 f.

339 *D. Kugelmann*, DÖV 2005, S. 851, 857.

2. Verfahrensförderung durch begrenzte Aktenöffentlichkeit und deren prozessökonomische Wirkungen

Eine Öffentlichkeit bezüglich der den Beteiligten selbst betreffenden Akten kann konkrete Verwaltungsverfahren erheblich erleichtern. Dies gilt zwar nicht nur, aber besonders im Bereich des Steuerrechts. Die Bürger haben gerade dort ein „Informationsmonopol“[340]. Die Finanzbehörden können ihren Vollzugsauftrag[341] nur erfüllen, wenn der Steuerpflichtige bei der Sachaufklärung mitwirkt[342]. Aufgrund seines Informationsmonopols sind trotz der grundsätzlichen Geltung des Amtsermittlungsgrundsatzes (§ 88 AO) ohne seine Mitarbeit richtige finanzbehördliche Entscheidungen kaum zu erreichen. Die Beteiligten des Besteuerungsverfahrens trifft deshalb eine sphärenorientierte Mitverantwortung für die Sachaufklärung[343]. Darin zeigt sich die neben dem Untersuchungsgrundsatz (§ 88 Abs. 1 S. 1 AO) stehende Kooperationsmaxime. Eine solche Zusammenarbeit mit dem Steuerpflichtigen zeugt nicht von einem schwachen, sondern vielmehr von einem realistischen Staat, der seine faktischen Grenzen bei der Sachverhaltsermittlung erkennt und konsequent auf die Mitwirkung des Steuerpflichtigen setzt, um die Steuergesetze gesetzmäßig und gleichmäßig zu vollziehen[344]. Diese Mitwirkungspflichten sind in §§ 88, 90 ff. AO normiert[345]. Kann

340 *R. Eckhoff*, Rechtsanwendungsgleichheit im Steuerrecht, S. 277; für das allgemeine Verwaltungsverfahren; *W. Hoffmann-Riem*, in Hoffmann-Riem/Schmidt-Aßmann, Verwaltungsverfahren und Verwaltungsverfahrensgesetz, S. 9, 42, spricht von „Informationsherrschaft Privater“ in einigen Bereichen der öffentlichen Verwaltung.

341 *R. Seer*, in Tipke/Lang, Steuerrecht, § 21 Rn. 1 f.

342 Treffend *R. Seer*, FR 2004, S. 1037, 1044 f. Dies erkannte in Ansätzen auch schon *H. Spanner*, DÖV 1958, S. 951, 653. Vgl. aber *U. Ramsauer*, in Hoffmann-Riem/Schmidt-Aßmann, Verwaltungsverfahren und Verwaltungsverfahrensgesetz, S. 387, 405 f.: Im Gegensatz zum Besteuerungsverfahren hat sich die Erkenntnis, dass ein Großteil der notwendigen Informationen sinnvollerweise nur von den Beteiligten beigesteuert werden kann, im allgemeinen Verwaltungsverfahren noch nicht hinreichend durchgesetzt.

343 *R. Seer*, Verständigungen in Steuerverfahren, S. 179 ff.; *ders.*, in Tipke/Lang, Steuerrecht, § 21 Rn. 4, 170, 172; *ders.*, StuW 2003, S. 40, 42 f.; demgegenüber weiterhin von einer Alleinverantwortung der Finanzbehörde für die Sachaufklärung ausgehend: *H. Söhn*, in Hübschmann/Hepp/Spitaler, AO/FGO, § 88 AO Rn. 94 (November 2003); *S. Müller-Franken*, Maßvolles Verwalten, S. 236, der nur von einem „mitwirkungsoffenen Verwalten“ ausgeht; dazu kritisch *R. Seer*, FR 2004, S. 1037, 1044 f. *T. Würtenberger*, NJW 1991, S. 257, 260, plädiert dafür, im Vorfeld der Planung von Großprojekten der Öffentlichkeitsbeteiligung nicht nur die Funktion der Sachaufklärung zuzugestehen, sondern vielmehr einen akzeptanzfördernden Dialog einzuführen. Dieser Gedanke ist auf ein durchnormiertes Verwaltungsverfahren wie das Besteuerungsverfahren (vgl. *J. Isensee*, Die typisierende Verwaltung. S. 101) nicht ohne weiteres übertragbar.

344 *R. Seer*, FR 2004, S. 1037, 1045.

der einzelne Steuerpflichtige mittels eines Akteneinsichtsrechts einen vertieften Einblick in die konkreten ihn betreffenden Entscheidungsgrundlagen der Finanzbehörden erhalten, erhöht sich unter Umständen sein Interesse an einer eigenverantwortlichen Mitgestaltung[346], weil er die auf diese Weise dargestellten Verwaltungsabläufe besser verstehen und nachvollziehen kann.

Sein Interesse an der und sein Wille zur Mitarbeit kann die Finanzverwaltung beeinflussen, indem sie ihn bewusst zum Subjekt dieses Verfahrens macht. Dies ist durch ein Gespräch zwischen Verwaltung und Steuerpflichtigem möglich. Ein solches Gespräch setzt jedoch einen gleich hohen Wissenstand der gleichberechtigten Gesprächspartner im Sinne einer Waffengleichheit voraus. Dieser kann nur gewährleistet werden, wenn nicht nur der Steuerpflichtige verpflichtet ist, seine Kenntnisse einzubringen, sondern wenn auch die Finanzbehörde die ihr vorliegenden Daten über diesen Steuerpflichtigen und unter Umständen insgesamt zu diesem Steuerfall offen legen muss. Die Zusammenarbeit liegt allerdings nicht nur im vitalen Interesse der Behörde an richtigen Entscheidungen, für die sie der Mitarbeit des Steuerpflichtigen bedarf, sondern auch im Interesse des Bürgers. An dieser Stelle verschwimmen die Grenzen zwischen objektivrechtlichen Wirkungen und dem Individualschutz und das Zusammenspiel zwischen beiden Aspekten wird deutlich. Während auf der einen Seite die Entscheidungsfindung der Behörde erleichtert, wenn nicht sogar erst ermöglicht wird, erzeugt dies auf der anderen Seite den Effekt eines Rechtsschutzes des Bürgers.

Auf lange Sicht kann die Effizienz des Verwaltungsverfahrens durch Akteneinsichtsrechte gesteigert werden, weil sich der Bürger in Freiheit mit dem Staat identifizieren kann[347] und mithin seinen – für das Besteuerungsverfahren unabdingbaren – Mitwirkungspflichten bereitwilliger nachkommt. Er akzeptiert dann unter Umständen ihm im Verwaltungsablauf obliegende Pflichten und auch die auch daraus resultierenden Verwaltungsentscheidungen eher, weil er die Abläufe besser nachvollziehen kann[348].

Neben dieser Verfahrenserleichterung im Verwaltungsverfahren selbst geht mit dem Akteneinsichtsrecht eine weitere, in einem auf Effizienz angelegte Leistungsstaat stets zu fördernde Wirkung einher, die über die Grenzen des Verwaltungsverfahrens hinausreicht: Es kann dazu beitragen, Prozesse von vorn herein

---

345 Zu den Mitwirkungspflichten umfassend *R. Seer*, in Tipke/Lang, Steuerrecht, § 21 Rn. 172 ff.

346 So für das allgemeine Verwaltungsverfahren *E. Schmidt-Aßmann*, in Isensee/Kirchhof, Handbuch des Staatsrechts III, § 70 Rn. 4.

347 *P. Häberle*, VVDStRL Heft 30 (1972), S. 43, 60 f.

348 Vgl. *C. H. Ule/H.-W. Laubinger*, Verwaltungsverfahrensrecht, § 1 III Rn. 12. *E. Schmidt-Aßmann*, in Isensee/Kirchhof, Handbuch des Staatsrechts III, § 70 Rn. 25, hält den Eintritt dieser Wirkung für unsicher.

zu vermeiden. Denn alle zu klärenden Punkte, die durch enge Zusammenarbeit bereits im Besteuerungsverfahren gelöst werden können, führen gar nicht erst zu einem kostenintensiven gerichtlichen Verfahren[349]. Ganz deutlich wird dies bei Gerichtsverfahren, die nur geführt werden, um Akteneinsicht in die das Besteuerungsverfahren betreffenden Akten zu erlangen, wie es häufig der Fall ist. Denkbar sind dabei verschiedene Konstellationen. Von den eingangs vorgestellten Fällen, seien an dieser Stelle zwei herausgegriffen: Die offenbare Unrichtigkeit bei Erlass eines Verwaltungsaktes (§ 129 AO) und die Aufhebungs- oder Änderungsmöglichkeit von Steuerbescheiden wegen neuer Tatsachen oder Beweismittel (§ 173 AO). In beiden Situationen führt eine Akteneinsicht durch die Beteiligten des Besteuerungsverfahrens regelmäßig zu einer Streitschlichtung. Entweder erkennt der Beteiligte, dass die Finanzbehörde richtig gehandelt hat. Dann besteht kein Bedürfnis für einen Prozess, um eigene Rechte geltend zu machen. Oder aber er erkennt einen in der Sphäre des Finanzamtes liegenden Fehler. Nach einem Hinweis wird die Behörde dann in den allermeisten Fällen von sich aus tätig werden.

II. Individualrechtsschutz durch Waffengleichheit

Mit vielen der in objektiv-rechtlicher Hinsicht bestehenden Funktionen des Akteneinsichtsrechts geht ganz eng eine individualrechtsschützende Komponente einher. Sucht die Verwaltung das Gespräch mit dem Bürger, weil sie auf dessen bereitwillige Mitwirkung angewiesen ist, so geht damit ein Schutzmechanismus auch für den Betroffenen einher. Die Akteneinsicht als Verfahrensrecht ermöglicht in subjektiv-rechtlicher Hinsicht für den Einzelnen die Möglichkeit, durch eine Gleichheit des Wissensstandes mit dem der Verwaltung eine ausgeglichene Ausgangsposition im Sinne einer Waffengleichheit[350] zu schaffen[351]. Dieser Grundsatz der Waffengleichheit prägt nach verbreiteter Literaturmeinung die unterschiedlichsten Bereiche des Verwaltungsverfahrens[352]. Insbesondere die Gestattung von Akteneinsicht wird in diesem Zusammenhang regelmäßig hervorgehoben[353]. Auch zwischen dem Finanzamt und dem Steuerpflichtigen soll Waffengleichheit herrschen[354]. Dem Steuerpflichtigen müssen Mittel zur Verfü-

---

349 *P. Häberle*, VVDStRL Heft 30 (1972), S. 43, 121; vgl. zum ähnlich gelagerten Auskunftsanspruch *O. Mallmann*, in Simitis, BDSG, § 19 Rn. 2.

350 Dazu *P. J. Tettinger*, Fairneß und Waffengleichheit, S. 20 f.; siehe auch *E. Müller*, NJW 1976, S. 1063, 1066; *G. Kohlmann*, in Festschrift für K. Peters, S. 306, 318.

351 BVerfG, Beschl. v. 25.7.1979 – BVerfGE 52, S. 131, 144; *G. Trantas*, Akteneinsicht und Geheimhaltung, S. 442 f.; vgl. zur Funktion der Verfahrensrechte im EG-Recht, *W. Kahl*, VerwArch Bd. 95 (2004), S. 1, 9.

352 *P. J. Tettinger*, Fairneß und Waffengleichheit, S. 51.

353 *U. Ramsauer*, in Kopp/Ramsauer, VwVfG, § 29 Rn. 3; *P. J. Tettinger*, Fairneß und Waffengleichheit, S. 51; bereits früher *F. Haueisen*, NJW 1967, S. 2290.

354 *J. Isensee*, Die typisierende Verwaltung, S. 132 f.

gung stehen, um sich wirkungsvoll am Besteuerungsverfahren beteiligen zu könne. Ohne Kenntnis der Verfahrensakten ist dies kaum denkbar. Die Mitwirkung desjenigen, der von einem Verwaltungsakt betroffen ist, ermöglicht in besonderer Weise die Abwehr von Eingriffen. Diese Abwehrtendenz ist dem Mitwirkungsrecht eigen[355]. Aus dem Gehöranspruch folgt das Verbot der Überraschung für die verfügende Behörde, weil der Betroffene sich ohne ein Recht auf Gehör nicht wirksam verteidigen kann[356]. Die Akteneinsicht baut in diesem Punkt auf dem Gehörsrecht auf[357]. Die Abwehr staatlichen Handelns ist zwar nicht das eigentliche Motiv des Gehöranspruches, aber eine seiner wichtigsten Funktionen[358]. Dasselbe muss bei einem Recht auf Akteneinsicht gelten[359]. Nach den dem Rechtsstaatsprinzip zugrunde liegenden Postulaten ist der Mensch ein freies, zur Selbstbestimmung fähiges und berufenes Individuum. Der Staat muss für diese Selbstbestimmung einen Spielraum schaffen[360].

Zwischenfazit

Das Akteneinsichtsrecht ist sowohl von Funktionen mit objektiv-rechtlicher als auch durch die Herstellung von Waffengleichheit mit individualrechtlicher Schutzrichtung geprägt. Die Analyse der Funktionen und Wirkungen des Akteneinsichtsrechts untermauert die Bedeutung des Akteneinsichtsrechts weiter und lässt außerdem zahlreiche verfassungsrechtliche Anknüpfungspunkte erkennen. Diese Bedeutung könnte ein Akteneinsichtsrecht auch im Steuerrecht verlangen. Ein Anspruch auf Akteneinsicht würde somit nicht nur den Schutz und die Stellung des Steuerpflichtigen im Verhältnis zur Finanzbehörde verbessern, sondern auch die Arbeit dieser Behörden nachhaltig erleichtern und damit effektiver gestalten.

---

355 *G. Trantas*, Akteneinsicht und Geheimhaltung, S. 179 f.

356 *E. Schmidt-Aßmann*, in Maunz/Dürig, GG, Art. 103 Rn 66 (November 1988); *H. Schulze-Fielitz*, in Dreier, GG III, Art. 103 I Rn. 43.

357 *H. Schulze-Fielitz*, in Dreier, GG III, Art. 103 I Rn. 41.

358 *H. Schulze-Fielitz*, in Dreier, GG III, Art. 103 I Rn. 25; vgl. *E. Schmidt-Aßmann*, in Maunz/Dürig, GG, Art. 103 Rn. 4 (November 1988); *K. Reinhardt*, Das rechtliche Gehör in Verwaltungssachen, S. 28, spricht auf S. 29, 39 von einem „Verteidigungsrecht".

359 Zum Akteneinsichtsrecht im Rahmen von Strafverfahren, siehe *R. Jörke*, Akteneinsicht als Voraussetzung effektiver Verteidigung.

360 *K. Reinhardt*, Das rechtliche Gehör in Verwaltungssachen, S. 28.

3. Kapitel: Verfassungsrechtliche Analyse des Akteneinsichtsrechts

Solange eine zureichende und klare gesetzliche Regelung des Akteneinsichtsrechts für alle Bereiche des Besteuerungsverfahrens fehlt, ist eine Verfassungsanalyse hinsichtlich des Akteneinsichtsrechts geboten. Sie arbeitet die für aber auch gegen ein Akteneinsichtsrecht streitenden Verfassungsimpulse heraus und führt zu einer grundlegenden und umfassenden Abwägung. Dies haben bisher sowohl der Gesetzgeber bzw. der Finanzausschuss als auch der Bundesfinanzhof unterlassen. Der Finanzausschuss hat einseitig nur die contra ein Akteneinsichtsrecht sprechenden Punkte beachtet und gelangte auf diese Weise nicht mehr zu einer Abwägung. Hat er dabei für das Akteneinsichtsrecht sprechende verfassungsrechtliche Gesichtspunkte außer Acht gelassen, so konnte er einen Ausgleich der Verfassungsgüter nicht einmal im Ansatz ausführen. Der Bundesfinanzhof erwähnt zwar regelmäßig Verfassungsgrundsätze, um seine Rechtsschöpfung zu legitimieren, versäumt es aber, diese in ein angemessenes Verhältnis zu setzen. Es ist daher zu analysieren, ob und inwieweit das Akteneinsichtsrecht verfassungsrechtliche Wurzeln hat und ob die Verfassung Impulse setzt, die vom Gesetzgeber zu beachten gewesen wären.

Bereits bei der Weite der subjektiv-teleologischen Auslegung hat sich gezeigt, dass verfassungsrechtliche Gesichtspunkte im Rahmen der Auslegung herangezogen werden können, wenn es sich um eine sog. verfassungskonforme Auslegung handelt oder wenn sie im Gesetzestext oder den Gesetzesmaterialien in irgendeiner Weise angedeutet sind. Über den möglichen Wortsinn hinausgehende Impulse können indes nicht für eine Auslegung fruchtbar gemacht werden. Sie behalten aber dennoch ihre hohe Wertigkeit, denn sie können unter Umständen zu einer Rechtsfortbildung zwingen, wenn der Gesetzgeber trotz eines verfassungsrechtlichen Gebots nicht tätig wird.

A. Verfassungsrechtliche Impulse für ein Akteneinsichtsrecht

Die bisherige Untersuchung hat eine Vielzahl von Aspekten des Akteneinsichtsrechts gezeigt, die eine verfassungsrechtliche Relevanz für ein Akteneinsichtsrecht im Besteuerungsverfahren haben könnten.

I. Verfassungsrelevanz des Verfahrensrechts

1. Entwicklung des status activus processualis

C. H. Ule übte noch Zurückhaltung, wenn es darum ging, Grundsätze des Verwaltungsverfahrens wie das Akteneinsichtsrecht aus den Grundrechten abzuleiten. Namentlich das Gebot der Menschenwürde war für ihn kein Ansatzpunkt, um ein Anhörungsrecht abzuleiten[361]. Es gehe statt um Freiheitsbeeinträchtigun-

361 *C. H. Ule*, DVBl. 1959, S. 537 ff., 541 f.

gen vielmehr um eine Gewährleistung innerhalb des Verfahrens, die durch Grundsätze wie Rechtsstaatlichkeit und Demokratie geprägt seien. Eine Wende in der Rechtswissenschaft hin zur allgemein anerkannten Verfassungsrelevanz des Verfahrensrechts brachte vor allem der Ansatz von *P. Häberle*. Seine Ansicht legte den Grundstein für eine an den Grundrechten bzw. insgesamt am Verfassungsrecht ausgerichtete Ausgestaltung des Verwaltungsverfahrens. Er warnte dabei eindeutig davor, "grundrechtspolitische Wunschvorstellungen" als Verfassungsaufträge zu deklarieren. Dies obliege dem Gesetzgeber und mithin dem politischen Prozess[362]. Er ging davon aus, dass der status negativus nicht mehr ausreichte, um den neuen Grundrechtsgefährdungen zu begegnen. Die Statuslehre habe vom status activus auszugehen – er sei der Grundstatus[363]. Ein Teil von ihm ist nach *P. Häberle* der sog. status activus processualis als der Status der Partizipation bzw. der Teilhabe am und im Leistungsstaat. Er sei der Inbegriff aller Normen, die die Verfahrensbeteiligung einschließlich der Publizitätsvorschriften der durch den Leistungsstaat in ihren Grundrechten Betroffenen regeln[364]. Der Verfahrensgedanke wird nach seiner Ansicht der Funktion der Grundrechte in einem auf Effizienz angelegten Leistungsstaat am ehesten gerecht. Was schon im Verwaltungsverfahren geklärt werden kann, führe nicht zu einem weiteren gerichtlichen Verfahren[365]. Das – vorgezogene – Verfahren könne einen Ausgleich der einander widerstreitenden Gesichtspunkte gewährleisten, bevor es zum Konflikt kommt. Es werde zum Vehikel „praktischer Konkordanz" zwischen Grundrechten und Leistungsstaat. In den leistungsstaatlichen Verfahren wirkten die Grundrechte auf neue Art: Sie werden „prozessuale Grundrechtskonkretisierungen"[366]. Solche leistungsstaatlichen „Vorverfahren" vermögen mehr Grundrechtswirklichkeit zu schaffen als verwaltungsgerichtliche „Nachverfahren", weil im Vorstadium prozessual eingeführt werde, was dem materiellen Gehalt des Grundrechts dient[367].

2. Verfahrensrecht als Verwirklichungsprozess des Verwaltungsrechts

Dieser Entwicklung hat sich ein Großteil der Jurisprudenz angeschlossen. Nach mittlerweile gefestigter Ansicht geben Verwaltungsverfahren nicht nur einen formalen Rahmen für die materielle Entscheidungsfindung vor, sondern weisen eine Verfassungsrelevanz auf[368]. Dem liegt folgender Gedanke zugrunde: Wenn

362 *P. Häberle*, VVDStRL Heft 30 (1972), S. 43, 110 f.

363 *P. Häberle*, VVDStRL Heft 30 (1972), S. 43, 73, 80 f.

364 *P. Häberle*, VVDStRL Heft 30 (1972), S. 43, 73, 81.

365 *P. Häberle*, VVDStRL Heft 30 (1972), S. 43, 121.

366 *P. Häberle*, VVDStRL Heft 30 (1972), S. 43, 87 f.

367 *P. Häberle*, VVDStRL Heft 30 (1972), S. 43, 88.

368 Grundlegend BVerfG Beschl. v. 20.12.1979 – 1 BvR 385/77, BVerfGE 53, S. 30, 65 (Mühlheim-Kärlich) für Art. 2 Abs. 2 GG; erneut in Beschl. v. 14.5.1985 – 1 BvR 233,

die Grundrechte ihre Funktion erfüllen sollen, bedarf es geeigneter Organisationsformen und Verfahrensregelungen[369]. Das Verfahrensrecht ist grundrechtskonform anzuwenden, um diesem Zweck gerecht werden zu können. Jeder Fall, in dem sich das Recht verwirklicht, durchläuft ein bestimmtes Verfahren und wird durch dieses Verfahren geprägt und geformt. Das Verwaltungsverfahren ist konstitutiver Teil des Verwirklichungsprozesses im Verwaltungsrecht und ist mithin konstitutiver Teil des Verwaltungsrechts[370]. Damit steht das Verfahrensrecht unter denselben verfassungsrechtlichen Direktiven wie das Verwaltungsrecht[371]. Mit denselben Maßstäben des Verfassungsrechts dürfen Verwaltungsrecht und Verfahrensrecht trotz ihrer notwendigen Nähe dennoch nicht gemessen werden. Es ist vielmehr eine spezifische Betrachtung erforderlich[372]. Grundrechtsschutz durch Verfahren meint dabei die konkreten Ausgestaltungen eines Verwaltungsverfahrens anhand einer spezifisch verfahrensrechtlichen Schicht der Grundrechte neben ihrem materiellen Gewährleistungsgehalt[373].

Als der Gesetzgeber das Verwaltungsverfahrensgesetz erließ, konkretisierte er in einem gewissen Umfang bestehendes Verfassungsrecht, weil er verschiedene verfassungsrechtliche und im Verwaltungsverfahren anzuwendende Grundsätze, die bisher nicht in konkreten von den Verwaltungsbehörden zu beachtenden Normen enthalten waren, in Vorschriften goss. Er hat auf diesem Wege neben dem Verwaltungsrecht auch das Verfahrensrecht in das „konkretisierte Verfas-

---

341/81, BVerfGE 69, S. 315, 355 (Brokdorf); Beschl. v. 18.6.1986 – 1 BvR 787/80, BVerfGE 73, S. 280, 296 (Vergabe von Notarstellen); bereits angedeutet in BVerfG, Beschl. v. 7.12.1977 – 1 BvR 734/77, BVerfGE 46, S. 325, 334 für Art. 14 GG; Beschl. v. 6.7.1977 – 1 BvR 3/77, BVerfGE 45, S. 422, 430 f. für Art. 12 Abs. 1 GG; Beschl. v. 19.6.1979 – 2 BvR 1060/78, BVerfGE 51, S. 324, 344 f. (Räumungsschutz) für Art. 2 GG.

369 So BVerfG, Beschl. v. 25.2.1981 – 1 BVR 413/80, 768/80, 820/80, BVerfGE 56, S. 216, 236 mit Verweis auf BVerfG, Beschl. v. 20.12.1979 – 1 BvR 385/77, BVerfGE 53, S. 30, 65 und das Sondervotum S. 69, 71 ff. Nach Ansicht von *K. Tipke*, Steuerrechtsordnung I, S. 277 f., können Grundrechte in einem Rechtsstaat „sachgerechte Prinzipien dirigieren und limitieren".

370 *R. Wahl*, VVDStRL Heft 41 (1983), S. 151, 155.

371 *R. Wahl*, VVDStRL Heft 41 (1983), S. 151, 153.

372 *R. Wahl*, VVDStRL Heft 41 (1983), S. 151, 156, Problematisch sei dies, weil das Verwaltungsrecht in seiner gegenwärtigen Ausprägung von der nachträglichen Kontrollperspektive und nicht von der erforderlichen ex ante Sicht geprägt ist. Letztere geht aus von Behauptungen, der Offenheit der Entscheidung und von Unsicherheiten, die zu Beginn des Verfahrens regelmäßig noch bestehen.

373 Sondervotum zu BVerfG, Beschl. v. 27.9.1978 – 1 BvR 361/78, BVerfGE 49, S. 220, 228, 235; *E. Schmidt-Aßmann*, in: Isensee/Kirchhof, Handbuch des Staatsrechts III, § 70 Rn. 15.

sungsrecht“[374] einbezogen[375]. Die Begründung zu dem von der Bundesregierung beschlossenen Entwurf eines Verwaltungsverfahrensgesetzes zählt dabei unter anderem den Grundsatz des rechtlichen Gehörs, der auch im Verwaltungsverfahren in bestimmtem Umfang zu beachten sei[376], sowie das Rechtsstaatsprinzip auf[377]. Die in der Begründung genannten Verfassungsdirektiven erforderten die Kodifizierung zwar nicht zu ihrer Wirksamkeit, wohl aber für eine bessere Handhabbarkeit durch die Verwaltung.

Die Ausgangslage beim Erlass der AO 1977 war eine etwas andere. Mit der RAO existierte bereits eine umfassende Kodifikation des Steuerverfahrensrechts. Zahlreiche Vorschriften, die verfassungsrelevante Inhalte haben, hatten schon langjährigen Bestand. So standen die Finanzbehörden unter Geltung der RAO in der Pflicht, Punkte, in denen wesentlich von der durch den Steuerpflichtigen abgegebenen Steuererklärung (§§ 168 ff. RAO) und zu Ungunsten des Steuerpflichtigen abgewichen werden sollte, dem Steuerpflichtigen mitzuteilen (§ 205 Abs. 4 RAO)[378]. Mit der Kodifikation der AO 1977 übernahm der Gesetzgeber einen Großteil der Regelungen der RAO. Er wollte die Rechtssicherheit erhöhen, die Gleichmäßigkeit der Besteuerung sichern und das Steuerverfahrensrecht und das allgemeine Verwaltungsverfahrensrecht angleichen[379]. Mit dieser Neuschaffung einer Abgabenordnung unterstellt er das Steuerverfahrensrecht ebenfalls der Geltung des Verfassungsrechts. Als rechtsstaatliches Verfahren[380] verwirklicht auch das Steuerverfahrensrecht nicht nur das materielle Steuerrecht, sondern dient dem Schutz der grundrechtlichen Freiheitssphäre des Steuerpflichtigen[381].

---

374 *F. Werner*, Recht und Gericht in unserer Zeit, Reden, Vorträge, Aufsätze 1948-1969, 1971, S. 212 ff.; *F. Ossenbühl*, NVwZ 1982, S. 465, 467.

375 *P. Häberle*, in Festschrift Boorberg Verlag, S. 48, 51 f.; *E. Schmidt-Aßmann*, Jura 1979, S. 505, 509; *F. Ossenbühl*, NVwZ 1982, S. 465, 467; siehe auch *D. Ehlers*, in Erichsen/Ehlers, Allgemeines Verwaltungsrecht, § 5 I Rn. 1.

376 So auch *C. H. Ule*, DVBl. 1957, S. 597, 602; *ders.*, in Festschrift Carl Heymanns Verlag, S. 53, 64.

377 BT-Drucks. 7/910, S. 29.

378 Vgl. im Einzelnen 1. Kapitel A. I.

379 Siehe 1. Kapitel A. I. und II.

380 *J. Lang*, in Tipke/Lang, Steuerrecht, § 2 Rn. 17.

381 *R. Seer*, in Tipke/Lang, Steuerrecht, § 21 Rn. 8; gegen die u.a. von *J. Isensee*, Die typisierende Verwaltung. S. 126 und *D. Meyding*, DStJG Bd. 21 (1998), S. 219, 220, vertretene These von der ausschließlich dienenden Funktion des Verfahrensrechts auch *R. Eckhoff*, Rechtsanwendungsgleichheit im Steuerrecht, S. 244 ff.; *J. Hoffmann*, Der maßvolle Gesetzesvollzug im Steuerrecht, S. 185 ff.; für das allgemeine Verwaltungsverfahren: *W. Hoffmann-Riem*, in Hoffmann-Riem/Schmidt-Aßmann, Verwaltungsverfahren und Verwaltungsverfahrensgesetz, S. 9, 22; *E. Schmidt-Aßmann*, in I-

3. Anknüpfungspunkt für die Herleitung von Verfahrensrechten

Als Anknüpfungspunkt für einzelne Verfahrensrechte bieten sich sowohl die Grundrechte als auch allgemeine Verfassungsprinzipien an. Das Bundesverfassungsgericht extrahiert mit seiner Konstruktion der „verfahrensrechtlichen Relevanz" aus verschiedenen materiellen Grundrechten wie dem Recht auf Leben und körperliche Unversehrtheit (Art. 2 Abs. 2 S. 1 GG), der Berufsfreiheit (Art. 12 GG)[382], dem Eigentums- (Art. 14 GG)[383] sowie dem Asylrecht (Art. 16 Abs. 2 S. 2 GG) weitgehend identische Verfahrensrechte wie das Akteneinsichtsrecht oder das Recht auf Gehör. Den sich aus dem Rechtsstaatsprinzip ergebenden Fairnessgedanken zieht es regelmäßig allenfalls unterstützend heran[384]. Ähnlich sieht dies *E. Schmidt-Aßmann*, nach dessen Ansicht die Grundrechte durchweg eine verfahrens- und organisationsrechtliche Dimension haben, in der ein wesentlicher Teil ihrer Realisation bewirkt wird[385]. *P. Kunig*s Standpunkt weist in dieselbe Richtung, wobei er die Heranziehung des Rechtsstaatsgebots gänzlich ablehnt. Er hält ein so weit verstandenes Rechtsstaatsprinzip für konturenlos sowie überflüssig und spricht sich dafür aus, den jeweiligen Grundrechten Einzelrechte zu entnehmen[386]. Nach seiner Ansicht konnten Literatur und Rechtsprechung ein neben den Normen des geschriebenen Verfassungsrechts stehendes Rechtsstaatsprinzip bisher nicht nachweisen[387]. Ansatzpunkt für eine Herleitung von Verfahrensrechten bzw. –garantien aus der Verfassung wären danach nur die Grundrechte sowie andere Verfassungsverbürgungen. Letztlich dürfe nicht auf den Willen des Gesetzgebers, sondern müsse auf den „Willen" der Grundrechte abgestellt werden[388]. *F. E. Schnapp* schließt sich dem

---

sensee/Kirchhof, Handbuch des Staatsrechts III, § 70 Rn. 34; *U. Ramsauer*, in Kopp/Ramsauer, VwVfG, Einführung Rn. 68 f.

382 BVerfG, Beschl. v. 9.4.1975 – 1 BvR 344 - 353/74, BVerfGE 39, S. 276, 294; Beschl. v. 2.3.1977 – 1 BvR 124/76, BVerfGE 44, S. 105, 119 ff.; so auch BFH, Urt. v. 5.10.2006 – VII R 24/03, BStBl. II 2007, S. 243, 244; BVerwG, Urt. v. 2.7.2003 – 3 C 46/02, BVerwGE 118, S. 270, 271 f.

383 BVerfG, Urt. v. 18.12.1968 – 1 BvR 638, 673/64 und 200, 238, 249/65, BVerfGE 24, S. 367, 401; Beschl. v. 3.7.1973 – 1 BvR 153/69, BVerfGE 35, S. 348, 361; Beschl. v. 27.9.1978 – 1 BvR 361/78, BVerfGE 49, S. 220, 225; BVerfG, Beschl. v. 13.11.1979 – 1 BvR 1022/78, BVerfGE 52, S. 380, 389.

384 BVerfG, Beschl. v. 27.9.1978 – 1 BvR 361/78, BVerfGE 49, S. 220, 225; Beschl. v. 13.11.1979 – 1 BvR 1022/78, BVerfGE 52, S. 380, 389; Beschl. v. 18.6.1986 – 1 BvR 787/80, DVBl. 1987, S. 292, 293.

385 *P. Kunig*, Rechtsstaatsprinzip, S. 373 ff.; *E. Schmidt-Aßmann*, Jura 1979, S. 505, 506; vgl, auch *G. F. Schuppert*, Verwaltungswissenschaft, S. 555.

386 *P. Kunig*, Rechtsstaatsprinzip, S. 372, 377; *ders.*, in Festschrift 50 Jahre Bundesverfassungsgericht, S. 421, 436 f. speziell für das besondere Gewaltverhältnis und den Vorbehalt des Gesetzes sowie die Gewaltenteilung.

387 *P. Kunig*, Das Rechtsstaatsprinzip, S. 372.

388 *D. Grimm*, NVwZ 1985, S. 865, 869.

grundsätzlich an, spricht dem Rechtsstaatsprinzip aber – ähnlich dem Bundesverfassungsgericht – zumindest eine unterstützende Funktion nicht ab. Es sei nicht ausgeschlossen, in einer Art kombinatorischer Gesamtschau von Art. 20 GG und anderen Verfassungsbestimmungen weitere dogmatische Figuren zu entwickeln, die ohne sonderliche normative Rückkopplung ein Eigenleben entfalten[389]. Dabei macht er indes deutlich, dass nicht jeder als rechtsstaatlich zu bezeichnende Bezug der Garantie des Art. 79 Abs. 3 GG unterfalle. Die Rechtsstaatsidee weise keine unabänderlichen Züge auf[390].

Nach einem anderen Ansatzpunkt sind diese einzelnen Verfahrensrechte und insbesondere das Recht auf Gehör im Verwaltungsverfahren als Mitwirkungsrecht aus dem Rechtsstaatsprinzip herzuleiten[391]. Danach ist das Rechtsstaatsprinzip ein „außergewöhnlich vielseitiges, ganz unterschiedliche verfassungsrechtliche Aspekte zusammenfassendes Rechtsprinzip (...), in dem vor allem zahlreiche, untereinander sehr heterogene Unterprinzipien zusammengefasst werden."[392] Insbesondere *H.-W. Laubinger* zweifelt die Konstruktion des Bundesverfassungsgerichts zur „verfahrensrechtlichen Relevanz" der Grundrechte an. Nach seiner Ansicht lassen sich aus den genannten einzelnen Grundrechten nicht jeweils etwa dieselben Verfahrensrechte wie das Akteneinsichtsrecht oder das Recht auf Gehör ableiten. Vielmehr seien diese einzelnen Verfahrensrechte dem Rechtsstaatsprinzip zu entnehmen[393]. Der Gesetzgeber sei danach verpflichtet, demjenigen, dessen Verfahrensrechte gefährdet sind, alle verfahrensmäßigen Rechte einzuräumen, deren er zur effektiven Vertretung seiner Grundrechte bedarf. Der Bundesfinanzhof wendet diesen Grundsatz letztlich auf die Finanz-

---

389 *F. E. Schnapp*, in v. Münch/Kunig, GG, Art. 20 Rn. 25.

390 *F. E. Schnapp*, in v. Münch/Kunig, GG, Art. 20 Rn. 24.

391 Zum Besteuerungsverfahren: BFH, Urt. v. 6.12.1978 – VII R 98/77, BStBl. II 1979, S. 170, 172; aus der Literatur exemplarisch: *R. Seer*, in Tipke/Lang, Steuerrecht, § 21 Rn. 9; *H. Söhn*, in Hübschman/Hepp/Spitaler, § 91 AO, Rn. 14 (November 2003); zum allgemeinen Verwaltungsverfahren *C. Degenhart*, in Sachs, GG, Art. 103 Rn. 2; *H.-W. Laubinger*, VerwArch Bd. 73 (1982), S. 60, 83; *F.-L. Knemeyer*, in Isensee/Kirchhof, Handbuch des Staatsrechts VI, § 155 Rn. 62 f; *E. Schmidt-Aßmann*, in Maunz/Dürig, GG, Art. 103 I, Rn. 62 ff. (November 1988); *K. Sobota*, Das Prinzip Rechtsstaat, S. 195, 503; *P. J. Tettinger*, Fairneß und Waffengleichheit, S. 11.

392 *R. Herzog*, in Maunz/Dürig, GG, Art. 20 VII Rn. 3 (September 1980).

393 *H.-W. Laubinger*, VerwArch Bd. 73 (1982), S. 60, 84 f.; ebenso *C. H. Ule/H.-W. Laubinger*, Verwaltungsverfahrensrecht, § 1 III. Rn. 13; ähnlich *P. J. Tettinger*, Fairneß und Waffengleichheit, S. 58, der das Fairnessgebot aus dem Rechtsstaatsprinzip in Verbindung mit dem allgemeinen Freiheitsrecht (Art. 2 Abs. 1 GG) herleitet. *W. Blümel*, in Frühzeitige Bürgerbeteiligung bei Planungen, S. 23, 25 f. sieht in der Herleitung aus dem Rechtsstaatsprinzip und aus den Grundrechten jedoch keinen Widerspruch, sondern betont beide Herleitungsschienen. Ebenso *A. v. Mutius*, in Frühzeitige Bürgerbeteiligung bei Planungen, S. 157, 161 f.; ablehnende wie gesehen insbesondere *P. Kunig*, Das Rechtsstaatsprinzip, S. 372, 377.

verwaltung an, wenn er davon ausgeht, dass ein Anspruch auf ermessensfehlerfreie Entscheidung über einen Antrag auf Auskunftserteilung bestehe, wenn diese für den Steuerpflichtigen „unerlässlich ist, will er seinen steuerlichen Rechte unter zumutbaren Bedingungen effektiv wahrnehmen“[394]. Denn die Auskunftserteilung gehört ebenso zu den Verfahrensrechten[395]. In dieselbe Richtung geht ein weiterer Ansatz, wonach sich im Rahmen eines Verwaltungsverfahrens ein Akteneinsichtsrecht aus dem Fairnessgebot ergibt[396]. Dieses Gebot auf Fairness sei wiederum ein Ausfluss des Rechtsstaatsprinzips[397]. Diesen Argumentationsstrang verfolgt auch das Sondervotum zum Mülheim-Kärlich-Beschluss[398] und andere Stimmen der Rechtswissenschaft[399].

Darüber hinaus wird die Menschenwürdegarantie sehr häufig als weiterer Anknüpfungspunkt zahlreicher Verfahrensrechte neben den Grundrechten und dem Rechtsstaatsgebot als zusätzlicher Pfeiler herangezogen. Der Bürger und damit auch der Steuerpflichtige ist nicht Objekt, sondern Subjekt staatlichen Handelns (Art. 1 Abs. 1 GG). Dies beschreibt gleich einem „Eckpfeiler des Verfahrens“ die Stellung des von der Entscheidung betroffenen Bürgers als Beteiligtem des Entscheidungsprozesses[400]. Auf diesem Subjektivitätspostulat bauen auch zahlreiche der vorgenannten Stimmen auf, wenn sie die Grundrechte oder das Rechtsstaatsprinzip als Wurzel der Verfassungsrelevanz des Verfahrensrechts ansehen. Dies erscheint als folgerichtig, denn jedem Grundrecht und jedem rechtsstaatlichen Verfahren ist die Subjektstellung des von einem Verwaltungs-

---

394 BFH, Urt. v. 5.10.2006 – VII R 24/03, BStBl. II 2007, S. 243, 244, unter Bezug auf BVerwG, Urt. v. 16.9.1980 – 1 C 52/75, BVerwGE 61, S. 15, wobei ein Anspruch in letzterem Urteil abgelehnt wurde. Dabei zieht der Bundesfinanzhof in Verbindung mit dem Rechtsstaatsprinzip ausdrücklich das Freiheitsgrundrecht der Berufsfreiheit (Art. 12 Abs. 1 GG) ebenso als Rechtsgrundlage heran.

395 Vgl. *F. O. Kopp*, Verfassungsrecht und Verwaltungsverfahrensrecht, S. 180, 185.

396 *K. Stern*, Das Staatsrecht der Bundesrepublik Deutschland I, S. 824 f. Die Herleitung von Verfahrensgeboten aus einem Fairnessprinzip hält *K. Sobota*, Das Prinzip Rechtsstaat, S. 147, zumindest für diskussionsbedürftig. Leite man dieses Fairnessgebot aus dem Rechtsstaatsprinzip her, werde dieses konturenlos (S. 149). Der Begriff der Fairness sei daher kein Teil des Rechtsstaatsprinzips (S. 502); so auch im Besonderen *P. Kunig*, Das Rechtsstaatsprinzip, S. 379 ff.

397 So auch BVerfG, Beschl. v. 3.6.1969 – 1 BvL 7/68, BVerfGE 26, S. 66, 71; Beschl. v. 8.10.1974 – 2 BvR 747, 748, 749, 750, 751, 752, 753/73, BVerfGE 38, S. 105, 111; Beschl. v. 8.4.1975 – 2 BvR 207/75, BVerfGE 39, S. 238, 242 f.; Beschl. v. 10.6.1975 – 2 BvR 1074/74, BVerfGE 40, S. 95, 99; Beschl. v. 19.10.1977 – 2 BvR 462/77, BVerfGE 46, 202, 210. Referierend zu diesem Rechtsstand *K. Sobota*, Das Prinzip Rechtsstaat, S. 145 ff., m.w.N., im Ergebnis aber ein Fairnessgebot ablehnend (S. 502 f., Nr. 78 und 83).

398 BVerfG, Beschl. v. 20.12.1979 – 1 BvR 385/77, BVerfGE 53, S. 30, 69, 74.

399 *A. v. Mutius*, NJW 1982, S. 2150, 2156, 2158, 2160.

400 *E. Schmidt-Aßmann*, Jura 1979, S. 505, 507.

verfahren Betroffenen immanent. Neben diesen rechtlichen Anknüpfungspunkten für die Verfahrensrelevanz sehen einige Vertreter zumindest auch das Demokratieprinzip als einschlägig an[401].

Im Ergebnis besteht Einigkeit, dass das Verfassungsrecht Relevanz für das Verfahrensrecht aufweist[402] und damit zu einer solchen Ausgestaltung des Verfahrens zwingt, dass die Betroffenen ihre verfassungsmäßigen Rechte realisieren können.

II. Verfassungsrelevanz des Akteneinsichtsrechts

Allgemein die Verfassungsrelevanz des Verfahrensrechts anzuerkennen, genügt indes nicht, um konkreten Rechtspositionen eine verfassungsrechtlich abgestützte „Daseinsberechtigung" zuzugestehen. In den Fokus tritt nunmehr konkret das Akteneinsichtsrecht. Seine verfassungsrechtliche Untermauerung ist nachzuweisen. Der Rechtsprechung des Bundesverfassungsgerichts lässt sich für bestehende Verfahrensnormierungen positiv entnehmen, dass grundrechtsrelevant solche Verfahrensregelungen sind, die der Gesetzgeber gerade in der Absicht einer Sicherung der Grundrechte geschaffen hat[403]. Vorliegend steht jedoch die Frage im Raum, ob auch vom Gesetzgeber nicht vorgesehene Verfahrensrechte – wie das Akteneinsichtsrecht im Besteuerungsverfahren – grundrechtsrelevant sein und deren Fehlen ein Versäumnis des Gesetzgebers darstellen können.

In der heutigen Informationsgesellschaft sind Informationen Bedingung, zur Freiheitsverwirklichung[404]. Sowohl die freie Entfaltung des Bürgers und vor allem sein Recht auf effektiven Rechtsschutz umfassen zum einen ein Recht, sich umfänglich und bei Kenntnis des gesamten Verfahrensstoffes in das Verfahren einbringen zu können. Anders kann der Steuerbürger nicht überprüfen, ob er entsprechend der geltenden Gesetze besteuert wurde. Zum anderen beinhalten sie die Notwendigkeit, keine unnötigen Prozesse führen zu müssen. Gleichheitsgrundrechte können exemplarisch in Konkurrentensituationen beeinträchtigt werden. Der Abschied von bestimmten Dogmen, wie dem des Aktengeheimnisses kann die Grundrechte und das Rechtsstaatsprinzip effektuieren. Es geht um

---

401 *F. O. Kopp*, Verfassungsrecht und Verwaltungsverfahrensrecht, S. 191 ff.; *U. Ramsauer*, in Kopp/Ramsauer, VwVfG, § 29 Rn. 3; *J. Pipkorn*, DÖV 1970, S. 171, 174; a.A.: *A. v. Mutius*, in Frühzeitige Bürgerbeteiligung bei Planungen, S. 157, 162 f.; dazu näher unter 3. Kapitel A. II. 4.

402 Ebenfalls den konkreten verfassungsrechtlichen Anknüpfungspunkt offen lassend *E. Schmidt-Aßmann*, in Isensee/Kirchhof, Handbuch des Staatsrechts III, § 70 Rn. 20.

403 BVerfG, Beschl. v. 20.12.1979 – 1 BvR 385/77, BVerfGE 53, S. 30, 65 f.; Beschl. v. 25.2.1981 – 1 BvR 413, 768, 820/80, BVerfGE 56, S. 216, 242; zusammenfassend *D. Grimm*, NVwZ 1985, S. 865, 868; *C. H. Ule/H.-W. Laubinger*, Verwaltungsverfahrensrecht, § 1 III. Rn. 13.

404 *D. Kugelmann*, DÖV 2005, S. 851, 852.

das Denken von Grundrechtsvoraussetzungen her, die Verstärkung des grundrechtlichen Schutzdenkens und des Denkens von der optimalen Erfüllung der Verfassungsnormen[405]. Auf der Basis des Verfahrensgedankens zählte *P. Häberle* vor allem Kommunikation, Partizipation und individuelle sowie allgemeine Publizität zu den Direktiven, die über die Leitgedanken aus Art. 19 Abs. 4 GG und Art. 103 Abs. 1 GG weiter zu konkretisieren seien[406].

1. Verfahrensgedanke und Prozessökonomie

Wie die Analyse der Funktionen des Akteneinsichtsrechts gezeigt hat, gewährleistet es in Verbindung mit dem Recht auf Gehör in besonderer Weise, dass der Steuerpflichtige seine Sicht auf die Dinge im Vorfeld der Verwaltungsentscheidung vortragen und damit einbringen kann[407]. Darin spiegelt sich der von *P. Häberle* herausgearbeitete Verfahrensgedanke wider[408]. Der Betroffene soll nicht in weitere Verfahren, etwa den Finanzprozess, gedrängt werden, nur um Akteneinsicht zu erlangen, wenn er dieses (Zwischen-) Ziel schon im Besteuerungsverfahren hätte erreichen können. Dafür bedarf der Steuerpflichtige als Gegenstück zu seinen Mitwirkungspflichten entsprechende Mitwirkungsrechte in der Form eines Rechts auf Informationsteilhabe und -beschaffung[409]. Die Mitwirkungsrechte weisen den Steuerpflichtigen als Verfahrenssubjekt im Verwaltungsrechtsverhältnis zur Finanzbehörde aus[410]. Bereits 1971 erkannte *P. Häberle*, dass das Rechtsverhältnis Bürger-Staat durch Kommunikation und Kooperation zwischen den Beteiligten, deren Tätigkeit private und öffentliche Interessen verknüpft und zum Teil ineinander aufgehen lässt[411]. Als typisches Verfahrensrecht auf Informationsteilhabe muss auch die Akteneinsicht als Mitwirkungsrecht im weiteren Sinn angesehen werden[412]. Jedenfalls kann der Steuerpflichtige sein Recht auf Gehör als Mitwirkungsrecht im engeren Sinn nur wahrnehmen, wenn er vom Verfahrensthema und vom –stand Kenntnis hat[413].

Diese Einschätzung steht prima vista zumindest teilweise im Widerspruch zu der Ansicht von *F. Ossenbühl*. Da Grundrechte nur an individuelle Rechtsbeeinträchtigungen anknüpfen, könnten sie keine Verfahrensteilhabe hervorbringen

---

405 *P. Häberle*, VVDStRL Heft 30 (1972), S. 43, 71 (Fn. 106).

406 *P. Häberle*, VVDStRL Heft 30 (1972), S. 43, 125 ff.

407 *R. Seer*, Verständigungen in Steuerverfahren, S. 275 f.

408 *P. Häberle*, VVDStRL Heft 30 (1972), S. 43, 121.

409 *R. Seer*, Verständigungen in Steuerverfahren, S. 275 f.; *ders.*, in Tipke/Lang, Steuerrecht, § 21 Rn. 9, 172; siehe dazu auch *F. O. Kopp*, Verfassungsrecht und Verwaltungsverfahrensrecht, S. 180, 185.

410 *R. Seer*, Verständigungen in Steuerverfahren, S. 275 f.

411 *P. Häberle*, VVDStRL Heft 30 (1972), S. 43, 59.

412 *P. Kunig*, Das Rechtsstaatsprinzip, S. 373 ff.

413 Vgl. *D. Grimm*, NVwZ 1985, S. 865, 869.

oder legitimieren, die sich als Mitbestimmungsrecht im staatlichen Willensbildungsprozess erweist. Dadurch würde der demokratische Legitimationsprozess der gewählten Organe zerstört, weil die Grundrechte zu Teilhaberechten am staatlichen Willensbildungsprozess mutierten[414]. Für das in Rede stehende Akteneinsichtsrecht kann diese Argumentation nicht unbesehen übernommen werden. Vielmehr ist zu differenzieren: Akteneinsicht führt nicht zu einem Mitbestimmungsrecht, sondern nur zu einem Mitwirkungsrecht. Die Akteneinsicht hat nur zur Folge, dass der Bürger die behördliche Willensbildung nachvollziehen und sie innerhalb der ihm obliegenden Mitwirkungspflichten umfassend und ggf. auch darüber hinaus unterstützen kann. Dieser Willensbildungsprozess ist nach wie vor nur seitens der Behörde vorzunehmen, er wird für den betroffenen Bürger lediglich transparent. Es geht dabei also keinesfalls um die nach Ansicht von *F. Ossenbühl* zu weit gehende Teilhabe an der behördlichen Willensbildung, sondern nur um eine Information des Bürgers, die verschiedenen Zwecken dient. Verfahrensteilhabe kann nach seiner Auffassung nur vorbeugender Grundrechtsschutz sein[415]. Insoweit besteht kein Widerspruch, wenn aus dem Grundrechtsschutz ein Akteneinsichtsrecht abgeleitet wird. Dieses Recht dient gerade dem vorbeugenden Schutz des Bürgers. Er kann sich effektiv schon im Rahmen des Verwaltungsverfahrens auf das behördliche Verhalten einstellen und sich ggf. dagegen zur Wehr setzen.

2. Recht auf Gehör und Akteneinsichtsrecht

Das Recht auf Gehör und das Akteneinsichtsrecht stehen neben dem gezeigten praktischen, in einem engen rechtlichen Zusammenhang. Die verfassungsrechtliche Dimension des Gehörsrechts und seine rechtliche Verbindung zum Akteneinsichtsrecht können Einfluss auf das Einsichtsrecht haben.

a. Rechtliches Gehör vor Gericht (Art. 103 GG) und Akteneinsicht

Positiv geregelt ist im Grundgesetz nur das Recht auf Gehör im gerichtlichen Verfahren. *C. H. Ule* bezeichnet diesen in Art. 103 Abs. 1 GG verankerten Grundsatz als „magna carta“ des gerichtlichen Verfahrens[416]. Das Recht auf Gehör im Prozess dient „der Achtung der Würde des Menschen, der in einer so schwerwiegenden Lage, wie ein Prozess sie für gewöhnlich darstellt, die Möglichkeit haben muss, sich mit tatsächlichen und rechtlichen Argumenten zu behaupten“[417]. Die Beteiligten dürfen nicht überrascht bzw. überfahren werden und sollen die Möglichkeit haben, den Prozess mitzugestalten. Nach Ansicht des Bundesverfassungsgerichts dient das rechtliche Gehör einerseits der Erzielung

---

414 *F. Ossenbühl*, DÖV 1981, S. 1, 6.

415 *F. Ossenbühl*, DÖV 1981, S. 1, 6.

416 *C. H. Ule*, DVBl. 1959, S. 537, 541.

417 BVerfG, Beschl. v. 9.7.1980 – 2 BvR 701/80, BVerfGE 55, S. 1, 6.

des richtigen Bescheides und andererseits der Wahrung der Menschenwürde des Betroffenen[418] sowie der Sicherung der allgemeinen Freiheitsgrundrechte im Prozess[419]. Der in Art. 103 Abs. 1 GG festgeschriebene Gehörsanspruchs habe eine eigene Normativität und Positivität. Gleichwohl sei er an das Rechtsstaatsprinzip rückgebunden und könne nicht losgelöst von diesem interpretiert werden[420]. Dieser Grundsatz stellt zum einen eine in Verfassungsrang erhobene objektive Norm des Verfahrensrechts dar. Zum anderen beinhaltet er ein Prozessgrundrecht, das als subjektives Recht abwehr-, teilhabe und leistungsrechtliche Ansprüche, aber auch verfahrensmäßig-organisatorische Aspekte umspannt.

Das rechtliche Gehör vor Gericht verwirklicht sich in drei Stufen. Im Vorfeld der eigentlichen Ausübung des Gehörsrechts obliegt dem Gericht die Pflicht zur Information. An die eigentliche Äußerung schließt sich die Beachtenspflicht an[421]. Die Frage, ob ein Recht auf Akteneinsicht hiervon umfasst ist, stellt sich auf der ersten Verwirklichungsstufe. Art. 103 Abs. 1 GG setzt eine Akteneinsicht nicht ausdrücklich voraus. Damit sich der Prozessbeteiligte wirksam verteidigen kann, muss er Kenntnis über die Informationen haben, die das Gericht seinem Entscheidungsprozess zugrunde legen kann. Ohne die Kenntnis des Prozessstoffes ist eine wirkungsvolle Verteidigung nur schwer möglich. Das Gericht erfüllt seine Informationspflicht jedoch grundsätzlich durch die Möglichkeit zur Akteneinsicht[422]. Das Recht auf Akteneinsicht ist folglich eine Verwirk-

---

418 BVerfG, Beschl. v. 13.2.1958 – 1 BvR 56/57, BVerfGE 7, S. 275, 278 f.; Beschl. v. 8.1.1959 – 1 BvR 396/55, BVerfGE 9, S. 89, 95; Beschl. v. 9.7.1980 – 2 BvR 701/80, BVerfGE 55, S. 1, 6; *C. Degenhart*, in Sachs, GG, Art. 103 Rn. 2 f.

419 *G. Nolte*, in v. Mangoldt/Klein/Starck, GG, Art. 103 Abs. 1 Rn. 4 m.w.N.

420 BVerfG, Beschl. v. 8.1.1959 – 1 BvR 396/55, BVerfGE 9, S. 89, 95; Plenarbeschl. v. 30.4.2003 – 1 PBvU 1/02, BVerfGE 107, S. 395, 407; *B. Pieroth*, in Jarass/Pieroth, GG, Art. 103 Rn. 1; *E. Schmidt-Aßmann*, in Maunz/Dürig, GG, Art. 103 I, Rn. 4 f. (November 1988); *R. Seer*, in Tipke/Lang, Steuerrecht, § 22 Rn. 167; *P. J. Tettinger*, Fairneß und Waffengleichheit, S. 11; a. A. *P. Kunig*, Das Rechtsstaatsprinzip, S. 372, 373, 377, wonach neben den Einzelnormen der Verfassung nicht zusätzlich auf das Rechtsstaatsprinzip abzustellen sei.

421 BVerfG, Urt. v. 14.7.1998 – 1 BvR 1640/97, BVerfGE 98, S. 218, 263; Plenarbeschl. v. 30.4.2003 – 1 PBvU 1/02, BVerfGE 107, S. 395, 409; *C. Degenhart*, in Isensee/Kirchhof, Handbuch des Staatsrechts III, § 76 Rn. 19; *F.-L. Knemeyer*, in Isensee/Kirchhof, Handbuch des Staatsrechts VI, § 155 Rn. 32; *H. Rüping*, Bonner Kommentar zum GG, Art. 103 Rn. 46 (August 2005); *E. Schmidt-Aßmann*, in Maunz/Dürig, GG, Art. 103 I, Rn. 69 ff. (November 1988); *R. Seer*, in Tipke/Lang, Steuerrecht, § 22 Rn. 167; *ders.*, in Tipke/Kruse, AO/FGO, § 96 FGO Tz. 111, 115, 123 (Oktober 2006).

422 BVerwG, Urt. v. 24.11.1961 – VII C 151.60, BVerwGE 13, S. 187, 190; BVerwG, Urt. v. 25.11.1955 – IV B 109.54, BVerwGE 2, S. 343; *E. Schmidt-Aßmann*, in Maunz/Dürig, GG, Art. 103 I, Rn. 74 (November 1988); nicht ganz eindeutig insofern *H. Rüping*, Bonner Kommentar zum GG, Art. 103 Rn. 52 (August 2005), wonach auch

lichungskomponente des Rechts auf rechtliches Gehör (Art. 103 Abs. 1 GG)[423]. Der Anspruch auf rechtliches Gehör mit dem vorgelagerten Recht auf Einsichtnahme stellt damit ein „Urrecht" des Menschen dar[424]. Das Akteneinsichtsrecht im Gerichtsverfahren sei eine „konkretisierende Erscheinungsform" des Rechts auf Gehör und vorherige Information[425] und eine Konnexgarantie des Anhörungsrecht"[426]. Andere sehen darin ein „Verfahrensinstitut im Vorfeld des verfassungsgerichtlich geschützten Anspruchs auf rechtliches Gehör". Danach enthalte der Grundsatz des rechtlichen Gehörs ein Recht der Prozessbeteiligten auf Akteneinsicht[427]. Dem einzelnen Betroffenen muss es durch eine einfachgesetzliche Ausgestaltung des Gehörrechts ermöglicht werden, dieses auszuüben, ohne sich erst auf die Verfassung berufen zu müssen[428].

Allerdings geht Art. 103 Abs. 1 GG davon aus, dass die nähere Ausgestaltung des rechtlichen Gehörs den einzelnen Verfahrensordnungen überlassen bleiben muss[429]. Der Gesetzgeber hat im Verwaltungsprozessrecht mittels der §§ 100 Abs. 1 VwGO, 78 Abs. 1 S. 1 FGO, 120 Abs. 1 SGG diese Voraussetzung geschaffen. Gegenstand des Akteneinsichtsrechts sind die Prozessakten und die beigezogenen Akten. Der Beteiligte hat keinen Anspruch darauf, dass das Gericht den Aktenbestand erweitert. Nicht zulässig ist es, der Einsicht Akten zu

---

die Akteneinsicht das rechtliche Gehör verwirklicht; vgl. auch *K. Sobota*, Das Prinzip Rechtsstaat, S. 194 ff.

423 BVerfG, Beschl. v. 12.1.1983 – 2 BvR 864/81, BVerfGE 63, S. 45, 59 f.; BVerwG, Urt. v. 23.8.1968 – IV C 235.65, BVerwGE 30, S. 154, 157; BGH, Beschl. v. 19.12.1989 – KRB 4/89 (KG), NJW 1990, S. 1614; *P. Brandis*, in Tipke/Kruse, AO/FGO, § 78 FGO Tz. 1 (Juli 2008); *H. Schulze-Fielitz*, in Dreier, GG III, Art. 103 I Rn. 41; *D. Kugelmann*, Die informatorische Rechtsstellung des Bürgers, S. 269.

424 BVerfG, Beschl. v. 9.7.1980 – 2 BvR 701/80, BVerfGE 55, S. 1, 6; *C. H. Ule*, DVBl. 1959, S. 537, 541; *K. Reinhardt*, Das rechtliche Gehör in Verwaltungssachen, S. 25.

425 *H. Schulze-Fielitz*, in Dreier, GG III, Art. 103 I Rn. 41; vgl. auch *B. Pieroth*, in Jarass/Pieroth, GG, Art. 103 Rn. 15; *C. Degenhart*, in Sachs, GG, Art. 103 Rn. 18; *E Schmidt-Aßmann*, in Maunz/Dürig, GG, Art. 103 I, Rn. 74 f. (November 1988); so auch *P. Häberle*, in Festschrift Boorberg Verlag, S. 47, 72, für das Verwaltungsverfahren.

426 *E. Schmidt-Aßmann*, Jura 1979, S. 505, 519; vgl. auch OVG NRW, Beschl. v. 31.1.2005 – 21 E 1487/04, NWVBl. 2005, S. 832, 833.

427 *K. Redeker*, NJW 1980, S. 1593, 1595; ähnlich *F.-L. Knemeyer*, in Isensee/Kirchhof, Handbuch des Staatsrechts VI, § 155 Rn. 29; *G. Trantas*, Akteneinsicht und Geheimhaltung, S. 423 zu Art. 103 Abs. 1 GG; *W. Waldner*, Der Anspruch auf rechtliches Gehör, Rn. 50.

428 BVerfG, Beschl. v. 8.6.1993 – 1 BvR 878/90, BVerfGE 89, S. 28, 35 f.; *B. Pieroth*, in Jarass/Pieroth, GG, Art. 103 Rn. 15.

429 BVerfGE, Beschl. v. 9.3.1965 – 2 BvR 176/63, BVerfGE 18, S. 399, 405, bestätigt dies explizit für die Umsetzung des Akteneinsichtsrechts des Strafverteidigers vor Gericht in § 147 StPO.

entziehen, indem sie zu Handakten mit innerdienstlichen Vorgängen oder zu Sonderheften genommen werden[430]. Dieses Problem stellt sich typischerweise bei Akten der Finanzbehörde, beispielsweise wenn der Außenprüfer oder Steuerfahnder Akten zu den Handakten nimmt und sie auf diesem Weg einer Einsichtnahme vorenthält. Der Einsicht unterliegen alle Akten, die das Gericht zur Grundlage seiner Entscheidung macht[431]. Das Gericht muss dabei gegensätzliche Schutzgüter wie den Schutz privater oder öffentlicher Geheimnisse oder den Schutz der Akten vor Verlust oder Beschädigung beachten.

Das Prozessgrundrecht greift im Besteuerungsverfahren jedoch nicht Platz[432]. Dies führt zu der Frage, ob sich ein Recht auf Gehör auch im Besteuerungsverfahren herausarbeiten lässt und welche Reflexe es auf ein Akteneinsichtsrecht hat.

b. Verfassungsgebot für ein Recht auf Gehör im Besteuerungsverfahren

Eine konkrete verfassungsrechtliche Norm, die das Anhörungsrecht im Verwaltungsverfahren regelt, existiert nicht. Es könnte sich dabei um einen allgemeinen verfassungsrechtlich verankerten Grundsatz handeln. Es erscheint inkonsequent, dem Bürger zwar im Prozess ein solches „Urrecht" einzuräumen, es im zuvor stattfindenden Verwaltungsverfahren aber nicht verfassungsrechtlich zu verankern. Zulässig wäre dies nur, wenn das gerichtliche Verfahren eine höhere Wertigkeit für die Gewähr der Einhaltung der Grundrechte hätte als das Besteuerungsverfahren. Auf eine solche Rangfolge könnte hindeuten, dass der Gesetzgeber das Einspruchsverfahren als Teil des Verwaltungsverfahrens ausdrücklich als „Vor"-Verfahren bezeichnet (§ 44 FGO)[433]. Dieser Ausdruck resultiert jedoch eher aus dem zeitlichen Zusammenwirken von Einspruchs- und gerichtlichem Verfahren. Namentlich *F. Mayer* hat ein Über- und Unterordnungsverhältnis ausdrücklich verneint. Er ist der Ansicht, dass beide Verfahrensarten in einem aliud-Verhältnis zueinander stehen[434]. Die Bedeutung des Verwaltungsverfahrens erschöpfe sich nicht in seiner Eigenschaft als Prozessvoraussetzung für Anfechtungs- und Verpflichtungsklagen. Insbesondere der Ermessensbereich sei nur der Verwaltung, nicht aber dem Gericht voll erschlossen. Der Richter sei

430 *H. Rüping*, Bonner Kommentar zum GG, Art. 103 Rn. 52 (August 2005).

431 BVerwG, Urt. v. 23.8.1968 – IV C 235.65, BVerwGE 30, S. 154, 158.

432 *H. Söhn*, in Hübschmann/Hepp/Spitaler, AO/FGO, § 91 AO Rn. 14 (November 2003); ebenso zum allgemeinen Verwaltungsverfahren *C. Degenhart*, in Sachs, GG, Art. 103 Rn. 8; *P. Kunig*, Das Rechtsstaatsprinzip, S. 373; *ders.*, in v. Münch/Kunig, GG, Art. 103 Rn. 5; *B. Pieroth/B. Schlink*, Grundrechte Staatsrecht II, Rn. 1080; *U. Ramsauer*, in Kopp/Ramsauer, VwVfG, § 28 Rn. 3a; *E. Schmidt-Aßmann*, in Maunz/Dürig, GG, Art. 103 I, Rn. 62 ff. (November 1988).

433 Das gleiche gilt für das Widerspruchsverfahren im allgemeinen Verwaltungsrecht (§§ 68 ff. VwGO).

434 *F. Mayer*, BayVBl. 1960, S. 332, 338.

nicht der alleinige, sondern nur einer von verschiedenen Garanten für den Rechtsstaat und die Verwirklichung der Grundrechte, neben dem auch das Verwaltungsverfahren seinen Wirkungskreis entfaltet[435]. Stehen beide Verfahren aber gleichrangig nebeneinander, so müssen beide Verfahren gleichermaßen rechtsstaatlich ausgestaltet sein und den Schutz der Grundrechte bewirken. Behördliches Tun innerhalb eines Verwaltungsverfahrens stellt ebenso staatliches Handeln dar, wie es die Recht sprechende Tätigkeit eines Richters im Prozess ist. Darum müssen bereits im Verwaltungsverfahren die den Bürger schützenden Grundrechte und Verfassungsgrundsätze beachtet werden. In dem in Art. 103 Abs. 1 GG für das gerichtliche Verfahren statuierten Verfahrensgrundrecht auf rechtliches Gehör im Rahmen von Gerichtsverfahren hat der Grundgesetzgeber den aus dem Rechtsstaatsprinzip resultierenden Grundsatz des fairen Verfahrens für den Teil des gerichtlichen Verfahrens umgesetzt. Das Rechtsstaatsprinzip gilt jedoch auch im Rahmen der Verwaltungsverfahren, so dass dort ebenfalls rechtliches Gehör zu gewähren ist[436].

Das Recht auf Gehör hat also auch im Bereich des Verwaltungsverfahrens verfassungsrechtliche Wurzeln. Obwohl es auf diesem Gebiet im Gegensatz zu dem im Prozess kein grundrechtsgleiches Recht ist, fordert die Verfassung dennoch einen gewissen Grundstandard. Wenn das Gehörsrecht im Besteuerungsverfahren eine verfassungsrechtliche Basis hat, hat der Gesetzgeber die Pflicht, ein solches auf einfachgesetzlicher Ebene einzuführen. Dem Bürger kann nicht zugemutet werden, sich für solche Rechte stets auf die Verfassung berufen zu müssen. Darüber hinaus enthält die Verfassung nur Minimalvorgaben, die vom Gesetzgeber in eine umsetzbare und handhabbare Form gegossen werden müssen. Der AO-Gesetzgeber hat dem in § 91 AO 1977 Rechnung getragen und dem Beteiligten ein „Minimum an Recht auf Gehör" eingeräumt und ein Mini-

---

435 *F. Mayer*, BayVBl. 1960, S. 332, 338.

436 Zum Besteuerungsverfahren: BFH, Urt. v. 6.12.1978 – VII R 98/77, BStBl. II 1979, S. 170, 172; *R. Seer*, in Tipke/Lang, Steuerrecht, § 21 Rn. 9; *H. Söhn*, in Hübschman/Hepp/Spitaler, § 91 AO, Rn. 14 (November 2003); *E. E. Stöcker*, AO-StB 2002, S. 161, 162; *J. Uterhark*, in Schwarz, AO/FGO, § 91 AO Rn. 1 (August 2001); zum allgemeinen Verwaltungsverfahren bereits *C. Degenhart*, in Sachs, GG, Art. 103 Rn. 8; *M. Fellner*, VerwArch Bd. 48 (1957), S. 95, 103; *H.-G. König*, DVBl. 1959, S. 189; *F. Mayer*, BayVBl. 1960, S. 332, 337; *H.-W. Laubinger*, VerwArch Bd. 73 (1982), S. 60, 83; *F.-L. Knemeyer*, in Isensee/Kirchhof, Handbuch des Staatsrechts VI, § 155 Rn. 62 f; *O. E. Krasney*, NVwZ 1986, S. 337; *U. Ramsauer*, in Kopp/Ramsauer, VwVfG, § 28 Rn. 3a; *E. Schmidt-Aßmann*, in Maunz/Dürig, GG, Art. 103 I, Rn. 62 ff. (November 1988); *K. Sobota*, Das Prinzip Rechtsstaat, S. 195, 503; *P. J. Tettinger*, Fairneß und Waffengleichheit, S. 11; *C. H. Ule/F. Becker*, Verwaltungsverfahren im Rechtsstaat, S. 37 ff.; *C. H. Ule/H.-W. Laubinger*, Verwaltungsverfahrensrecht, zur Ableitung aus der Gesetzmäßigkeit der Verwaltung, § 1 II, Rn. 8.

malrecht geschaffen[437]. Dies zeigt sich in der Ausgestaltung des Gehörsrechts als „Soll-Vorschrift“[438]. Letztere Einschränkung sieht etwa *K. Tipke* vor dem Hintergrund des Rechtswerts des Rechtsstaatsprinzips als teilweise bedenklich an[439].

c. Vorwirkung auf ein Akteneinsichtsrecht im Besteuerungsverfahren?

Dass der Gesetzgeber nur ein Minimalrecht auf Gehör statuiert hat, zeigt sich ebenso an der bewusst fehlenden Normierung eines Einsichtsrechts. Während er in den Prozessordnungen und insbesondere auch in der FGO ein das Gehörsrecht flankierendes Akteneinsichtsrechts aufgenommen hat, unterließ er dies im Besteuerungsverfahren. Dies tat er, obwohl zahlreiche Stimmen der Rechtswissenschaft zum Zeitpunkt der Schaffung der AO 1977 die „Rechtetriologie“ aus Anhörung, Akteneinsicht und Geheimhaltung, als ein Bereich des Verfahrensrechts ansahen, in dem sich das Verfassungsrecht besonders verdicht[440]. Diese Ansicht vertraten auch keinesfalls nur akademische Stimmen. Auch der Gesetzgeber selbst erkannte im Gesetzgebungsverfahren zum VwVfG die verfassungsrechtliche Relevanz des Akteneinsichtsrechts[441].

Da keine Rangfolge hinsichtlich der Gewähr für rechtsstaatliches Verhalten zwischen Prozess und Verwaltungsverfahren besteht, muss der Gesetzgeber dieselben Leitlinien in beiden Verfahrensstufen anwenden. Das Akteneinsichtsrecht hat als ein im Vorfeld des verfassungsrechtlich verbürgten Gehörsrechts liegendes Recht ebenfalls rechtsstaatliche Wurzeln. In einem Verfahren, in dem umfängliches rechtliches Gehör nicht gewährleistet ist, kann der Bürger seine Grundrechte nicht umfassend geltend machen, weil er zum einen leicht zum Objekt staatlichen Handels wird und die auf seine Mitwirkung angewiesene Behörde möglicherweise den Sachverhalt nicht umfassend ermitteln kann. Die Regelungen des Besteuerungsverfahrens weisen folglich insofern eine verfassungsrechtliche Lücke auf, die nach einer Reaktion ruft.

---

437 *R. Eckhoff*, Rechtsanwendungsgleichheit im Steuerrecht, S. 255 f.; *R. Seer*, in Tipke/Lang, Steuerrecht, § 21 Rn. 9.

438 Zur Ermessensausübung bei „Soll“-Vorschriften näher *J. Lang*, in Tipke/Lang, Steuerrecht, § 5 Rn. 114; *H. J. Wolff/O. Bachof/R. Stober/W. Kluth*, Verwaltungsrecht I, § 31 Rn. 40 f.

439 *K. Tipke*, in Tipke/Kruse, AO/FGO, § 91 AO Tz. 1 (August 2006); ähnlich auch *H. Söhn*, in Hübschmann/Hepp/Spitaler, AO/FGO, § 91 AO Rn. 44 f. (November 2003), der diese Abweichung des Steuerverfahrensrechts vom allgemeinen Verwaltungsrecht als überflüssig ansieht. *H. Rüping*, in Bonner Kommentar zum GG, Art. 103 Rn. 52 (August 2005): „problematisch“ wegen des Ausschlusses der Akteneinsicht und „der Gewichtung als bloße Sollvorschrift“.

440 *P. Häberle*, in Festschrift Boorberg Verlag, S. 47, 63, ff., versteht damit Anhörung, Akteneinsicht und Geheimhaltung als zusammengehörig.

441 Siehe 2. Kapitel A. I.

3. Akteneinsicht im Besteuerungsverfahren als Grundlage eines effektiven Rechtsschutzes?

Das Recht auf Gehör im Besteuerungsverfahren könnte nicht das einzige verfassungsrechtliche Einfallstor für ein Akteneinsichtsrecht sein. Ein sorgfältig durchgeführtes Verwaltungsverfahren kann gerichtliche Auseinandersetzungen vermeiden. Auf dieser Erkenntnis aus dem Bereich der Prozessökonomie beruhte die Einführung des Widerspruchsverfahrens in der VwGO[442], dem in Steuerverfahren das Einspruchverfahren in der AO entspricht. Die in Art. 19 Abs. 4 GG statuierte Rechtsschutzgarantie fordert grundsätzlich, dass der Rechtsweg zu den Gerichten bei Rechtsverletzungen möglich ist[443]. Daneben ist die Rechtsschutzgarantie jedoch mittelbar bedeutsam im Rahmen einer rechtsschutzfreundlichen Auslegung des Verfahrensrechts. Die Garantie des umfassenden, effektiven und lückenlosen Rechtsschutzes gegenüber potentiellen Rechtsbeeinträchtigungen des Bürgers durch staatliche Organe (Art. 19 Abs. 4 GG) kann Vorwirkungen für die Ausgestaltung des Verwaltungsverfahrens äußern[444]. Dazu werden insbesondere Auskunfts-, Beratungs- und Belehrungspflichten gezählt. Andere sehen in Art. 19 Abs. 4 GG eine verfassungsrechtliche Grundlage für Öffentlichkeitserfordernisse[445]. Die Entscheidung, ob ein Vorgehen im Wege der Klage Erfolg habe, könne der Betroffene nur treffen, wenn er über ein Mindestmaß an Informationen über die Rechts- und sonstigen Entscheidungsgrundlagen und über die Motivation des jeweiligen staatlichen Handelns verfüge[446]. Ohne derartige Informationen würde die Rechtsweggarantie in vielen Fällen leer laufen. In dieselbe Richtung argumentiert auch *H. Maurer*: Aus Art. 19 Abs. 4 GG ergeben sich Vorwirkungen für das Verwaltungsverfahren[447] und die Verwaltungstätigkeit. Sie dürfen nicht so ausgestaltet sein, dass der spätere gerichtliche Rechtsschutz erschwert oder gar verhindert wird[448]. Ein an rechtsstaatlichen Prämissen ausgerichtetes Verwaltungsverfahren ist zwar in Art. 19 Abs. 4 GG nicht ausdrücklich genannt, muss jedoch als zwingendes Gebot der Rechtsstaat-

---

442 Hierzu eingehend *A. v. Mutius*, Das Widerspruchsverfahren in der VwGO als Verwaltungsverfahren und Prozeßvoraussetzung, S. 117 ff.

443 *C. Degenhart*, Staatsrecht I1, Rn. 416 ff.

444 *A. v. Mutius*, in Frühzeitige Bürgerbeteiligung bei Planungen, S. 157, 162 f.

445 *P. Kunig*, Rechtsstaatsprinzip, S. 368.

446 *H. J. Becker*, JR 1976, S. 485, 488; *P. Kunig*, Rechtsstaatsprinzip, S. 368. Darauf aufbauend gewährt BFH, Urt. v. 5.10.2006 – VII R 24/03, BStBl. II 2007, S. 243, 244, dem Konkurrenten eines Steuerpflichtigen einen Anspruch auf ermessensfehlerfreie Entscheidung über einen Antrag auf Auskunftserteilung, wenn diese für ihn unerlässlich ist, um seine steuerlichen Rechte in zumutbarer Weise effektiv wahrzunehmen.

447 So ausdrücklich BVerfG, Beschl. v. 8.7.1982 – 2 BvR 1187/80, BVerfGE 61, S. 82, 110.

448 *H. Maurer*, Festschrift 50 Jahre BVerfG II, S. 468, 474.

lichkeit angesehen werden[449]. Die Prozessökonomie hängt eng mit den Prozesszwecken zusammen[450] und kann nicht unabhängig von ihnen betrachtet werden. Sie ist die prozessuale Erscheinungsform des verfassungsrechtlichen Übermaßverbotes bzw. des allgemeinen Verhältnismäßigkeitsgrundsatzes[451]. Damit stellt sie alle Verfahrenssituationen unter das Diktat der prozessualen Verhältnismäßigkeitsprüfung.

Die Rechtsschutzgarantie kann mithin zumindest einen Impuls für ein Akteneinsichtsrecht geben, wenn ansonsten sein Schutzziel schon im Rahmen des Besteuerungsverfahrens zunichte gemacht würde.

4. Demokratieprinzip und Akteneinsicht

Teilweise wird versucht, aus dem Demokratieprinzip konkrete Rechtsposition, insbesondere Einsichtsrechte für den Bürger abzuleiten[452]. Inwiefern diese Gedanken für ein Akteneinsichtsrecht im stark gesetzesdeterminierten Besteuerungsverfahren fruchtbar gemacht werden können, bedarf einer differenzierten Betrachtung. Ausgehend von einem weiten Demokratieverständnis geht dieser Ansatz über den Inhalt der Staatsform einer parlamentarischen Demokratie[453] hinaus. Demokratie[454] bedeutet Selbstbestimmung des Volkes (Art. 20 Abs. 1 GG)[455]. Dieser weite Ansatz hat drei Dimensionen: Zum einen verlange das demokratische Prinzip einen freien und offenen Prozess der politischen Meinungs- und Willensbildung des Volkes. Als wichtigste politische Funktion obliege es diesem Prinzip, die Öffentlichkeit der Ausübung der Staatsgewalt herzustellen und zu gewährleisten[456]. Dazu gehöre es zu informieren, aufzuklären, zu diskutieren. Ohne diese Art von Öffentlichkeit, sei es dem Bürger verwehrt,

---

449 *F. O. Kopp*, Verfassungsrecht und Verwaltungsverfahrensrecht, S. 55.

450 *E. Schumann*, in Festschrift K. Larenz, 1973, S. 271, 277.

451 Dazu vor allem *P. Lerche*, Übermass und Verfassungsrecht, S. 98 ff., 223 ff.; *E. Schumann*, in Festschrift K. Larenz, 1973, S. 271, 277 sieht in der Prozessökonomie kein zur Disposition des Gesetzgebers stehendes Prinzip und daher kein rechtstechnisches, sondern ein rechtsethisches Prinzip. *C.-W. Canaris*, Feststellung von Lücken im Gesetz, § 117, S. 126, ordnet die Prozessökonomie als jeder Prozessordnung immanenten Wert aus der Natur der Sache ein.

452 *J. Angelov*, Grundlagen und Grenzen eines staatsbürgerlichen Informationszugangsanspruchs, S. 68 ff.; *H.-W. Laubinger*, VerwArch Bd. 73 (1982), S. 60, 61.

453 Dazu eingehend *M. Kriele*, VVDStRL Heft 29 (1971), S. 46, 49 ff.

454 Grundlegend zur Demokratie *E. Kaufmann*, Grundtatsachen und Grundbegriffe der Demokratie.

455 *G. Trantas*, Akteneinsicht und Geheimhaltung, S. 333; *E.-W. Böckenförde*, in Isensee/Kirchhof, Handbuch des Staatsrechts II, § 24 Rn. 8, 35.

456 *M. Kriele*, VVDStRL 29 (1971), S. 46, 67; *K. Stern*, Das Staatsrecht der Bundesrepublik Deutschland I, S. 618; vgl. auch *W. Schmitt Glaeser*, VVDStRL Heft 31 (1973), S. 179, 221.

seine politischen Rechte wahrnehmen zu können[457]. Nicht nur der politische Willensbildungsprozess wird indes herangezogen. Des Weiteren müsse in einer Demokratie ein besonders hohes Maß an Publizität des Verwaltungsverfahrens herrschen, weil die Verwaltung nicht nur der Kontrolle durch übergeordnete Instanzen, Gerichte und Parlament[458], sondern in großem Maße der Kontrolle durch die öffentliche Meinung unterliege[459]. Um dies zu ermöglichen, müsse das Verwaltungsverfahren transparent sein. Dem einzelnen Beteiligten am Verfahren stünden diese Rechte nicht nur im eigenen Interesse, sondern auch als Repräsentant des souveränen Volkes zu[460]. Noch weiter gehend könne das Demokratieprinzip neben diesem Beitrag zur Meinungsbildung zum Tragen kommen, um Teilhabe des Bürgers an den Entscheidungen des Staates zu begründen. Die Chancen, politische Macht zu gewinnen und auszuüben, sollen für jedermann gleich sein, was Mitwirkungsrechte voraussetze[461]. Autoritäre Maßnahmen des Staates ließen sich mit einem demokratischen Grundverständnis nur schwer vereinbaren. Die Beteiligten eines Verwaltungsverfahrens könnten insbesondere durch Einsichtnahmen an Verwaltungsverfahren und staatlichen Entscheidungen partizipieren[462]. Die demokratische Mitwirkung der Bürger bzw. deren politische Willensbildung erforderte Information derselben[463]. Die leistungsstaatlichen Verfahren müssten von Anfang an Kommunikation der Beteiligten gewährleisten, um einer Konfrontation von Grundrechtsinteressen und „entschie-

---

457 *K. Stern*, Das Staatsrecht der Bundesrepublik Deutschland I, S. 61; ebenso *J. Angelov*, Grundlagen und Grenzen eines staatsbürgerlichen Informationszugangsanspruchs, S. 80.

458 Zur Vorlage auch steuerlicher Akten in Untersuchungsausschüssen, siehe BVerfG, Urt. v. 17.7.1984 - 2 BvE 11, 15/83, BVerfGE 67, S. 100, 127 ff. In diesem sog. Flick-Untersuchungsausschuss-Urteil hat das Bundesverfassungsgericht festgestellt, dass die Bedeutung des Kontrollrechts des Parlaments für die parlamentarische Demokratie es in der Regel nicht gestatte, den Aktenherausgabeanspruch des Untersuchungsausschusses zugunsten des allgemeinen Persönlichkeitsrechts oder des Eigentumsrechts zu beschränken. Voraussetzung sei allerdings, dass das Parlament und die Regierung Vorkehrungen für den Geheimnisschutz getroffen haben, die das ungestörte Zusammenwirken beider Verfassungsorgane auf diesem Gebiet gewährleisten (S. 144). Dafür hat das Parlament die Geheimschutzordnung des Bundestages zur Wahrung von Dienstgeheimnissen erlassen (S. 135, 138).

459 *F. O. Kopp*, Verfassungsrecht und Verwaltungsverfahrensrecht, S. 191.

460 *F. O. Kopp*, Verfassungsrecht und Verwaltungsverfahrensrecht, S. 192 f.

461 *G. Trantas*, Akteneinsicht und Geheimhaltung, S. 333. Vgl. *E.-W. Böckenförde*, in Isensee/Kirchhof, Handbuch des Staatsrechts II, § 24 Rn. 41, der sich allerdings nur auf politische Mitwirkungsrechte wie Wahlrecht, Zugang zu öffentlichen Ämtern und Teilhabe an demokratischen Freiheitsrechten (Art. 5 Abs. 1, Art. 8 Abs. 1, Art. 9 GG) bezieht.

462 *C. H. Ule/H.-W. Laubinger*, Verwaltungsverfahrensrecht, § 1 II, Rn. 11.

463 *F. O. Kopp*, Verfassungsrecht und Verwaltungsverfahrensrecht, S. 192.

denem“ Leistungsvorhaben vorzubeugen. Das Demokratiedefizit sei durch neue Formen des Mitwirkens der Betroffenen zu beheben. Alles liege an der Entwicklung tauglicher Formen[464].

Diese Sicht setzt einen informierten Bürger voraus. Das Demokratie- und Publizitätsdefizit und die bislang noch mangelhafte Offenheit der behördlichen Willensbildungsprozesse wirkten sich grundrechtsdogmatisch aus. Staat und Bürger ständen heute in einer unentrinnbaren „Leistungsgemeinschaft“, die ein Optimum an Rationalität sowie Verfahren zur Konfliktaufdeckung und –lösung schaffen sollte[465]. An den neuen Formen des Zusammenwirkens wird bereits intensiv gearbeitet. Gerade die neuen Informationsfreiheitsgesetze, angefangen von einem Umweltinformationsfreiheitsgesetz über die allgemeinen Informationsfreiheitsgesetze[466] bis hin zur Entwicklung eines weitgehend zum 1. Mai 2008 in Kraft tretenden Gesetzes zur Verbesserung der gesundheitsbezogenen Verbraucherinformation[467] zeigen, dass sich dieser Ansatz auch auf gesetzgeberischer Ebene immer mehr durchsetzt.

Dieser weit über das Verständnis der Demokratie als Staats- und nicht als Lebensform[468] hinausgehende Ansatz ist mit guten Gründen als zu weitgreifend zurückgewiesen worden[469]. Zwar ist nicht zu verkennen, dass im Grundsatz unmittelbare Teilhabe des Bürgers am staatlichen Entscheidungsprozess den demokratischen Vorstellungen des Grundgesetzes entsprach[470]. Ähnlich wie die Menschenwürde, die Grundrechte und das Rechtsstaatsprinzip verbietet auch das Demokratieprinzip eine administrative Entscheidung über die Köpfe der Bürger hinweg[471]. In einer Demokratie bedarf es grundsätzlich der Publizität von Verwaltungsentscheidungen, deren Voraussetzung die Durchschaubarkeit und

464 *P. Häberle*, VVDStRL Heft 30 (1972), S. 43, 89 f.; vgl. auch *D. Kugelmann*, DÖV 2005, S. 851, 853.

465 *P. Häberle*, VVDStRL Heft 30 (1972), S. 43, 90.

466 Dazu siehe 2. Kapitel D I.

467 Sog. Verbraucherinformationsgesetz (VIG), Artikel 1 Gesetz v. 5.11.2007, BGBl. I 2007, S. 2558, siehe auch Gesetzesentwürfe der Fraktionen Bündnis 90/Die Grünen vom 13.12.2005, BT-Drucks. 16/199, sowie CDU/CSU und SPD vom 9.5.2006, BT-Drucks. 16/1408; Annahme des Gesetzesentwurfs der Fraktionen CDU/CSU im Bundestag am 29.6.2006, BT-Drucks. 16/2011, S. 2.

468 *E.-W. Böckenförde*, in Isensee/Kirchhof, Handbuch des Staatsrechts II, § 22 Rn. 8 ff.

469 Vgl. insbesondere *E. Schmidt-Aßmann*, Handbuch des Staatsrechts III, § 70 Rn. 23; differenzierter *W. Schmitt Glaeser*, VVDStRL Heft 31 (1973), S. 179, 227; vgl. auch *E. Schwan*, Amtsgeheimnis oder Aktenöffentlichkeit?, S. 98 f.

470 *M. Kriele*, VVDStRL 29 (1971), S. 46 ff., 74 ff.; *E. Schmidt-Aßmann*, Jura 1979, S. 505, 507.

471 *E. Schmidt-Aßmann*, Jura 1979, S. 505, 507.

Klarheit der Entscheidungsfindung ist[472]. Auch das Bundesverfassungsgericht geht davon aus, dass „die Notwendigkeit des Gesprächs zwischen Verwaltung und Bürger (...) dem grundgesetzlichen Verständnis der Stellung des Bürgers im Staat" entspricht[473]. Dies alles muss aber nicht „in permanente Diskussion oder Mitbestimmung ausmünden"[474]. Diese Wünsche können über den grundlegenden Unterschied zwischen konkreten subjektiven-öffentlichen Rechten und objektiv-rechtlichen Staatszielbestimmungen nicht hinwegtäuschen. Nur aus der ersten Gruppe lassen sich konkrete Rechtspositionen herleiten. Staatszielbestimmungen, wozu das Demokratieprinzip gehört[475], beinhalten demgegenüber keine individuellen Rechtspositionen. In erster Linie ist dadurch der Gesetzgeber gefordert[476]. Dieser hat im Besteuerungsverfahren nur in geringem Umfang Mitwirkungsrechte, im Gegensatz zu einer Vielzahl von Mitwirkungspflichten eingeführt. Dem Demokratieprinzip lassen sich solche Ansprüche nicht entnehmen.

Ein weiterer, mindestens ebenso wichtiger Aspekt ergibt sich aus der Undifferenziertheit dieses Ansatzes. Es müssen nicht für die verschiedenen Typen von Verwaltungsverfahren jeweils gleiche Partizipationsgrundsätze gelten[477]. Diese können in unterschiedlichem Umfang partizipationsgeeignet sein. Ein Maß stellt die „Durch-Normierung" eines Verwaltungsbereichs dar[478]. Diese ist in Steuerverfahren unbestritten sehr hoch[479]. Auf eine „lebendiger werdende Diskussion"[480] kann es auf diesem Gebiet der Verwaltung nicht ankommen. Eine rechtliche Grundlage für Mitwirkungsrechte insbesondere in Form von Akteneinsichtsrechten findet sich mithin für das Besteuerungsverfahren nicht im Demokratie-

---

472 *E. Schmidt-Aßmann*, Jura 1979, S. 505, 507; *W. Schmitt Gläser*, VVDStRL Heft 31 (1973), S. 179, 237.

473 BVerfG, Beschl. v. 10.5.1977 – 1 BvR 514/68 und 323/69, BVerfGE 45, S. 297, 335.

474 *E. Schmidt-Aßmann*, in Isensee/Kirchhof, Handbuch des Staatsrechts III, § 70 Rn. 4.

475 Pars pro toto *H. Dreier*, in Dreier, GG II, Art. 20 Rn. 57.

476 *W. Schmitt-Glaeser*, VVDStRL Heft 31 (1973), S. 179, 227. *E. Schmidt-Aßmann*, Jura 1979, S. 505, 507; *ders.*, in Isensee/Kirchhof, Handbuch des Staatsrechts III, § 70 Rn. 24, weist daraufhin, dass der Gesetzgeber dem Bedürfnis nach demokratischer Kontrolle durch besondere Verfahren (Aufsichtsverfahren, Rechnungsprüfung) und durch Institutionen (Presse, öffentliche Meinung) Rechnung getragen hat.

477 *H.-W. Laubinger*, VerwArch 73 (1982), S. 60, 76; *E. Schmidt-Aßmann*, Jura 1979, S. 505, 510 f.

478 *E. Schmidt-Aßmann*, in Isensee/Kirchhof, Handbuch des Staatsrechts III, § 70 Rn. 23; *W. Schmitt-Glaeser*, VVDStRL Heft 31 (1973), S. 179, 238 f.

479 Weniger determiniert sind Bereiche der planenden oder Standard setzenden Verwaltung.

480 So befürwortend *F. O. Kopp*, Verfassungsrecht und Verwaltungsverfahrensrecht, S. 193 f.

prinzip. Ein echter verfassungsrechtlicher Impuls für ein Akteneinsichtsrecht in Steuerverfahren ist dem Demokratieprinzip damit abzusprechen.

III. Akteneinsichtsrecht als Garant gleichmäßiger Besteuerung

Neben der freiheitsgrundrechtlichen Dimension des Akteneinsichtsrechts könnte es auch eine gleichheitsrechtliche Komponente aufweisen. Gleichheit ist immer in Relation zum Mitbürger und damit auch zum Mitsteuerpflichtigen zu bestimmen. Bereits das praktische Bedürfnis eines Akteneinsichtsrechts spiegelt sich nicht nur in der Situation des Steuerpflichtigen selbst wider. Auch Dritte können ein nachvollziehbares, nicht rein auf Neugierde basierendes Interesse an Akteneinsicht in „fremde" Steuerakten haben. Dies betrifft vor allem Konkurrenten des Steuerpflichtigen, die an einer gleichmäßigen Besteuerung zweifeln. Gewährt die Finanzverwaltung steuerrechtliche Vergünstigungen oder Steuerbefreiungen, so hat dies eine verfassungsrechtliche Dimension. Berührt wird dadurch die von Art. 12 Abs. 1 GG bzw. subsidiär von Art. 2 Abs. 1 GG umfasste Wettbewerbsfreiheit des oder der Konkurrenten des Begünstigten. Diese benennt das Grundgesetz zwar nicht ausdrücklich, aber es schützt diese Freiheit wie jede andere dem Leben des Einzelnen zuzurechnende Betätigung[481]. Daneben schützt Art. 3 Abs. 1 GG in Verbindung mit Art. 12 Abs.1, 2 Abs. 1 GG die Wettbewerbsgleichheit. Sie eröffnet allen Wettbewerbern die Möglichkeit, sich wirtschaftlich gleich zu entfalten[482]. Ein Eingriff liegt vor, wenn die Wettbewerbssituation eines Wettbewerbers auf einem kohärenten Wirtschaftsmarkt in einer gleichen oder ähnlichen Ausgangslage ohne sachlichen Grund durch die Gewährung von ungerechtfertigten Steuervergünstigungen oder Steuerbefreiungen an einen Konkurrenten verschlechtert wird[483]. Neben dieser allgemeinen Funktion hat der Gleichheitssatz aber gerade im Steuerrecht noch eine weitere überragende Stellung, denn er gebietet die Gleichheit vor dem Gesetz und statuiert damit die gleichmäßige Anwendung der Steuergesetze durch die Finanzbehörden im Sinne einer Rechtsanwendungsgleichheit[484]. Dem Gleichheitssatz kommt nach Auffassung von *K. Tipke* die „größte Rolle" für die „glei-

---

481 BVerfG, Beschl. v. 8.2.1972 – 1 BvR 170/71, BVerfGE 32, S. 311, 317; Beschl. v. 12.10.1977 – 1 BvR 216, 217/75, BVerfGE 46, S. 120, 137 f.; *A. Ehrhardt-Rauch*, DStZ 2004, S. 641. Herleitung teilweise aus den genannten Grundrechten ggfs. i.V.m. Art. 14 Abs. 1 GG oder einer Gesamtschau aus all diesen Grundrechten; Überblick bei *U. Hösch*, Die Verwaltung Bd. 30 (1997), S. 211, 224 ff.

482 *C. Bellstedt*, DÖV 1961, S. 166 f.; *A. Ehrhardt-Rauch*, DStZ 2004, S. 641.

483 Vgl. für die Fälle der Subventionsgewährung an einen Konkurrenten, *R. Breuer*, in Isensee/Kirchhof, Handbuch des Staatsrechts VI, § 148 Rn. 77.

484 *J. Lang*, in Tipke/Lang, Steuerrecht, § 4 Rn. 70.

che Steuerbelastung aller Bürger“ zu[485]. Die Gleichmäßigkeit der Besteuerung „nach Maßgabe der Gesetze“ fordert § 85 AO.

Ein Akteneinsichtsrecht könnte in diesen Konkurrentensituationen als möglicher Garant einer gleichmäßigen Besteuerung dienen. Entscheidend ist die Belastungsgleichheit im Sinne einer Gleichheit im Belastungserfolg[486]. Besteuert die Finanzbehörde einen tatsächlichen oder potentiellen Konkurrenten geringer als dessen Wettbewerber, so hat er einen ungerechtfertigten Vorteil, der in der Wirkung einer Subvention nahe kommt[487]. Der Gleichheitssatz bzw. die gleichmäßige Besteuerung wird in einem solchen Fall nicht mehr beachtet. Ein Akteneinsichtsrecht könnte dieses Risiko minimieren. Der potentiell ungleichmäßig besteuerte Konkurrent könnte mittels Akteneinsicht ungesetzliche Steuerermäßigungen von Konkurrenten feststellen. Diese Kenntnisse benötigt er, um gerichtlich gegen diese Ungleichbehandlung vorgehen zu können. An dieser Stelle würde das Akteneinsichtsrecht effektiven Rechtsschutz überhaupt erst ermöglichen.

Der Gleichheitssatz verschafft dem praktischen Bedürfnis an einem Akteneinsichtsrecht durch Konkurrenten ein hohes verfassungsrechtliches Gewicht. Allerdings bestehen in diesem Bereich entgegenstehende Interesse, die ebenfalls verfassungsrechtlich geschützt sein könnten. Offensichtlich wäre dadurch das Selbstbestimmungsrecht des möglicherweise zu Unrecht begünstigten Konkurrenten betroffen. Dessen Wertigkeit bedarf im Rahmen der dezidierten Untersuchung der einem Akteneinsichtsrecht entgegen stehenden Interessen besonderer Beachtung[488].

IV. Teilhaberecht auf Akteneinsicht?

Neben dem aus dem Schutz der Grundrechte und dem Rechtsstaatsprinzip resultierenden Erfordernis einer bestimmten Ausgestaltung des Verfahrensrechts wäre auch ein Anspruch des Steuerpflichtigen oder anderer Personen auf Akteneinsicht in die finanzbehördlichen Akten im Sinne eines grundrechtlichen Teilhaberechts denkbar. Die in Einzelfällen bestehenden Teilhabegrundrechte geben dem Bürger einen Anspruch auf Leistung, Teilhabe und Schutz durch den Staat, die zur Sicherung der grundrechtlich geschützten Rechtsgüter und zum Schutz des grundfreiheitlich gesicherten Freiheitsraumes unerlässlich sind[489]. Das Bun-

485 *K. Tipke*, Steuerrechtsordnung I, S. 284, mit Verweis auf zahlreiche weitere Stimmen zu dieser Rolle (S. 290).

486 Vgl. etwa BVerfG, Urt. v. 27.6.1991 – 2 BvR 1493/89, BVerfGE 84, S. 239, 273.

487 Vgl. *P.-M. Huber*, Konkurrentenschutz im Verwaltungsrecht, S. 38, 540 f.; *J. Lang*, StuW 1987, S. 221, 230 f., 242.

488 Dazu 3. Kapitel B. sowie besonders 5. Kapitel B. III.

489 BVerfG, Urt. v. 29.5.1973 – 1 BvR 424/71 und 325/72, BVerfGE 35, S. 79, 115 f.

desverfassungsgericht hat gelegentlich aus der objektiven Wertentscheidung, welche den Grundrechten immanent ist, ein Recht auf staatliche Maßnahmen auch organisatorischer Art bejaht[490]. Das Teilhaberecht ist dabei ein relativ schwacher Status. Das Bundesverfassungsgericht spricht vom „Vorbehalt des Möglichen"[491] und geht davon aus, dass die Teilhabe nur verweigert werden darf, wenn die verfügbaren Kapazitäten voll ausgeschöpft worden sind[492]. Teilhaberechte bestehen also nur im Rahmen der vorhandenen Ressourcen des Staates. Mit Verringerung derselben, bei entgegen stehenden Verfassungsgewichten oder fehlender Leistungsfähigkeit der Verwaltung kann es wieder eingeschränkt werden. Bei Teilhaberechten besteht eine weite Einschätzungsprärogative des Gesetzgebers. Ein Anspruch auf Schaffung von Angeboten besteht nicht.

Das Bundesverwaltungsgericht hat in einer Entscheidung vom 2. Juli 2003 einen Anspruch auf Auskunft und Information aus den Grundrechten hergeleitet. Dafür setzte es voraus, dass die begehrte und der Behörde mögliche Auskunfts- bzw. Informationsleistung unerlässlich ist, um den grundrechtlich gewährleisteten Schutz des Freiheitsraumes zu gewährleisten[493]. Das Gericht hatte bis zu diesem Zeitpunkt solche Ansprüche bereits gelegentlich erwogen, aber stets als unbegründet zurückgewiesen[494]. In dem konkreten Fall eines Unternehmens, das den Betrieb von Linienverkehr betreibt, bejahte das Gericht eine solche Unerlässlichkeit. Dort wollte sich ein potentieller Mitbewerber nur für diejenigen Straßenbahnlinien um Genehmigungen bemühen, deren Genehmigungszeiträume in zeitlicher Hinsicht kurz vor dem Ablauf standen. Allerdings hat das Gericht dem potentiellen Bewerber keineswegs ein Recht auf Akteneinsicht zugestanden. Der ihm zugesprochene Anspruch bezog sich lediglich auf Auskunft zu den unbedingt und unvermeidlicherweise für einen Genehmigungsantrag erforderlichen Angaben.

Im Anschluss an diese Entscheidung hat der Bundesfinanzhof einem Konkurrenten eines möglicherweise fehlerhaft nicht oder zu niedrig besteuerten Wettbewerbers ebenfalls einen verfassungsunmittelbaren Anspruch auf ermessensfehlerfreie Entscheidung über einen Antrag auf Auskunftserteilung zugespro-

---

490 BVerfG, Urt. v. 29.5.1973 – 1 BvR 424/71 und 325/72, BVerfGE 35, S. 79, 116.

491 BVerfG, Urt. v. 8.2.1977 – 1 BvF 1/76, 1 BvL 7, 8/75, 1 BvR 239/75, 92, 103 - 114, 115, 140 - 143, 187/76, BVerfGE 43, S. 291, 314; BVerfG, Urt. v. 7.7.1992 – 1 BvL 51/86, 50/87, 1 BvR 873/90. 761/91, BVerfGE 87, S. 1, 35; *W. Hoffmann-Riem*, in Hoffmann-Riem/Schmidt-Aßmann, Effizienz als Herausforderung an das Verwaltungsrecht, S. 11, 20.

492 BVerfG, Urt. v. 18.7.1972 – 1 BvL 32/70 und 25/71, BVerfGE 33, S. 303, 332; Urt. v. 8.2.1977 – 1 BvF 1/76, 1 BvL 7, 8/75, 1 BvR 239/75, 92, 103 - 114, 115, 140 - 143, 187/76, BVerfGE 43, S. 291, 314.

493 BVerwG, Urt. v. 2.7.2003 – 3 C 46/02, BVerwGE 118, S. 270, 271.

494 Vgl. etwa BVerwG, Urt. v. 16.9.1980 – 1 C 52/75, BVerwGE 61, S. 15.

chen[495]. Wie das Bundesverwaltungsgericht stellt auch der Bundesfinanzhof darauf ab, ob die Auskunft unerlässlich sei, damit der Konkurrent seine steuerlichen Rechte unter zumutbaren Bedingungen effektiv wahrnehmen könne. Voraussetzung sei zum einen, dass der Konkurrent darlegen kann, durch eine zumindest nicht mit hinreichender Wahrscheinlichkeit auszuschließende unzutreffende Besteuerung eines Wettbewerbers konkret feststellbare Wettbewerbsnachteile zu erleiden. Zum anderen müsse er ein subjektiv öffentliches Recht auf steuerlichen Drittschutz geltend machen können.

Ein grundsätzlich zu gewährendes Teilhaberecht auf Akteneinsicht lässt sich aus diesen Urteilen ebenso wenig schlussfolgern wie aus einem Teilhaberechtscharakter mancher Grundrechte. Fraglich ist schon, aus welchem Grundrecht sich ein solches Teilhaberecht ergeben könnte. Das Grundrecht der Informationsfreiheit (Art. 5 Abs. 1 Satz 1 Halbs. 2 GG) begründet nach ständiger, begrüßenswerter Rechtsprechung kein Teilhaberecht auf Akteneinsicht[496]. In Betracht kämen grundsätzlich auch die Freiheitsgrundrechte, denen eine verfahrensrechtliche Relevanz zugestanden wird. Dieser Topos resultiert aber stets und gerade aus ihrem Charakter als Freiheitsgrundrechte. Sie bedürfen für ihre Realisation einer verfassungskonformen Verfahrenskomponente. Die Grundrechtsrelevanz solcher Verfahrens- und Organisationsvorschriften ergibt sich häufig daraus, dass diese Normen unmittelbar die Freiheit des Bürgers einschränken bzw. zu Eingriffen ermächtigen[497]. Neben diesem aus Freiheitsgrundrechten abzuleitenden Einfluss auf die Verfahrengestaltung sind weitere Teilhaberechte nicht erforderlich. Ein mögliches Teilhaberecht auf Akteneinsicht kann allenfalls unterstützend neben den freiheitsgrundrechtlich abgesicherten Bereich treten[498]. Die vom Steuerbürger angestrebte Akteneinsicht unterscheidet sich darüber hinaus in ihrer Zielrichtung von den bisher vom Bundesverfassungsgericht anerkannten Teilhaberechten. Sie ist in der Regel nicht das eigentliche Rechtsschutzziel.

---

495 BFH, Urt. v. 5.10.2006 – VII R 24/03, BStBl. II 2007, S. 243, 244; dazu *J. Englisch*, StuW 2008, S. 43, 59 f.; *D. Roth*, DStR 2008, S. 434, 435.

496 BVerfG, Beschl. v. 3.10.1969 – 1 BvR 46/65, BVerfGE 27, S. 71, 83; Beschl. v. 9.2.1994 – 1 BvR 1687/92, BVerfGE 90, S. 27, 32; Urt. v. 24.1.2001 – 1 BvR 2623/95, 622/99, BVerfGE 103, S. 44, 60; BVerwG, Urt. v. 23.6.1982 – 1 C 222/79, NJW 1983, S. 2954; OVG für das Land NRW, Beschl. v. 18.11.1958 – VII B 873/58, OVGE 14, S. 199, 201; *P. Kunig*, Rechtsstaatsprinzip, S. 367. *W. Martens*, Öffentlich als Rechtsbegriff, S. 64 f., leitet daraus nur „ein Gebot zu grundsätzlicher staatlicher Publizitätsbereitschaft" her.

497 *D. Murswiek*, in Isensee/Kirchhof, Handbuch des Staatsrechts V, § 112 Rn. 19.

498 Auch das Recht auf informationelle Selbstbestimmung (Art. 2 Abs. 1 i.V.m. 1 Abs. 1 GG) gewährleistet keine bestimmte Art des Informationszuganges. Es schützt zwar das Interesse des Einzelnen, von staatlichen informationsbezogenen Maßnahmen zu erfahren, die ihn in seinen Grundrechten betreffen, lässt dem Gesetzgeber jedoch die Wahl eines geeigneten Mittels, siehe BVerfG, Beschl. v. 10.3.2008 - 1 BvR 2388/03, Rn. 69, http://www.bverfg.de/.

Vielmehr dient sie dazu, die bürgerschaftlichen Freiheitsgrundrechte zu sichern, den Antragsteller der Finanzverwaltung als gleichberechtigten Partner gegenüber zu stellen sowie seine Subjektstellung im Verfahren zu stützen.

Zwischenfazit

Das Einsichtsrecht in behördliche Akten ist mithin verfassungsrechtlich relevant[499]. Es sichert die Grundrechte der Steuerbürger und wahrt das Rechtsstaatsgebot. Ein diesbezügliches verfassungsrechtliches Teilhaberecht besteht indes nicht. Dieses Ergebnis allein macht ein Akteneinsichtsrecht im Besteuerungsverfahren jedoch nicht schrankenlos erforderlich. Vielmehr sind gegenläufige verfassungsrechtliche Interessen mit diesen für ein Einsichtsrecht sprechenden Argumenten abzuwägen. Ansätze dafür finden sich vor allem in den vom Finanzausschuss gegen ein Akteneinsichtsrecht in der AO 1977 angeführten Gesichtspunkten. Mögliche Schranken sind im folgenden Abschnitt einer Analyse zu unterziehen.

B. Argumente des Finanzausschusses als verfassungsrechtliche Grenzen des Akteneinsichtsrechts

Der Finanzausschuss stützte sich für die Nichtregelung des Akteneinsichtsrechts auf den Schutz der Daten Dritter, den Schutz des Ermittlungsinteresses der Finanzbehörden und den Schutz vor einer nicht vertretbaren Belastung der Finanzverwaltung[500]. Den möglicherweise überhöhten Verwaltungsaufwand schlussfolgerte der Gesetzgeber aus der Notwendigkeit die beiden erstgenannten Interessen in der notwendigen Weise vor einer Offenbarung zu schützen. Diese Argumente könnten als verfassungsrechtliche Grenzen ein Akteneinsichtsrecht im Besteuerungsverfahren einschränken. Sie müssten ebenfalls einen verfassungsrechtlich geschützten Kern enthalten, um als Schranke dieses Rechts zu dienen.

I. Schutz der Daten Dritter und verfassungsrechtliche Implikationen des Steuergeheimnisses

Den Schutz Dritter bzw. ihrer bei der Finanzbehörde aufbewahrten oder gespeicherten Daten sichert die Abgabenordnung durch das Steuergeheimnis (§ 30

499 *H.-W. Laubinger*, VerwArch Bd. 73 (1982), S. 60, 74 f., hat das Akteneinsichtsrecht ausdrücklich als grundrechtsrelevant im Sinne der Rechtsprechung des Bundesverfassungsgerichts im Mülheim-Kärlich-Beschluss (BVerfG, Beschl. v. 20.12.1979 – 1 BvR 385/77, BVerfGE 53, S. 30) angesehen. Ähnlich *F. O. Kopp*, Verfassungsrecht und Verwaltungsverfahrensrecht, S. 9, 11, 83 ff.; der allerdings nicht den Begriff der Grundrechtsrelevanz nutzt.

500 BT-Drucks. 7/4292, S. 9, 24 f.

AO). Das Steuergeheimnis „als solches" ist kein Grundrecht[501]. Es ist aber als Ausfluss des Rechts auf informationelle Selbstbestimmung, das wiederum im allgemeinen Persönlichkeitsrecht (Art. 2 Abs. 1, 1 Abs. 1 GG)[502] fundiert ist, verfassungsrechtlich aufgeladen[503]. Das Recht auf informationelle Selbstbestimmung hat das Bundesverfassungsgericht im sog. Volkszählungsurteil entwickelt[504]. Dieses Recht gewährleistet die „aus dem Gedanken der Selbstbestimmung folgende Befugnis des Einzelnen, grundsätzlich selbst zu entscheiden, wann und innerhalb welcher Grenzen persönliche Lebenssachverhalte offenbart werden"[505]. Es trägt Gefährdungen und Verletzungen Rechnung, die sich für den Einzelnen aus informationsbezogenen Maßnahmen, insbesondere unter den heutigen Bedingungen der Datenverarbeitung, ergeben[506]. Das Recht des Bürgers, über die Verwendung der von der Finanzbehörde ermittelten Daten informiert zu sein, kann nur „im überwiegenden Allgemeininteresse" eingeschränkt werden[507]. Demnach ist die Geheimhaltung steuerlicher Angaben und Tatsachen prinzipiell grundrechtlich verbürgt[508]. Aus dem Recht auf informationelle Selbstbestimmung kann eine Grenze für Einsichtnahmen Dritter geschlussfolgert werden[509].

Die Verpflichtung von Amtsträgern, das Steuergeheimnis zu wahren, ist das verfassungsrechtlich gebotene Gegengewicht zu den umfangreichen Offenba-

---

501 So die h.M. BVerfG, Urt. v. 17.7.1984 – 2 BvE 11, 15/83, BVerfGE 67, S. 100, 142; *E. Benda*, DStR 1984, S. 351, 353; *W. Hetzer*, NJW 1985, S. 2991, 2994; *H.-D. Höppner*, DVBl. 1969, S. 723, 724; *ders.*, StuW 1969, S. 194, 210; *J. Lang*, in Tipke/Lang, Steuerrecht, § 4 Rn. 201, 206; *K. Stern*, AöR Bd. 109 (1984), S. 199, 285; ausdrücklich für die Anerkennung als Grundrecht: *K. H. Friauf*, in JbFStR 1984/85, S. 95,108; *G. Ruegenberg*, Das nationale und internationale Steuergeheimnis im Schnittpunkt von Besteuerungs- und Strafverfahren, S. 17.

502 BVerfG, Beschl. v. 3.6.1980 – 1 BvR 185/77, BVerfGE 54, S. 148, 153; Beschl. v. 13.6.2007 – 1 BvR 1550/03, 1 BvR 2357/04, 1 BvR 603/05, Rn. 86, http://www.bverfg.de/.

503 BVerfG, Urt. v. 17.7.1984 – 2 BvE 11, 15/83, BVerfGE 67, S. 100, 142; ebenso *H. Ehlers*, BB 1977, S. 1361; *H.-D. Höppner*, StuW 1969, S. 194, 210.

504 BVerfG, Urt. v. 15.12.1983 – 1 BvR 209, 269, 362, 420, 440, 484/83, BVerfGE 65, S. 1, 41 ff.

505 BVerfG, Urt. v. 15.12.1983 – 1 BvR 209, 269, 362, 420, 440, 484/83, BVerfGE 65, S. 1, 41 f.; in Fortsetzung der Rechtsprechung in BVerfG, Beschl. v. 3.6.1980 – 1 BvR 185/77, BVerfGE 54, S. 148, 155; Urt. v. 5.6.1973 – 1 BvR 536/72, BVerfGE 35, S. 202, 220; Beschl. v. 16.7.1969 – 1 BvL 19/63, BVerfGE 27, S. 1, 6.

506 BVerfG, Beschl. v. 13.6.2007 – 1 BvR 1550/03, 1 BvR 2357/04, 1 BvR 603/05, Rn. 86, http://www.bverfg.de/.

507 BVerfG, Urt. v. 15.12.1983 – 1 BvR 209, 269, 362, 420, 440, 484/83, BVerfGE 65, S. 1, 44.

508 *J. Lang*, in Tipke/Lang, Steuerrecht, § 4 Rn. 201.

509 So auch *U.-C. Dißars*, DStR 2005, S. 137, 138.

rungs- und Mitwirkungspflichten[510] des Steuerpflichtigen und anderer Personen[511]. Die in allen Bereichen des Steuerrechts bestehenden Mitwirkungspflichten gehen weit über den Standard des allgemeinen Verwaltungsrechts hinaus (§ 26 Abs. 2 VwVfG)[512]. Beginnend mit der allgemeinen Mitwirkungspflicht bei der Sachverhaltsaufklärung (§ 90 Abs. 1 AO) statuiert die AO spezielle Mitwirkungspflichten. Dabei wendet sie sich sowohl an den Steuerpflichtigen als auch an Dritte. Spezielle Mitwirkungspflichten des Steuerpflichtigen sind etwa die steuerrechtlichen Buchführungspflichten (§§ 140, 141 AO) oder die Pflicht zur Abgabe von Steuererklärungen (§ 149 Abs. 1 S. 1 AO i.V.m. §§ 25 Abs. 3 EStG, 31 KStG, 18 Abs. 3 UStG, 14a, 35c GewStG, 28 BewG, 31 ErbStG bzw. § 149 Abs. 1 S. 2 AO)[513]. Die Verpflichtung Dritter zur Mitwirkung nimmt einen immer größeren Umfang an. Aufgezählt seien nur der Datenabruf bei Kreditinstituten (§ 93 Abs. 7 und 8 AO), die Pflicht der Kreditinstitute, Gläubigern von Kapitalerträgen eine Jahresbescheinigung über dieselben auszustellen (§ 24c EStG) oder die Pflicht zur Übermittlung bestimmter Daten an das Bundesamt für Finanzen durch die Kapitalerträge auszahlenden und damit zum Steuerabzug verpflichteten Stellen (§ 45d Abs. 1 EStG i.V.m. § 44 Abs. 1 S. 3 Alt. 2 EStG). Wenn der Gesetzgeber vom Steuerpflichtigen die rückhaltlose Offenlegung seiner steuerlichen Verhältnisse verlangt, so garantiert er auf der anderen Seite, dass diese Erkenntnisse nur für das Besteuerungsverfahren benutzt und ansonsten nicht weitergereicht werden[514]. Allerdings begrenzt dieser Zweck nicht den Schutz im Rahmen der Erfüllung dieser Mitwirkungs- und Offenbarungspflichten[515]. Das Steuergeheimnis kann folglich aufgrund seines verfassungsrechtlichen Ankers als Schranke für das verfassungsrechtlich aufgeladene Akteneinsichtsrecht im Besteuerungsverfahren dienen. Dieses darf nicht ohne Rücksicht auf das Steuergeheimnis hergeleitet und durchgesetzt werden.

---

510 Überblick dieser Pflichten bei *G. Ruegenberg*, Das nationale und internationale Steuergeheimnis im Schnittpunkt von Besteuerungs- und Strafverfahren, S. 137 ff.

511 So schon *E. Becker*, RAO, § 10 Rn. 2; später auch BVerfG, BVerfG, Urt. v. 17.7.1984 – 2 BvE 11/83 und 15/83, BVerfGE 67, S. 100, 139; *D. Birk*, Steuerrecht7, § 5 Rn. 435; *K.-D. Drüen*, ZBR 2002, S. 115, 116 f.; *J. Lang*, in Tipke/Lang, Steuerrecht, § 4 Rn. 203; *T. Marx*, DStR 2002, S. 1467, 1468; *R. Seer*, in Tipke/Lang, Steuerrecht, § 21 Rn. 195.

512 *R. Seer*, in Tipke/Lang, Steuerrecht, § 21 Rn. 172.

513 Dazu und zum weiteren Vorgehen bei der Überprüfung der Angaben *P. Bilsdorfer/R. Weyand*, Die Informationsquellen und –wege der Finanzverwaltung, S. 21 ff.

514 *P. Bilsdorfer/R. Weyand*, Die Informationsquellen und –wege der Finanzverwaltung, S. 165; *K.-D. Drüen*, in Tipke/Kruse, AO/FGO, § 30 AO Tz. 8 (März 2004).

515 *K.-D. Drüen*, in Tipke/Kruse, AO/FGO, § 30 AO Tz. 8 (März 2004).

II. Verfassungsrechtlicher Schutz vor überhöhtem Verwaltungsaufwand?

Der Finanzausschuss hat einen Anspruch auf Akteneinsicht aber nicht nur wegen eines dann unmöglichen Schutzes Dritter ausgeschlossen. Vielmehr hat er den damit einhergehenden, erhöhten Verwaltungsaufwand als zusätzliches, gegenläufiges Argument ins Feld geführt[516]. Ob dies tatsächlich zum vollständigen Ausschluss eines Anspruchs auf Akteneinsicht führen musste, erscheint allerdings fragwürdig. Ein zwingender diesbezüglicher Schluss ließe sich nur ziehen, wenn die Funktionsfähigkeit der Finanzbehörden ein Verfassungsgewicht hätte und durch den erhöhten Verwaltungsaufwand ernsthaft gefährdet wäre. Der Finanzausschuss hat nur kurz und undifferenziert den erhöhten Aufwand der Finanzbehörden als gegen die Akteneinsicht sprechenden Punkt angesprochen. Wie dieser Aspekt verfassungsrechtlich und dogmatisch eingebettet ist, ist dabei offen geblieben[517].

1. Funktionsfähige Verwaltung als Essentiale einer rechtsstaatlichen Administration

Die Freiheit des Einzelnen ist nicht grenzenlos, sondern wird durch den Schutz der Rechte anderer, die Sicherung der Existenz und die Funktionsfähigkeit des Staates und – als dessen exekutivischen Teil – auch der Verwaltung limitiert[518]. Die Funktionsfähigkeit der Verwaltung ist nicht mit einem „guten Lauf" derselben gleichzusetzen[519]. Sie ist eine Essentiale einer rechtsstaatlich funktionierenden Verwaltung[520]. Eine sichergestellte funktionierende Verwaltung dient dem Schutz von Individualrechte als der eigentlich dahinter stehenden Staatsaufga-

---

516 Vgl. zur Abgrenzung von Nebenbedingungen und Zweckbündeln *C. Engel*, in Brugger/Kirste/Anderheiden, S. 103, 113 ff., 134 ff.

517 Im Umfeld des Schlagworts der Praktikabilität des Verwaltungshandelns fallen regelmäßig die Begriffe administrative Leistungsfähigkeit und Wirtschaftlichkeit (dazu etwa *H.-H. v. Arnim*, Wirtschaftlichkeit als Rechtsprinzip, S. 19 ff.), Effektivität und Funktionsfähigkeit der Verwaltung. Vgl. auch *E. Bohne/H. König*, Die Verwaltung Bd. 9 (1976), S. 19, 21; *P. Häberle*, AöR Bd. 98 (1973), S. 625; *H. H. Lohmann*, AöR Bd. 100 (1975), S. 415, 420; *J. Schwarze*, DÖV 1980, S. 581, 583; zu weiteren Begrifflichkeiten siehe *H. Schmitz*, in Stelkens/Bonk/Sachs, VwVfG, § 9 Rn. 79; *W. Leisner*, Effizienz als Rechtsprinzip, S. 6; vgl. auch *P. Kunig*, Rechtsstaatsprinzip, S. 438 ff., der nicht zwischen den einzelnen Begriffen differenziert.

518 *R. Seer*, Verständigungen in Steuerverfahren, S. 289; *M. Sachs*, in Stern, Das Staatsrecht der Bundesrepublik Deutschland III/2, S. 302, 321 ff.

519 *K. Reinhardt*, Das rechtliche Gehör in Verwaltungssachen, S. 107.

520 *J. Isensee*, JZ 1971, S. 73, 74; *M. Schröder*, Die Verwaltung, Bd. 4 (1971), S. 301, 318; *M. Sachs*, in Stern, Das Staatsrecht der Bundesrepublik Deutschland III/2, S. 322; *K.-A. Schwarz*, BayVBl. 1998, S. 710, 711. In der Anerkennung der Funktionsfähigkeit des Staates erkennt *J. Isensee*, in Isensee/Kirchhof, Handbuch des Staatsrechts II, § 15 Rn. 196, ein wirklichkeitszugewandtes Verfassungsverständnis.

be[521] und sie gewährleistet die Effektivität der zu garantierenden Verfassungsnormen[522]. Die Funktionsfähigkeit der Verwaltung ist damit ein Sekundärziel, das dem Primärziel der vollen Entfaltung der Grundrechte dient. Der Verfassungsstaat ist folglich nicht gehindert, Maßnahmen zu treffen, um in erster Linie seine Funktionsfähigkeit sicherzustellen. Entscheidend ist, dass dies nicht zum Selbstzweck verkommt, sondern letztlich dem Schutz von Individualinteressen dient[523]. Im Rahmen einer Abwägung von grundrechtlich geschützten Rechtspositionen darf der Gesetzgeber den Topos Funktionsfähigkeit einfließen lassen und beachten[524]. Auch ein Individualrecht auf Akteneinsicht würde überspannt, wenn man es kompromisslos anerkennen wollte. Dies könnte zu einer Paralyse bzw. einem „Asthma" der Verwaltung führen[525]. Da die Garantie einer funktionsfähigen Verwaltung nur als Minimalgarantie verstanden werden darf, muss die Verwaltung aber Eingriffe, die aus der Betätigung der verfassungsrechtlich garantierten Freiheit herrühren, in gewissen Grenzen hinnehmen. Ein verfassungsrechtlich gefordertes Recht wie das Akteneinsichtsrecht darf daher nur eingeschränkt werden, wenn die Funktionsfähigkeit des Staates tatsächlich gefährdet ist[526]. Ein reiner Interessenkonflikt oder eine Beeinträchtigung der Funktionsfähigkeit, ohne dass eine wirkliche Gefahr für den Bestand oder die innere Ordnung des Staates besteht, genügt hierfür nicht. Sie kann auch nicht leichtfertig angenommen werden, weil ansonsten die Rechte der Bürger zu Unrecht beschnitten würden. Wegen des Charakters als Minimalgarantie dürfen reine Praktikabilitätserwägungen nicht ausreichen, um den Antrag auf Akteneinsicht abzulehnen[527].

---

521 *K.-A. Schwarz*, BayVBl. 1998, S. 710, 711.

522 *J. Isensee*, in Isensee/Kirchhof, Handbuch des Staatsrechts II, § 15 Rn. 196; *K.-A. Schwarz*, BayVBl. 1998, S. 710, 711.

523 Der Gedanke der Funktionsfähigkeit beeinflusst auch die Rechtsprechung des Bundesverfassungsgerichts. Vgl. etwa BVerfG, Urt. v. 18.7.1972 – 1 BvL 32/70, 25/71, BVerfGE 33, S. 303, 339 (Zulassung zum Hochschulstudium nur bis zur Grenze der Funktionsfähigkeit der Universität); Beschl. v. 26.5.1970 – 1 BvR 83, 244, 345/69, BVerfGE 28, S. 243, 261 (zur Funktionsfähigkeit der Bundeswehr und dem Verhältnis zur Wehrdienstverweigerung).

524 *K.-A. Schwarz*, BayVBl. 1998, S. 710, 714; ähnlich *W. Kahl*, VerwArch Bd. 95 (2004), S. 1, 33.

525 Zum schweizerischen Recht *K. Reinhardt*, Das rechtliche Gehör in Verwaltungssachen, S. 105.

526 *O. Reinhart*, DÖV 2007, S. 18, 23.

527 Vgl. *R. Seer*, in Tipke/Lang, Steuerrecht, § 21 Rn. 10; zur Praktikabilität als Auslegungstopos vgl. *A. Spitaler*, in StbJb. 1956/1957, S. 105, 115; *U. Niemann*, in Gedenkschrift Armin Spitaler, S. 9, 29.

2. Praktikabilität als Abwägungstopos

Das Bundesverfassungsgericht hat dem Gesetzgeber zugestanden, den praktischen Erfordernissen der Verwaltung Rechnung zu tragen[528]. In Art. 20 Abs. 2, 83 ff. GG spiegelt sich das Prinzip einer effizienten Verwaltung wider. Ein Teil der Literatur leitet es aus dem Rechtsstaatsprinzip ab[529]. Vergleichbar damit charakterisiert eine Ansicht den Grundsatz der Leistungsfähigkeit und Wirksamkeit der Verwaltung als „vorgegebenes Strukturprinzip der Verfassung", das zwar an keiner Stelle des GG ausdrücklich genannt, aber im Begriff der vollziehenden Gewalt (Art. 20 GG) als selbstverständlich vorausgesetzt sei[530]. In diese Richtung zielt auch der Ansatz, wonach in dem „ungestörten Betrieb der Verwaltung" ein „Rechtsgrundsatz des Verwaltungsrechts [...], vielleicht sogar einer von Verfassungsrang" zu sehen ist[531]. Der Grundsatz der Verwaltungseffizienz[532] und – darin eingeschlossen – der Effizienz des Verwaltungsverfahrens ist mithin nach Ansicht vieler Stimmen verfassungsrechtlich verbürgt[533].

Der Gesetzgeber muss folglich darauf achten, dass das Verfahrensrecht vollziehbar und damit effektiv bleibt[534]. Das Steuerrecht und dementsprechend sein Verfahrensrecht ist Massenfallrecht[535]. Gerade in solchen Bereichen sind Geset-

528 BVerfG, Beschl. v. 16.12.1958 – 1 BvL 3, 4/57, 8/58, BVerfGE 9, S. 20, 32. Diesem Gesichtspunkt könne insbesondere als Rechtfertigung für eine Ungleichbehandlung bei der Regelung von Massenerscheinungen eine besondere Entscheidung zukommen (BVerfG, Beschl. v. 14.3.1967 – 1 BvR 334/61, BVerfGE 21, S. 209, 217; BVerfG Beschl. v. 19.4.1977 – 1 BvL 17/75, BVerfGE 44, S. 283, 288). Werden dagegen ganze Gruppe von Betroffenen gleich behandelt, überschreitet dies das Maß des verfassungsrechtlich Zulässigen (BVerfG Beschl. v. 14.11.1969 – 1 BvL 4/69, BVerfGE 27, S. 220, 230; Urt. v. 20.12.1966 – 1 BvR 320/57, 70/63, BVerfGE 21, S. 12, 27).

529 *E. Schmidt-Aßmann*, in Isensee/Kirchhof, Handbuch des Staatsrechts II, § 26 Rn. 75.

530 *F. O. Kopp*, Verfassungsrecht und Verwaltungsverfahrensrecht, S. 200.

531 *G. Trantas*, Akteneinsicht und Geheimhaltung, S. 300.

532 Zur Schwierigkeit Effizienz der Verwaltung zu messen, *H.-U. Derlien*, Die Verwaltung Bd. 7 (1974), S. 1, 16 ff.

533 BVerwG, Urt. v. 27.5.1983 – 4 C 40, 44, 45.81, BVerwGE 67, S. 206, 209; *G. Gaentzsch*, DÖV 1998, S. 952, 957; *J. Angelov*, Grundlagen und Grenzen eines staatsbürgerlichen Informationszugangsanspruchs, S. 42; *P. Häberle*, AöR Bd. 98 (1973), S. 625, 629; *ders.*, in Festschrift Boorberg Verlag, S. 47, 80; *E. Schmidt-Aßmann*, in Isensee/Kirchhof, Handbuch des Staatsrechts II, § 26 Rn. 75; *H. Schmitz*, in Stelkens/Bonk/Sachs, VwVfG, § 9 Rn. 76; *M. Niedobitek*, DÖV 2000, S. 761, 762 f.

534 *K.-P. Dolde*, NVwZ 1982, S. 65, 70.

535 So schon *A. Spitaler*, in StbJb 1956/57, S. 105, 107; später *J. Isensee*, Die typisierende Verwaltung, S. 52 f.; *ders.*, StuW 1973, S. 199, 200; *D. Meyding*, DStJG Bd. 21 (1998), S. 219, 220; *R. Seer*, in Tipke/Lang, Steuerrecht, § 21 Rn. 5, § 22 Rn. 9; *C. Waldhoff*, DStJG Bd. 27 (2004), S. 129, 144.

ze so auszugestalten, dass sie in der Praxis anwendbar und umsetzbar sind. Andernfalls versucht der Rechtsanwender – häufig unter dem Deckmantel einer weiten objektiv-teleologischen Auslegung – Praktikabilitätserwägungen anzustellen, um das Gesetz in eine anwendbare Form zu bringen[536]. Verwaltungsbereiche, in denen Massenerscheinungen des sozialen Lebens zu regeln und zu ordnen sind, erweisen sich als besonders anfällig für Praktikabilitätserwägungen im Rahmen der Auslegung[537].

Ob der Gesetzgeber die praktische und wenig aufwendige Verwaltungsarbeit als Argument gebrauchen darf, um Rechte aller auszuschließen, deren verfassungsrechtliche Dimension er nicht einmal ansatzweise in den Blick genommen hat, ist damit noch nicht geklärt. Es gibt keinen allgemeinen Grundsatz, der besagt, die Steuergesetze seien so auszugestalten, dass sie für die Finanzverwaltung praktisch und einfach zu handhaben sind[538]. Stets besteht aber die Möglichkeit, im Rahmen der Prüfung der Verhältnismäßigkeit im engeren Sinne Praktikabilitätserwägungen einfließen zu lassen. Aspekte der Verwaltungseffizienz haben bei der Abwägung mit Verfassungswerten durchaus eine Berechtigung, sind allerdings rein instrumentaler Natur[539]. Sie kann ein Aspekt sein, der bei der Abwägung zweier Verfassungsprinzipien im Wege praktischer Konkordanz zu beachten ist. Dabei dürfen Verwaltungseffizienz und Praktikabilität keine bequemen Mittel sein, um eine Verfassungsnorm auf Kosten einer anderen zu verabsolutieren[540]. Dies korrespondiert mit einem verwaltungsökonomischen Praktikabilitätsbegriff[541], wonach es für die Verwaltung um anderer Aufgaben

---

536 Der Bundesfinanzhof stellt etwa fest, dass Praktikabilität im Sinne einer einfachen Verwaltungshandhabung im Schrifttum und in der Rechtsprechung stets als „wichtiges Auslegungsprinzip“ anerkannt worden sei (BFH, Urt. v. 28.2.1958 - III 125/57 S, BStBl. III 1958, S. 191, 194).

537 *J. Isensee*, StuW 1973, S. 199, 202; *H. H. Lohmann*, AöR Bd. 100 (1975), S. 415, 416; *J. Schwarze*, DÖV 1980, S. 581, 583.

538 Vgl. zu diesem auch im Rahmen der Auslegung geltenden Grundsatz *K.-D. Drüen*, in Tipke/Kruse, AO/FGO, § 4 AO Tz. 227 (Oktober 2006). Die Rechtsprechung ist jedoch uneinheitlich. In eine Einzelfallabwägung können demgegenüber durchaus Praktikabilitätserwägungen einfließen (*K.-D. Drüen*, in Tipke/Kruse, AO/FGO, § 4 AO Tz. 229 [Oktober 2006]; ähnlich bereits *A. Spitaler*, in StBJb 1956/57, S. 105, 115). Die hier interessierende Frage betrifft indes nicht die Auslegung eines bestehenden Rechtssatzes, sondern vielmehr den legislatorischen Bereich und die Frage, ob der Gesetzgeber vorrangig aufgrund eines zu begrenzende Verwaltungsaufwandes das verfassungsrechtlich verankertes Akteneinsichtsrecht ausschließen durfte.

539 *W. Leisner*, Effizienz als Rechtsprinzip, S. 60, der die Effizienz als „bescheidenes instrumentales Prinzip“ qualifiziert; *P. Häberle*, AöR Bd. 98 (1973), S. 625, 634; vgl. *R. Seer*, Verständigungen in Steuerverfahren, S. 302, Fn. 389.

540 *P. Häberle*, AöR Bd. 98 (1973), S. 625, 630 f.

541 Zur Abgrenzung zur technischen Praktikabilität, siehe *M. Weber*, Wirtschaft und Gesellschaft5, S. 32 f.; *H. H. Lohmann*, AöR Bd. 100 (1975), S. 415, 427.

willen, für deren Erfüllung sie sich Mittel und Kräfte erhalten möchte, leicht und einfach sein soll, eine bestimmte Aufgabe zu erledigen[542]. Letztlich geht es um Gesichtspunkte der Arbeitsersparnis und um den mit einer bestimmten Ausgestaltung des Gesetzes verbundenen Verwaltungsaufwand und die durch diesen Aufwand bewirkte Umständlichkeit des Verfahrens. Bei Abwägung der einzelnen verfassungsrechtlichen Grundlegungen für die Akteneinsicht ist somit zu beachten, dass die Verbürgung grundrechtlicher Freiheit eine differenziert zu ziehende Grenze für den nach Effizienz zielenden Leistungsstaat ist[543]. Bevor die Effizienz als Abwägungstopos dienen kann, hätte der Gesetzgeber fragen müssen, in Bezug auf welche Funktion, Ziele und Inhalte sie bestehen soll[544]. Es kann für die verfassungsrechtliche Dimension des Effizienzgedankens nicht auf singuläre Maßnahmen einzelner Behörden ankommen. Sie misst sich vielmehr an der Leistungsfähigkeit im politisch-administrativen Gesamtsystem[545]. Die Grundentscheidungen der Verfassung bestimmen dieses Gesamtsystem. Diese sind ihrerseits nicht in erster Linie darauf angelegt, dass Verwaltungsentscheidungen schnell umgesetzt werden. Sie sollen Klarheit, Sorgfältigkeit und Einsichtigkeit von Entscheidungen ermöglichen und sind auf einen kooperativen Verwaltungsstil, Beratung und Überzeugung angelegt. Der Rechtsstaat muss für seine Bürger effizient sein. Dies kann ggf. zulasten staatlicher Effizienz gehen. Das Verwaltungsverfahren muss nicht nur gewährleisten, dass die Behörden verwaltungseffizient handeln, sondern in erster Linie die Grundrechte sichern[546]. Gerade die Grundrechte und andere Verfassungsdirektiven wie das Demokratieprinzip schränken die Effizienz der Verwaltung ein. Zu ihren Gunsten verzichtet der Staat auf ein Mehr an Leistungsstaatlichkeit[547]. Weder der Gesetzgeber noch die Verwaltung dürfen sich auf durch eine angebliche Zielerreichungseffizienz erweiterte Rechte berufen, wenn sie grundgesetzlich verbürgte Freiheiten der Bürger zurück drängt. Ein effizientes und praktikables Verwaltungshandeln allein kann daher ein verfassungsrechtlich gefordertes Akteneinsichtsrecht im Besteuerungsverfahren nicht beschränken.

542 *H. H. Lohmann*, AöR Bd. 100 (1975), S. 415, 427.

543 *P. Häberle*, VVDStRL Heft 30 (1972), S. 43, 60 f.

544 *P. Häberle*, AöR Bd. 98 (1973), S. 625, 634.

545 Hierzu und zum folgenden *E. Schmidt-Aßmann*, Jura 1979, S. 505, 509.

546 *K. Stern*, Das Staatsrecht der Bundesrepublik Deutschland III/2, S. 1173.

547 *P. Häberle*, VVDStRL Heft 30 (1972), S. 43, 60 f.; *K. Eichenberger*, Leistungsstaat und Demokratie, S. 20, statuiert, dass Demokratie von einem kritischen Grenzbereich an der Effektivität hindernd im Wege steht; dazu auch *F. Ossenbühl*, NVwZ 1982, S. 465, 468 f.

III. Besteuerungsgleichheit durch Schutz der Ermittlungstätigkeit der Finanzbehörde

Das dritte vom Finanzausschuss gegen ein Akteneinsichtsrecht im Besteuerungsverfahren angeführte Argument galt der ungestörten Ermittlungstätigkeit des Staates bzw. seiner Finanzbehörden[548]. Nach seiner Ansicht müsse diese gesichert sein, um eine funktionsfähige Finanzverwaltung zu gewährleisten[549].

1. Gefahr des Verlust effizienter Ermittlungswege

Die Gefahr, dass Steuerbehörden unter Umständen effiziente Ermittlungswege auf Dauer verlieren können, wenn sich die Betroffenen und ihre Berater in Kenntnis des Innenlebens der Verwaltung und ihrer Strategien in bestimmten Fallgruppen darauf einstellen, ist nicht von der Hand zu weisen. Hat eine Finanzbehörde etwa eine Kontrollmitteilung zu einem bestimmten Steuerpflichtigen erhalten, so wird sie prüfen, ob sie diesen Steuerpflichtigen einer genaueren Untersuchung unterziehen sollte. Solche Anzeigen versetzen den zuständigen Finanzbeamten häufig erstmals in die Lage, mögliche Unregelmäßigkeiten aufzudecken und ihnen ggf. nachzugehen. Gravierend für die Arbeit der Finanzbehörde kann es sich auswirken, wenn der Betroffene durch bekannt Werden der Kontrollmitteilung die Möglichkeit erhält, belastendes Beweismaterial zu unterdrücken oder es zu manipulieren. Dies kann längere Ermittlungstätigkeiten der Behörde zunichte machen, weil der Betroffene sich auf etwaige, des Überraschungseffektes[550] bedürfende Handlungen des Finanzamtes einstellen konnte. Erlangt der Steuerpflichtige vor Abschluss der Ermittlungsmaßnahmen Kenntnis, kann er also einer gesetzmäßigen Besteuerung entgehen. Daraus resultiert eine ungleiche Besteuerung gegenüber anderen Steuerpflichtigen, die ihren steuerlichen Pflichten in der vom Gesetz geforderten Weise nachgekommen sind. Die Steuergerechtigkeit wäre mithin verletzt.

2. Verfassungsrechtliches Gewicht des Ermittlungsinteresses

Fraglich ist jedoch, ob dieses Interesse ein solches verfassungsrechtliches Gewicht hat, dass das verfassungsrechtlich fundierte Recht auf Akteneinsicht im Besteuerungsverfahren deswegen ausgeschlossen sein muss. Denkbar wäre auch eine weniger gravierende Lösung im Sinne einer Schrankenfunktion. Während die verfassungsrechtlichen Implikationen des Steuergeheimnisses und die daraus resultierende limitierte Durchbrechungshandhabe weitgehend unbestritten sind[551], gibt es in der steuerrechtswissenschaftlichen Literatur zu einem verfas-

---

548 Siehe bereits 1. Kapitel A. II.

549 Zum Verfassungsgehalt der Funktionsfähigkeit der Verwaltung siehe 3. Kapitel B. II.

550 Vgl. *A. v. Wedelstädt*, AO-StB 2005, S. 238, 241.

551 *E. Becker*, RAO, § 10 Rn. 2; *H. Ehlers*, BB 1977, S. 1361; *H.-D. Höppner*, StuW 1969, S. 194, 210; später auch BVerfG, BVerfG, Urt. v. 17.7.1984 – 2 BvE 11/83 und

sungsrechtlichen Hintergrund des Topos „Schutz des Ermittlungsinteresses der Steuerbehörde“ kaum Aussagen.

Verfassungsrechtlicher Anknüpfungspunkt ist der Gleichheitssatz (Art. 3 Abs. 1 GG). Dieser beinhaltet den Grundsatz der Gleichmäßigkeit der Besteuerung, welcher eine Ausprägung des übergeordneten Grundsatzes der Steuergerechtigkeit ist[552]. Neben anderen Bestandteilen gebietet der Gleichheitssatz einen gleichmäßigen Normvollzug durch die Behörden[553]. Die Gleichheit der Steuerdurchsetzung ist für die Steuer essentiell[554]. Steuerungleichheit führt zur Ungerechtigkeit[555]. Nur wenn die Finanzbehörde den Sachverhalt umfassend ermitteln kann, hat sie die Möglichkeit die Steuern gesetzmäßig und damit gleichmäßig festzusetzen. Kennt sie Teile des steuerlich erheblichen Sachverhalts nicht, belastet sie den Steuerpflichtigen nicht entsprechend seiner Leistungsfähigkeit[556], was zu einem ungleichmäßigem Normvollzug führt. Um dies zu verhindern, ist unter anderem eine Kontrolldichte seitens der Finanzbehörden vonnöten, die sich am Kontrollbedürfnis orientiert[557]. Einen großen Einfluss auf die Ermittlungstätigkeit der Finanzbehörden haben dabei Kontrollmitteilungen[558]. Sie führen zu stichprobenartigen Kontrollen und dienen damit dem gleichmäßigen Steuervollzug. Indem sie eine präventive Steueraufsicht zum Ziel haben[559], dienen sie der Steuergerechtigkeit[560]. Nur wenn der Steuerpflichtige damit rechnen muss, dass seine Angaben zumindest stichprobenweise auch dann überprüft werden können, wenn sie schlüssig und äußerlich unverdächtig erscheinen, kann man von einer Verifikation sprechen, die nach zutreffender Ansicht des Bundesverfassungsgerichts neben die Deklaration treten muss, um eine gleichmäßige

---

15/83, BVerfGE 67, S. 100, 139; *K.-D. Drüen*, ZBR 2002, S. 115, 116 f.; *J. Lang*, in Tipke/Lang, Steuerrecht, § 4 Rn. 203; *R. Seer*, in Tipke/Lang, Steuerrecht, § 21 Rn. 195.

552 *K.-D. Drüen*, in Tipke/Kruse, AO/FGO, § 3 Tz. 42 (Juli 2007).

553 BVerfG, Urt. v. 27.6.1991 – 2 BvR 1493/89, BVerfGE 84, S. 239, 241. Dabei beinhalten die Grundrechte keinen allgemeinen, allumfassenden Anspruch darauf, dass die öffentliche Verwaltung die Interessen der Grundrechtsträger durch richtige Anwendung der (Steuer-) Gesetze wahrt, BFH, Urt. v. 5.10.2006 – VII R 24/03, BStBl. II 2007, S. 243, 246; sich anschließend *L. Kronthaler*, DStR 2007, S. 227.

554 *H. W. Kruse*, in DStJG 18 (1995), S. 118 f.

555 Zum Zusammenhang von Gleichheit und Gerechtigkeit *K. Tipke*, Steuerrechtsordnung I, S. 314 f.

556 Dazu m.w.N. *K. Tipke*, Steuerrechtsordnung I, S. 479 ff.

557 Vgl. *K. Tipke*, Steuerrechtsordnung III, S. 1196 ff., 1212.

558 Dazu im Einzelnen 5. Kapitel B. III.

559 *A. v. Wedelstädt*, AO-StB 2005, S. 238.

560 *K. Tipke*, Steuerrechtsordnung III, S. 1210 ff.

Besteuerung sicherzustellen[561]. Die Gleichmäßigkeit der Steuererhebung liegt im Interesse aller Steuerbürger, weil sie für eine gleiche Steuerbelastung der Bürger sorgen soll[562]. Das Interesse an wirksamen Ermittlungsmaßnahmen ist also keineswegs nur eines der Finanzbehörden, sondern vielmehr der Allgemeinheit. Mithin ist auch das Interesse der Finanzbehörde an einer umfassenden Ermittlungstätigkeit verfassungsrechtlich verankert.

3. Ermittlungsinteresse als verfassungsrechtliche Schranke

Für einen umfassenden Blickwinkel genügt es indes nicht, allein die Gefahr einer ungleichmäßigen Besteuerung zu beschwören. Mit dieser Vorgehensweise könnte jedes gegenläufige Interesse zurück gedrängt und wertlos gemacht werden. Sie bedeutete eine Rückkehr zum überholten Arkanverständnis des Staates und die Abkehr vom modernen Verständnis des Informationsverwaltungsrechts. Vielmehr sind die gegenläufigen Interessen zu gewichten und in einen Ausgleich zu bringen, der beiden Standpunkten möglichst weit entgegenkommt. Dem öffentlichen, verfassungsrechtlich begründeten Ermittlungsinteresse können verschiedene private Interessen mit unterschiedlichen Schutzbedürfnissen entgegenstehen. Wie gesehen ist auch das Recht auf Akteneinsicht verfassungsrechtlich verbürgt[563] und steht unter Umständen diesem Interesse gegenüber. Beide Interessen müssen jedoch nicht in allen Situationen gleich stark ausgeprägt sein. Zu differenzieren ist insbesondere zwischen dem Wunsch nach einer Einsichtnahme vor Abschluss und der Ermittlungstätigkeit und einer späteren Akteneinsicht. Eine differenzierende Lösung zu finden, bleibt dem Teil, der die praktische Ausgestaltung des Akteneinsichtsrechts beleuchtet, vorbehalten[564]. Klar ist jedoch bereits an dieser Stelle, dass das Ermittlungsinteresse durchaus als eine verfassungsrechtliche Schranke des Akteneinsichtsrechts fungieren kann. Nicht erforderlich ist indes, die Akteneinsicht zu seinem Schutz vollkommen auszuschließen.

Zwischenfazit

Die Argumente, die den historischen Finanzausschuss bewogen haben, ein Akteneinsichtsrecht im Besteuerungsverfahren gänzlich auszuschließen[565], haben sämtlich eine verfassungsrechtliche Basis. Die Notwendigkeit des Ausschluss

561 BVerfG, Urt. V. 27.6.1991 – 2 BvR 1493/89, BVerfGE 84, S. 239, 273; *R. Eckhoff*, in Hübschmann/Hepp/Spitaler, AO/FGO, § 194 AO, Rn. 159 f. (September 2003), 196 ff. (August 2004); *J. Lang*, in Tipke/Lang, Steuerrecht, § 4 Rn. 70 ff.; *R. Seer*, in Tipke/Lang, Steuerrecht, § 21 Rn. 6; *K. Tipke*, Steuerrechtsordnung III, S. 1212 ff.

562 *K. Tipke*, Steuerrechtsordnung I, S. 290, m.w.N.

563 Siehe 3. Kapitel A.

564 Dazu 5. Kapitel B.

565 Siehe 1. Kapitel A. II.

eines Akteneinsichtsrechts konnte indes nicht verifiziert werden. Vielmehr kann diesen Aspekten im Rahmen einer Abwägung der Charakter einer verfassungsrechtlichen Schranke zukommen.

C. Insuffizienz der gesetzlichen Regelung im Besteuerungsverfahren mangels praktischer Konkordanz

Beim Ausgleich kollidierender verfassungsrechtlicher Prinzipien darf der Gesetzgeber kein Prinzip auf Kosten eines anderen als vorrangig behandeln, wenn nicht die Verfassung den Vorrang selbst anordnet[566]. Er steht vielmehr vor einem Optimierungsauftrag. Der Gesetzgeber kann bei der Verwirklichung dieses Auftrages nicht alle Verfassungsimpulse in umfassender Weise in seine Entscheidungen einfließen lassen, weil damit in der Regel gegenüber stehende Positionen verbunden sind. Er muss versuchen, alle kollidierenden Verfassungsaspekte in ihrem Zusammenspiel optimal zu verbinden und für eine angemessene Sicherung und Verwirklichung der Grundrechte und der sonstigen Verfassungsdirektiven durch Verfahren und Organisation sorgen. Keines dieser Ziele darf auf Kosten des anderen einseitig umgesetzt werden, wenn alle verfassungsrechtlich untermauert sind. Aus diesem Grund kann es keinen Grundsatz der optimalen Erreichung von Einzelaspekten geben. Die wirksame Zielerreichung kann nicht losgelöst vom Mitteleinsatz erstrebt werden[567]. Im Rechtsstaat kann es einen Grundsatz, dass Einzelpositionen durchgreifend, schnell, vollständig und „ohne Rücksicht auf Verluste" erreicht werden sollen, nicht geben. Sie lassen sich in aller Regel nicht aus einer Gemengelage von anderen Zwecken isolieren. Ein Ziel optimal und vollständig und rasch zu erreichen, hieße ein anderes Ziel zu verfehlen. Neben entgegen gesetzten Zwecken und Zielen, die das Verwaltungshandeln regelmäßig aufweist, hat die öffentliche Gewalt das Übermaßverbot zu beachten. Es dürfen die Rechte von Gewaltunterworfenen nicht in einem Maß verletzt werden, die in keinem Verhältnis zur Verwirklichung des Verwaltungszwecks steht.

Für den gesetzgeberischen Optimierungsauftrag existieren verschiedene Begründungsansätze. *K. Hesse* beschreibt ihn als Prinzip praktischer Konkordanz wie folgt: „Verfassungsrechtlich geschützte Rechtsgüter müssen in der Problemlösung einander so zugeordnet werden, dass jedes von ihnen Wirklichkeit gewinnt. Wo Kollisionen entstehen, darf nicht in vorschneller „Güterabwägung" oder gar abstrakter „Wertabwägung" eines auf Kosten des anderen realisiert werden. Vielmehr stellt das Prinzip der Einheit der Verfassung die Aufgabe einer Optimierung: *Beiden* Gütern müssen Grenzen gezogen werden, damit beide zu optimaler Wirksamkeit gelangen können. Die Grenzziehungen müssen daher im jeweiligen konkreten Fall verhältnismäßig sein; sie dürfen nicht weiter

566 *K. Stern*, Das Staatsrecht der Bundesrepublik Deutschland I, S. 133.

567 Hierzu und zum folgenden *W. Leisner*, Effizienz als Rechtsprinzip, S. 43 ff.

gehen, als es notwendig ist, um die Konkordanz beider Güter herzustellen.“[568] Für *P. Lerche* ist im Falle des unmittelbaren Zusammentreffens kollidierender Verfassungsgüter das Gebot eines „nach beiden Seiten möglichst schonendsten Ausgleichs“ ein Bestandteil des Grundsatzes der Verhältnismäßigkeit[569]. Später mildert *P. Lerche* etwas ab und verwendet den Ausdruck „schonender Ausgleich“. Der beidseitig schonende Ausgleich der betroffenen Verfassungsgüter solle zwar zu einem angemessenen Ausgleich der betroffenen Verfassungsgüter führen. Dies bedeute indes nicht, dass es notwendigerweise ein „Ideal-Ausgleich“ sein muss[570]. Bei der Abwägung von Verfassungsprinzipien kommt das Prinzip der Funktionsfähigkeit zum Einsatz. Bei der Kollision von Verfassungsgütern geht er davon aus, dass keines der Güter funktionsuntauglich werden dürfe. In diesen Fällen sei der Umfang der Funktionsfähigkeit „auf die Bewahrung eines nicht aufgebbaren Grundtatbestandes von Funktionskraft des jeweils betroffenen und zum Ausgleich gedrängten Verfassungsgutes“ reduziert. Ein Mindestmaß der Funktionskraft der abzuwägenden Verfassungsdirektiven ist zu bewahren[571].

Zwischen den Prinzipien praktischer Konkordanz und des schonenden Ausgleichs besteht kein Widerspruchs, sondern ein innerer Zusammenhang, wie namentlich *K. Stern* und *R. Seer* unterstreichen[572]. Sie seien „zwei Seiten derselben Medaille“[573]. Die Optimierungsvorstellung darf allerdings nicht dazu führen, den Gestaltungsspielraum des Gesetzgebers gänzlich einzuschränken[574]. Selbst bei grundrechtsrelevanten Verfassungsinhalten wird eine Verpflichtung zum „Höchsterreichbaren“ den Möglichkeiten Gesetzgebers nicht gerecht[575]. Es gibt insbesondere im heutigen Verwaltungsleben eine Vielzahl von Wünschen und Zielen. Diese sind zum Teil gegenläufig oder haben unterschiedlich starke Gewichte.

Trotz gewisser Differenzierung im genauen verfassungsrechtlichen Anknüpfungspunkt besteht Einigkeit, dass die Grundrechte bzw. das Verfassungsrecht nur mit Hilfe des entsprechenden Verfahrensrechts durchsetzbar sind[576]. Das

---

568 *K. Hesse*, Grundzüge des Verfassungsrechts der Bundesrepublik Deutschland, Rn. 72 (Hervorhebungen im Original), vgl. auch Rn. 317 f.

569 *P. Lerche*, Übermass und Verfassungsrecht, S. 153.

570 *P. Lerche*, in Isensee/Kirchhof, Handbuch des Staatsrechts V, § 22 Rn. 5.

571 *P. Lerche*, BayVBl. 1991, S. 517, 521.

572 *K. Stern*, Das Staatsrecht der Bundesrepublik Deutschland III/2, S. 626, 835; ebenso auch *R. Seer*, Verständigungen in Steuerverfahren, S. 297.

573 *R. Seer*, Verständigungen in Steuerverfahren, S. 297; *ders.*, FR 1997, S. 553, 558.

574 *P. Lerche*, in Festschrift K. Stern, S. 197, 199.

575 *P. Lerche*, in Festschrift K. Stern, S. 197, 208.

576 Vgl. auch Zusammenstellung bei *K.-P. Dolde*, NVwZ 1982, S. 65 ff.

Verfassungsrecht determiniert folglich die Ausgestaltung und Anwendung des Verfahrensrechts durch Gesetzgeber und Verwaltung. Gerade das Akteneinsichtsrecht ist – wie nachgewiesen – mittels verschiedener Verknüpfungen verfassungsrechtlich abgestützt, ist es doch für die Subjektstellung des Bürgers im Verfahren sowie für die Durchsetzung seiner Grundrechte essentiell[577]. Außerdem kann es eine gleichmäßige Besteuerung absichern. Die konkrete Ausgestaltung verbleibt beim Gesetzgeber[578]. Bei der verfassungsfixierten Akteneinsicht sind dies etwa Fragen der Modalitäten der Rechtsgewährung, wie Einsicht durch Versand, Auslegung oder Abholung der Akten. Diese Punkte sind nicht verfassungsrelevant, sondern verfassungsneutral.

Die eingehende Überprüfung der nach Ansicht des Gesetzgebers in absoluter Weise gegen ein Akteneinsichtsrecht sprechenden Argumente hat gezeigt, dass sowohl der Schutz vor überhöhtem Verwaltungsaufwand als auch der Schutz der Daten Dritter verfassungsrechtliche Wurzeln haben. Diese sind, sowohl was ihre Intensität als auch Wertigkeit angeht, sehr unterschiedlich einzuordnen. Beiden ist gemein, dass die Gründe nicht zu einem Ausschluss des Akteneinsichtsrechts führen mussten. Sie können durch eine entsprechende Ausgestaltung der Modalitäten eines Akteneinsichtsrechts geschützt werden[579]. Der entstehende Verwaltungsaufwand kann zwar in eine – auch verfassungsrechtliche – Abwägung durchaus als Abwägungstopos einfließen. Jedoch muss dieser Gesichtspunkt eine untergeordnete Bedeutung haben, wenn ihm andere Verfassungsgüter, insbesondere grundrechtlich verbürgte Rechte entgegenstehen. Es darf dabei lediglich nicht zu einer Funktionsunfähigkeit der Verwaltung kommen.

Der Gesetzgeber hat nicht versucht hat, die gegenläufigen Interessen in Einklang zu bringen. Er hat eine Regelung getroffen, die nur wenige von mehreren in dieser Gemengelage bestehenden Zielen einbezieht. Damit ist er seinem Optimierungsauftrag aller wider einander streitenden Positionen nicht gerecht geworden. Diese Vorgehensweise ist in einem Rechtsstaat, der nach einem Ausgleich der staatlichen und privaten Interessen sucht, nicht zulässig. Ohne eine Prüfung geschweige denn Abwägung bzw. Verhältnismäßigkeitsuntersuchung vorzunehmen, hat der Gesetzgeber Praktikabilitätserwägungen vor grundrechtliche Freiheiten gestellt. Damit hat er die reine Verwaltungsvereinfachung über Verfassungsgrundsätze insbesondere die Grundrechte gestellt und damit die Grundsätze der Rechtssetzung sowie die Normenhierarchie außer Kraft gesetzt. Außerdem hat er vollkommen außer Acht gelassen, dass gerade ein Recht auf Akteneinsicht den Verwaltungsablauf auch beschleunigen und verbessern

577 Siehe 3. Kapitel A.

578 Pars pro toto *E. Schmidt-Aßmann*, in Isensee/Kirchhof, Handbuch des Staatsrechts III, § 70 Rn. 20.

579 Siehe 5. Kapitel B.

kann[580]. Durch die einseitige gesetzgeberische Wertung ist eine evidente Schieflage zwischen mehreren Verfassungsgewichten entstanden.

580 Siehe 2. Kapitel E. I. 2.

4. Kapitel: Gesetzgebungsauftrag versus Rechtsfortbildung

Mit der Bilanz zur Verfassungsrelevanz des Akteneinsichtsrechts und der Insuffizienz der gesetzlichen Regelung im Besteuerungsverfahren sind konkrete Konsequenzen noch nicht aufgezeigt. Fest steht lediglich, dass die Verfassungsrelevanz des Akteneinsichtsrechts auf eine Reaktion drängt, die die vom Gesetzgeber geschaffene evidente Schieflage revidiert.

A. Auftrag an den Gesetzgeber als nächstliegende Lösung

In erster Linie besteht in einer solchen Lage ein auf objektiv-teleologischer, insbesondere verfassungsrechtlicher Basis fußender Auftrag an den Gesetzgeber, ein Akteneinsichtsrecht zu schaffen[581]. Um die verfassungsrechtlichen Maßgaben für ein Akteneinsichtsrecht effektiv umzusetzen, könnte der Gesetzgeber nach wie vor entsprechend dem ihm obliegenden Optimierungsauftrag tätig werden.

I. Wenig Hoffnung auf den Gesetzgeber

Indes besteht derzeit wenig Hoffnung auf ein Tätigwerden des Gesetzgebers. Die Erkenntnis, dass die Verfassungsrelevanz des Akteneinsichtsrechts bis in das Besteuerungsverfahren hinein wirkt, hat vor den Gesetzgebungsorganen auch nicht halt gemacht, wie eine kurze Bemerkung der Bundesregierung in der Begründung des Gesetzes zur Förderung der Steuerehrlichkeit bereits im Jahre 2003 zeigt: „Die Bundesregierung erwägt jedoch, im Rahmen einer Überarbeitung der AO eine an § 19 BDSG angelehnte Regelung zu schaffen; die Abstimmung zwischen dem Bundesministerium der Finanzen, den obersten Finanzbehörden der Länder, dem Bundesbeauftragten für den Datenschutz sowie Landesdatenschutzbeauftragten ist noch im Gange.“[582].

Auch im Bundesfinanzministerium finden seit geraumer Zeit Gespräche zu diesem Thema statt. Deren Ausgang ist allerdings noch vollkommen offen. Ein konkreter Gesetzesentwurf zur Änderung der AO 1977 wurde trotz Kenntnis der Problematik bisher nicht vorgelegt. Angesichts der politischen Voraussetzungen kann eine solche Veränderung auch nicht mit Sicherheit erwartet werden. Das Bundesministerium der Finanzen bereitet im Steuerrecht regelmäßig Gesetze vor, indem es die Erforderlichkeit von Normen prüft, sie in die Gesamtsystematik der Steuergesetze einpasst und anschließend Gesetzesvorschläge in den Bundestag einbringt. Neben den Initiativen für Parlamentsgesetze werden im Bundesfinanzministerium aber auch den Parlamentsgesetzen untergeordnete Rechts-

581 Vgl. bereits bestehenden Vorschlag für eine Gesetzesnorm bei *T. Palm*, Akteneinsicht im öffentlichen Recht, S. 294 ff.

582 BR-Drucks. 542/03, S. 20.

vorschriften wie Rechtsverordnungen, Dienstanweisungen, Erlasse und ähnliches erarbeitet, die die nachgeordneten Finanzbehörden in ihrer Rechtsanwendung binden. Insbesondere mit dem Anwendungserlass[583] zur AO 1977 zu §§ 91, 346 AO für Landesfinanzbehörden und die AO-DV zu §§ 91, 346 AO für Bundesfinanzbehörden hat das Bundesfinanzministerium klar gestellt, dass es eine Gesetzesänderung nicht für erforderlich hält und sich stattdessen mit einer untergeordneten Rechtsnorm, deren Natur nicht unumstritten ist, beholfen. Darin bringt es zum Ausdruck, dass kein gebundener Anspruch auf Akteneinsicht besteht, aber nach einer Ermessensentscheidung einem Antrag auf Akteneinsicht stattgegeben werden darf. Durch diese Verwaltungspraxis hat sich das Bundesfinanzministerium und dementsprechend die in ihrer Rechtsanwendung daran gebundene Finanzverwaltung mit der derzeitigen Praxis arrangiert. Darum erscheint eine Gesetzesinitiative mit einer weiter reichenden, dem Verfassungsrecht entsprechenden Lösung in naher Zukunft wenig wahrscheinlich.

Darüber hinaus arbeitet die Finanzverwaltung nicht vollkommen einheitlich. Während nach bisherigem Erkenntnisstand die Landesfinanzbehörden ein Akteneinsichtsrecht auf der Grundlage der Länderinformationsfreiheitsgesetze ablehnen, befindet sich in der Zollverwaltung die Meinung im Vordringen, dass mit dem Bundesinformationsfreiheitsgesetz auch ein Anspruch auf Akteneinsicht gegen diese Bundesbehörden besteht[584].

Diese Bestandsaufnahme lässt wenig Hoffnung auf ein schnelles Handeln des Gesetzgebers bezüglich einer den verfassungsrechtlichen Vorgaben entsprechenden Regelung eines Akteneinsichtsrechts im Besteuerungsverfahren. Untermauert wird diese Einschätzung durch einen Rückblick. Die Entwicklung der letzten Jahrzehnte hat gezeigt, dass ein diesbezüglich teilweise bestehender Wunsch zumindest nicht in der erforderlichen Beharrlichkeit und Nachhaltigkeit verfolgt wird, wenn er überhaupt vorhanden ist. Bereits vor Erlass der AO 1977 existierte derselbe unbefriedigende Zustand wie heute. Trotz der umfassenden Arbeit an der Abgabenordnung vor Schaffung der AO 1977 hat der Gesetzgeber diesen Rechtsstand nicht geändert und es auch bis heute nicht getan.

---

583 Zur Rechtsnatur des AEAO siehe Note 60.

584 Zu den damit einher gehenden Verwerfungen siehe 2. Kapitel D. II.

II. Stillstand durch gesetzgeberische Untätigkeit?

Diese Entwicklung lässt nicht erwarten, dass der Gesetzgeber das durchaus erkannte Problem des nicht existierenden Einsichtsrechts im Besteuerungsverfahren in naher Zukunft einer zufrieden stellenden Lösung zuführen wird. Ob dieser Rechtszustand von der Jurisprudenz ohne eigenes Tätigwerden hinzunehmen ist, bedarf der dezidierten Untersuchung. Das aus verfassungsrechtlicher Sicht im Hinblick auf ein Akteneinsichtsrecht insuffiziente Besteuerungsverfahren müsste sehenden Auges weiter angewendet werden. Der Bundesfinanzhof hat durchaus erkannt, dass diese Situation besonders aus verfassungsrechtlicher Sicht unbefriedigend ist. Er legt jedoch die rechtsmethodischen Grundlagen seiner Vorgehensweise nicht in genügender Weise offen und stellt nicht alle für und gegen ein Akteneinsichtsrecht im Besteuerungsverfahren sprechenden Verfassungsargumente im erforderlichen Umfang in seine Abwägung ein[585].

1. Pflicht zur Schließung einer auf Verfassungsrecht beruhenden Lücke

Der Ansatz des Bundesfinanzhofs ist im Grundsatz durchaus geeignet, zu einem befriedigenden Ergebnis zu führen, wenn auch an seiner Umsetzung in dogmatischer wie methodischer Hinsicht erhebliche Zweifel bestehen. Denn ein Gesetz, das eine zum Schutz der Grundrechte erforderliche Verfahrensbestimmung vermissen lässt, muss nicht zwangsläufig zu der Diagnose führen, dass der betroffene Grundrechtsträger einen einklagbaren Rechtsanspruch gegen den Gesetzgeber auf Schaffung einer solchen Regelung hat. Insbesondere *H.-W. Laubinger* erkennt einen weiteren gangbaren Weg[586]: Nach seiner Ansicht ist in einem solchen Fall die Verwaltung berufen, eine solche Regelung zu schaffen bzw. die entstandene Lücke zu schließen. Kommt die Verwaltung dieser Aufgabe nicht nach, müsse sie von den Gerichten dazu angehalten werden[587]. Er geht mithin von einer auf Verfassungsrecht beruhenden Lücke des Gesetzes aus[588], die zur Rechtsfortbildung befugt und – noch weiter gehend – eine solche letztlich gebietet. Weiterhin ist nach seiner Ansicht eine gesetzliche Regelung, die den grundrechtlich gebotenen Rechtsschutz im Verwaltungsverfahren ausdrücklich ausschließt, verfassungswidrig und nichtig[589]. *A. v. Mutius* sieht dies zumindest teilweise ähnlich. Er nimmt ausgehend vom Parlamentsvorbehalt an, dass dem Gesetzgeber bei der Ausgestaltung des einfachen Rechts und damit des Verfah-

585 Siehe 1. Kapitel C. I.

586 *H.-W. Laubinger*, VerwArch Bd. 73 (1982), S. 60, 77.

587 *H.-W. Laubinger*, VerwArch Bd. 73 (1982), S. 60, 77.

588 Bis hierhin auch *A. v. Mutius*, NJW 1982, S. 2150, 2159.

589 *H.-W. Laubinger*, VerwArch Bd. 73 (1982), S. 60, 77.

rensrechts weitgehend Gestaltungsfreiheit zusteht[590]. Mache der Gesetzgeber jedoch von dieser Freiheit trotz der bestehenden Möglichkeit von Grundrechtsbeeinträchtigungen keinen Gebrauch, bestünden unerfüllte Verfassungsaufträge, die nur über einen bestimmten Zeitraum hinzunehmen seien[591]. *D. Grimm* schlussfolgert aus der Eigenschaft der Grundrechte als Verfahrensgarantien, dass der Gesetzgeber das Verwaltungsverfahren so gestalten und die Verwaltung es so handhaben muss, dass die grundrechtlich geschützten Rechtsgüter genügend beachtet werden[592]. Der Verfahrensschutz könne nur durch die Teilhabe des Bürgers am Verfahren erfolgen. Dem Gesetzgeber obliege mithin die Pflicht, das Verwaltungsverfahren in einer die Grundrechte sichernden Weise auszugestalten. Komme er dieser Pflicht nicht nach, habe der Richter in entsprechender Weise das Verfahrensrecht in unmittelbarer Anwendung der Grundrechte zuzusprechen. Er spricht ausdrücklich von einem „Gesetzgebungsauftrag". Offen lässt er, ob er dann einen verfassungsunmittelbaren Anspruch gewährt sehen will[593], oder ob eine Rechtsfortbildung der zulässige Weg wäre. Sein Verweis auf sonstige Leistungsansprüche aus Grundrechten[594] lässt jedoch auf die erste Alternative schließen. Ein solcher verfassungsunmittelbarer Anspruch auf Akteneinsicht ist jedoch erst dann anzunehmen, wenn nicht schon aus dem einfachen Recht insbesondere mittels der Rechtsfortbildung ein solcher Anspruch herzuleiten ist. Die hierfür erforderliche Lücke kann sich als Minus zu einem verfassungsunmittelbaren Anspruch aus dem Verfassungsrecht ergeben.

Auf den ersten Blick stehen diese Ansichten in einem Widerspruch zu einer Ansicht, die unterstreicht, dass sich aus den Grundrechten keine Detailregeln entnehmen lassen und es dem Gesetzgeber überlassen werden müsse, wie er Verfahrensrechte ausgestalte[595]. Zum Teil versucht die Literatur aus einzelnen Verfassungsregelungen insbesondere aus Grundrechten konkrete Rechte herzuleiten. Die Verfassung stellt jedoch für den Gesetzgeber nur einen Rahmen dar. Die Ausgestaltung von Detailregeln bleibt ihm vorbehalten[596]. Auch andere

---

590 *A. v. Mutius*, NJW 1982, S. 2150, 2158; ebenso *K.-P. Dolde*, NVwZ 1982, S. 65, 70; *C. Starck*, JuS 1981, S. 237, 242.

591 *A. v. Mutius*, NJW 1982, S. 2150, 2159.

592 *D. Grimm*, NVwZ 1985, S. 865, 867 f.

593 Einen solchen verfassungsunmittelbaren Anspruch auf Akteneinsicht lehnt der Großteil der Rechtsprechung und der Literatur ab. OVG NW, Beschl. v. 9.6.1998 – 5 B 1634/97, DVBl. 1998, S 1357, 1358; *J. Masing*, VVDStRL Bd. 63 (2004), S. 377, 387 f., ausdrücklich S. 464 (Diskussionsbeitrag); *F. Schoch/M. Kloepfer*, Informationsfreiheitsgesetz (IFG-ProfE), S. 29; a.A. *A. Scherzberg*, VVDStRL Bd. 63 (2004), S. 452 f. (Diskussionsbeitrag); siehe auch 3. Kapitel A. IV.

594 *D. Grimm*, NVwZ 1985, S. 865, 867 f.; mit dem Verweis auf *R. Breuer*, in Festgabe BVerwG, S. 89, 95 ff.

595 *F. Ossenbühl*, DÖV 1981, S. 1, 9.

596 *F. Ossenbühl*, DÖV 1981, S. 1, 9.

mahnen in dieser Hinsicht Zurückhaltung an, weil prinzipiell der Gesetzgeber für die Verfahrensordnungen verantwortlich sei[597]. Allerdings kann die Korrektivfunktion nach dieser Ansicht aktuell werden, wenn Folgen einer gesetzlichen Verfahrensbestimmung unter Zugrundelegung der fachgerichtlichen Interpretation als untragbar erkannt sind. Dann sei diese zu blockieren[598]. Es ist nicht ersichtlich, dass dies nicht auch gelten muss, wenn es – wie in der AO 1977 – keine gesetzliche Bestimmung gibt, aber das Fehlen zu einer verfassungsrechtlich unerträglichen Situation für den betroffenen Steuerpflichtigen führt.

Vorliegend geht es nicht darum, dem Grundgesetz konkrete Regeln zu Akteneinsichtsrechten zu entnehmen, oder ein solches direkt aus der Verfassung herzuleiten. Vielmehr steht aufgrund der Verfassungs- und daneben auch der Funktionsanalyse fest, dass der Gesetzgeber ein solches Recht in den von ihm für notwendig befundenen Grenzen wegen der verfassungsrechtlichen Relevanz des Akteneinsichtsrechts hätte regeln müssen. Eine solche Lückenhaftigkeit der AO 1977 in Bezug auf ein Recht auf Akteneinsicht kann – wie dargelegt – aus verfassungsrechtlichen Gesichtspunkten begründet werden.

2. Steuerrechtsverhältnis keine Basis für einen Anspruch auf Akteneinsicht im Besteuerungsverfahren

Die Richtigkeit dieser Tendenz bestätigen auch andere Lösungsansätze, die zu einem Anspruch auf Akteneinsicht in Verwaltungsverfahren verhelfen sollten. Die dabei neben dem Weg des Bundesfinanzhofs bislang eingeschlagenen Richtungen führten aber bei der Suche nach Lösungen in eine Sackgasse. Dazu gehört insbesondere der untaugliche Versuch, konkrete Rechtssätze des Verfahrensrechts aus einem Steuerrechtsverhältnis herzuleiten.

a. Zum Nutzen der Lehre vom Verwaltungsrechtsverhältnis

Verwaltungsrechtsverhältnisse sind zwischen zwei oder mehreren Rechtssubjekten bestehende, über das bloße Staat-Bürger-Verhältnis hinaus verdichtete, besondere öffentlich-rechtliche, nicht verfassungsrechtliche Rechtsbeziehungen[599]. Sie gestatten eine differenzierte Analyse aller Rechtspositionen und ermöglichen deren dogmatische Verarbeitung[600]. Dabei ist umstritten, welcher Nutzen aus der Rechtsverhältnislehre zu ziehen ist[601]. Die höchstrichterliche Rechtsprechung

---

597 *P. J. Tettinger*, Fairneß und Waffengleichheit, S. 61 f. unter Berufung auf BVerfG, Beschl. v. 20.4.1982 – 2 BvL 26/81, BVerfGE 60, S. 253, 268.

598 *P. J. Tettinger*, Fairneß und Waffengleichheit, S. 62 ff.

599 *H.-U. Erichsen*, in Erichsen/Ehlers, Allgemeines Verwaltungsrecht, § 17 I Rn. 1 ff.; vgl. auch *H. Bauer*, Die Verwaltung Bd. 25 (1992), S. 301, 316, 319; eher kritisch *H. Maurer*, Allgemeines Verwaltungsrecht, § 8 Rn. 16.

600 *H. Bauer*, Die Verwaltung Bd. 25 (1992), S. 301, 319.

601 Dies räumt auch *H. Bauer*, Die Verwaltung Bd. 25 (1992), S. 301, 307, ein.

zieht diese Lehre unter anderem zur Beantwortung von Rechtswegfragen heran[602]. Zum einen wird vertreten, dass die im Gesetz genannten Rechte und Pflichten nicht abschließend sind, weil das Verfahrensrechtsverhältnis die maßgebliche Grundlage für die Rechtsbeziehung sei[603]. Nach dieser Ansicht ist das Rechtsverhältnis ein Erklärungsmuster für verfahrensrechtliche Nebenpflichten, die zu den geregelten Rechten und Pflichten hinzutreten[604]. Diese seien ungeschriebene Rechtssätze, die sich beispielsweise aus dem Grundsatz von Treu und Glauben herleiten ließen[605]. Auf diese Weise wird im allgemeinen Verwaltungsverfahren in verschiedenen, nicht normierten Bereichen eine Pflicht der Behörde zur Gewährung von Akteneinsicht aus dem Rechtsverhältnis hergeleitet[606]. So soll die Behörde ein Akteneinsichtsrecht nach Abschluss des Verfahrens gewähren, wenn sich dies aus dem Bedürfnis des Betroffenen zur angemessenen Verfolgung seiner Interessen ergibt[607]. Aufgrund der gesetzlichen Normierung in § 29 Abs. 1 VwVfG ist es nicht notwendig, eine Nebenpflicht auf Gewährung der Akteneinsicht während des laufenden allgemeinen Verwaltungsverfahrens zu bejahen. Die Grenzen für die Herleitung nicht normierter Nebenpflichten aus dem Verfahrensrechtsverhältnis sollen beispielsweise im Geheimnisschutz oder im allgemeinen Persönlichkeitsrecht sowie in der Zumutbarkeit[608] und der Verhältnismäßigkeit liegen[609]. Dieses Verständnis vom Nutzen der Verwaltungsrechtsverhältnislehre teilen jedoch bei weitem nicht alle Vertreter der Verwaltungsrechtswissenschaft. Eine über eine deskriptive bzw. sensibilisierende Funktion hinausgehende Bedeutung sei ihr nicht zuzumessen[610]. *W. Löwer* sieht wegen dem in seiner Abstraktionshöhe viel zu allgemeinen Begriffes des Rechtsverhältnisses keinen Ansatzpunkt, um daraus rechtlich-fassbare Folgen für konkrete Rechtsverhältnisse abzuleiten[611]. *J. Pietzcker* zeigt, dass die Be-

---

602 Vgl. Übersicht bei *R. Gröschner*, Die Verwaltung Bd. 30 (1997), S. 301, 302 ff.

603 *H. Schmitz*, in Stelkens/Bonk/Sachs, VwVfG, § 9 Rn. 14.

604 *R. Gröschner*, Die Verwaltung Bd. 30 (1997), S. 301, 332 f., im Anschluss an *H. Schmitz*, in Stelkens/Bonk/Sachs, VwVfG, § 9 Rn. 30; *T. Meysen*, Die Haftung aus Verwaltungsrechtsverhältnis, S. 53; *T. v. Danwitz*, Die Verwaltung Bd. 30 (1997), S. 339, 363, der das Verwaltungsrechtsverhältnis zumindest als Grundlage für die Begründung von Nebenpflichten im Einzelfall ansieht.

605 Exemplarisch BVerwG, Urt. v. 16.9.1980 – 1 C 89.79, BVerwGE 61, S. 40, 43 f.; zustimmend *H. P. Bull/V. Mehde*, Allgemeines Verwaltungsrecht, § 8 Rn. 310 f.; *H. Bauer*, Die Verwaltung Bd. 25 (1992), S. 301, 321 f.

606 *H. Schmitz*, in Stelkens/Bonk/Sachs, VwVfG, § 9 Rn. 35.

607 VGH Mannheim, Urt. v. 31.10.1995 – 9 S 1518/94, NJW 1996, S. 613.

608 BVerwG, Urt. v. 17.2.1984 – 7 C 67.82, BVerwGE 69, S. 46, 50.

609 *H. Schmitz*, in Stelkens/Bonk/Sachs, VwVfG, § 9 Rn. 37.

610 *H.-U. Erichsen*, in Erichsen/Ehlers, Allgemeines Verwaltungsrecht, § 17 III Rn. 20; ähnlich *H. Maurer*, Allgemeines Verwaltungsrecht, § 8 Rn. 24.

611 *W. Löwer*, NVwZ 1986, S. 793, 794, m.w.N.

stimmung von subjektiven Rechten nicht erst durch die Berufung auf ein Rechtsverhältnis erfolgen könne, sondern ihre Grundlage in dem Bestehen subjektiver öffentlicher Rechte finde[612]. In diesem Zusammenhang sei vor allem die Schutznormlehre zu beachten, wenn es um Rechte Dritter gehe. Gerade die Betrachtung der Rechtsprechung bei der Rechtswegbestimmung zeige, dass die Argumentation mit der „wahren Natur des Rechtsverhältnisses" in vielem den Charakter einer Leerformel habe[613].

b. Herleitung von Rechten aus dem Steuerverfahrensrechtsverhältnis

Das Steuerrechtsverhältnis ist die dogmatische Klammer um die einzelnen Rechtspositionen der Beteiligten i.w.S., wodurch die bestehenden Rechte und Pflichten ins Verhältnis gesetzt werden und ihre Anwendung gesteuert und begrenzt wird[614]. Da es sich beim Akteneinsichtsrecht um ein Verfahrensrecht handelt, ist das gegenüber dem Steuerrechtsverhältnis speziellere Steuerverfahrensrechtsverhältnis[615] angesprochen. Das Steuerverfahrensrechtsverhältnis beinhaltet die Durchführung der Besteuerung. Damit ist nicht allein die Durchsetzung von Ansprüchen, sondern auch die Verfahrensteilhabe des Steuerpflichtigen, seine Rechte und Pflichten, sein Handeln sowie seine Mitwirkung im Steuerverfahren umfasst[616].

Auf der Grundlage der Auffassung, wonach sich aus dem Verwaltungsrechtsverhältnis konkrete Nebenpflichten ableiten lassen[617], könnte ein aus dem Steuerverfahrensverhältnis resultierendes Akteneinsichtsrecht unter Umständen bejaht werden. Allerdings erscheint es vor allem unter dem Gesichtspunkt der Gewaltenteilung fraglich, ob aus der Konstruktion eines Rechtsverhältnisses tatsächlich Rechte entwickelt werden können, die über die gesetzliche Normierung hinausgehen, und zwar im Verwaltungsrecht im Allgemeinen und im Steuerrecht im Besonderen. Gerade das Steuerrecht ist der „Prototyp eines durch-

---

612 *J. Pietzcker*, Die Verwaltung Bd. 30 (1997), S. 281, 289.

613 *J. Pietzcker*, Die Verwaltung Bd. 30 (1997), S. 281, 285, vergleicht den Nutzen des Verwaltungsrechtsverhältnisses mit „Münchhausens Zopf" (S. 281) unter Berufung auf *H. Meyer*, VVDStRL 45 (1987), S. 272 (Diskussionsbeitrag).

614 *K.-D. Drüen*, in Tipke/Kruse, AO/FGO, Vor § 33 AO Tz. 2 (Juli 2008).

615 *J. Lang*, in Tipke/Lang, Steuerrecht, § 6 Rn. 3; *W. Löwer*, NVwZ 1986, S. 793, 795, ordnet das Sozialverfahrensrechtsverhältnis dem weiter greifenden Begriff des Sozialrechtsverhältnisses zu. *H. Schmitz*, in Stelkens/Bonk/Sachs, VwVfG, § 9 Rn. 5 ff., spricht im Rahmen des allgemeinen Verwaltungsrechts vom Verfahrensrechtsverhältnis.

616 *J. Lang*, in Tipke/Lang, Steuerrecht, § 6 Rn. 3.

617 Insbesondere *T. v. Danwitz*, Die Verwaltung Bd. 30 (1997), S. 339, 363; *R. Gröschner*, Die Verwaltung Bd. 30 (1997), S. 301, 332 f.; *H. Schmitz*, in Stelkens/Bonk/Sachs, VwVfG, § 9 Rn. 30; siehe dazu 1. Kapitel C. I.

normierten Verwaltungsrechtsverhältnisses"[618]. Das Steuerrechtsverhältnis ist die Kategorie, welche die im Vergleich zum sonstigen Verhältnis zwischen Bürger und Staat verdichteten, intensivierten und konkretisierten Rechtsbeziehungen[619] zwischen der steuererhebenden Finanzverwaltung und dem Steuerbürger dogmatisch umschreibt. Nach verbreiteter Ansicht kann jedenfalls das Steuerrechtsverhältnis als Gesamtschau aller bestehenden Rechte und Pflichten selbst keine neuen und selbständigen Rechte und Pflichten begründen[620]. Es ersetzt nicht gesetzlich geschaffene Rechtsformen, sondern dient als Auslegungs- und Erklärungsbild[621], ordnet Einzelerscheinungen in einen Gesamtvorgang ein und komplettiert die Handlungsformenlehre ohne selbst eine Handlungsform der Verwaltung zu sein[622]. Im Rahmen seiner Auslegungs- und Erklärungsfunktion kann es dazu beitragen, bestehende Lücken und Disproportionalitäten aufzudecken[623]. Es hat folglich eine rein Lücken feststellende Funktion. Das Steuerverfahrensrechtsverhältnis kann jedoch nicht dazu führen, diese Lücken gleichzeitig zu schließen. Eine Herleitung einzelner bisher nicht normierter Rechte wie eines Akteneinsichtsrechts lässt sich mithin nicht aus dem Steuerverfahrensrechtsverhältnis begründen.

B. Verfassungsrechtlich gebotene Rechtsfortbildung

Zumindest für einen Übergangszeitraum bis zur Erfüllung des gesetzgeberischen Auftrags ist der Insuffizienz des Besteuerungsverfahrens in Bezug auf ein Akteneinsichtsrecht durch Rechtsfortbildung zu begegnen. Nach der zutreffenden Ansicht von *H.-W. Laubinger* geht mit der Verfehlung des Optimierungsauftrages durch den Gesetzgeber ein Auftrag an die Rechtsprechung einher, dieses Versäumnis mittels Rechtsfortbildung auszuräumen. Die Rechtsprechung ist mithin gefordert, eine verfassungsrechtlich erforderliche Regelung des Akteneinsichtsrechts anstelle des Gesetzgebers zu schaffen. Ihr obliegt damit der Auftrag, in den von der Rechtsmethodik erarbeiteten Grenzen eine verfassungsrechtlich erforderliche Regelung des Akteneinsichtsrechts anstelle des Gesetzgebers zu schaffen. Deren Grenzen sind auszuloten.

---

618 *C. Waldhoff*, DStJG Bd. 27 (2004), S. 129, 138, 142; ähnlich *J. Isensee*, StuW 1973, S. 199, 205.

619 Ähnlich verdichtete Rechtsbeziehungen finden sich auch im Sozialrechtsverhältnis, vgl. *W. Löwer*, NVwZ 1986, S. 793, 795.

620 *K.-D. Drüen*, in Tipke/Kruse, AO/FGO, Vor § 33 AO Tz. 2 (Juli 2008); *R. Seer*, Verständigungen in Steuerverfahren, S. 47 f.; *C. Waldhoff*, DStJG Bd. 27 (2004), S. 129, 142; für das Sozialrechtsverhältnis, ebenso *W. Löwer*, NVwZ 1986, S. 793, 797.

621 *R. Seer*, Verständigungen in Steuerverfahren, S. 47 f.

622 *C. Waldhoff*, DStJG Bd. 27 (2004), S. 129, 142.

623 *K.-D. Drüen*, in Tipke/Kruse, AO/FGO, Vor § 33 AO Tz. 2 (Juli 2008); *T. v. Danwitz*, Die Verwaltung Bd. 30 (1997), S. 339, 358; *T. Meysen*, Die Haftung aus Verwaltungsrechtsverhältnis, S. 54.

I. Grundsätzliche Zulässigkeit der Rechtsfortbildung durch die obersten Gerichtshöfe

Zumindest den obersten Gerichtshöfen als Teil der Judikative obliegt es, das Recht fortzubilden (vgl. § 11 Abs. 4 FGO)[624]. Das Bundesverfassungsgericht hat Rechtsfortbildung stets als Funktion der Rechtsprechung anerkannt[625]. Diese Aufgabe zu erfüllen, ist aber nicht uneingeschränkt zulässig. Die Grenzen finden sich vor allem in den Verfassungsprinzipien der Rechtsstaatlichkeit (Art. 20 Abs. 3 GG), insbesondere in ihren Ausprägung der Gewaltenteilung, der Gesetzesbindung[626] und der Demokratie (Art. 20 Abs. 2 S. 1 GG)[627]. Daneben sind der Vorbehalt des Gesetzes als Ausprägung der Rechtsstaatlichkeit[628], der richterliche Rechtsschutzauftrag (Art. 19 Abs. 4 GG)[629] sowie die Budgetkompetenz des Bundestages (Art. 109 f. GG)[630] zu beachten. Die Befugnis zur Rechtsfortbildung hängt außerdem von der Regelungsdichte des betreffenden Rechtsgebietes ab. In einem durchnormierten Bereich wie dem Steuerverfahrensrecht, der zudem dem öffentlichen Recht zuzurechnen und mithin das Verhältnis des Staates zum Bürger betrifft, ist die Fortbildungskompetenz geringer als in weitgehend ungeregelten Rechtsbereichen[631].

Unterschieden werden zwei Fallkonstellationen, wie das Gericht eine Lücke im Gesetz schließen kann. Hält er sich an den ursprünglichen Plan des Gesetzgebers spricht die Rechtswissenschaft von einer sog. gesetzesimmanenten Rechtsfortbildung praeter legem. Daneben gibt es diejenigen Fälle, in denen das Gericht über den gesetzgeberischen Plan bewusst hinausgeht und unter Rückgriff auf leitende Prinzipien der Gesamtrechtsordnung das Recht fortbildet (sog. geset-

---

624 An den obersten Gerichtshöfen werden zur Rechtsvereinheitlichung und zur Fortbildung des Rechts Große Senate gebildet (§ 11 Abs. 4 VwGO, § 132 Abs. 4 GVG, § 45 Abs. 4 ArbGG, § 41 Abs. 4 SGG).

625 BVerfG, Beschl. v. 14.2.1973 – 1 BvR 112/65, BVerfGE 34, S. 268, 287 f.; Beschl. v. 16.4.1980 – 1 BvR 505/78, BVerfGE 54, S. 100, 111; Beschl. v. 9.2.1982 – 1 BvR 799/78, BVerfGE 59, S. 330, 334; Beschl. v. 19.10.1983 – 2 BvR 485, 486/80, BVerfGE 65, S. 182, 190; Beschl. v. 14.5.1985 – 1 BvR 233, 341/81, BVerfGE 69, S. 315, 371; Beschl. v. 14.1.1986 – 1 BvR 209, 221/79, BVerfGE 71, S. 354, 362; Beschl. v. 12.11.1997 – 1 BvR 479/92 und 307/94, BVerfGE 96, S. 375, 394.

626 BVerfG, Beschl. v. 14.2.1973 – 1 BvR 112/65, BVerfGE 34, S. 268, 286 (Soraya); *B. Pieroth/T. Aubel*, JZ 2003, S. 504, 507; *R. Wank*, ZGR 1988, S. 314, 322.

627 BVerfG, Beschl. v. 11.10.1978 – 1 BvR 84/74, BVerfGE 49, S. 304, 318 f.; *C. Gusy*, DÖV 1992, S. 461, 464; *C. Hillgruber*, JZ 1996, S. 118; *B. Pieroth/T. Aubel*, JZ 2003, S. 504, 505; zusammenfassend *R. Wank*, ZGR 1988, S. 314, 322 f.

628 *C. Hillgruber*, JZ 1996, S. 118, 123 f.; *J. Wieland*, DStR 2004, S. 1, 4.

629 *H. W. Kruse*, DStJG Bd. 18 (1995), S. 115, 127.

630 *C. Starck*, VVDStRL Heft 34 (1976), S. 43, 83 f.

631 Ein solches von unzureichenden gesetzlichen Vorgaben gekennzeichnetes Rechtsgebiet ist das Arbeitskampfrecht, vgl. *B. Pieroth/T. Aubel*, JZ 2003, S. 504, 509.

zesübersteigende Rechtsfortbildung contra legem)[632]. Intra legem handelt die Rechtsprechung, wenn sie bindendes Recht anwendet und sich im Rahmen der Wortsinngrenze bewegt[633]. Fraglich ist, um welche Art der Rechtsfortbildung es sich bei einem von der Rechtsprechung gestalteten Akteneinsichtsrecht im Besteuerungsverfahren handelt. Relevant ist diese Frage, weil die verschiedenen Rechtsfortbildungsformen an unterschiedliche Voraussetzungen geknüpft sind. Je weiter sich der Rechtsfortbilder vom Gesetzeswortlaut und vom Willen des Gesetzgebers entfernt, desto höher ist die zu überwindende Argumentationsschwelle.

II. Rechtsfortbildung praeter legem

Rechtsprechung praeter legem meint die rechtsprechende Tätigkeit außerhalb des Anwendungsbereiches der sie bindenden Normen, mithin in Fällen, auf welche keine Rechtsnorm tatbestandlich anwendbar ist. Das Gericht bildet bei fehlendem Gesetz selbst eine Entscheidungsgrundlage[634] und geht dabei für die Ausfüllung des fehlenden Gesetzes von Anhaltspunkten im positiven Recht aus[635]. Die AO 1977 enthält für die Frage des Akteneinsichtsrechts keine konkrete Entscheidung. Insofern könnte es sich bei dem Verständnis des Bundesfinanzhofs um eine Rechtsfortbildung praeter legem handeln. Der Gerichtshof hält sich nicht an eine Entscheidung des Gesetzgebers gebunden, weil eine solche keinen Eingang in die geschriebenen Normen gefunden hat und schafft selbst eine Entscheidungsgrundlage.

Die Literatur unterscheidet drei Fallgruppen einer zulässigen Rechtsfortbildung praeter legem[636]. Eine solche könne vorliegen, wenn der Gesetzgeber eine Frage absichtlich nicht geregelt, sondern sie der Rechtsprechung zur Klärung überlassen hat. Wenn der Gesetzgeber die Frage bzw. den Sachbereich übersehen hat, kann ebenfalls der Anwendungsbereich einer Rechtfortbildung praeter legem gegeben sein. Die dritte Fallgruppe umfasst Fälle, die der Gesetzgeber aufgrund der zur Zeit des Gesetzeserlass bestehenden Lebensverhältnisse noch nicht regeln konnte.

---

632 Zur Begrifflichkeit *K. Larenz*, Methodenlehre, S. 366 ff., 413 ff.; *B. Pieroth/T. Aubel*, JZ 2003, S. 504, 505.

633 *C. Gusy*, DÖV 1992, S. 461, 463.

634 *C. Gusy*, DÖV 1992, S. 461, 463.

635 *B. Rüthers*, Rechtstheorie, Rn. 828.

636 *H. W. Kruse*, BB 1985, S. 1077, 1082.

1. Kein konkreter Auftrag des Gesetzgebers zur Rechtsfortbildung

Bisweilen beauftragt der Gesetzgeber die Gerichte mit der Rechtsfortbildung einer nicht im Gesetz geklärten Rechtsfrage[637]. In diesen Fällen behält er die Klärung dieser Rechtsfrage Wissenschaft und Rechtsprechung ausdrücklich vor. Der Gesetzgeber hat bei der Schaffung der AO 1977 verschiedene Lücken gesehen und es Rechtsprechung und Verwaltung überlassen, das Recht an diesen Stellen weiter zu entwickeln. Dies betrifft die Zulässigkeit von Zusagen seitens der Finanzverwaltung (§§ 204 ff. AO) sowie den Bereich der Verwertung unzulässig erlangter Beweismittel (§ 92 AO). Mit diesem konkreten Hinweis hat der Gesetzgeber gezeigt, dass er nach seiner Wertung keine abschließenden Normen schaffen wollte, die ein Handeln der Verwaltung ausschließen sollten. Die folgende Untersuchung zeigt, dass der Gesetzgeber diese Fälle bewusst anders behandelt hat als das Akteneinsichtsrecht.

a. Zusage, §§ 204 ff. AO

Der Entwurf der Bundesregierung zur AO 1977 hat sich ausführlich mit der Frage befasst, ob die verbindliche Auskunft gesetzlich geregelt werden sollte, aber lediglich eine Regelung zur verbindlichen Zusage im Anschluss an eine Außenprüfung in den Gesetzesentwurf aufgenommen. Der Entwurf ging dabei ausdrücklich davon aus, dass „es zu den wichtigsten Aufgaben der Verwaltung gehört, Zweifelsfragen im Erlaßwege zu klären und dadurch die Rechtssicherheit zu fördern. Darüber hinaus wird die Verwaltung im Rahmen ihrer Möglichkeiten auch im Einzelfall Auskünfte erteilen, wie dies bisher schon geschieht.“ Eine gesetzliche Regelung sei nicht zwingend erforderlich, da das Vertrauen der Bürger in Verwaltungserlasse gesichert sei. Außerdem könne angesichts der Arbeitsüberlastung der Finanzbehörden nur ein Anspruch auf ermessensfehlerfreie Entscheidung über den Antrag angeordnet werden, was aber gegenüber der bestehenden Regelung nichts ändern würde, als lediglich den bestehenden flexiblen Zustand einzuschränken. Der Entwurf überließ die weitere Entwicklung ausdrücklich der Rechtsprechung sowie der Verwaltungspraxis und ging davon aus, dass „die Verwaltung die verbindliche Auskunft im Interesse der Bürger nicht kleinlich“ praktizieren werde[638]. Diesem Entwurf schloss sich auch der Finanzausschuss an[639]. Auch er setzte ausdrücklich voraus, dass „die Finanzbehörden auch weiterhin über den gesetzlich geregelten Bereich hinaus nach pflichtgemäßem Ermessen verbindliche Auskünfte erteilen werden.“ Schon aus diesen gesetzgeberischen Aussagen zu Zusagen, die über die gesetzlich geregel-

637 *P. Fischer*, in Festschrift K. Tipke, S. 187, 202; *B. Rüthers*, Rechtstheorie, Rn. 835.

638 Regierungsbegründung zum Entwurf einer AO 1974 v. 19.3.71, BT-Drucks. VI/1982, S. 95, der an die Ergebnisse des Arbeitskreises zur Reform der RAO, BMF-Schriftenreihe Bd. 13, S. 30 f., 313 zu § 145.

639 BT-Drucks. 7/4292, S. 9, 35.

te Zusage im Anschluss an eine Außenprüfung hinausgehen[640], geht eindeutig hervor, dass eine Argumentation mittels eines Umkehrschluss („argumentum e contrario") mit dem Ergebnis des Ausschlusses einer weitergehenden Zusage nicht zulässig ist[641]. Das Gesetz lässt daher Raum für eine Rechtsfortbildung, die Rechtsprechung und Verwaltung im Wege einer Gesamtanalogie mittels Anwendung der §§ 38 VwVfG, 204 - 207 AO schließen können[642], indem es eine bewusste Regelungslücke enthält. Mithin handelt es sich um eine sog. offene Regelungslücke, weil der Gesetzgeber absichtlich keine Regelung erlassen hat und die Lösung der Rechtsprechung überlassen hat[643].

b. Verwertung unzulässig erlangter Beweismittel, § 92 AO

In der Begründung zu § 92 AO hat der Finanzausschuss explizit festgestellt, dass auch andere Verfahrensordnungen die Frage, ob die Verwertung gesetzwidrig erlangter Beweise ausgeschlossen sein soll, nicht beantworten. Er sah es nicht als Aufgabe der AO 1977 an, diese somit als solche erkannte Lücke zu schließen und nahm eine entsprechende Regelung deshalb nicht auf. Er wies jedoch ausdrücklich darauf hin, dass er die diesbezügliche Rechtsentwicklung, womit letztlich nur die Schließung dieser Lücke gemeint sein kann, der Rechtsprechung überlässt[644]. Auch bei der Verwertung unzulässiger Beweismittel ist folglich von einer sog. offenen Regelungslücke[645] auszugehen.

2. Regelungsmöglichkeit zur Zeit des Gesetzeserlasses

Die rechtliche oder tatsächliche Entwicklung kann eine bis dahin eindeutige und vollständige Regelung lückenhaft, ergänzungsbedürftig und zugleich ergänzungsfähig werden lassen[646]. Anlass für eine richterliche Rechtsfortbildung können nach der Rechtsprechung des Bundesverfassungsgerichts der Alterungsprozess des Gesetzes[647], eine tief greifende Veränderung der Lebensverhältnisse

---

640 So *K. Buciek*, DStZ 1999, S. 389, 391 ff.

641 So *R. Seer*, in Tipke/Kruse, AO/FGO, Vor § 204 AO Tz. 16 (Juli 2004); zurückhaltender Hessisches FG, Urt. v. 26.5.1977 – VIII 416/76, EFG 1977, S. 615.

642 *J. Hey*, Steuerplanungssicherheit als Rechtsproblem, S. 716 f.; *R. Seer*, in Tipke/Kruse, AO/FGO, Vor § 204 AO Tz. 16 (Juli 2004); a.A. BFH, Urt. v. 9.10.1992 – VI R 97/90, BStBl. II 1993, S. 166, 168.

643 *B. Dalichau*, Auskünfte und Zusagen der Finanzverwaltung, S. 302 ff.; allgemein *K.-D. Drüen*, in Tipke/Kruse, AO/FGO, § 4 AO Tz. 351 (Oktober 2006).

644 BT-Drucks. 7/4292, S. 25.

645 Dazu *K.-D. Drüen*, in Tipke/Kruse, AO/FGO, § 4 AO Tz. 351 (Oktober 2006).

646 Vgl. *B. Rüthers*, Rechtstheorie, Rn. 871, 875.

647 BVerfG, Beschl. v. 3.4.1990 – 1 BvR 1186/89, BVerfGE 82, S. 6, 12 unter Hinweis auf BVerfG, Beschl. v. 14.2.1973 – 1 BvR 112/65, BVerfGE 34, S. 269, 288; *G. Leibholz/H.-J. Rinck/D. Hesselberger*, GG, Art. 20, Rn. 611 (Oktober 1998); a.A. *C. Hillgruber*, JZ 1996, S. 118, 121.

und Rechtsanschauungen[648] sowie Handlungs- und Einwirkungsmöglichkeiten, die durch neuartige, durch den wissenschaftlich-technischen Fortschritt geschaffen wurden[649], sein. Gegen eine solche, in einer Lückenhaftigkeit des Gesetzes mündende Veränderung der tatsächlichen oder rechtlichen Gegebenheiten sprechen hinsichtlich des Akteneinsichtsrechts verschiedene Punkte.

a. Geringes Alter der AO 1977

Die AO 1977 ist ein relativ junges Gesetz[650]. An den Wertungsgesichtspunkten, die den Gesetzgeber bewegt haben, kein Akteneinsichtsrecht in das Gesetz aufzunehmen, hat sich bis dato nichts grundlegend geändert. Auch heute noch sieht das Steuergeheimnis (§ 30 AO) den Schutz der Daten Dritter vor. Den notwendigen Schutz des Ermittlungsinteresses der Finanzbehörden führen Finanzbehörden heute ebenso wie vor 27 Jahren an, um Akteneinsichtsgesuche abzulehnen. Ebenso wenig hat sich an dem dritten, die beiden erstgenannten Punkte verbindenden Aspekt des Verwaltungsaufwandes geändert. Um das Steuergeheimnis zu wahren und ihre eigenen Ermittlungsergebnisse nicht preis zu geben, müssen die Finanzbehörde vor jeder Einsichtnahme die betreffenden Akten auf Daten Dritter und Kontrollmaterial hin sichten und diese gegebenenfalls schwärzen oder entfernen. Selbigen Aufwand hatte auch der Gesetzgeber bei Erlass der AO 1977 vor Augen, was ihn dazu bewogen hat, einem Akteneinsichtsrecht eine Absage zu erteilen.

b. Kein wissenschaftlich-technischer Fortschritt und keine tief greifenden Veränderungen

Als weiteren Anlass für eine Rechtsfortbildungskompetenz hat das Bundesverfassungsgericht tief greifende Änderungen und Entwicklungen der Lebensverhältnisse und Rechtsanschauungen seit Entstehung eines Gesetzes angesehen[651]. Einen technisch-wissenschaftlichen Fortschritt, der eine Entscheidung der Gerichte entgegen der bewussten Entscheidung des Gesetzgebers erfordert, hat es auf diesem Gebiet nicht gegeben. Außerdem hat sich die Rechtsprechungslinie des Bundesfinanzhofs seit dem Jahre 1961 nicht geändert. Das oberste Finanzgericht hat seine Einstellung zur Akteneinsicht trotz Nichtkodifikation im Jahr

648 BVerfG, Beschl. v. 3.4.1990 – 1 BvR 1186/89, BVerfGE 82, S. 6, 12; Beschl. v. 30.3.1993 – 1 BvR 1045/89, 1381/90, 1 BvL 11/90, BVerfGE 88, S. 145, 167, am Beispiel des Konkursrechts; *B. Pieroth/T. Aubel*, JZ 2003, S. 504, 508; a.A. *C. Hillgruber*, JZ 1996, S. 118, 121.

649 BVerfG, Beschl. v. 12.11.1997 – 1 BvR 479/92, 307/94, BVerfGE 96, S. 375, 394 f.

650 Siehe bereits im Rahmen der historischen Auslegung unter 3. Kapitel A.

651 BVerfG, Beschl. v. 14.2.1973 – 1 BvR 112/65, BVerfGE 34, S. 268, 286, für die Veränderungen seit Entstehung des BGB; BVerfG, Beschl. v. 11.4.1967 – 1 BvL 25/64, BVerfGE 21, S. 292, 299, für Strukturveränderungen im mittelständischen Einzelhandel.

1977 und unabhängig von gesellschaftlichen, technischen oder anderweitigen Veränderungen beibehalten[652].

Seit Erlass der AO 1977 hat es auch keine tief greifenden Veränderungen der Lebensverhältnisse gegeben, die auf gewandelte Interessen hinsichtlich eines Akteneinsichtsrechts hindeuten. Vielmehr gab es schon vor Inkrafttreten dieses Gesetzes eine Rechtsauffassung mit Gesetzesvorschlägen, die ein Akteneinsichtsrecht vorsahen[653]. An den diesen Ansätzen zugrunde liegenden Wertungen hat sich bis heute wenig geändert. Allenfalls die faktische Seite der Akteneinsicht könnte sich durch die weitgehende digitale Aktenführung geändert haben. Gewandelt hat sich aber die Anschauung der öffentlichen Verwaltung zur eigenen Transparenz. Diese Tendenz spiegelt sich in der aktuellen Diskussion zu einem modernen Informationsverwaltungsrecht wider. Ob diese Änderung allerdings genügt, um eine Rechtsfortbildung praeter legem zu sprechen, erscheint aus mehreren Gründen fragwürdig. Das Bundesverfassungsgericht hat den Aspekt der gewandelten Lebensverhältnisse und Rechtsanschauungen bisher nur sehr selten durchgreifen lassen. Der prominenteste Fall lag der sog. Soraya-Entscheidung zugrunde. Dort ging es um die Veränderungen seit der Entstehung des BGB bis zu einem Zeitpunkt weit in die nachkonstitutionelle Zeit. In diesem Zeitraum erfolgte in der deutschen Gesellschaft ein kompletter Wertewandel und auch der technische Fortschritt veränderte die Gesellschaft in einer nie da gewesenen Weise.

Fraglich ist, ob auch die angesprochenen Veränderungen dem gleich bedeutend sind. Der Wandel der Rechtsauffassungen zum Informationsverwaltungsrecht kann für den Einzelnen ein hohes Gewicht erlangen und hat auch die Arbeit der Verwaltung bereits verändert. Allerdings kamen die Anstöße dafür aus dem Ausland und bestanden bereits zur Zeit des Erlasses der AO 1977[654]. Von einer der Ausgangslage beim BGB vergleichbar gewichtigen Änderung seit Erlass der AO 1977 kann vor allem aufgrund des letzten Aspekts nicht ausgegangen werden. Nebensächlich ist diese Entwicklung indes nicht, wie die Schaffung der Informationsgesetze auf Bundes- und Länderebene zeigt. Allerdings ist diese Zunahme des freien Zugangs zu Information nicht einheitlich. Sowohl in zeitlicher als auch hinsichtlich der spezifischen Bereiche ist zu differenzieren: Gerade die Informationsfreiheitsgesetze stehen erst am Anfang einer in Deutschland

652 BFH, Urt. v. 6.8.1965 – VI 349/63 U, BStBl. III 1965, S. 675; Urt. v. 7.5.1985 – VII R 25/82, BStBl. II 1985, S. 571, 572; Urt. v. 8.2.1994 – VII R 88/92, BStBl. II 1994, S. 552, 554; Beschl. v. 8.6.1995 – IX B 168/94, BFH/NV 1996, 64, 65; Beschl. v. 4.6.2003 – VII B 138/01, BStBl. II 2003, S. 790.

653 *K. Tipke*, AöR Bd. 94 (1969) S. 224, 261, hatte in seinen Reformvorschlag für eine Neuordnung der AO ein solches Recht ausdrücklich aufgenommen.

654 Für einen Überblick zu entsprechenden Gesetzen in anderen Staaten siehe 2. Kapitel D. I.

noch jungen Entwicklung. Das Bundesinformationsfreiheitsgesetz ist erst zum Jahr 2006 in Kraft getreten. Die meisten Bundesländer haben bisher kein Informationsfreiheitsgesetz erlassen[655]. Auch ein durchgreifender Wandel im Bewusstsein der Verwaltungsbehörden und der Bürger hat bislang nicht eingesetzt. Darum fehlt es zumindest derzeit noch an einer größeren Veränderung der Rechtsanschauung auf diesem Gebiet. Es ist aber nicht ausgeschlossen, dass sich diese Entwicklung auf der Zeitschiene verdichtet. Darüber hinaus ist auch bei bereichsspezifischer Sicht kein umfassender Wertewandel im Steuerrecht feststellbar. Begonnen hat der erweiterte Zugang zu öffentlichen Informationen im Bereich des Umweltrechts[656]. Die dortige Entwicklung hat also schon vor einiger Zeit eingesetzt, ist aber inhaltlich auf einen engen Bereich begrenzt[657]. Für das Gebiet des Verbraucherschutzes hat der Gesetzgeber im Jahr 2007 ebenfalls ein Verbraucherinformationsgesetz erlassen, das größtenteils zum 1. Mai 2008 in Kraft tritt[658]. Auch dieses hat einen sehr begrenzten sektoralen Anwendungsbereich. Zumindest für das Steuerrecht diskutieren Wissenschaft, Literatur[659] und vereinzelt Rechtsprechung den freien Zugang zu Information gerade erst an. Ein wirklicher Wandel ist jedoch noch nicht vollzogen. Vielmehr gibt es bislang überwiegend Skeptiker[660]. Es ist daher entwicklungsoffen, ob in dieser Frage künftig und nach gewissem Zeitablauf eine Rechtsfortbildung praeter legen möglich sein wird. Zumindest ein Indiz für die Zulässigkeit einer Rechtsfortbildung lässt sich daraus ableiten.

Zwischenfazit

Keine der genannten Fallgruppen für eine Rechtsfortbildung praeter legem kann in der Frage des Akteneinsichtsrechts bejaht werden. Ein Auftrag zur Rechtsfortbildung ist gerade nicht erteilt worden. Die Lebensverhältnisse im Jahre 1977 wichen, was eine Notwendigkeit einer Akteneinsicht anging, nicht maß-

---

655 Überblick zu den Bundesländern, die ein Informationsfreiheitsgesetz erlassen haben, unter 2. Kapitel D.

656 UIG v. 22.12.2004, BGBl. I 2004, S. 3704, in Kraft getreten am 14.2.2005, unter Aufhebung des UIG v. 8.7.1994, BGBl. I 1994, S. 1490, i.d.F. der Bekanntgabe v. 23.8.2001, BGBl. I 2001, S. 2218; dazu etwa *A. Näckel/A. Wasielewski*, DVBl. 2005, S. 1351, 1352 f.; zum UIG vom 8.7.1994 vgl. pars pro toto *D. König*, DÖV 2000, S. 45.

657 Vgl. *D. Kugelmann*, NJW 2005, S. 3609, 3610.

658 Artikel 1 Gesetz v. 5.11.2007, BGBl. I 2007, S. 2558; lediglich die Ermächtigung zum Erlass der Kostenregelung (§ 6 Abs. 3 VIG) trat bereits am 10.11.2007 in Kraft.

659 Positiv hinsichtlich eines Zugangs zu Daten nach dem Bundesinformationsfreiheitsgesetz, *J. Fluck/S. Merenyi*, VerwArch Bd. 97 (2006), S. 381, 395 f.

660 FG Münster, Urt. v. 5.11.2002, 1 K 7155/00 S, EFG 2003, S. 499, 501 f.; Urt. v. 20.11.2003 – 12 K 6405/02 S, EFG 2004, S. 387, 388 f.; *H. Pump*, DStZ 2003, S. 535, 538.

geblich von den heutigen ab. Eine Rechtsfortbildung praeter legem liegt mithin nicht vor.

III. Direktionskraft verfassungsrechtlicher Impulse

Da es sich bei der Entwicklung eines Akteneinsichtsrechts nicht um eine gesetzesimmanente Rechtsfortbildung praeter legem handelt, liegt darin eine gesetzesübersteigende Rechtsfortbildung. Diese könnte als verfassungskonforme Rechtsfortbildung zulässig sein, weil das Verfassungsrecht ein Gebot für ein Akteneinsichtsrecht für den Bereich des Steuerrechts statuiert. Der Wille des Finanzausschusses könnte daher irrelevant sein. Aufgabe des Richters ist neben der Gesetzanwendung auch die Rechtsfindung, nicht jedoch die originäre Rechtssetzung[661]. Trifft das Gericht eine konkrete Entscheidung innerhalb des Anwendungsbereichs einer das Gericht bindenden Norm, welche mit dieser Norm inhaltlich unvereinbar ist, handelt es sich um eine grundsätzlich unzulässige Rechtsprechung contra legem[662]. Diese unterliegt vor allem deshalb sehr hohen Legitimationsanforderungen, weil der Richter sich grundsätzlich nicht über eine konkrete und eindeutige legislatorische Entscheidung hinwegsetzen darf[663]. Aus dem Fehlen einer Norm, die das Akteneinsichtsrecht regelt, kann nicht automatisch auf eine ausfüllungsbedürftige und im Wege richterlicher Rechtsfortbildung zu schließende Regelungslücke geschlossen werden[664]. Handelt es sich wie beim Akteneinsichtsrecht im Besteuerungsverfahren um einen bewusst geschaffenen rechtsfreien Raum, darf der Rechtsanwender in diesen Raum grundsätzlich nicht „ausfüllend" eindringen[665]. Die Annahme einer Gesetzeslücke bedarf dann einer besonders sorgfältigen Begründung[666]. Das Bundesverfassungsgericht vertritt regelmäßig die Auffassung, dass sich der Rechtsanwender nicht über den eindeutigen Willen des Gesetzgebers hinweg setzen und

---

661 BFH, Urt. v. 20.10.1983 – IV R 175/79, BStBl. II 1984, S. 221, 224; *G. Hassold*, in Festschrift K. Larenz, 1983, S. 211, 216.

662 *C. Gusy*, DÖV 1992, S. 461, 464. Nach Ansicht von *K. F. Röhl*, Allgemeine Rechtslehre2, S. 599, gibt es eine Rechtsanwendung contra legem nur für die Verfechter der subjektiven Auslegungstheorie. Als contra legem versteht er nur eine Entscheidung, die das Ergebnis der historisch-kritischen Auslegung verwirft, ohne dass sich die Verhältnisse in einer Weise geändert haben, die nach einer Rechtsfortbildung verlangt.

663 BVerfG, Beschl. v. 3.4.1990 – 1 BvR 1186/89, BVerfGE 82, S. 6, 12.

664 *C. Hillgruber*, JZ 1996, S. 118, 120: Im Regelfall ist davon auszugehen, dass bei einer fehlenden gesetzlichen Anspruchsgrundlage der Gesetzgeber eine solche nicht schaffen wollte. Ferner *B. Dalichau*, Auskünfte und Zusagen der Finanzverwaltung, S. 302.

665 *C.-W. Canaris*, Die Feststellung von Lücken im Gesetz, § 34, S. 43 f.; *M. L. Hilger*, in Festschrift K. Larenz, 1973, S. 109, 111; *J. Lang*, in Tipke/Lang, Steuerrecht, § 5 Rn. 55.

666 Vgl. BVerfG, Beschl. v. 30.3.1993 – 1 BvR 1045/89, 1381/90, 1 BvL 11/90, BVerfGE 88, S. 145, 167; näher *C. Hillgruber*, JZ 1996, S. 118, 121.

den Regelungsgehalt vorhandener Normen neu bestimmen darf[667]. Es formuliert in einer Entscheidung vom 3. April 1990: „Hat der Gesetzgeber eine eindeutige Entscheidung getroffen, darf der Richter diese nicht aufgrund eigener politischer Vorstellungen verändern und durch eine judikative Lösung ersetzen, die so im Parlament nicht erreichbar gewesen ist."[668] Der VIII. Senat des Bundesfinanzhofs führt zu den Voraussetzungen einer Rechtsfortbildung aus: „Für die Feststellung, ob eine planwidrige Unvollständigkeit des Gesetzes oder eine vom Gesetzgeber bewusst auf bestimmte Tatbestände beschränkte Regelung vorliegt, ..., ist vor allem die Entstehungsgeschichte des Gesetzes heranzuziehen."[669]

1. Entgegen stehender Wille des Finanzausschusses

Die Absicht, ein Akteneinsichtsrecht nicht zu regeln, hatte allerdings nur der Finanzausschuss des Bundestages. Aus den sonstigen Gesetzesmaterialien lässt sich kein Ausschlusswille des Plenums ableiten. Ein rechtsfortbildendes Gericht würde sich mithin lediglich über den Willen des Finanzausschusses hinwegsetzen. Der Bundesfinanzhof sieht die vom Finanzausschuss geäußerten Gründe zwar als Willen des Gesetzgebers an[670], lässt damit aber eine sorgfältig differenzierende Rechtsprechung des Bundesverfassungsgerichts außer Acht. Äußerungen von Ausschüssen sind danach zwar im Rahmen der Auslegung als Auslegungstopoi heranzuziehen, wenn sie sich im Gesetzeswortlaut widerspiegeln. Sprechen indes verfassungsrechtliche Argumente gegen diesen, nur von einem kleinen Kreis der am Gesetzgebungsverfahren Beteiligten geäußerten Willen, so kann das anwendende Gericht nicht daran gebunden sein[671]. Solche Äußerungen lassen sich durch entgegen stehende verfassungsrechtliche Impulse und Direktiven, anders als es der vom Plenum geäußerte Wille des Gesetzgebers wäre, überwinden. An dieser Stelle offenbaren sich deutliche Unterschiede zwischen Auslegung und Rechtsfortbildung.

Es ist Aufgabe der Rechtsprechung „Wertvorstellungen, die der verfassungsmäßigen Ordnung immanent sind, aber in dem Text der geschriebenen Gesetze nicht oder nur unvollkommen zum Ausdruck gelangt sind, in einem Akt des bewertenden Erkennens, dem auch willenhafte Elemente nicht fehlen, ans Licht

667 BVerfG, Beschl. v. 11.6.1958 – 1 BvL 149/52 BVerfGE 8, S. 28, 34 f.; Beschl. v. 11.6.1980 – 1 PBvU 1/79, BVerfGE 54, S. 277, 299 f.; *R. Wank*, ZGR 1988, S. 314, 334.

668 BVerfG, Beschl. v. 3.4.1990 – 1 BvR 1186/89, BVerfGE 82, S. 6, 12; vgl. auch *J. Lang*, in Tipke/Lang, Steuerrecht, § 5 Rn. 54.

669 BFH, Beschl. v. 28.5.1993 – VIII B 11/92, BStBl. II 1993, S. 665, 666.

670 BFH, Urt. v. 4.6.2003 – VII B 138/01, BStBl. II 2003, S. 790, 792; vgl. hierzu und zum folgenden 1. Kapitel C. I.

671 BVerfG, Beschl. v. 11.6.1980 – 1 PBvU 1/79, BVerfGE 54, S. 277, 297 f.

zu bringen und in Entscheidungen zu realisieren“[672]. Eine Gesetzeslücke kann sich mithin aus einer verfassungsrechtlichen Gesamtbetrachtung ergeben[673]. Eine nach Wortlaut, Systematik, Zweck und Historie abschließende Regelung kann in verfassungsrechtlicher Hinsicht als unvollständig erscheinen. In einem solchen Fall ist eine verfassungskonforme Fortbildung nicht ausgeschlossen[674]. Sie ist weder durch den möglichen Wortsinn noch die historischen Regelungsabsichten einzelner am Gesetzgebungsverfahren beteiligter Ausschüsse limitiert[675]. Der Regelungsplan des Finanzausschusses muss dann dem nach Art. 1 Abs. 3, 20 Abs. 3 GG verbindlichen Rahmenplan der Verfassung weichen[676]. Dem Rechtsanwender ist die Aufgabe zugeteilt, die „Richtlinien und Impulse“[677] des verfassungsrechtlichen Wertsystems durch verfassungskonforme Interpretation zu entfalten[678] und die Leitlinien der Gesamtrechtsordnung zu beachten[679].

Halten überwiegende Teile der Rechtsprechung und der Lehre die Rechtsfortbildung für unbedenklich oder gar für geboten, deutet das Bundesverfassungsgericht dies als Indiz dafür, dass die betreffenden Gerichte in vertretbarer Weise von einer Regelungslücke ausgehen[680]. In der Soraya-Entscheidung stellte das Gericht maßgeblich darauf ab, dass schon bei den Vorarbeiten zum BGB die Frage nach Ersatz eines immateriellen Schadens umstritten war und dass dieser

---

672 BVerfG, Beschl. v. 14.2.1973 – 1 BvR 112/65, BVerfGE 34, S. 269, 287; vgl. auch Beschl. v. 19.10.1983 – 2 BvR 485, 486/80, BVerfGE 65, S. 182, 190 f., 194 f.

673 Dazu *D. Göldner*, in Festschrift K. Larenz, 1983, S. 199, 201, 204 f.

674 *G. Hassold*, in Festschrift K. Larenz, 1983, S. 211, 235.

675 *D. Göldner*, in Festschrift K. Larenz, 1983, S. 199, 201; vgl. *R. Zippelius*, in Festgabe 25 Jahre BVerfG II, S. 108, 121 – 124. Nach Ansicht von *J. Ipsen*, Richterrecht und Verfassung, S. 178 ff., 186 f., gibt die Verfassung Anstöße für Rechtsfortbildung und begrenzt sie. Der Terminus verfassungskonforme Rechtsfortbildung ist nach seiner Auffassung nicht erforderlich.

676 Vgl. *C. Hillgruber*, JZ 1996, S. 118, 121, der diese Erkenntnis aus einer Gesamtschau der Rechtsprechung des Bundesverfassungsgerichts zur Rechtsfortbildung ableitet. Ähnlich auch *D. Göldner*, in Festschrift K. Larenz, 1983, S. 199, 208.

677 BVerfG, Urt. v. 15.1.1958 – 1 BvR 400/51, BVerfGE 7, S. 198, 205.

678 *J. Lang*, StuW 1987, S. 221, 244; *G. Orrù*, ZRP 1989, S. 441, 444; vgl. auch *K. Redeker*, NJW 1972, S. 409, 412.

679 BVerfG, Beschl. v. 19.6.1979 – 2 BvL 14/75, BVerfGE 51, S. 304, 323; Beschl. v. 14.4.1987 – 1 BvR 332/86, BVerfGE 75, S. 201, 218; *H. W. Kruse*, BB 1985, S. 1077, ähnlich auch schon *G. Hassold*, in Festschrift K. Larenz, 1983, S. 211, 220; *K.-H. v. Köhler*, NJW 1956, S. 1460, 1463.

680 BVerfG, Beschl. v. 14.2.1973 – 1 BvR 112/65, BVerfGE 34, S. 269, 290 ff.; vgl. auch BVerfG, Beschl. v. 11.10.1978 – 1 BvR 84/74, BVerfGE 49, S. 304, 324; Beschl. v. 12.11.1997 – 1 BvR 479/92, 307/94, BVerfGE 96, S. 375, 395 f.; ähnlich *K. Tipke*, Steuerrechtsordnung I, S. 277 f., wonach die Akzeptanz in der Gesellschaft für die Sachgerechtigkeit eines Prinzips spricht.

Zustand anhielt[681]. Sofort nach Inkrafttreten des BGB setzte die Kritik daran ein, dass nur in den wenigen ausdrücklich genannten Fällen der immateriellen Schäden, die zudem konzeptlos erschienen, ein Geldersatz gewährt wurde[682]. Auch im Vorfeld der Schaffung der AO 1977 wurde ein Akteneinsichtsrecht erwogen[683]. Kritik, die sich im Übergehen der gewollten Nichtregelung widergespiegelt hat, begleitete die AO 1977 von Beginn an. Der Bundesfinanzhof nahm von Anfang an einen ermessensgebundenen Anspruch auf Akteneinsicht an[684], weil er ein solches Recht für erforderlich hielt. Dem folgten Finanzverwaltung und Lehre weitgehend[685].

2. Vergleichsmodell der Beteiligung Dritter im Besteuerungsverfahren

In dem ebenfalls das steuerliche Verfahrensrecht betreffenden Fall der Beteiligung Dritter, deren Zustimmung erforderlich ist, weist namentlich *R. Seer* nach, dass eine verfassungsrechtliche Ausgestaltung des Steuerverfahrensrechts notwendig ist[686]. Der Finanzausschuss des Bundestages sah „kein Bedürfnis", eine der Norm des § 13 Abs. 2 VwVfG entsprechende Regelung in die AO aufzunehmen[687]. Diese Äußerungen des Ausschusses ähneln denen der Akteneinsicht, wenn der Finanzausschuss auch im letzteren Fall noch entschiedener von der Einführung dieses Rechts abgesehen hat. Bei dieser verfassungsrechtlichen Ausgestaltung handelt es sich um eine verfassungskonforme Rechtsfortbildung des Steuerverfahrensrechts. Für diese Fortentwicklung sei nicht allein eine zweckmäßige Verfahrensausgestaltung ausschlaggebend, sondern der verfassungsrechtlich gewährleistete Schutz des Drittbetroffenen stehe ebenso im Mittelpunkt. Die Finanzbehörde hat an der frühzeitigen Einbeziehung Drittbetroffener ein vitales Interesse, um prozessökonomisch entscheiden und vorgehen zu

681 Hierzu und zum folgenden BVerfG, Beschl. v. 14.2.1973 – 1 BvR 112/65, BVerfGE 34, S. 269, 289 f.

682 Vgl. *H. Stoll*, 45. DJT 1964, Bd. I Teil 1, S. 51, 61 ff.; Beschlüsse des DJT 1957, abgedruckt als Anlage 1 der BT-Drucks. III/1237, S. 33; siehe auch das rechtsvergleichende Gutachten des Max-Planck-Instituts für ausländisches und internationales Privatrecht v. 15.5.1959, abgedruckt als Anlage 5 der BT-Drucks. III/1237, S. 63 ff.

683 Bereits während des Gesetzgebungsverfahrens enthielten die Reformansätze von *K. Tipke*, AöR Bd. 94 (1969), S. 224, 261, ein Akteneinsichtsrecht als Teil der Allgemeinen Verfahrensvorschriften. Der Bundesfinanzhof hatte auch schon unter der Geltung der RAO einen Ermessenanspruch auf Akteneinsicht bejaht, BFH, Urt. v. 27.3.1961 – I 276/60 U, BStBl. III 1961, S. 290; Urt. v. 6.8.1965 – VI 349/63 U, BStBl. III 1965, S. 675.

684 BFH, Urt. v. 7.5.1985 – VII R 25/82, BStBl. II 1985, S. 571, 572; Urt. v. 8.2.1994 – VII R 88/92, BStBl. II 1994, S. 552, 554.

685 Zum Meinungsstand 1. Kapitel C.

686 *R. Seer*, Verständigungen in Steuerverfahren, S. 270 ff.

687 BT-Drucks. 7/4292, S. 23.

können. Die gleiche Stoßrichtung hat der grundrechtlich gesicherte Schutz des Dritten. Diese Ausgangslage besteht auch beim Akteneinsichtsrecht. Es kann auf der einen Seite prozessökonomisch wirken. Auf der anderen Seite ist es verfassungsrechtlich aufgeladen.

IV. Gewaltenteilungsgrundsatz als Grenze einer Rechtsfortbildung

Werden Gerichte rechtsschöpfend tätig überschneidet sich ihr Wirkbereich regelmäßig mit dem Kernbereich der gesetzgebenden Organe. Der damit betroffene Gewaltenteilungsgrundsatz begrenzt daher die richterliche Rechtsfortbildung. Das Recht zu gestalten, ist grundsätzlich die alleinige Aufgabe des Gesetzgebers, nicht der Gerichte[688]. Diese kann er aufgrund seiner demokratisch erteilten Kompetenz auch gegen den Willen von Rechtsprechung und Lehre erfüllen[689]. Eine sehr restriktive Ansicht vertritt diesbezüglich *C. Hillgruber*, der auch eine verfassungsgebotene Rechtsfortbildung nur in ganz engen Bereichen zulassen möchte. Danach müsse die konkrete, vom Gericht geschöpfte Rechtsfolge tatsächlich von Verfassungs wegen als einzige Rechtsfolge unmittelbar und zwingend geboten erscheinen[690]. Hat der Gesetzgeber demgegenüber verschiedene Möglichkeiten eine verfassungswidrige Gesetzeslage abzuschaffen, sei das Fachgericht nicht befugt, ihm diese Entscheidung „abzunehmen“[691].

Der Ansatz von *C. Hillgruber* hat einen positivistischen Ausgangspunkt und ist nur schwer vertretbar. Jedes Problem wäre danach vom Gesetzgeber selbst zu lösen. Lückenhafte Gesetze sind danach entweder nicht vorhanden oder die Lücken dürften zumindest nur und in jedem Fall vom Gesetzgeber geschlossen werden. Nur mit diesen Prämissen kann ein derart eng verstandener Gewaltenteilungsgrundsatz eine Berechtigung haben. Es entspricht aber der überwiegenden und richtigen Ansicht, dass Gesetze nicht alle Lebenssachverhalte umfassen können, sondern potentiell lückenhaft sind[692]. Diese Lücken können, gerade weil sie erst in Einzelfällen sichtbar sind, nicht schon im Prozess der Rechtssetzung,

---

688 *P. Häberle*, in Festschrift Boorberg Verlag, S. 47, 53 f.; *R. Wernsmann*, NVwZ 2000, S. 1360, 1363.

689 *P. Häberle*, in Festschrift Boorberg Verlag, S. 47, 53 f.

690 *C. Hillgruber*, JZ 1996, S. 118, 122.

691 *C. Hillgruber*, JZ 1996, S. 118, 122 ausdrücklich entgegen BVerfG, Beschl. v. 29.1.1969 – 1 BvR 26/66, BVerfGE 25, S. 167, 183; vgl. auch *F. Müller/ R. Christensen*, Juristische Methodik, S. 105.

692 Vgl. BVerfG, BVerfG, Beschl. v. 14.2.1973 – 1 BvR 112/65, BVerfGE 34, S. 269, 286 f.; BFH, Urt. v. 20.10.1983 – IV R 175/79, BStBl. II 1984, S. 221, 223 f.; *C. Gusy*, DÖV 1992, S. 461; *A. Kaufmann*, Jura 1992, S. 297, 298; *F. Müller/ R. Christensen*, Juristische Methodik I, Rn. 84 ff., 112, 121; *G. Orrù*, ZRP 1989, S. 441.

sondern erst im Rahmen der Rechtsanwendung geschlossen werden[693]. Der Rechtsanwender gestaltet das soziale Umfeld, indem er die regelnden Normen konkretisiert[694]. Ansonsten müsste der Gesetzgeber jeden Einzelfall bedenken, den das Gesetz umfasst bzw. nicht umfasst.

Bei einem so engen Korsett, wie *C. Hillgruber* es propagiert, würde jede richterliche Rechtsfortbildung zum Akteneinsichtsrecht gegen den Gewaltenteilungsgrundsatz verstoßen. Denn der Gesetzgeber verfügt über verschiedenste Möglichkeiten, das Akteneinsichtsrecht im Besteuerungsverfahren auszugestalten, wie der typologische Rahmen gezeigt hat[695]. Diese Argumentation würde jedoch gegen fast alle Fälle von anerkannter Rechtsfortbildung sprechen. Nur in sehr seltenen Fällen hat der Richter lediglich eine Möglichkeit, auf eine erkannte Lücke zu reagieren und sie anhand von Wertungsgesichtspunkten zu schließen. Dies hat das Bundesverfassungsgericht erkannt und sieht deshalb nur dann einen verfassungsrechtlich unhaltbaren Eingriff in die Kompetenz des Gesetzgebers, wenn das richterliche Verständnis einem „nach Wortlaut und Sinn eindeutigen Gesetz ein geradezu entgegen gesetzter, das gesetzgeberische Ziel in einem wesentlichen Punkt verfehlender oder verfälschender Sinn gegeben würde“[696]. Diese zur Auslegung entwickelte Rechtsprechung muss auch für Rechtsfortbildung gelten[697]. Letztlich begegnet eine behutsame Rechtsfortbildung zugunsten eines Akteneinsichtsrechts keinen durchgreifenden Bedenken aus dem Gewaltenteilungsprinzip.

Zwischenfazit

Eine verfassungskonforme Rechtsfortbildung ist folglich im Fall der Akteneinsicht im Besteuerungsverfahren durch die entgegen stehenden Äußerungen des Finanzausschusses während des Gesetzgebungsverfahrens nicht ausgeschlossen, sondern sogar verfassungsrechtlich geboten.

---

693 Vgl. *A. Kaufmann*, Jura 1992, S. 346, 350.

694 *C. Gusy*, DÖV 1992, S. 461 f.

695 Siehe Typologie der Akteneinsichtsrechte, 2. Kapitel C.

696 BVerfG, Beschl. v. 19.6.1973 – 1 BvL 39/69, 14/72, BVerfGE 35, S. 263, 280; Beschl. v. 7.4.1997 – 1 BvL 1/96, NJW 1997, S. 2230.

697 Vgl. BVerfG, Beschl. v. 14.4.1987 – 1 BvR 332/86, BVerfGE 75, S. 201, 218, wonach sowohl Auslegung als auch richterliche Rechtfortbildung im Einklang mit dem Grundgesetz als Gesamtrechtsordnung vorzunehmen sind.

5. Kapitel: Ausfüllung der auf Verfassungsrecht beruhenden Gesetzeslücke

Die im ersten Schritt gefundene, den „Weg zur richterlichen Normsetzung frei" machende[698] Rechtslücke betraf als Grundvoraussetzung die äußere Grenze bzw. das „Ob" der Zulässigkeit einer Rechtsfortbildung. Nunmehr rückt die konkrete Ausgestaltung als innere Grenze der Rechtsfortbildung bzw. das „wie" der Lückenschließung in das Zentrum der Arbeit[699]. Dabei ist stets zu beachten, dass ein im Wege der Rechtsfortbildung zu schaffender Rechtssatz nur die „zweite Wahl" der Lösungsvarianten ist, um den verfassungsrechtlichen Vorgaben für ein Akteneinsichtsrecht im Besteuerungsverfahren gerecht zu werden. Anders als der eigentlich geforderte Gesetzgeber bewegt sich der das Recht fortbildende Richter in engen Grenzen, was die Ausgestaltung eines solchen von der Verfassung gebotenen Rechts anbelangt. Der Richter kann dem dem Gesetzgeber obliegenden Optimierungsauftrag nicht gerecht werden. Anders als dem Gesetzgeber fehlen ihm die Möglichkeiten, ein umfassendes Meinungsbild, empirische Erkenntnisse und ähnliches einzuholen. Die Rechtsfortbildung muss deshalb die historischen Vorstellungen des Finanzausschusses so weit wie möglich einbinden und darf über den verfassungsrechtlich gebotenen Mindeststandard nicht hinausgehen, weil er ansonsten den ihm im Spannungsfeld der Gewalten zugewiesenen Bereich überschreitet. Auch die Verfassungsgebotenheit des Akteneinsichtsrechts führt nicht zu einer anderen Wertung. Denn nicht das gesamte Verwaltungsverfahrensrecht ist auch Verfassungsrecht[700], obwohl die Grundrechte wichtige Vorgaben für das Verfahrensrecht bereithalten[701]. Die Verfassungsbezogenheit des Verwaltungsrechts bedeutet danach nicht, dass jede Ausgestaltung aus der Verfassung abzuleiten und demzufolge verfassungsfest garantiert ist[702]. Rechtsfortbildung darf nicht dazu führen, vorhandene Normen in ihrem Regelungsgehalt neu zu bestimmen[703]. Dies zwingt den Richter zu einem besonders sorgfältigen Umgang mit dem schon bestehenden Rechtsumfang. Anders als der Gesetzgeber darf er somit nicht irgendeinen der in der Typologie spezifizierten Akteneinsichtstypen entwickeln.

698 *B. Rüthers*, Rechtstheorie, Rn. 873.

699 Zu dieser Begrifflichkeit siehe *K.-D. Drüen*, GmbHR 2005, S. 69.

700 Zu Recht hat *M. Kloepfer*, JZ 2003, S. 481, 484, moniert, dass zu viele Rechtsfragen zu Verfassungsfragen „hochstilisiert" werden und dass damit die Gefahr der Beliebigkeit und der fehlenden Konsistenz verfassungsrechtlicher Aussagen wachse.

701 *U. Steiner*, NZS 2002, S. 113, 114.

702 *E. Schmidt-Aßmann*, Jura 1979, S. 505, 509.

703 *R. Wank*, ZGR 1988, S. 314, 334.

A. Vorwirkung des Akteneinsichtsrechts im Finanzprozess in das Besteuerungsverfahren

I. Instrument der Lückenschließung

Um die hinsichtlich des Akteneinsichtsrechts bestehende Lücke in der AO 1977 zu schließen, stehen dem Richter grundsätzlich die rechtsmethodischen Instrumente der Analogie und des Umkehrschlusses zur Seite[704]. Mittel der Logik genügen nicht, um zu entscheiden, welches Instrumentarium einzusetzen ist. Hierfür bedarf es juristischer Methodik, insbesondere der Teleologie[705]. Der Richter darf sich bei der Rechtsfortbildung nicht dem vom Gesetzgeber festgelegten Zweck des Gesetzes entziehen[706]. Er muss diesen unter gegebenenfalls gewandelten Umständen möglichst zuverlässig zur Geltung bringen[707]. Die Zwecksetzungsprärogative des Gesetzgebers wird dadurch regelmäßig nicht berührt[708].

Die vorangegangene Prüfung hat gezeigt, dass ein verfassungsrechtliches Gebot für ein Akteneinsichtsrecht besteht. Vor diesem Hintergrund ist es nicht zulässig, in der Frage des Akteneinsichtsrechts im Besteuerungsverfahren von einem Umkehrschluss auszugehen[709]. Eine solche Vorgehensweise würde die verfassungsrechtlichen Direktiven und Leitlinien für eine Akteneinsicht gänzlich außen vor lassen. Ein Umkehrschluss ist mithin bei wertender Betrachtung ausgeschlossen. In Betracht kommt vielmehr das Mittel der Analogie. Dies wirft als zweiten Schritt die Frage auf, welche Norm bzw. Normkomplexe analog angewendet werden können oder müssen. Eine behutsame Analogie erfordert es, den analog anzuwendenden Rechtssatz sorgfältig auszuwählen. Dabei kommt es insbesondere auf die Sachnähe an, um nicht später in der Sachmaterie angelegte Divergenzen ausräumen zu müssen.

---

704 *K.-D. Drüen*, in Tipke/Kruse, AO/FGO, § 4 AO Tz. 365 ff., 381 f. (Oktober 2006), der daneben noch die Möglichkeiten der teleologische Reduktion und der Extension beschreibt; *B. Rüthers*, Rechtstheorie, Rn. 888.

705 Für das Verhältnis von Analogie und Umkehrschluss: *K. Engisch*, Einführung in das juristische Denken, S. 192; *K. Larenz*, Methodenlehre, S. 390 f.; *U. Klug*, Juristische Logik, S. 143.

706 *K.-D. Drüen*, GmbHR 2005, S. 69, 73; *B. Pieroth/T. Aubel*, JZ 2003, S. 504, 509.

707 *G. Leibholz/H.-J. Rinck/D. Hesselberger*, GG, Art. 20 Rn. 607 (Oktober 1998).

708 BVerfG, Beschl. v. 12.11.1997 – 1 BvR 479/92 und 307/94, BVerfGE 96, S. 375, 394 f.

709 Gegen die Annahme eines argumentum e contrario auch *P. Dagtoglou*, JZ 1965, S. 320; *G. Trantas*, Akteneinsicht und Geheimhaltung, S. 264. Darstellung des damaligen Meinungsstandes bei *W. Perschel*, JuS 1966, S. 231, 235.

II. Analoge Anwendung der §§ 29 VwVfG oder 25 SGB X?

Die Inkonsistenz der Regelung des Akteneinsichtsrechts in den einzelnen Verwaltungsbereichen lassen den Gedanken an eine analoge Anwendung der §§ 29 VwVfG[710] oder 25 SGB X zu. In der Literatur ist es umstritten, ob Normen des allgemeinen Verwaltungsrechts analog in anderen Verwaltungsbereichen angewendet werden können. Für eine entsprechende Anwendung von § 29 VwVfG auf das Besteuerungsverfahren spricht sich etwa *W. Dumke* aus[711]. Damit stützt er sich auf eine Rechtsansicht, wonach das allgemeine Verwaltungsverfahrensrecht Beispielswirkung für die Lückenfüllung anderer Verwaltungsrechte hat und als Ausdruck allgemeiner Rechtsgrundsätze auch in den nicht ausdrücklich erfassten Bereichen analog anzuwenden ist[712]. Verwaltungsrechtliche Erkenntnisse können danach fruchtbar gemacht werden, um das dogmatische Fundament des Steuerrechts abzusichern[713]. Auch *W. Jellinek* sah mannigfaltige Berührungspunkte mit den allgemeinen Lehren des Verwaltungsrechts. Die Reichsabgabenordnung habe ihren verwaltungsrechtswissenschaftlichen Unterbau nirgends verleugnet[714]. Dennoch nehmen Steuerrecht und allgemeines Verwaltungsrechts nur wenig Kenntnis voneinander[715]. Die Abkoppelung des Steuerrechts von den Entwicklungen im allgemeinen Verwaltungsrecht folgte letztlich bereits aus der Kodifizierung der RAO, die „wie ein Schlußstrich" wirkte[716]. Die Unterschiede finden bereits in der Gesetzesbegründung[717] ihren Ursprung. Auch ein Großteil der Literatur[718] wendet sich gegen diese Ansicht[719].

---

710 Eine direkte Anwendung der Regelung des Akteneinsichtsrechts im allgemeinen Verwaltungsverfahren (§ 29 Abs. 1 VwVfG) kommt wegen der ausgeschlossenen Anwendbarkeit des VwVfG auf das Finanzverwaltungsverfahren (§ 2 Abs. 2 Nr. 1 VwVfG) von vorn herein nicht in Betracht.

711 *W. Dumke*, in Schwarz, AO/FGO, Vor §§ 78 – 133 AO Rn. 77.

712 *U. Ramsauer*, in Kopp/Ramsauer, VwVfG, Einführung Rn. 48 f.

713 *G. Felix*, in Festschrift A. Spitaler, S. 135, 140 f.

714 *W. Jellinek*, Verwaltungsrecht, S. 44 f., wonach das gegenseitig Befruchtende über dem Trennenden nicht vergessen werden sollte.

715 So schon *G. Felix*, in Festschrift A. Spitaler, S. 135, 142 f. zu den steuerrechtlichen Ausführungen in den führenden Zeitschriften zum Verwaltungsrecht, den Lehrbüchern, sowie den allgemeinen Einführungen in die Rechtswissenschaft und zu den Anleihen des steuerrechtlichen Schrifttums in Lehren des allgemeinen Verwaltungsrechts; ebenso *H. W. Kruse*, Steuerrecht I, S. 4.

716 *H. W. Kruse*, Steuerrecht I, S. 5.

717 BT-Drucks. 7/910, S. 33, was allerdings nicht ausschließe, dass über die Heranziehung von allgemeinen Verfahrensgrundsätzen die im VwVfG verankerten Grundsätze dennoch zur Anwendung kommen.

718 *U.-C. Dißars*, NJW 1997, S. 481, 482; *ders.*, DStR 2005, S. 137; *H. Söhn*, in Hübschmann/Hepp/Spitaler, AO/FGO, § 91 AO Rn. 127 (November 2003).

Ebenso könnte sich im vorliegenden Problemkreis eine entsprechende Anwendung des Akteneinsichtsrechts im Sozialrecht anbieten. Es handelt sich sowohl beim Steuerrecht als auch beim Sozialrecht um eine Materie des besonderen Verwaltungsrechts, in der es um massenhaften Vollzug geht[720]. Beide Materien des Massenfallrechts sind in Bezug auf Auswirkungen, Verwaltungsaufwand und Kostenbelastung für die Verwaltung durchaus miteinander vergleichbar.

1. Differenzen bei der Einschränkung der Einsichtsrechte und beim Geheimnisschutz

Die Einsichtsrechte im allgemeinen Verwaltungsrecht und im Sozialrecht können aus mehreren Gründen, die in beiden Bereichen divergieren, eingeschränkt werden, wie die Analyse der Akteneinsichtsrechte in beiden Verwaltungsgebieten gezeigt hat. Gerade zu dem auf den ersten Blick dem Besteuerungsverfahren nahe liegenden Sozialverwaltungsverfahren bestehen dabei einige Differenzen, welche die Vergleichbarkeit in Problembereichen wie der Akteneinsicht und des Gehörsrechts beeinflussen müssen. Im Sozialrecht hat sich ein besonderer Schutzmechanismus entwickelt. Dort müssen Daten häufig nicht nur Dritten gegenüber, sondern auch gegenüber dem Betroffenen besonders sorgfältig behandelt werden, wenn etwa dessen Gesundheit ansonsten Schaden nehmen kann[721]. Dies führt zu einer Modifikation des Akteneinsichtsrechts. Im Steuerrecht besteht eine dem Gesundheitsschutzgedanken des Sozialrechts entsprechende Konstellation nicht. Die tatsächliche und rechtliche Ausgangslage entspricht also nicht umfänglich der im Besteuerungsverfahren. Dies schwächt die auf den ersten Blick bestehende Gleichheit der Verwaltungsbereiche ab.

Des Weiteren ist der Geheimnisschutz in den drei Verwaltungsbereichen zumindest in Details unterschiedlich geregelt. Im Besteuerungsverfahrens ist auch im Falle eines Akteneinsichtsrechts das Steuergeheimnis (§ 30 AO) zu wahren. Auch in den anderen beiden Verwaltungsbereichen bestehen mit dem allgemeinen Amtsgeheimnis (§ 30 VwVfG) und dem Sozialgeheimnis (§ 35 SGB I i.V.m. § 67 ff. SGB X) ähnliche, aber nicht deckungsgleiche Systeme. So schützt das allgemeine Amtsgeheimnis nur die Beteiligten eines Verwaltungsverfahrens, nicht jedoch jedermann. Es erstreckt sich lediglich auf Geheimnisse

719 Ablehnend für das Besteuerungsverfahren: *U.-C. Dißars*, NJW 1997, S. 481, 482; *ders.*, DStR 2005, S. 137; *H. Söhn*, in Hübschmann/Hepp/Spitaler, AO/FGO, § 91 AO Rn. 127 (November 2003).

720 Zum Steuerrecht: *J. Isensee*, Die typisierende Verwaltung, S. 52 f.; *ders.*, StuW 1973, S. 199, 200; *D. Meyding*, DStJG Bd. 21 (1998), S. 219, 220; *R. Seer*, in Tipke/Lang, Steuerrecht, § 21 Rn. 5, § 22 Rn. 9; *A. Spitaler*, in StBJb 1956/57, S. 105, 107; *C. Waldhoff*, DStJG Bd. 27 (2004), S. 129, 144; zum Sozialrecht: *W. Löwer*, NVwZ 1986, S. 793, 795; *E. Schmidt-Aßmann*, in Isensee/Kirchhof, Handbuch des Staatsrechts III, § 70 Rn. 10.

721 Siehe ausführlich zur Ausgangslage im Sozialverwaltungsverfahren, 2. Kapitel B.

und nicht schlechthin auf alle den Bürger persönlich betreffenden Tatsachen und Umstände. Das Sozialgeheimnis ist insoweit umfassender. Der Schutz von Sozialdaten orientiert sich in seiner Struktur stark an den Vorgaben des BDSG[722]. Anders als § 30 AO spricht § 35 SGB I nicht von „Verhältnissen eines anderen“, sondern von den „ihn betreffenden Sozialdaten“[723]. Ein weiterer wichtiger Unterschied liegt in der Art der Kenntnisnahme der Behörde. Der Sozialdatenschutz richtet sich lediglich auf zielgerichtet erhobene Daten[724], während es im Steuerrecht nur auf ein bekannt Werden in einem der unter § 30 Abs. 2 AO genannten Fällen abstellt[725]. Sozialdaten sind beim Betroffenen zu erheben (§ 67a Abs. 2 S. 1 SGB X)[726]. Ohne seine Mitwirkung dürfen sie nur in den konkret beschriebenen Fällen erhoben werden (§ 67a Abs. 2 S. 2 SGB X). Neben dem Erheben der Sozialdaten bestehen konkrete Regeln, wann Datenverarbeitung und deren Nutzung (§ 67b SGB X), Datenspeicherung, -veränderung und -nutzung zulässig sind (§ 67c SGB X) und welche Übermittlungsgrundsätze gelten (§ 67d SGB X). § 30 AO hat einen anderen Ansatzpunkt, wenn er das unbefugte Offenbaren oder Verwerten als einzige Verletzungshandlung nennt. Außerdem bestehen beim Steuergeheimnis in Teilen andere Durchbrechungstatbestände (§ 30 Abs. 4 AO) als beim allgemeinen Amtgeheimnis und beim Sozialgeheimnis. Auch wenn im Ergebnis regelmäßig ein zumindest ähnlicher Schutzbereich eröffnet ist, unterscheiden sich die Normen in ihrer Anwendung sehr stark. Akteneinsicht und Geheimnisschutz stehen indes in einem sehr engen Verhältnis zueinander, weil bei einer Einsichtnahme der Geheimnisschutz stets zu beachten ist. Es bietet sich indes an, schon bei der Auswahl einer analog anzuwendenden Norm für ein Akteneinsichtsrecht auf ein möglichst nahe liegendes Regime zu achten, um das Zusammenspiel der Einsichtsrechte und der Geheimhaltungstatbestände nicht zu durchbrechen.

---

722 *P. Mrozynski*, SGB I, § 35 Rn. 2. Eine generelle Übernahme der Regelungen des BDSG strebte der Gesetzgeber nicht an, weil er dann den besonderen Anforderungen des Sozialrechts nicht gerecht geworden wäre, *W. Gitter/J. Schmitt*, Sozialrecht, § 51 Rn. 14. Das BDSG greift indes ergänzend ein, wenn der Anwendungsbereich des SGB nicht eröffnet ist, *U. Krahmer/T. P. Stähler*, Sozialdatenschutz nach dem SGB I und X2, § 35 SGB I Rn. 5.

723 Dazu umfänglich *U. Krahmer/T. P. Stähler*, Sozialdatenschutz nach dem SGB I und X2, § 35 SGB I Rn. 6.

724 *D. Bieresborn*, in von Wulffen, SGB X, § 67 Rn. 23; *P. Mrozynski*, SGB I, § 35 Rn. 13, 31.

725 Näher *C. Alber*, in Hübschmann/Hepp/Spitaler, AO/FGO, § 30 Rn. 101 ff. (Oktober 2002).

726 Eingehend *T. P. Stähler*, Datenschutzrechtliche Aspekte der Weitergabe von Sozialdaten, S. 27.

2. Erfolglose Vereinheitlichungsversuche der Verwaltungsbereiche

Gegen eine analoge Anwendung von Norm innerhalb der drei Verwaltungsbereiche spricht ein weiteres gewichtiges Argument. Aus der Rechtswissenschaft und in den Gesetzgebungsorganen hat es mehrfach Anläufe gegeben, die drei Verwaltungsbereiche in verschiedenstem Umfang zu vereinheitlichen[727]. Angesprochen seien die schon mehrfach durchgeführten Gegenüberstellungen der Regelungen der drei verschiedenen Verwaltungsverfahren, mit dem anschließenden Versuch, ein Gesetz zu schaffen, das allen drei Verwaltungsbereichen gerecht wird. Diese Ansätze führten bisher nicht dazu, dass der Gesetzgeber die Regelungen der drei Verwaltungsgebiete in einem Gesetz vereinheitlicht oder auch nur die Gerichtsbarkeiten[728] zusammen geführt hat.

Diese Gründe schließen eine Analogie zu §§ 29 VwVfG oder 25 SGB X zwar nicht aus, lassen aber Zweifel an der für ein behutsames Vorgehen gegen des Willen des Finanzsausschusses erforderlichen Sachnähe aufkommen. Daher ist zunächst zu untersuchen, ob nicht der analoge Einsatz eines anderen Normenkomplexes eine höhere Gewähr dafür bietet, den historischen Vorstellungen weitergehend zu entsprechen.

III. Antizipation des Akteneinsichtsrechts im Finanzprozess

Die Suche nach einem sachnäheren und darum ähnlicherem Rechtssatz gelangt bei näherem Hinsehen zu dem im Finanzprozess bestehenden Akteneinsichtsrecht (§ 78 Abs. 1 FGO). Die FGO regelt das finanzgerichtliche Verfahren. Es handelt sich um das Prozessrecht, mittels dessen gerichtliche Entscheidungen im Steuerrecht getroffen werden. Es gelten die auch im Besteuerungsverfahren bestehenden Verfahrensgrundsätze, so dass eine hohe Sachnähe garantiert ist. Antizipation würde eine analoge Anwendung des Akteneinsichtsrechts auf das vorher stattfindende Besteuerungsverfahren bedeuten.

1. Nutzung des Antizipationsgedanken in anderen Bereichen

Der Antizipationsgedanke ist weder in der Rechtswissenschaft im Allgemeinen noch im Steuerrecht im Besonderen neu. Bereits angesprochen wurde eine mögliche Vorwirkung der Garantie des umfassenden, effektiven und lückenlosen Rechtsschutzes auf das Besteuerungsverfahren, das nicht so ausgestaltet sein darf, dass gerichtlicher Schutz unmöglich wird. Daneben entfaltet auch das Recht auf Gehör Impulse für ein im Vorfeld seiner Ausübung erforderliches Akteneinsichtsrecht. Losgelöst von diesen konkret für ein Akteneinsichtsrecht plädierenden Vorwirkungen findet der Antizipationsgedanke an verschiedenen

---

727 Überblick bei *K. Redeker*, NJW 2004, S. 496, *F. Wittreck*, DVBl. 2005, S. 211 ff.

728 Positiv pars pro toto: *F. Wittreck*, DVBl. 2005, S. 211, 213 ff, 220.

Stellen Verwendung, wenn es darum geht, die Vergleichbarkeit zweier Normen oder Normkomplexe darzulegen und Normen analog anzuwenden.

a. Antizipation als Grundlage der tatsächlichen Verständigung

H. W. Kruse zieht den Antizipationsgedanken heran, um die tatsächliche Verständigung als Verständigungsvereinbarung über Sach- und Rechtsfragen[729] im Steuerverwaltungsverfahren zu untermauern[730]. Können sich die Beteiligten eines Besteuerungsverfahrens, was häufig im Rahmen der Schlussbesprechung einer Außenprüfung (§ 201 AO) vorkommt, nicht einigen, setzt sich die Streitigkeit vor dem Finanzgericht fort. Dort sind die Beteiligten freier gestellt als im Verwaltungsverfahren. Es gilt der Verfügungsgrundsatz bzw. die Dispositionsmaxime[731]. Kläger und Beklagter können den Prozess beenden, indem der eine die Klage zurücknimmt oder der andere den angefochtenen Verwaltungsakt aufhebt oder ändert (§ 72 FGO). Anschließend können sie die Sache für erledigt erklären (§ 138 Abs. 3 FGO). *H. W. Kruse* geht davon aus, dass eine Verständigung, die damit durch gegenseitiges Nachgeben nach Klageerhebung zulässig ist, erst recht schon vor Erhebung der Klage möglich sein müsse, wenn die Parteien sich im späteren Steuerprozess auf eine bestimmte Lösung verständigen dürfen[732]. Dabei geht er ausdrücklich davon aus, dass „die Anwendung der Finanzgerichtsordnung [...] vorweggenommen, die Geltung der Finanzgerichtsordnung antizipiert“ wird. „Ein neuer Gedanke, der sich anbietet, sobald man die anzuwendenden Verfahrensvorschriften in den Blick nimmt.“[733]

b. Vergleich mit der Gewährung rechtlichen Gehörs im schweizerischen Recht

In der Schweiz gilt der sog. Vorbehalt der Überprüfbarkeit des Verwaltungsaktes, wonach rechtliches Gehör erst im Verfahren vor der letzten Instanz zu gewähren ist[734]. Diese letzte Instanz muss jedoch den Akt in seiner Gesamtheit erfassen können. Mithin muss es sich um eine Instanz handeln, die neben

729 Dazu umfassend *R. Seer*, Verständigungen in Steuerverfahren, insbesondere S. 8-46 und passim.

730 *H. W. Kruse*, in Festschrift K. Vogel, S. 516, 524.

731 *P. Brandis*, in Tipke/Kruse, AO/FGO, § 72 FGO Tz. 1 (Juli 2008).

732 *H. W. Kruse*, in Festschrift K. Vogel, 2000, S. 522, 524; *H. W. Kruse*, in Tipke/Kruse, AO/FGO, § 38 AO Tz. 21 (Oktober 2003); *S. Müller-Franken*, Maßvolles Verwalten, 2004, S. 198, tritt dieser Auffassung mit dem Argument entgegen, ein Prozessvergleich sei im Finanzprozess unzulässig. Zwar gelte die Dispositionsmaxime insoweit, dass die Beteiligten den Finanzprozess in Gang bringen und durch ihre Anträge seinen Umfang bestimmen können, der Verwaltungsakt stehe aber dennoch nicht zur Disposition der Finanzverwaltung.

733 *H. W. Kruse*, in Festschrift K. Vogel, 2000, S. 522, 524.

734 Hierzu und zum folgenden *K. Reinhardt*, Das rechtliche Gehör in Verwaltungssachen, S. 116.

Rechts- auch Tatfragen stellen und beantworten sowie im Fall von Ermessensentscheidungen dasselbe ausüben darf. Im ersten Fall ist mithin spätestens vor der letzten Tatsacheninstanz, im zweiten Fall vor der letzten Verwaltungsinstanz rechtliches Gehör zu gewähren. Offensichtlich geht die schweizerische Rechtsprechung und auch ein Teil der Literatur[735] davon aus, dass schon die durch die Möglichkeit der Einlegung von Rechtsbehelfen eröffnete Chance auf rechtliches Gehör den verfassungsrechtlichen Vorgaben genügt.

K. Reinhardt verfolgt einen Lösungsansatz für den Bereich des rechtlichen Gehörs, der in dieselbe Richtung einer Verknüpfung von Verwaltungs- und Gerichtsverfahren weist, wie der angesprochene Antizipationsgedanke für die Anwendung von Regelungen der Finanzgerichtsordnung auch im Bereich der AO 1977. De facto wird der Instanzenzug zumindest partiell verkürzt, wenn der Betroffene nur in der letzten Instanz einen Anspruch auf rechtliches Gehör hat. Er muss nämlich erst alle Instanzen durchlaufen, um sein verfassungsrechtlich verankertes Mitwirkungsrecht geltend machen zu können. Dies bedeutet letztlich einen indirekten Zwang zu prozessieren. Mit anderen Worten: Vor dem Lichte der Geltendmachung des rechtlichen Gehörs gehört das Rechtsmittelverfahren zum Verwaltungsverfahren dazu[736]. Neben diesem Punkt sprechen jedoch noch weitere gegen eine erst nachträgliche Gewährung des rechtlichen Gehörs. Insbesondere unterscheiden sich die Zweckrichtung der Anfechtungsmöglichkeit von Behördenakten und die Äußerungsgelegenheit beträchtlich. Die Anfechtung führt stets nur zu einer nachträglichen Korrektur fehlerhafter Verwaltungsentscheidungen und dient den Rechten des Einzelnen bzw. dem Schutz des objektiven Verwaltungsrechts. Das rechtliche Gehör innerhalb des behördlichen Verfahrens schützt demgegenüber die Subjektstellung des Betroffenen. Diese kann nur gewahrt werden, wenn dem Betroffenen schon im Primärverfahren rechtliches Gehör gewehrt wird.

Bezieht man diese Rechtsauffassung auf die deutsche Rechtslage zum Akteneinsichtsrecht drängt sich eine Parallele auf. Auch das fehlende Zusammenspiel von Steuerverfahrensrecht, das ein Akteneinsichtsrecht ausschließt, und Steuerprozessrecht, das ein Akteneinsichtsrecht gewährt, führt in der Konsequenz zu einem Zwang, Prozesse zu führen, um Einsicht in die Finanzverwaltungsakten zu erlangen. Diese unökonomische Vorgehensweise kann ein schon im Besteuerungsverfahren bestehendes Akteneinsichtsrecht von vorn herein vermeiden.

2. Zulässigkeit einer Vorab-Anwendung von Normen der FGO

Ob eine Antizipation von Normen der FGO auch im Rahmen des Besteuerungsverfahrens zulässig ist, bleibt nachzuweisen. *G. Trantas* lehnt eine analoge An-

---

735 *A. Geiser*, Rechtsschutz in Steuersachen nach zugerischem Recht, S. 77 f.

736 Dazu und zum folgenden *K. Reinhardt*, Das rechtliche Gehör in Verwaltungssachen, S. 118 ff.

wendung der Prozessvorschriften, die eine derartige Vorwirkung bewirken würde, ab[737]. Im Rahmen des Gerichtsprozesses gewähre nicht die Behörde selbst die Einsicht, vielmehr würde sie durch das Gericht erzwungen. Aus diesem Grund erscheine die Argumentation schon „auf den ersten Blick nicht als überzeugend“. Dies zeige ein Vergleich mit der aufschiebenden Wirkung der Anfechtungsklage, die nicht dazu führt, dass die Vollstreckbarkeit von Verwaltungsakten allgemein abgelehnt wird. Des Weiteren stellt er auf die unterschiedlichen Funktionen von Verwaltungsverfahren und Gerichtsprozess ab, ohne jedoch konkret zu einer unterschiedlichen Behandlung führende Funktionen zu benennen. Außerdem seien Funktion und Adressatenkreis der Akteneinsichtsrechte im Prozess andere als im Verwaltungsverfahren. Auch an dieser Stelle versäumt er eine konkrete Bezugnahme. Letztlich sei eine Analogie jedenfalls abzulehnen, weil dies zu einer „Justizialisierung der verwaltungsbehördlichen Entscheidungsprozesse“ führen würde. Aus der spezifisch steuerrechtlichen Literatur gibt es ebenfalls Stimmen, die sich gegen eine Antizipation von verfahrensrechtlichen Normen auf das Besteuerungsverfahren im engeren Sinne wenden. Ein Teil stellt auf Unterschiede zwischen Besteuerungsverfahren im engeren Sinne und Einspruchsverfahren ab[738]. Die Rechtsbehelfsstellen der Finanzämter sollten nach allgemeiner Ansicht bei der Abwägung die betroffenen Interessen beachten. Ziel des Einspruchsverfahrens sei es daneben, finanzgerichtliche Prozesse zu vermeiden[739]. Deshalb werde ein großzügiger Umgang mit der Akteneinsicht gefordert[740]. Dieser Aspekt spiele während des Besteuerungsverfahrens im engeren Sinn keine nennenswerte Rolle[741].

a. Prozessökonomie durch Vorverlagerung

Die gegen eine Antizipation vorgetragenen und analysierten Argumente sind m. E. nicht stichhaltig und schließen eine Vorwirkung keinesfalls aus. Es ist inkonsistent, dass im gerichtlichen Verfahren Akteneinsicht zu gewähren ist,

---

737 Dazu und zum folgenden *G. Trantas*, Akteneinsicht und Geheimhaltung, S. 439; ebenso konkret zur analogen Anwendung von § 78 FGO *S. Liedtke*, NWVBl. 2006, S. 287, und wohl auch *T. Kontny/C. Laschet*, SteuStudium 2007, S. 74, 75, wenn sie keinerlei Ausstrahlungswirkung auf das Veranlagungsverfahren sehen.

738 *U.-C. Dißars*, DStR 2005, S. 137, 139.

739 *W. Birkenfeld*, in Hübschmann/Hepp/Spitaler, AO/FGO, § 364 AO Rn. 35 (September 2000); *R.. Seer*, in Tipke/Lang, Steuerrecht, § 22 Rn. 9; *K. Tipke*, in Tipke/Kruse, AO/FGO, Vor § 347 AO Tz. 12 (April 2007); für das Widerspruchsverfahren *W.-R. Schenke*, Verwaltungsprozessrecht, Rn. 646.

740 FinMin NW Vfg. v. 1.11.2004 – 2002–10–01 S 0226, Tz. 2.3, juris; OFD Frankfurt am Main, Vfg. v. 27.11.2003 – S 0622 A–20–St II 4.01, StEK AO 1977 § 364 Nr. 1, S. 4; OFD Hannover, Vfg. v. 14.9.1999 – S 0226–26–StO 321, Tz. 2.3, juris; *W. Birkenfeld*, in Hübschmann/Hepp/Spitaler, AO/FGO, § 364 AO Rn. 35 (September 2000); *U.-C. Dißars*, DStR 2005, S. 137, 139; *ders.*, NJW 1997, S. 481, 483.

741 *U.-C. Dißars*, DStR 2005, S. 137, 139.

jedoch nicht in dem vorausgehenden Besteuerungsverfahren. Gerade ein bestehendes Akteneinsichtsrecht kann an den Betroffenen appellieren, seinen Mitwirkungspflichten umfassend nachzukommen, was den Verfahrensfortgang nicht unerheblich beschleunigt und außerdem die Wahrscheinlichkeit von Finanzprozessen sinken lässt. Es gibt Fälle, in denen der Steuerpflichtige sich nur wegen einer verweigerten Akteneinsicht in den Finanzprozess treiben lässt[742]. Der Kläger strebt den Prozess in einer solchen Lage nur an, um eine Unzulänglichkeit des Besteuerungsverfahrens zu kompensieren.

Da der gerichtliche Rechtsschutz grundsätzlich nur nachrangig eingreifen soll, um die Belange des Bürgers zu schützen, ist es sinnvoll das Besteuerungsverfahren so auszugestalten, dass der Weg zu den Finanzgerichten möglichst überflüssig wird[743]. Eine Differenzierung von Besteuerungsverfahren im engeren Sinne und Einspruchsverfahren ist nicht nachvollziehbar. Zumal auch in letzteren kein Recht auf Akteneinsicht besteht. Das Einspruchsverfahren hat nach einhelliger Ansicht drei Funktionen: Es dient dem Rechtsschutz des Einspruchsführers, die Verwaltung kontrolliert ihre eigene Entscheidung erneut und die Finanzgerichte werden entlastet[744]. Zumindest die erste und die dritte Funktion sind schon im Besteuerungsverfahren relevant. Rechtsschutz und Prozessökonomie sind die Anknüpfungspunkte, welche sich ebenso für ein Akteneinsichtsrecht bereits im Besteuerungsverfahren anführen lassen. Die Bürger können auf diesem Weg ihre Rechte dort geltend machen, wo die Entscheidung getroffen wird und nicht erst nachträglich, wenn es möglicherweise schon zu spät ist. Hierbei handelt es sich um eine prozessökonomische Ausgestaltung des Verfahrens, die einen frühzeitigen Individualrechtsschutz sicherstellt. Aus diesem Grund ist in erster Linie eine Lösung zu schaffen, die zu dem im Finanzprozess gewährten Akteneinsichtsrecht passt.

b. Seitenblick auf die Entwicklung des Akteneinsichtsrechts im VwVfG

Ein Seitenblick auf das Verhältnis von allgemeinem Verwaltungsverfahren und Verwaltungsprozess untermauert diese Auffassung. Bereits der Bund-Länder-Ausschuss ging in der Begründung des Musterentwurfes 1963 für ein Verwaltungsverfahrensgesetz[745] auf das Verhältnis von Verfahrensgesetz und Verwaltungsgerichtsordnung ein. Er stellte fest, dass nicht nur das verwaltungsgerichtliche Verfahren sondern auch das Verwaltungsverfahren dem Rechtsschutz des

742 Beispielhaft sei das Verfahren BFH, Beschl. v. 16.5.2000 – VII B 200/98, BStBl. II 2000, S. 541 genannt.

743 Zum allgemeinen Verwaltungsrecht *F. O. Kopp*, Verfassungsrecht und Verwaltungsverfahrensrecht, S. 60.

744 *R. Seer*, in Tipke/Lang, Steuerrecht, § 22 Rn. 9; *K. Tipke*, in Tipke/Kruse, AO/FGO, Vor § 347 AO Tz. 10-12 (April 2007).

745 Dazu 2. Kapitel A. I.

Bürgers dient[746]. Die Vorschriften dieser Gesetze würden einander bedingen und ergänzen. Je schwächer der Rechtsschutz im Gerichtsverfahren ausgestaltet sei, desto stärker müsste er im Verwaltungsverfahren ausgebaut sein[747]. Anders als noch das preußische Recht, für dessen verwaltungsgerichtlichen Rechtsschutz das Enumerationsprinzip galt, oder in Österreich, wo zu dieser Zeit keine verwaltungsgerichtliche Tatsacheninstanz vorgesehen war[748], ist der verwaltungsgerichtliche Rechtsschutz in Deutschland sehr umfassend. Eine Annäherung des Verwaltungsverfahrens an das formell ausgestaltete Verfahren vor den Verwaltungsgerichten erschien dem Ausschuss deshalb nicht notwendig[749]. Der umfassende Rechtsschutz vor den Verwaltungsgerichten könne jedoch nicht zur Formlosigkeit des Verwaltungsverfahrens führen, weil nur ein geringer Teil der Verwaltungsangelegenheiten zu den Verwaltungsgerichten gelangt. Schon der Ausschuss hat gesehen, dass ein geordnetes Verwaltungsverfahren mit einer hohen Gewähr der richtigen Tatsachenfeststellung und einer richtigen Verwaltungsentscheidung, auf die Verwaltungsgerichte entlastend wirkt[750]. Dennoch wollte der Gesetzgeber dem Beteiligten zunächst nur einen Anspruch auf ermessensfehlerfreie Entscheidung über seinen Antrag auf Akteneinsicht einräumen[751]. Nach seiner Auffassung sprach anfangs der Verwaltungsaufwand gegen die Einführung eines Akteneinsichtsrechts[752]. Neben anderen waren *C. U. Ule, F. Becker* und *H. Spanner* demgegenüber der Auffassung, dass ein Anspruch auf Akteneinsicht eine unerlässliche Ergänzung zum Recht auf Gehör sei[753]. Bereits zu dieser Zeit erkannten sie, dass Zurückhaltung bei der Aktenöffentlichkeit schon deshalb unangebracht sei, weil spätestens im Verwaltungsprozess, zu dem die Verwaltungsakten beigezogen werden (§ 99 VwGO), die Beteiligten ein Akteneinsichtsrecht haben (§ 100 VwGO)[754]. Derselbe Rechtszustand lässt sich für das Verhältnis von Besteuerungsverfahren und Finanzprozess in der geltenden Rechtslage konstatieren.

---

746 Musterentwurf 1963, S. 64.

747 So auch *C. H. Ule*, DVBl. 1957, S. 597, 601.

748 Vgl. *C. H. Ule*, DVBl. 1957, S. 597; *ders.*, DVBl. 1959, S. 537, 538.

749 Musterentwurf 1963, S. 64.

750 Musterentwurf 1963, S. 65.

751 So noch § 22 EVwVfG 1963; siehe 2. Kapitel A. I.

752 Siehe 2. Kapitel A. I.

753 *H. Spanner*, DVBl. 1964, S. 845, 847; *C. H. Ule/F. Becker*, Verwaltungsverfahren im Rechtsstaat, S. 41 f.

754 *C. H. Ule/F. Becker*, Verwaltungsverfahren im Rechtsstaat, S. 43; *F. O. Kopp*, Verfassungsrecht und Verwaltungsverfahrensrecht, S. 85, 87; *F. Mayer*, BayVBl. 1960, S. 332, 336; *H. Spanner*, DVBl. 1964, S. 845, 847; *F. Haueisen*, NJW 1967, S. 2291; *M. Fellner*, VerwArch Bd. 48, S. 95, 104 f.

c. Verfahrensgleichklang von Besteuerungsverfahren und Finanzprozess

Für eine Analogie der finanzgerichtlichen Regelung ist darüber hinaus die „Pilotfunktion" der gerichtlichen Verfahrensordnungen für das Verwaltungsverfahren[755] ins Felde zu führen, die ihr für die Umsetzung der verfassungsrechtlichen Vorgaben zukommt. Das Akteneinsichtsrecht im Finanzprozess soll den Beteiligten die Gelegenheit geben, von dem Akteninhalt, der dem Gericht zumindest auch als Entscheidungsgrundlage dient, Kenntnis zu nehmen. Sie dürfen nicht überrascht bzw. überfahren werden und sollen die Möglichkeit haben, den Prozess mitzugestalten. Dieselbe Ausgangslage sowohl aus tatsächlicher als auch verfassungsrechtlicher Sicht besteht im Besteuerungsverfahren. Auch dort entscheidet die Verwaltung über den Bürger.

Neben diesen allgemeinen Erwägungen zum Akteneinsichtsrecht sprechen die konkreten Besonderheiten des Steuerrechts für eine analoge Anwendung der finanzgerichtlichen Normierung des Akteneinsichtsrechts. Der Vergleich zu benachbarten Verwaltungsgebieten hat erwiesen, dass das Zusammenwirken von Einsichtsrecht und Geheimnisschutz im Sozialrecht und im allgemeinen Verwaltungsverfahrensrecht unterschiedlich gestaltet ist und in bestimmten Details auf die konkrete Situation des jeweiligen Verfahrensgegenstandes abgestimmt ist. Im Finanzprozess besteht demgegenüber dieselbe rechtliche Basis wie im Besteuerungsverfahren, weil es jeweils materiell um Steuerrecht geht.

Das Einsichtsrecht nach § 78 FGO unterliegt ebenfalls einigen Einschränkungen. Direkt aus der Norm ergibt sich eine Grenze hinsichtlich der Entwürfe zu Urteilen, Beschlüssen oder Verfügungen, den Arbeiten zu ihrer Vorbereitung sowie der Schriftstücke, die Abstimmungen oder Ordnungsstrafen des Gerichts betreffen. Diese nimmt § 78 Abs. 3 FGO von dem Einsichtsrecht ausdrücklich aus. Daneben grenzt der Umfang der Vorlagepflicht der Finanzbehörden das Einsichtsrecht ein, weil das Finanzgericht keine Aktenbeschaffungspflicht trifft, sondern nur Einsicht in die vorliegenden bzw. vorgelegten Akten gewähren muss. Die beteiligte Finanzbehörde ist verpflichtet, die den Streitfall betreffenden Akten nach Empfang der Klageschrift an das Gericht zu übermitteln (§ 71 Abs. 2 FGO). „Die den Streitfall betreffenden Akten" sind aufgrund ihres Inhalts in Anbetracht der Amtsermittlungspflicht des Finanzgerichts (§ 76 Abs. 1 FGO) und des Streitgegenstandes unmittelbar oder mittelbar für die Beurteilung der Sach- und Rechtslage erheblich[756]. Die Behörde darf Aktenteile nicht deshalb zurückbehalten, weil sie fürchtet, dass sich durch die Vorlage ihre Prozessaussichten verschlechtern würden[757]. Eine weitere Einschränkungsmöglichkeit

755 *H. J. Hegelau*, Das Recht auf Akteneinsicht, S. 52.

756 Hierzu und zum folgenden *P. Brandis*, in Tipke/Kruse, AO/FGO, § 71 FGO Tz. 5 ff. (Juli 2008).

757 Pointiert *R. Seer*, in Tipke/Kruse, AO/FGO, § 86 FGO Tz. 9 (Oktober 2005).

der Aktenvorlage besteht nach § 71 Abs. 2 FGO nicht. Es besteht allerdings ein Spannungsverhältnis zwischen der Pflicht zur Aktenvorlage mit der Möglichkeit einer Akteneinsicht und dem Geheimnisschutz, dem § 86 FGO Rechnung trägt[758]. Anders als § 71 Abs. 2 FGO betrifft er neben der beteiligten Finanzbehörde alle weiteren Behörden[759]. Ein Teil der Literatur wendet zwar § 86 FGO im Grundsatz auch auf die beteiligte Finanzbehörde an, sieht § 71 Abs. 2 FGO aber als speziellere Norm an. Dies hat nach dieser Ansicht zur Folge, dass die zur Verweigerung der Aktenvorlage berechtigenden Gründe nach § 86 FGO nicht für die beteiligte Finanzbehörde gelten[760].

Aus dem Geheimhaltungsbedarf resultieren vier Fallgruppen, in denen der Behörde keine Pflicht zur Aktenvorlage bzw. Auskunftsereilung obliegt. Dabei handelt es sich zum einen um das Steuergeheimnis (§ 86 Abs. 1 Hs. 1 FGO), zu dessen Wahrung die Finanzbehörde auch im finanzgerichtlichen Verfahren verpflichtet ist[761]. Daneben kann die zuständige oberste Aufsichtsbehörde die Aktenvorlage oder Auskunftserteilung verweigern, wenn diese dem Wohl des Bundes oder eines Landes Nachteile bereiten könnten (§ 86 Abs. 2 Alt. 1 FGO) oder wenn Vorgänge entweder nach dem Gesetz (§ 86 Abs. 2 Alt. 2 FGO) oder ihrem Wesen nach (§ 86 Abs. 2 Alt. 3 FGO) geheim gehalten werden müssen. Diese Einschränkungsmöglichkeiten ähneln stark denen nach § 29 Abs. 2 VwVfG. Bemerkenswert ist jedoch, dass lediglich letztere Norm eine Ausnahme vorsieht, soweit die ordnungsgemäße Erfüllung der behördlichen Aufgaben beeinträchtigt ist. In § 78 FGO – und auch in § 25 SGB X – findet sich keine entsprechende Formulierung. Die Akteneinsicht im Sozialrecht unterliegt derartigen Ausnahmeregeln in deutlich geringerem Maß. Letztlich zeigt dies, dass die Ausnahmegründe, die über eine eingeschränkte Vorlagepflicht den Umfang der einzusehenden Akten bestimmen, auch im Verwaltungsverfahren zu praktikablen Ergebnissen führen.

Eine vergleichbare Interessenlage ist somit gegeben. Das Akteneinsichtsrecht im Finanzprozess ist nach seiner Struktur und Natur am nächsten mit einem Akten-

---

758 *B. Thürmer*, in Hübschmann/Hepp/Spitaler, AO/FGO, § 78 FGO Rn. 15 (Juni 2007); *R. Seer*, in Tipke/Kruse, AO/FGO, § 86 FGO Tz. 7 ff. (Oktober 2005); *E. E. Stöcker*, in Beermann, Steuerliches Verfahrensrecht, § 86 FGO Rn. 1.1 (August 2004); BFH, Beschl. v. 7.12.2006 – V B 163/05, BStBl. II 2007, S. 275, zur Zuständigkeit des BFH für eine gerichtliche Entscheidung, ob die Weigerung einer Finanzbehörde, einem Beteiligten im finanzgerichtlichen Verfahren Akteneinsicht zu gewähren, rechtmäßig war, nach der Änderung von § 86 Abs. 3 FGO durch das Justizkommunikationsgesetz (JKomG) v. 22.3.2005, BGBl. I 2005, S. 837, 845, mit Wirkung vom 1.4.2005.

759 Dazu und zum folgenden ausführlich *R. Seer*, in Tipke/Kruse, AO/FGO, § 86 FGO Tz. 2 ff. (Oktober 2005).

760 *H.-R. Koch*, in Gräber, FGO6, § 78 Rn. 4, § 86 Rn. 2; a.A. BFH, Beschl. v. 7.12.2006 V B 163/05, BStBl. II 2007, S. 275.

761 *R. Bartone*, in Kühn/v. Wedelstädt, AO/FGO, § 86 FGO Rn. 1.

einsichtsrecht im Besteuerungsverfahren verwandt und damit im Besteuerungsverfahren anwendbar. Die Akteneinsichtsrechte im allgemeinen Verwaltungsverfahren und Sozialverwaltungsverfahren sind demgegenüber so ausgestaltet, dass sie ein harmonisches Zusammenwirken mit den jeweils dazu gehörigen Geheimhaltungsvorschriften sichern. Eine Analogie mit der Wirkung einer Antizipation des Akteneinsichtsrechts im Finanzprozess nach § 78 FGO ist folglich für das Besteuerungsverfahren zulässig. Die konkrete Ausgestaltung eines auf einer Analogie zum finanzgerichtlichen Akteneinsichtsrechts basierenden gleichen Rechts im Besteuerungsverfahren ist damit noch nicht festgelegt.

B. Grenzen und Modalitäten eines Akteneinsichtsrechts im Besteuerungsverfahren

Offen ist nach diesem Zwischenergebnis, ob ein analog dem Einsichtsrecht im finanzgerichtlichen Verfahren bestehendes Einsichtsrecht denselben oder einen anderen Umfang haben muss. Im Finanzprozess haben die Beteiligten einen gebundenen Anspruch auf Akteneinsicht (§ 78 FGO). Fraglich ist, ob dieser Anspruchsumfang im Rahmen einer Antizipation für das Besteuerungsverfahren zu übernehmen ist. Denkbar wäre es auch, entsprechend der bisherigen von der Rechtsprechung und dem überwiegenden Teil der Steuerlehre akzeptierten Praxis der Finanzverwaltung auszugehen. Dann stünde dem eine Einsicht Begehrenden lediglich ein Anspruch auf ermessensfehlerfreie Entscheidung über seinen Antrag auf Akteneinsicht zu. Bei dieser Fragestellung sind auf der einen Seite die aus verfassungsrechtlicher Sicht für ein Akteneinsichtrecht streitenden Faktoren und auf der anderen Seite die vom Finanzausschuss des Bundestages gegen ein solches Recht vorgetragenen Argumente ebenso zu gewichten wie nachfolgende Entwicklungen in Rechtsprechung und Gesetzgebung. Die verfassungsrechtliche Durchleuchtung hat gezeigt, dass es ein Recht auf Einsichtnahme in behördliche Akten geben muss[762]. Die Verfassung gibt allerdings nur einen Rahmen für das Recht vor. Ein Optimierungsgebot an den rechtsfortbildenden Richter geht damit wie gesehen nicht einher[763].

In der Vergangenheit hat die Praxis sehr häufig dazu geführt, dass Akteneinsicht insbesondere mit dem Hinweis auf erhöhten Verwaltungsaufwand abgelehnt oder der Antragsteller auf mündliche oder schriftliche Auskünfte der Finanzbehörde verwiesen wurde. Gerade bei Auskünften hat der Steuerpflichtige allerdings keine Gewähr für eine umfassende Antwort. Fehler der Finanzbeamten wird er auf diese Weise kaum herausfinden. Ein im Ermessen der Finanzbehörde stehender Anspruch wird den verfassungsrechtlichen Anforderungen eines rechtsstaatlichen, an den Grundrechten ausgerichteten Verfahrens, das effektiven Rechtsschutz gewährt, jedoch wie gesehen nicht in ausreichender Weise

762 Siehe 3. Kapitel A.

763 *C. Starck*, JuS 1981, S. 237, 242.

gerecht. Erforderlich ist daher ein gebundener Anspruch auf Akteneinsicht auch im Besteuerungsverfahren[764].

Fraglich ist des Weiteren, in welchen Grenzen ein solches Recht Bestand haben kann. Die Bedenken des Finanzausschusses sind nur eine Seite der diffizilen Interessenlage beim Akteneinsichtsrecht. Der Steuerpflichtige und die Finanzbehörde haben hinsichtlich einer Einsicht in die Steuerakten gegensätzliche Interessen. Um eine zufrieden stellende Antwort zu finden, müssen alle gegenläufigen Interessen abgewogen werden. Gegenüber stehen sich das öffentliche Interesse der Finanzverwaltung sowie der Allgemeinheit die Steuern gesetz- und gleichmäßig bei einem vertretbaren Verwaltungsaufwand festzusetzen und zu erheben (§ 85 S. 1 AO), sowie die privaten Interessen, die eigenen Daten nicht zu offenbaren, denkbaren Ermittlungsmaßnahmen zuvor zu kommen sowie letztlich den Informationsvorsprung der Behörde[765] einzuholen. Diese vereinfachende Zuordnung zu öffentlichen und privaten Interessen wird teilweise durchkreuzt von ambivalenten Wertungen, die im Folgenden ebenfalls beachtet werden. Jedes dieser Interessen ist vor dem Hintergrund der anderen Punkte zu gewichten.

I. Umfang der einzusehenden Akten

Bevor indes die gegenläufigen Interessenschwerpunkte abgewogen werden, ist festzustellen, welchen Umfang das Akteneinsichtsrecht im Normalfall haben sollte und was unter den Begriff der Akte zu fassen ist.

1. Art und Inhalt der einzusehenden Steuerakten

Das moderne Beamtentum drückt sich neben den Prinzipien der festen Regeln der Amtshierarchie und des Instanzenzuges sowie weiteren Aspekten durch eine moderne Aktenführung aus, welche auf Schriftstücken (Akten) beruht[766]. Verstanden im klassischen Sinn ist eine Akte eine auf eine beliebige Art und Weise gebundene Sammlung von schriftlichen Daten und Informationen[767]. Dieser Aktenbegriff ist an den technischen Fortschritt insofern anzupassen, dass elektronisch verwaltete Informationen, wie Computerdateien in EDV-Systemen, auf CD-Rom, Disketten oder anderen Datenträgern, aber ebenso Fotos, Filme, Ton- und Videobänder sowie Mikrofiches, Mikrofilme und ähnliches darunter fallen,

---

764 Vgl. 3. Kapitel.

765 Vgl. etwa *F. Schoch*, DÖV 2006, S. 1.

766 *M. Weber*, Wirtschaft und Gesellschaft5, S. 551 f.

767 *H. J. Bonk/D. Kallerhoff*, in Stelkens/Bonk/Sachs, VwVfG, § 29 Rn. 8; *I. Höffler*, Akteneinsichtsrechte des Bürgers, S. 2.

wenn sie ein konkretes Verfahren betreffen[768]. Es gilt ein materieller Aktenbegriff[769].

Im finanzgerichtlichen Verfahren hat das Finanzamt dem Gericht die „den Streitfall betreffenden Akten“ zu übersenden. Diese Beschreibung knüpft an den klassischen Aktenbegriff an. Dazu gehören „nicht nur die Steuerakten, sondern auch die Außenprüfer-Handakten, Steuerfahndungsakten, Strafakten und alle Urkunden, Beweismittel usw.“[770]. Dieser Umfang ist auch für die Einsicht im Besteuerungsverfahren heranzuziehen, soweit nicht gegensätzliche Interessen eine Beschränkung erforderlich machen. Zu den Steuerakten gehören mithin auch Nebenakten[771], Beweismittelakten wie Auskünfte, Zeugenaussagen, Bewertungs-, Berechnungs- und Schätzungsgrundlagen[772] sowie etwaige interne Unterlagen, wie Entwürfe, Gutachten, Handakten der Prüfer[773] und der Fahnder[774]. Es gilt das Vollständigkeitsgebot.

Fraglich ist darüber hinaus, ob das Akteneinsichtsrecht nur für entscheidungserhebliche Aktenteile gelten soll. Auf den ersten Blick können die Interessen des Bürgers nicht verletzt sein, wenn ihm die Verwaltung Akten vorenthält, die für die ihn betreffende Entscheidung keine Relevanz haben[775]. Bei einem differen-

---

768 *H. J. Bonk/D. Kallerhoff*, in Stelkens/Bonk/Sachs, VwVfG, § 29 Rn. 8 ff.; *S. Schwab*, Das Recht auf Akteneinsicht, S. 24; *G. Trantas*, Akteneinsicht und Geheimhaltung, S. 454.

769 *W. Clausen*, in Knack, VwVfG, § 29 Rn. 12; *U. Ramsauer*, in Kopp/Ramsauer, VwVfG, § 29 Rn. 13.

770 FG Rheinland-Pfalz, Urt. v. 16.9.1991 – 5 K 2156/90, EFG 1992, S. 175 (1. Leitsatz); vgl. auch BFH, Beschl. v. 18.9.1989 – IV B 3/89, BFH/NV 1990, S. 378, 379; Beschl. v. 8.7.1994 – V B 19/94, BFH/NV 1995, S. 604; zur Außenprüfer-Handakte vgl. auch FG Rheinland-Pfalz, Beschl. v. 30.10.1989 – 5 K 1962/89, EFG 1990, S. 182.

771 So auch *S. Schwab*, Das Recht auf Akteneinsicht, S. 23 für das allgemeine Verwaltungsverfahren.

772 *W. Birkenfeld*, in Hübschmann/Hepp/Spitaler, AO/FGO, § 364 AO Rn. 26 (September 2000).

773 BFH, Urt. v. 25.7.1994 – X B 333/93, BStBl. II 1994, S. 802, 803.

774 BFH, Urt. v. 16.5.2000 – VII B 200/98, BStBl. II 2000, S. 541, 543; *J. Burkhard*, Stbg 2002, S. 321, 322. Im Rahmen eines Strafverfahrens wären die Ermittlungsakten des Außenprüfers und des Steuerfahnders keine der Einsicht entzogene Handakten. Es handelt sich nur dann um eine solche Handakte, wenn sich darin nur innerbehördliche Vorgänge befinden. Sind darin Dokumente zu finden, die bei pflichtgemäßer Erfüllung der Amtspflichten der Ermittlungsakte hätten zugeführt werden müssen, so liegt keine Handakte im strafprozessualen Sinn vor. Für diese Unterscheidung kommt es nicht auf die Bezeichnung der Akte an, ausschlaggebend ist nur der Inhalt, *J. Burkhard/J. H. Adler*, Fehlerquellen in der Betriebsprüfung, S. 317, Rn. 942 ff.

775 Hierzu und zum Folgenden *A. Dubach*, Das Recht auf Akteneinsicht, S. 17 f.; *W. Huber*, Das Recht des Bürgers auf Akteneinsicht im Verwaltungsverfahren, S. 79 f.

zierenden Blick stellt sich jedoch die Frage, nach welchen Kriterien die Behörde unterscheidet, welche Akten relevant sind. Gerade diese Entscheidung bedarf genauso der Überprüfungsmöglichkeit durch den Bürger wie der eigentliche Ausgangspunkt für das Akteneinsichtsgesuch. Die Transparenz und die daraus resultierende Kontrollmöglichkeit gegenüber der Behörde haben als solche einen selbständigen Wert. Doch nicht nur dieser Selbstwert spricht gegen eine Unterscheidung zwischen relevanten und für die Entscheidung irrelevanten Akten. Die Differenzierung als solche ist bereits schwierig. Häufig erlangen Aktenstücke erst durch das Hinzutreten weiterer Aspekte eine Relevanz für die Entscheidung oder werden im Laufe des Entscheidungsprozesses unerheblich. Außerdem kann sich die Behörde unbewusst auf Akten gestützt haben, die sie dem Akteneinsichtsrecht als irrelevant entzogen hat. Hat sie die Akten einmal zur Kenntnis genommen, ist dies nicht auszuschließen[776].

2. Geordnete Aktenführung als Voraussetzung einer Akteneinsicht

Der Kenntnis, welchen Umfang die einzusehenden Akten haben, genügt nicht, um eine effektive Akteneinsicht sicherzustellen. Die Einsichtnahme in die Akten der Finanzbehörden wäre wertlos, wenn die Behörde nicht die Pflicht hätte, die Akten umfassend und ordnungsgemäß zu führen. Es besteht demnach ein enger Notwendigkeitszusammenhang zwischen dem Recht auf Akteneinsicht und einer geordneten Aktenführung.

Behördenakten müssten daher systematisch anzulegen sein. Dies würde die Übersicht erleichtern und einen selektiven Zugriff ermöglichen. Eine gesetzlich normierte Pflicht zur ordnungsgemäßen und umfassenden Aktenführung besteht im deutschen Recht expressis verbis nicht[777]. Nach einer Ansicht verpflichtet im allgemeinen Verwaltungsrecht § 29 VwVfG die Verwaltungsbehörden mittelbar dazu, die Akten ordnungsgemäß zu führen und wesentliche Vorgänge aktenkundig zu machen[778]. Da eine solche Norm im Besteuerungsverfahren gerade fehlt, richtet sich der Blick auf andere in Betracht kommende Rechtsgrundlagen für eine Pflicht, die Akten ordnungsgemäß zu führen. Die Rechtsprechung hat Leitlinien für das Verwaltungsverfahren entwickelt, um schon im Vorfeld eines Gerichtsverfahrens während des Verwaltungsverfahrens einen effektiven Rechtsschutz zu sichern[779]. Zu diesen Leitlinien gehört auch die Pflicht zur Ak-

---

776 *W. Huber*, Das Recht des Bürgers auf Akteneinsicht im Verwaltungsverfahren, S. 83.

777 *H. Schmitz*, in Stelkens/Bonk/Sachs, VwVfG, § 9 Rn. 53. Anders ist dies beispielsweise in Österreich, wo die Verwaltung verpflichtet ist, Niederschriften und Aktenvermerke zu führen (§§ 14 ff. AVG).

778 *S. Schwab*, Das Recht auf Akteneinsicht, S. 21.

779 *H. Schulze-Fielitz*, in Dreier, GG I, Art. 19 IV Rn. 88.

tenführung und ihrer Vollständigkeit[780]. Nur vollständige Akten, die alle wesentlichen Verfahrensvorgänge, Ergebnisse von Anhörungen, Beweisaufnahmen und Betriebsprüfungen und ähnliches enthalten, sind für den die Akteneinsicht Begehrenden und unter Umständen im weiteren Verfahrensverlauf für das Gericht von Wert. Ein Verstoß gegen sie kann sogar zu einer Umkehr der Beweislast führen[781]. Diese Aktenführungspflicht ist eine aus dem Rechtsstaatsprinzip resultierende Vorwirkung, weil nur eine geordnete Aktenführung einen rechtsstaatlichen Verwaltungsvollzug und damit auch eine Rechtskontrolle durch die Gerichte ermöglicht[782].

Die obersten Finanzbehörden der Länder haben in der Geschäftsordnung für Finanzämter (FAGO) die Grundsätze der Organisation bei den Finanzämtern im Anschluss an das Gesetz über die Finanzverwaltung geregelt[783]. Die FAGO macht dezidierte Vorgaben für die Ablauforganisation innerhalb der Finanzämter beginnend vom Eingang der Vorgänge hin zu ihrer Bearbeitung (Tz. 3.2.7 FAGO). Sie legt eindeutig fest, wie Akten zu verwalten sind, indem sie vier Arten von Akten und deren jeweilige Inhalte unterscheidet (Tz. 3.2.7 FAGO). Die FAGO ist als Erlass der obersten Finanzbehörden der Länder eine Verwaltungsvorschrift mit dem sie ihr Weisungsrecht gegenüber den ihnen nach geordneten Behörden ausüben[784]. Gebunden an diese Verwaltungsvorschrift sind mithin die Akten führenden Finanzbehörden. Auf diese Weise sichern die obersten Finanzbehörden der Länder eine ordnungsgemäße Aktenführung.

Fraglich ist weiterhin, welche Daten die Behörde aktenmäßig festzuhalten hat. Ein Ansatzpunkt könnte die Erheblichkeit von Informationen für den jeweiligen bzw. spätere Entscheidungen sein. Dies scheint auf den ersten Blick einleuchtend, ist jedoch bei näherer Betrachtung nicht praktikabel. Erst im Zeitpunkt der Entscheidung ist gewiss, welche Informationen hierfür notwendig sind. Während des Verfahrens also zum Zeitpunkt der potentiellen Protokollierung steht häufig noch nicht sicher fest, welche Daten letztlich entscheidungserheblich sein werden. Verzichtet die Behörde zu dieser Zeit fälschlicherweise darauf, die Daten festzuhalten, kann dies später nicht oder oft nur unter erheblichem Auf-

---

780 BVerfG, Beschl. v. 6.6.1983 – 2 BvR 244, 310/83, NJW 1983, S. 2135; *F. O. Kopp*, Verfassungsrecht und Verwaltungsverfahrensrecht, S. 157, 194.

781 OVG Greifswald, Beschl. v. 22.12.2000 – 2 L 38/99, NVwZ 2002, S. 104, 106.

782 OVG Greifswald, Beschl. v. 22.12.2000 – 2 L 38/99, NVwZ 2002, S. 104, 107; *W. Schick*, Grundfragen des Lohnsteuerverfahrens, S. 32; *E. Schmidt-Aßmann*, in Maunz/Dürig, GG, Art. 19 IV Rn. 255 (Mai 1985); *H. Schmitz*, in Stelkens/Bonk/Sachs, VwVfG, § 9 Rn. 53.

783 FAGO Tz. 1.1, BStBl. I 2002, S. 540, 541.

784 Vgl. zum Weisungsrecht *J. Lang*, Tipke/Lang, Steuerrecht, § 5 Rn. 20 ff.; *R. Seer*, in Tipke/Lang, Steuerrecht, § 21 Rn. 35 f.

wand wieder korrigiert werden[785]. Im Ergebnis sind daher alle Vorkehrungen und Maßnahmen der Behörde sowie alle sonstigen Ereignisse in den Akten zu vermerken und zu protokollieren, die nicht offensichtlich für eine Entscheidung unerheblich sind. Da die Behörde kaum entscheidungsirrelevante oder nutzlose Maßnahmen ergreift, ist dabei eine Entscheidungsrelevanz zu vermuten.

Mithin sind grundsätzlich alle der Finanzbehörde vorliegenden, einen Steuerpflichtigen betreffenden Akten einsehbar. Die einzusehenden Akten könnten jedoch in Einzelfällen eingeschränkt sein, wenn verfassungsrechtliche Gründe für eine Grenzziehung sprechen.

II. Grenzen aufgrund des Schutzes der Daten Dritter

Informationszugang und Datenschutz stehen in einem natürlichen Spannungsverhältnis. Beim Zugang zu Behördeninformationen ist daher stets zu prüfen, ob schutzwürdige Daten Dritter hinreichend geschützt bleiben[786]. Dies gewährleistet das Steuergeheimnis (§ 30 AO). Es hat nur eine geringe Relevanz, wenn ein Steuerpflichtiger Einsicht in die „eigene" behördliche Akte nehmen möchte, die keine eine dritte Person betreffende Daten enthält. Das Steuergeheimnis steht einer Einsichtnahme in einem solchen Fall nicht entgegen. Seine Schutzrichtung ist nicht auf den Steuerpflichtigen selbst bezogen[787].

1. Informantenschutz und Steuergeheimnis

Anders ist die Interessenlage aber, wenn die „eigene" Steuerakte auch Daten Dritter enthält. Das wird im Besteuerungsverfahren häufig in sog. Denunziationsfällen praktisch. Will ein bei der Finanzbehörde angezeigter Steuerbürger die Identität des Informanten erfahren, bedarf er der Information von Seiten der Steuerbehörde. Ein anderes Vorgehen verspricht keine Aussicht auf Erfolg, weil der Informant selbst kaum seine Identität preisgeben wird. Der Angezeigte wird mithin seine eigenen Steuerakten einsehen wollen, um an die gewünschten Daten zu gelangen. Bei der Prüfung der Erfolgsaussichten dieses Einsichtsbegehrens stehen sich auf der einen Seite das Ermittlungsinteresse der Finanzbehörde, das öffentliche Interesse, eine gegebenenfalls zugesicherte Vertraulichkeit zu wahren[788], sowie das Geheimhaltungsinteresse des Informanten und auf der anderen Seite das Informationsinteresse des Steuerpflichtigen diametral gegenüber. Diese Güter müssten, wenn sie in gleichem Maße und in gleicher Weise schützenswert sind, in Ausgleich gebracht werden.

---

785 *A. Dubach*, Das Recht auf Akteneinsicht, S. 96.

786 *H. Schmitz*, in Hoffmann-Riem/Schmidt-Aßmann, Verwaltungsverfahren und Verwaltungsverfahrensgesetz, S. 135, 143; vgl. auch *T. Weichert*, NJW 2001, S. 1463, 1467.

787 BVerfG, Beschl. v. 6.3.2002 – 2 BvR 1619/00, NJW 2002, S. 1941, 1942.

788 BVerwG, Urt. v. 23.6.1982 – 1 C 222/79, NJW 1983, S. 2954.

a. Schutz des Behördeninformanten durch das Steuergeheimnis

In der Finanzrechtsprechung und der Jurisprudenz besteht ein Dissens in der Frage, ob das Steuergeheimnis auch den Schutz des Behördeninformanten gewährleistet. Auf der einen Seite wird vertreten, dass sich das Steuergeheimnis auch auf sog. Gewährsleute erstreckt[789]. Nach anderer Ansicht können sich Behördeninformanten gegenüber dem Angezeigten nicht auf den Schutz des Steuergeheimnisses berufen[790].

§ 30 Abs. 2 Nr. 1 AO unterscheidet sich deutlich von seiner Vorgängervorschrift in § 22 Abs. 2 Nr. 1 RAO, die bis Ende 1976[791] galt. Letztere Norm nannte als schützenswert nur die „Verhältnisse des Steuerpflichtigen". Bereits diese Veränderung des Wortlautes zeugt vom Willen des Gesetzgebers, den Schutzbereich des Steuergeheimnisses zu erweitern. Nach der Begründung des Gesetzesentwurfs sollten zum geschützten Personenkreis nicht nur der Steuerpflichtige, sondern auch andere Personen zählen, deren Verhältnisse einem Amtsträger in einem steuerlichen Verwaltungs- oder Gerichtsverfahren bekannt geworden sind. Weiter erklärt die Gesetzesbegründung, dass dadurch nunmehr „eindeutig auch auskunftspflichtige Dritte geschützt" werden[792]. Aus dieser Formulierung leiten einige Gerichte und Stimmen der Literatur her, es sollten neben dem Steuerpflichtigen „nur" die auskunftspflichtigen Personen i.S.d. § 93 AO geschützt sein[793]. Tatsächlich lässt sich diese Einschränkung der Gesetzesbegründung nicht entnehmen. Zu den nicht auskunftspflichtigen Personen hat sich der Ge-

---

789 BFH, Urt. v. 7.5.1985 – VII R 25/82, BStBl. II 1985, S. 571, 572; Urt. v. 8.2.1994 – VII R 88/92, BStBl. II 1994, S. 552, 554; Beschl. v. 25.7.1994 – X B 333/93, BStBl. II 1994, S. 802, 803; Beschl. v. 7.5.2001 – VII B 199/00, BFH/NV 2001, S. 1366, 1367; Beschl. v. 19.11.2002 – VII B 123/02, BFH/NV 2003, S. 294 f.; Niedersächsisches FG, Beschl. v. 22.7.1993 – VII 56, 57, 58, 95, 97/92, EFG 1994, S. 218; dass., Urt. v. 17.3.2005 – 6 K 865/03, EFG 2005, S. 1068, 1069 f.; FG Köln, Urt. v. 3.5.2000 – 11 K 6922/98, EFG 2000, S. 903; BMF BStBl. I 2003, S. 654, 680; *C. Alber*, in Hübschmann/Hepp/Spitaler, AO/FGO, § 30 AO Rn. 42, 50 (Oktober 2002); *K. Blesinger*, in Kühn/von Wedelstädt, § 30 AO Rn. 11, 40 ff.; *K.-D. Drüen*, in Tipke/Kruse, AO/FGO, § 30 AO Tz. 15 (März 2004); *H. J. Hegelau*, Das Recht auf Akteneinsicht in Steuer- und Steuerstrafsachen, S. 63 f.; *W. Hetzer*, NJW 1985, S. 2991, 2993; *K. Koch*, in Koch/Scholtz, AO, § 30 Rn. 11; *H.-M. Wolffgang*, DStZ 1998, S. 102, 103.

790 KG, Beschl. v. 6.6.1985 – Zs 1048/84 – 4 Ws 50/85, NJW 1985, S. 1971 f.; LG Hamburg, Beschl. v. 19.2.2002 – 631 Qs 9/02, NJW 2002, S. 1216, 1217; in diese Richtung bereits *K. Tipke*, FR 1970, S. 327, 329; später ebenso *S. Eilers*, DB 1986, S. 19 f.; *F. Heerspink*, AO-StB 2002, S. 29, 30; *H. Schuhmann*, wistra 1996, S. 16, 18; *M. Streck/K. Olbing*, BB 1994, S. 1267, 1268.

791 Vgl. § 415 Abs. 1 AO.

792 BT-Drucks. VI/1982, S. 100.

793 *S. Eilers*, DB 1986, S. 19 f., der dies sogar „eine klare Antwort" nennt; *H. Schuhmann*, wistra 1996, S. 16, 18; *M. Streck/K. Olbing*, BB 1994, S. 1267, 1268.

setzgeber nicht geäußert. Die Nennung der auskunftspflichtigen Personen beinhaltet eine Klarstellung für diesen Personenkreis, jedoch ist daraus kein Ausschluss anderer Dritter abzuleiten[794]. Der Ansicht, dass der Gesetzgeber einen ausdrücklichen Hinweis hätte aufnehmen müssen, weil er das System des Steuergeheimnis sonst nicht grundlegend hätte verändern dürfen[795], ist eine Absage zu erteilen, weil der Gesetzgeber diesem Erfordernis bereits durch die eindeutige Änderung des Gesetzeswortlauts in der AO 1977 gegenüber der RAO nachgekommen ist. Ob der Informant auskunftspflichtig ist, oder seine Angaben ohne rechtliche Verpflichtung abgegeben hat, ist mithin für die Zuordnung zum geschützten Personenkreis unerheblich. Anders kann dies u. U. bei der Befugnis zur Offenbarung sein.

Die einschränkende Auslegung wird des Weiteren mit der Natur des Steuergeheimnisses als Korrelat zu den weit reichenden Offenbarungs- und Mitwirkungspflichten des Steuerpflichtigen und auskunftspflichtiger Personen begründet[796]. Ein solches Schutzbedürfnis bestehe jedoch nicht, wenn ein Dritter dem Finanzamt freiwillig Informationen zuträgt[797]. Diese Ansicht kann sich nur im Ansatzpunkt auf ein obiter dictum des Bundesverfassungsgerichts stützen, in welchem es den Zusammenhang zwischen den Offenbarungspflichten und dem privaten Geheimhaltungsinteresse des Steuerpflichtigen und anderer zur Offenbarung verpflichteter Personen unterstreicht[798]. Mit dieser Aussage des Gerichts geht keine Negativabgrenzung zu freiwillig Offenbarenden einher. Das Bundesverfassungsgericht unterstreicht im Weiteren den Zweck des Steuergeheimnisses, durch besonderen Schutz des Vertrauens in die Amtsverschwiegenheit die Bereitschaft zur Offenlegung der steuerlich relevanten Sachverhalte zu fördern. Auf diese Weise solle das Steuerverfahren erleichtert, die Steuerquellen vollständig erfasst[799] sowie eine gesetzmäßige, insbesondere gleichmäßige Besteuerung sichergestellt werden. Gerade unter dem Gesichtspunkt der angestrebten Gleichmäßigkeit der Besteuerung wäre es kontraproduktiv, freiwilligen Informanten der Finanzbehörden den Schutz des Steuergeheimnisses zu versagen. Wie der Bundesfinanzhof betont, erhalten die Finanzämter häufig nur durch

---

794 BFH, Urt. v. 8.2.1994 – VII R 88/92, BStBl. II 1994, S. 552, 554; *W. Hetzer*, NJW 1985, S. 2991, 2992; *H.-M. Wolffgang*, DStZ 1998, S. 102, 103.

795 So *M. Streck/K. Olbing*, BB 1994, S. 1267, 1268.

796 KG, Beschl. v. 6.6.1985 – Zs 1048/84 – 4 Ws 50/85, NJW 1985, S. 1971, 1972; *S. Eilers*, DB 1986, S. 19 f.; *F. Heerspink*, AO-StB 2002, S. 29, 30; *H. W. Kruse*, BB 1998, S. 2133, 2135; *H. Schuhmann*, wistra 1996, S. 16, 18; *M. Streck/K. Olbing*, BB 1994, S. 1267, 1268.

797 LG Saarbrücken, Beschl. v. 2.1.2006 – 8 Qs 110/06, wistra 2007, S. 78; *S. Eilers*, DB 1986, S. 19; *F. Heerspink*, AO-StB 2002, S. 29, 30; *M. Streck/K. Olbing*, BB 1994, S. 1267, 1268.

798 BVerfG, Urt. v. 17.7.1984 – 2 BvE 11/83 und 15/83, BVerfGE 67, S.100, 139 f.

799 Ebenso BFH, Beschl. v. 7.12.2006 – V B 163/05, BStBl. II 2007, S. 275, 276.

Hinweise von Privatpersonen Kenntnisse über steuerlich relevante Sachverhalte anderer Personen[800]. Die Bereitschaft zur Informationserteilung ließe höchstwahrscheinlich erheblich nach, wenn die Informanten damit rechnen müssten, dass ihre Namen, die Tatsache ihrer Information sowie der Inhalt ihrer Mitteilung grundsätzlich weitergegeben würden. Die dagegen – häufig auch polemisch – vorgebrachten Bedenken, der Staat wolle mithilfe des „Denunziantentums" seine Steuereinnahmen vermehren[801], vermögen nicht zu überzeugen. Es mag zwar den Tatsachen entsprechen, dass bei den Informanten häufig niedrige Beweggründe wie Neid, Rache oder Missgunst vorherrschen. Daneben ist jedoch vorstellbar, dass der ehrliche Steuerzahler verhindern will, für den Steuerhinterzieher die staatlichen Aufgaben mitzufinanzieren[802]. Dies ist ein legitimer, nachvollziehbarer und keineswegs zu diskreditierenden Wunsch. Wer an dieser Stelle abwertend von „Denunzianten" spricht[803], ohne zwischen zutreffenden Anzeigen und unwahren Behauptungen zu differenzieren, negiert dieses zulässige Interesse. Diese Terminologie entlarvt ein überkommenes Staatsverständnis, das mit einem von Rechten und Pflichten geprägten demokratisch legitimierten Gemeinwesen nur schwer in Übereinstimmung zu bringen ist[804]. Die Information des anzeigenden Bürgers kann ein Garant für eine zumindest gleichmäßigere Besteuerung (§ 85 AO) sein. Die Gleichmäßigkeit der Besteuerung sieht das Bundesverfassungsgericht im Rechtsstaatsprinzip und im Gleichbehandlungsgebot verankert an und räumt ihnen einen über das fiskalische Interesse des Staates an der Sicherung des Steueraufkommens weit hinausgehenden Rang ein[805]. Zudem zeigt § 40 AO, dass es im Steuerrecht nicht auf moralische Erwägungen ankommt[806]. Aus welchen Motiven ein Informant gehandelt hat, muss folglich auch für die Verwertung steuerlich relevanter Mitteilung irrelevant sein. Maßgeblich ist allein, ob der für die Besteuerung erforderliche Tatbestand i. S. d. § 3 Abs. 1 AO erfüllt ist[807]. Neben diesen Erwägungen ist daran zu erinnern, dass auch der Informant ein verfassungsrechtlich begründetes Persönlichkeitsrecht hat, zu dem sein Recht auf informationelle Selbstbestimmung an seinen – nun-

---

800 BFH, Urt. v. 8.2.1994 – VII R 88/92, BStBl. II 1994, S. 552, 554; vgl. auch *W. Hetzer*, NJW 1985, S. 2991, 2992; *H. G. Hofmann*, DStR 2000, S. 1078; *H. Wollweber*, NVwZ 2002, S. 825.

801 KG, Beschl. v. 6.6.1985 – Zs 1048/84 – 4 Ws 50/85, NJW 1985, S. 1971, 1972.

802 *H.-M. Wolffgang*, DStZ 1998, S. 102; vgl. grundlegend zum Schaden der Steuerehrlichen *K. Tipke*, in Tipke/Kruse, AO/FGO, § 85 AO Tz. 10 (April 2006); zur „Aussteigermentalität" bei der Steuerzahlung *D. Meyding*, DStJG Bd. 21 (1998), S. 219, 224.

803 So auch LG Saarbrücken, Beschl. v. 2.1.2006 – 8 Qs 110/06, wistra 2007, S. 78.

804 *H.-M. Wolffgang*, DStZ 1998, S. 102.

805 BVerfG, Urt. v. 17.7.1984 – 2 BvE 11, 15/83, BVerfGE 67, S. 100, 140; *K. Tipke*, in Tipke/Kruse, AO/FGO, § 85 AO Tz. 8 (April 2006).

806 Dazu *H. W. Kruse*, in Tipke/Kruse, AO/FGO, 40 AO Tz. 13 (April 2008).

807 *W. Hetzer*, NJW 1985, S. 2991, 2992.

mehr in der Akte des angezeigten Steuerpflichtigen befindlichen – Daten gehört[808].

Gegen die Erstreckung des Schutzbereiches auf den Namen eines Behördeninformanten soll außerdem ein zeitlicher Aspekt sprechen. Die Identität des Informanten sei nicht „in einem Verwaltungsverfahren", sondern bereits vor Einleitung des Verfahrens der Finanzbehörde bekannt geworden[809]. Hiergegen wird jedoch zu Recht eingewandt, dass das Verfahren bereits mit der Informationsmitteilung beginne, weil von diesem Zeitpunkt an die Finanzbehörde von Amts wegen tätig werden muss (§ 86 S. 2 Nr. 1 AO)[810]. Für ein bekannt Werden in einem Verfahren in Steuersachen genügt es, wenn ein objektiver oder subjektiver Zusammenhang mit dem amtlichen Verfahren besteht[811]. Dieser notwendige Zusammenhang muss nicht erst während eines Verfahrens bestehen, sondern kann auch in dessen Einleitung begründet sein[812].

Die Auswertung der genannten Gesichtspunkte führt mit der herrschenden Ansicht zu dem Ergebnis, dass auch der Behördeninformant[813] in den Schutzbereich des Steuergeheimnisses (§ 30 AO) einzubeziehen ist.

b. *Von einer Offenbarungsbefugnis zur Offenbarungspflicht*

Im Falle eines Behördeninformanten kann es Fälle geben, in denen die Finanzbehörde ausnahmsweise zur Offenbarung befugt ist (§ 30 Abs. 4 AO). Praktisch bedeutsam kann neben der recht unwahrscheinlichen Möglichkeit der Zustimmung des Betroffenen (§ 30 Abs. 4 Nr. 3 AO) die Befugnis nach § 30 Abs. 4 Nr. 4b AO sein. Danach ist die Offenbarung zulässig, wenn sie der Durchführung eines Strafverfahrens wegen einer Tat dient, die nicht Steuerstraftat ist, und die Kenntnisse ohne Bestehen einer steuerlichen Verpflichtung oder unter Verzicht auf ein Auskunftsverweigerungsrecht erlangt worden sind. Dies ist bei einem freiwillig Anzeigenden der Fall, wenn der Angezeigte gegen den Anzeigenden ein Strafverfahren einleiten will. Diese Offenbarungsbefugnis könnte sich zu einer Offenbarungspflicht verdichten. Dabei ist eine wichtige Weichen-

---

808 BFH, Urt. v. 8.2.1994 – VII R 88/92, BStBl. II 1994, S. 552, 554; vgl. auch BVerfG, Beschl. v. 13.6.2007 – 1 BvR 1550/03, 1 BvR 2357/04, 1 BvR 603/05, Rn. 88, http://www.bverfg.de/.

809 LG Hamburg, Beschl. v. 19.2.2002 – Qs 9/02, NJW 2002, S. 1216, 1217; *S. Eilers*, DB 1986, S. 19.

810 *H.-M. Wolffgang*, DStZ 1998, S. 102, 104.

811 *K.-D. Drüen*, in Tipke/Kruse, AO/FGO, § 30 AO Tz. 35 (März 2004).

812 *C. Alber*, in Hübschmann/Hepp/Spitaler, AO/FGO, § 30 AO Rn. 102, 54 (Oktober 2002).

813 Diesem versperrt das Steuergeheimnis in umgekehrter Richtung Informationen über den Stand eines von ihm möglicherweise initiierten Verfahrens, BFH, Beschl. v. 19.1.2007 – VII B 72/06, BFH/NV 2007, S. 857.

stellung die Differenzierung zwischen wahren und bewusst unrichtigen Äußerungen der Informantenperson. Ist die dem Finanzamt vom Anzeigenerstatter übermittelte Mitteilung nachweisbar falsch und hat er dies gewusst oder zumindest leichtfertig eine solche Falschmitteilung verbreitet, kann für die Frage einer Offenbarungsbefugnis darauf abgehoben werden, ob die persönliche Ehre als Unterfall des allgemeinen Persönlichkeitsrechts[814] des betroffenen Steuerpflichtigen verletzt ist[815]. Dies vergrößert den Raum für eine Befugnis zur Offenbarung[816] und kann nach verbreiteter Auffassung sogar zu einer Offenbarungspflicht führen[817]. Der Schutz des Informanten tritt danach zurück, wenn ausreichende Anhaltspunkte für eine leichtfertig falsche Anzeige oder eine solche wider besseres Wissen vorliegen[818], ohne dass dies die Grenze zur Ehrverletzung überschreiten muss. Das erste wird aber in der Regel mit dem zweiten zusammentreffen.

Handelt es sich bei der an die Finanzverwaltung weitergegebenen Information um eine wahre Tatsache, so besteht die Möglichkeit einer rechtswidrigen und mithin von Seiten des Angezeigten zu verfolgenden Ehrverletzung nicht. War die Ehrverletzung nicht rechtswidrig, so kommt weder eine strafrechtliche Sanktion noch ein zivilrechtlicher Schadensersatz- oder Unterlassungsanspruch in Frage. Mit der Offenbarungsbefugnis ist in einem solchen Fall eine noch viel weiter in den Schutzbereich des Steuergeheimnisses hineinreichende Offenbarungspflicht der Finanzbehörde ausgeschlossen.

c. Ausschluss der Akteneinsicht aufgrund Informantenschutzes?

Das Steuergeheimnis könnte ein Akteneinsichtsrecht ab dem Zeitpunkt ausschließen, an dem Verhältnisse eines anderen – beispielsweise der Name eines Anzeigeerstatters – in die eigene Steuerakte gelangt sind, wenn keine Offenbarung zulässig ist. Im Vorfeld einer Akteneinsicht müsste die Finanzbehörde die einzusehenden Akten sichten, Daten Dritter heraussuchen und durch Schwärzen unkenntlich machen oder aussortieren. Nach bisheriger Ansicht der Finanzverwaltung belastet diese Arbeit den Verwaltungsablauf derart und führt zu einem

---

814 Pars pro toto *H. Dreier*, in Dreier, GG I, Art. 2 I Rn. 75.

815 So FG Köln, Urt. v. 3.5.2000 – 11 K 6922/98, EFG 2000, S. 903, 904.

816 Im Umkehrschluss zu BFH, Beschl. v. 7.12.2006 – V B 163/05, BStBl. II 2007, S. 275, 276.

817 Grundsätzlich bejaht, in den konkreten Einzelfällen jedoch abgelehnt bzw. zur erneuten Entscheidung zurückverwiesen: BFH, Urt. v. 7.5.1985 – VII R 25/82, BStBl. II 1985, S. 571, 572,; Urt. v. 8.2.1994 – VII R 88/92, BStBl. II 1994, S. 552, 554; Beschl. v. 25.7.1994 – X B 333/93, BStBl. II 1994, S. 802, 803; Niedersächsisches FG, Urt. v. 17.3.2005 – 6 K 865/03, EFG 2005, S. 1068, 1069 f.

818 Für einen Anspruch auf Offenbarung nach § 19 Abs. 4 BDSG vgl. BVerwG, Urt. v. 3.9.1991 – 1 C 48.88. BVerwGE 89, S. 14, 19 f.; *M. Zilkens*, DÖV 2001, S. 374, 377; allgemein dazu auch *M. Jestaedt*, AöR Bd. 126 (2001), S. 204, 241.

so hohen Verwaltungsaufwand, dass die Steuerbehörden Akteneinsicht in solchen Fällen regelmäßig versagen. Das Interesse an Praktikabilität steht mithin einer Akteneinsicht häufig entgegen. Fraglich ist, ob diese Wertung durchschlagen kann. Das wäre nicht der Fall, wenn eine derartige Aktenvorbereitung eine typische der Finanzbehörde obliegende Tätigkeit wäre. Spätestens wenn ein Fall in das finanzgerichtliche Verfahren übergeleitet wird, ist die Finanzbehörde zur Vorlage der den Streitfall betreffenden Akten verpflichtet (§ 71 Abs. 2 FGO). Dabei hat sie das Steuergeheimnis zu wahren (§ 86 Abs. 1 FGO). Diese Pflicht ist unstreitig. Sie hat auch keine Möglichkeit, die Akte wegen des Verwaltungsaufwandes zurück zu halten. Die Ressourcen der Finanzverwaltung sind bei einer Gewährung von Akteneinsicht bereits im Verwaltungsverfahren keinesfalls stärker belastet, als bei einer Akteneinsicht erst im Finanzprozess. Es handelt sich vielmehr um eine übliche Aufgabe der Verwaltung. Dabei soll nicht verschwiegen werden, dass es ungleich mehr Verwaltungsverfahren in Steuersachen als Gerichtsprozesse gibt. Eine große Welle an Akteneinsichtsgesuchen könnte mithin durchaus dazu führen, den Verwaltungsablauf in den Finanzbehörden zu beeinträchtigen. Es gibt aber keine empirisch belegten Informationen, die einen rasanten Anstieg an Akteneinsichtsanträgen befürchten lassen müssen. Weder nachdem die Informationsgesetze eingeführt wurden[819] noch innerhalb von Finanzprozessen haben solche Anträge zur unerträglichen Belastung der Behörden geführt. Es ist nicht ersichtlich, dass hinsichtlich der Besteuerungsverfahren etwas anderes eintreten wird. Einen gewissen Arbeitsanstieg durch Akteneinsichtsgesuche muss die Finanzverwaltung hingegen vor dem Hintergrund des verfassungsrechtlichen Gewichts der Akteneinsicht hinnehmen. Solange es sich nicht um querulatorische[820] Anfragen handelt[821], muss das verfassungsrechtlich abgesicherte Interesse an einer Akteneinsicht[822] das Interesse der Verwaltung an einem wenig aufwändigen Verwaltungsverfahren überwiegen.

Der Befürchtung eines unvertretbaren Verwaltungsaufwands können die Finanzämter darüber hinaus durch eine rationelle Aktenführung Rechnung tragen. Sie könnten zum einen Unterlagen, die sich auf die Verhältnisse eines anderen beziehen, so zu den Akten nehmen, dass sie im Falle einer Einsichtnahme nicht

819 Vgl. BT-Drucks. 15/4493, S. 7; *F. Schoch*, DÖV 2006, S. 1.

820 Eingehende Untersuchung des Phänomens „Querulanz" aus soziologischer und psychologischer Perspektive bei *A. Dinger/U. Koch*, Querulanz in Gericht und Verwaltung.

821 Ein Mittel zum Schutz vor überbordenden Akteneinsichtsanträgen hätte – anders als der das Recht fortbildende Richter – der Gesetzgeber in der Hand: Eine angemessene Verwaltungsgebühr ohne Abschreckungscharakter könnte nicht ernsthafte Gesuche auslesen helfen. Die Gerichte können eine solche Ausgestaltung im Rahmen der Rechtsfortbildung nicht am Gesetzgeber vorbei entwickeln.

822 Siehe 3. Kapitel B. II.

wieder entnommen werden müssen[823]. Zum anderen wäre es denkbar, auf dem Aktendeckel eine Rubrik aufzunehmen, in der Aktenmaterial, dass dem Steuerpflichtigen vorenthalten werden darf, kurz notiert und damit sofort sichtbar würde. Dieses Material ist dabei in der Praxis keineswegs so umfangreich, dass dies ein unzumutbarer Aufwand wäre[824].

2. Konkurrentenklage und Steuergeheimnis

Wie die Bedürfnisanalyse gezeigt hat, sind neben dem Wunsch, die eigenen Steuerakten einzusehen, auch fremde Steuerakten von Interesse. Eine weitere Fallgruppe, in der das Steuergeheimnis gegen weitere Interessen abzuwägen ist, stellen deswegen die Konkurrentenkonstellationen dar. Konkurrentenklagen haben im Steuerrecht das Ziel unrechtmäßige Steuervergünstigungen, die konkurrierende Unternehmen erhalten, abzuwehren. Wettbewerbsverzerrungen zu Lasten von Konkurrenten entstehen, wenn sich die steuerbegünstigten Unternehmen – beispielsweise gemeinnützige Körperschaften mit ihren wirtschaftlich tätigen Zweckbetrieben[825] – am Wettbewerb beteiligen und die Steuervorteile an den Markt im Rahmen ihrer Preisgestaltung weitergeben[826]. Dadurch können entscheidende Wettbewerbsvorteile für den steuerlich Begünstigten entstehen[827].

a. Zulässigkeitsprobleme der steuerrechtlichen Konkurrentenklage

Ist eine steuerrechtliche Konkurrentenklage schon im Grundsatz unzulässig, kann kein rechtlich sanktioniertes Bedürfnis für eine Einsichtnahme in die steuerliche Akten des potentiell begünstigten Wettbewerbers bestehen[828]. Der potentiell Benachteiligte könnte diese Kenntnisse nicht nutzen, um gegen ungerechtfertigte Privilegien eines Konkurrenten gerichtlich vorzugehen. Wenn Konkurrentenklagen demgegenüber auch im Steuerrecht zulässig wären, könnte das verfahrensrechtliche Institut der Akteneinsicht quasi durch die Hintertür deren Anwendungsbereich zumindest erweitern, wenn nicht gar den Weg überhaupt erst ebnen, weil der potentiell benachteiligte Steuerpflichtige nur auf diesem Wege prüfen kann, ob eine Konkurrentenklage Aussicht auf Erfolg hätte. Dies könnte zu einer möglicherweise unerwünschten „Zementierung“ der steuerrecht-

---

823 *H. J. Hegelau*, Das Recht auf Akteneinsicht in Steuer- und Steuerstrafsachen, S. 141.

824 *E. E. Stöcker*, AO-StB 2002, S. 161, 165.

825 Dazu auch *J. Rader*, BB 1979, S. 1192.

826 *R. Hüttemann*, in StbJb 1998/99, S. 323; *J. Lang*, StuW 1987, S. 221, 230; *C. Trzaskalik*, StuW 1986, S. 219, 226 f.; *O. Wunsch*, Die Wettbewerbsklausel des § 65 Nr. 3 AO als Schutznorm zugunsten nicht begünstigter Konkurrenten gemeinnütziger Körperschaften, S. 36-42.

827 *R. Hüttemann*, in StbJb 1998/99, S. 323; *J. Lang*, StuW 1987, S. 221, 227, 240 f.

828 Ebenso BFH, Urt. v. 5.10.2006 – VII R 24/03, BStBl. II 2007, S. 243, 245 f., zur Frage eines Anspruchs auf ermessensfehlerfreie Entscheidung über einen Antrag auf Auskunftserteilung.

lichen Konkurrentenklage führen. Bundesfinanzhof und herrschende Lehre stimmen mittlerweile überein, dass eine Konkurrentenklage auch im Steuerprozess möglich ist[829]. Dies ist begrüßenswert, weil es für die Wirtschaftsteilnehmer keinen Unterschied darstellt, ob Konkurrenten Finanzhilfen gewährt werden oder ob der Eingriff des Staates in die Marktsituation durch Steuervergünstigungen zugunsten einiger Marktteilnehmer hervorgerufen wird[830].

Schwierigkeiten wirft im Rahmen der Zulässigkeit einer steuerrechtlichen Konkurrentenklage[831] zum einen die Bestimmung der statthaften Klageart auf. Ist gegen den begünstigten Konkurrenten ein Steuer- bzw. Freistellungsbescheid (§ 155 Abs. 1 S. 1, 3 AO) ergangen, aus dem sich der steuerliche Vorteil des begünstigten Wettbewerbers ergibt, muss der benachteiligte Wettbewerber mittels einer Anfechtungsklage (§ 40 Abs. 1 FGO) gegen diesen vorgehen, um seine Rechte geltend machen zu können[832]. Er muss also mindestens den Bescheid bezeichnen können[833] (Aktenzeichen, Steuernummer, Datum, Bestandskraft[834]), aus dem sich die Steuerbefreiung ergibt (§§ 40 Abs. 2, 65 Abs. 1

---

829 BFH, Vorlagebeschl. v. 8.7.2004 – VII R 24/03, BStBl. II 2004, S. 1034; Urt. v. 15.10.1997 – I R 10/92, BStBl. II 1998, S. 63, 65 ff. (Konkurrentenklage im Grundsatz bejahend, wenn auch im konkreten Fall verneinend); FG des Landes Sachsen-Anhalt, Urt. V. 10.2.2003 – 1 K 30456/99, EFG 2003, S. 910; ablehnend noch BFH, Beschl. v. 18.9.1984 – VII R 50-51/82, BStBl. II 1985, S. 12, 13 ff.; Urt. v. 12.4.1994 – VII R 67/93, BFH/NV 1995, S. 77, 78; bejahend Beschl. v. 13.10.1987 – VII B 96/87, BStBl. II 1988, S. 67 f.; *R. Hüttemann*, DStJG Bd. 27 (2003), S. 49, 74; *R. Seer*, in Tipke/Lang, Steuerrecht, § 22 Rn. 126; *ders.*, Verständigungen in Steuerverfahren, S. 260 ff.; *K. Tipke*, in Tipke/Kruse, AO/FGO, § 40 FGO Tz. 63 ff. (Oktober 2005); die Konkurrentenklage schon lange befürwortend *B. Knobbe-Keuk*, BB 1982, S. 385; *K. Tipke*, Steuerrechtsordnung III, S. 1393 ff.

830 *P.-M. Huber*, Konkurrentenschutz im Verwaltungsrecht, S. 38, 540 f.; *J. Lang*, StuW 1987, S. 221, 230 f., 242; ähnlich auch *C. Trzaskalik*, StuW 1986, S. 219, 225.

831 Grundsätzliche Anerkennung der Konkurrentenklage in anderen Gebieten des öffentlichen Rechts: Anerkannt im Subventionsrecht: BVerwG, Urt. v. 30.8.1968 – VII C 122.66, BVerwGE 30, S. 191; ebenso im Immissionsschutzrecht, Gewerbe- und Gaststättenrecht, Wettbewerbs- und Kartellrecht; zur Zulässigkeit von Konkurrentenklagen im Beamtenrecht vgl. *G. Siegmund-Schultze*, VerwArch Bd. 73 (1982), S. 137; zum Wirtschaftsverwaltungsrecht vgl. *U. Hösch*, Die Verwaltung Bd. 30 (1997), S. 211.

832 BFH, Urt. v. 15.10.1997 – I R 10/92, BStBl. II 1998, S. 63, 65; FG des Landes Sachsen-Anhalt, Urt. v. 10.2.2003 – 1 K 30456/99, EFG 2003, S. 910, 911; umfassende Darstellung bei *O. Wunsch*, Die Wettbewerbsklausel des § 65 Nr. 3 AO als Schutznorm zugunsten nicht begünstigter Konkurrenten gemeinnütziger Körperschaften, S. 139 ff.

833 FG des Landes Sachsen-Anhalt, Urt. v. 10.2.2003 – 1 K 30456/99, EFG 2003, S. 910, 911.

834 Vgl. *H.-F. Lange*, DB 2004, S. 2776, 2778.

FGO)[835]. Eine zusätzliche Verpflichtungsklage auf Erlass des richtigen Steuerbescheides ist nach Ansicht des Bundesfinanzhofs nicht notwendig, weil das Finanzamt bei einem Erfolg der Anfechtungsklage an die der Aufhebung zugrunde liegende, rechtliche Beurteilung gebunden wäre[836]. Ist dagegen wegen der Steuerfreiheit – etwa aufgrund (behaupteter) Gemeinnützigkeit – gar kein Verwaltungsakt ergangen, muss er Verpflichtungsklage (§ 40 Abs. 1 FGO) auf Erlass eines Steuerbescheides oder Klage auf Feststellung der Rechtswidrigkeit der Nichtbesteuerung (§ 41 Abs. 1 FGO) erheben[837]. Im Falle einer Verpflichtungsklage muss der Kläger den Klageantrag beziffern[838]. Er muss mithin die Höhe der vom Finanzamt bezüglich des fraglichen Geschäftsbetriebes festzusetzenden Steuern benennen[839]. In jedem Fall ist es für den Kläger essentiell, die Umstände der Steuerbefreiung zu erfahren, um die Erfolgsaussichten einer Klage bereits vor Erhebung prüfen zu können[840]. Er muss zum einen wissen, dass eine solche Steuerbegünstigung vorliegt und zum anderen den konkreten Sachverhalt kennen, aus dem sich deren Voraussetzungen ergeben. Es ist insbesondere im Fall einer Anfechtungsklage nicht ausreichend, den aufzuhebenden Verwaltungsakt zu bezeichnen. Vielmehr hat der Kläger darzulegen, worin die ihn treffende Rechtsverletzung besteht[841].

Problematisch ist neben der Bestimmung der statthaften Klageart regelmäßig die Klagebefugnis (§ 40 Abs. 2 FGO). Dafür muss der Kläger die Verletzung einer

---

835 *R. Bartone*, in Kühn/von Wedelstädt, AO/FGO, § 65 FGO Rn. 6; *U. Schallmoser*, in Hübschmann/Hepp/Spitaler, AO/FGO, § 65 FGO Rn. 68 (März 2008); *K. Tipke*, in Tipke/Kruse, AO/FGO, § 40 FGO Tz. 3 (Oktober 2005), § 65 FGO Tz. 21 (März 2005).

836 BFH, Urt. v. 15.10.1997 – I R 10/92, BStBl. II 1998, S. 63, 65.

837 *K. Tipke*, in Tipke/Kruse, AO/FGO, § 40 FGO Tz. 64 (Oktober 2005). Der BFH scheint eine Feststellungsklage zu favorisieren, wenn er in dieser Konstellation diese für statthaft erklärt und im konkreten Fall die Zulässigkeit einer Verpflichtungsklage „zudem" an der fehlenden Konkretisierung scheitert. Ebenso *A. Erhardt-Rauch*, DStZ 2004, S. 641, 642; *O. Wunsch*, Die Wettbewerbsklausel des § 65 Nr. 3 AO als Schutznorm zugunsten nicht begünstigter Konkurrenten gemeinnütziger Körperschaften, S. 139, 143, hält eine Verpflichtungsklage für statthaft.

838 *W. Dumke*, in Schwarz, AO/FGO, § 65 FGO Rn. 29a (Juni 2003).

839 *O. Wunsch*, Die Wettbewerbsklausel des § 65 Nr. 3 AO als Schutznorm zugunsten nicht begünstigter Konkurrenten gemeinnütziger Körperschaften, S. 143 f.

840 Auch für das vorgeschaltete Einspruchsverfahren betont BFH, Urt. v. 5.10.2006 – VII R 24/03, BStBl. II 2007, S. 243, 244, dass der Steuerpflichtige regelmäßig nicht darauf verwiesen werden kann, er solle gleichsam mehr oder weniger ins Blaue hinein Einspruch einlegen und dann die Entscheidung der Finanzbehörde abwarten, ohne sicher zu wissen, ob überhaupt und ggf. wann Steuerbescheide gegen seine Konkurrenten ergangen sind, die seine Rechte berühren könnten.

841 *W. Dumke*, in Schwarz, AO/FGO, § 65 FGO Rn. 28 (Juni 2003).

nicht nur die Allgemeinheit, sondern auch ihn schützende Norm[842] geltend machen können[843]. Dafür muss die verletzte Norm nicht ausschließlich im Interesse der Allgemeinheit erlassen sein, sondern – zumindest auch – dem Schutz der Interessen einzelner an dem Steuerschuldverhältnis nicht beteiligter Dritter dienen[844]. Die Klagebefugnis verhindert Popularklagen, indem sie stets die Verletzung eines eigenen subjektiven Rechts des Betroffenen voraussetzt[845]. Um eine solche drittschützende Norm bejahen zu können, muss der Kläger substantiiert darlegen, dass die rechtswidrige Nicht- oder zu geringe Besteuerung der mit ihm in Wettbewerb stehenden Körperschaft[846] sein Recht auf Teilnahme an einem steuerrechtlich nicht zu seinem Nachteil verfälschten Wettbewerb beeinträchtigt[847]. Diese Norm kann entweder einfachgesetzlich oder ein Grundrecht sein.

Der sich benachteiligt fühlende Konkurrent bedarf daher schon vor der Durchführung eines steuerlichen Verfahrens im Sinne von § 30 Abs. 2 Nr. 1a AO Informationen, um die Klage überhaupt auf den Weg bringen zu können. Er kann ansonsten aufgrund seines Informationsdefizits[848] eine Konkurrentenklage nicht substantiiert einreichen. Der begünstigte Wettbewerber wird demgegenüber ein Interesse daran haben, die Steuervorteile nicht zu veröffentlichen. Für

842 Sog. drittschützende Norm im Sinne der Schutznormlehre, die mit einigen Modifizierungen auf *O. Bühler*, Die subjektiven öffentlichen Rechte, S. 224, zurückgeht: „Subjektiv öffentliches Recht ist diejenige Stellung des Untertanen zum Staat, in der er auf Grund eines Rechtsgeschäfts oder eines zwingenden, zum Schutz seiner Individualinteressen erlassenen Rechtssatzes, auf den er sich der Verwaltung gegenüber soll berufen können, vom Staat verlangen kann oder ihm gegenüber etwas tun darf.“; vgl. dazu ausführlich *P.-M. Huber*, Konkurrentenschutz im Verwaltungsrecht, S. 100 ff.; *E. Schmidt-Aßmann*, in Maunz/Dürig, GG, Art. 19 Rn. 127 (Februar 2003).

843 BFH, Urt. v. 5.10.2006 – VII R 24/03, BStBl. II 2007, S. 243, 244.

844 BFH, Vorlagebeschl. v. 8.7.2004 – VII R 24/03, BStBl. II 2004, S. 1034.

845 *R. Seer*, in Tipke/Lang, Steuerrecht, § 22 Rn. 115, 117; *K. Tipke*, in Tipke/Kruse, AO/FGO, § 40 FGO Tz. 19 (Oktober 2005); *ders.*, Steuerrechtsordnung III, S. 1392;ebenso *A. Ehrhardt-Rauch*, DStZ 2004, S. 641, 642.

846 Dabei handelt es sich nach einer Differenzierung nach *B. Knobbe-Keuk*, BB 1982, S. 385, 386, um eine sog. defensive Konkurrentenklage, die *P.-M. Huber*, Konkurrentenschutz im Verwaltungsrecht, S. 132 ff., 507 f., treffend mit „Begünstigungsabwehr“ und *U. Hösch*, Die Verwaltung Bd. 30 (1997), S. 211, 212 mit „Abwehrklage“ umschreiben. Zum Streitstand wenn die Wettbewerberposition des angeblich zu Unrecht Begünstigten nicht sicher ist, BFH, Urt. v. 15.10.1997 – I R 10/92, BStBl. II 1998, S. 63, 65 ff.; *R. Seer*, in Tipke/Lang, Steuerrecht, § 22 Rn. 115 ff. *K. Tipke*, Steuerrechtsordnung III, S. 1397, spricht sich für die Zulässigkeit solcher Klagen auch für Nicht-Konkurrenten aus.

847 BFH, Urt. v. 15.10.1997 – I R 10/92, BStBl. II 1998, S. 63, 65 ff.; FG des Landes Sachsen-Anhalt, Urt. v. 10.2.2003 – 1 K 30456/99, EFG 2003, S. 910, 911; *S. Schauhoff*, in Schauhoff, Handbuch der Gemeinnützigkeit, § 6 Rn. 88.

848 So *U. Hösch*, Die Verwaltung Bd. 30 (1997), S. 211, 230.

den potentiellen Kläger bleiben nur vage Vermutungen, Zeitungsanzeigen und ähnliche Quellen. Er kann lediglich versuchen, eine mündliche Auskunft der Finanzbehörde[849] oder Einsicht in die steuerlichen Akten des potentiell begünstigten Wettbewerbers zu erlangen. Dies tangiert das Steuergeheimnis (§ 30 Abs. 2 AO) des Steuerbegünstigten, weil der Finanzbeamte als Amtsträger dadurch Verhältnisse eines anderen – die des Wettbewerbers – offenbart[850]. Anderer Ansicht ist *K. Tipke*. Das Steuergeheimnis tritt nach seiner Meinung zurück, weil im fraglichen Bereich Vergünstigungen realisiert würden. Dies sei nicht der Normalfall, den § 30 AO umfassen wolle[851]. Dem ist entgegenzuhalten, dass das Gemeinnützigkeitsrecht ungeachtet seines subventiven Charakters zum Steuerrecht gehört[852] und damit auch dem Anwendungsbereich des Steuergeheimnisses unterfällt[853]. Somit können sich auch in den Genuss von Steuervergünstigungen kommende Steuerpflichtige auf das Steuergeheimnis berufen.

b. Drittschützender Charakter steuerrechtlicher Normen

Es sind verschiedenste Fallgruppen denkbar, in denen eine Konkurrentenklage notwendig sein kann. Eine der wichtigsten Gruppen umfasst die Fälle aus dem Gemeinnützigkeitsrecht. Wettbewerbern von als steuerfreien Zweckbetrieben behandelten Unternehmen ist die Konkurrentenklage zu eröffnen, wenn der Verdacht besteht, dass bei dem Wettbewerbsbetrieb die Voraussetzungen eines steuerfreien Zweckbetriebs (§ 65 Nr. 3 AO) nicht vorliegen[854]. Durch die weitgehende Steuerfreiheit wird der Wettbewerber und potentiell Einsichtnehmende in seinem Recht auf Wettbewerbsgleichheit verletzt. Als drittschützende Norm steht ihm § 65 Nr. 3 AO (sog. Wettbewerbsklausel) zur Verfügung[855]. Nach

849 So das petitum in dem Rechtsstreit eines ein Krematorium betreibenden Feuerbestattungsvereins, bisheriger Verfahrensgang: FG des Landes Sachsen-Anhalt, Urt. v. 10.2.2003 – 1 K 30456/99, EFG 2003, S. 910; BFH, Vorlagebeschl. v. 8.7.2004 - VII R 24/03, BStBl. II 2004, S. 1034; EuGH, Urt. v. 8.6.2006 – C 430/04, Feuerbestattungsverein Halle e.V., ABl. EU 2006, Nr. C 178, S. 2 (Ls.) = HFR 2006, S. 830 (Ls. und Gründe).

850 Vgl. FG des Landes Sachsen-Anhalt, Urt. v. 10.2.2003 – 1 K 30456/99, EFG 2003, S. 910, 911.

851 *K. Tipke*, Steuerrechtsordnung I, S. 86.

852 BFH, Urt. v. 7.11.1989 – VII R 115/87, BStBl. II 1990, S. 251, 252.

853 *O. Roth*, Die steuerliche Gemeinnützigkeit, S. 160.

854 BFH, Urt. v. 15.10.1997 – I R 10/92, BStBl. II 1998, S. 63; *R. Seer*, Verständigungen in Steuerverfahren, S. 263 f.; *J. N. Stolterfoht*, DStJG Bd. 21 (1998), S. 233, 246; ebenso *R. Braun*, DStZ 1986, S. 46, 48.

855 *R. Braun*, DStZ 1986, S. 46, 48; *P.-M. Huber*, Konkurrenzschutz im Verwaltungsrecht, S. 372; *B. Knobbe-Keuk*, BB 1982, S. 385; *R. Seer*, Verständigungen in Steuerverfahren, S. 263 f.; *K. Tipke*, in Tipke/Kruse, AO/FGO, § 65 AO Tz. 8 (Oktober 2005); *ders.*, Steuerrechtsordnung III, S. 1393 ff.; *O. Wunsch*, Die Wettbewerbsklausel

Ansicht von *I. v. Lishaut* ist jedoch der von dieser Norm geschützte Personenkreis nicht abgrenzbar, so dass sie keine subjektiv öffentlichen Rechte gewähren könnte[856]. Dem ist insoweit zuzustimmen, als der geschützte Personenkreis nicht von vorn herein fest abgegrenzt ist. Allerdings schützt die Norm nicht nur bereits bestehenden, sondern auch den potentiellen Wettbewerb[857]. Auf normativer Ebene kann damit der geschützte Personenkreis stets nur abstrakt bezeichnet werden. Sinn des § 65 Nr. 3 AO ist es, private Unternehmen vor Wettbewerbsnachteilen gegenüber konkurrierenden gemeinnützigen Gesellschaften zu schützen, die sie nur erleiden, weil letztere unter dem Mantel der Gemeinnützigkeit steuerfrei bleiben[858]. Geschützt sind im Einzelfall diejenigen Marktteilnehmer, die in einem unmittelbaren Wettbewerbsverhältnis zu dem wirtschaftlichen Geschäftsbetrieb der gemeinnützigen Körperschaft stehen. § 65 Nr. 3 AO ist mithin eine drittschützende Norm.

Auch § 2 Abs. 3 UStG hat nach verbreiteter Ansicht drittschützenden Charakter[859]. Danach ist eine juristische Person öffentlichen Rechts nur im Rahmen ihrer Betriebe gewerblicher Art (§ 1 Abs. 1 Nr. 6, § 4 KStG) umsatzsteuerpflichtig. Der Europäische Gerichtshof hat mit Urteil vom 8. Juni 2006 entschieden, dass sich ein Einzelner, der mit einer Einrichtung des öffentlichen Rechts im Wettbewerb steht und der deren fehlerhafte Mehrwertbesteuerung geltend macht, auf Art. 4 Abs. 5 der Richtlinie 77/388/EWG berufen kann[860]. Diese Norm ist bei der Auslegung von § 2 Abs. 3 UStG zu beachten[861]. Eine unzutreffende Umsatzbesteuerung hat per se für jeden in Konkurrenz zu dem durch die unzutreffende Nicht- oder Niedrigbesteuerung begünstigten Unternehmer be-

des § 65 Nr. 3 AO als Schutznorm zugunsten nicht begünstigter Konkurrenten gemeinnütziger Körperschaften, S. 51-54.

856 *I. v. Lishaut*, Die Konkurrentenklage im Steuerrecht, S. 16.

857 BFH, Urt. v. 15.12.1993 – X R 115/91, BStBl. II 1994, S. 314, 316; Urt. V. 27.10.1993 – I R 60/91, BStBl. II 1994, S. 573, 575; Urt. v. 15.10.1997 – I R 10/92, BStBl. II 1998, S. 63, 65, 67; *P. Fischer*, in Hübschmann/Hepp/Spitaler, AO/FGO, § 65 AO Rn. 28 (März 1994); *J. Rader*, BB 1979, S. 1192; *R.-D. Scholtz*, in Scholtz, AO, § 65 Rn. 9; *K. Tipke*, in Tipke/Kruse, AO/FGO, § 65 AO Tz. 4 (Oktober 2005); ausführlich *O. Wunsch*, Die Wettbewerbsklausel des § 65 Nr. 3 AO als Schutznorm zugunsten nicht begünstigter Konkurrenten gemeinnütziger Körperschaften, S. 94-96.

858 *R. Seer*, Verständigungen in Steuerverfahren, S. 263 f.

859 FG des Landes Sachsen-Anhalt, Urt. v. 10.2.2003 – 1 K 30456/99, EFG 2003, S. 910, 912; *W. Reiß*, IStR 2005, S. 53, 55; a.A. OLG München, Urt. v. 15.5.2003 – 29 U 1703/03, GRUR 2004, S. 169, 170.

860 EuGH, Urt. v. 8.6.2006 – C 430/04, Feuerbestattungsverein Halle e.V., ABl. EU 2006, Nr. C 178, S. 2 (Ls.) = HFR 2006, S. 830 (Ls. und Gründe); dem letztlich folgend kommt es nach BFH, Urt. v. 5.10.2006 – VII R 24/03, BStBl. II 2007, S. 243, 246, ernstlich in Betracht, § 2 Abs. 3 UStG drittschützende Wirkung beizumessen.

861 BFH, Vorlagebeschl. v. 8.7.2004 – VII R 24/03, BStBl. II 2004, S. 1034; BFH, Urt. v. 5.10.2006 – VII R 24/03, BStBl. II 2007, S. 243, 246.

nachteiligende Wirkung[862]. Diesem Problemkreis sind auch Fälle konkurrierender Hoheitsbetriebe zuzuschlagen. Ein Hoheitsbetrieb ist dann gegeben, wenn der Betrieb ein solcher gewerblicher Art ist, der aber hoheitliche Aufgaben wahrnimmt. Solche Betriebe sind von Umsatzsteuer, Körperschaftsteuer und Gewerbesteuer befreit (§ 2 Abs. 3 S. 1 UStG, § 4 Abs. 5 KStG, § 2 Abs. 2 GewStDV). Infolge der Steuerbefreiungen kann der Hoheitsbetrieb seine Dienstleistung zu günstigeren Preisen als der Private anbieten. Dieser hat naturgemäß ein Interesse daran zu prüfen, ob das staatliche Unternehmen zu Recht diese Wettbewerbsvorteile in Anspruch nimmt. Wie in den Fällen der Steuerfreiheit aufgrund einer Gemeinnützigkeit, ist auch dieser Wettbewerber vital daran interessiert, gegen eine möglicherweise zu Unrecht bestehende Umsatzsteuerfreiheit gerichtlich vorzugehen. Um die Erfolgsaussichten einer solchen Konkurrentenklage aber prüfen zu können, würde ihm das Instrument der Einsicht in die steuerlichen Akten des städtischen Wettbewerbers helfen[863].

Letztlich gehen auch von ungerechtfertigen Steuererlassen oder Steuerstundungen subventive Wirkungen aus[864]. Typisch sind die Fälle, in denen eine Gemeinde einem sich neu ansiedelnden Unternehmen einen Gewerbesteuererlass verspricht, um die Ansiedlung zu erleichtern[865]. Darin kann kein Erlass aus Billigkeitsgründen, sondern nur aus wirtschaftspolitischen Motiven gesehen werden[866]. Ein solcher Erlass beeinträchtigt die Marktchancen der bereits vorhandenen Konkurrenten des neuen Unternehmens. Fraglich ist, ob §§ 163, 222, 227 AO drittschützenden Charakter haben. Dies wird mangels einer drittbezogenen Tendenz regelmäßig verneint[867]. Deshalb muss zur Begründung eines subjektiv-öffentlichen Rechts des Konkurrenten auf die Grundrechte zurückgegriffen wer-

---

862 *J. Lang*, StuW 1987, S. 221, 230; *W. Reiß*, IStR 2005, S. 53, 55; zurückhaltender, aber mit gleicher Tendenz *D. Dziadkowski*, UVR 2005, S. 65, 66.

863 Da § 2 Abs. 3 UStG an den Betrieb gewerblicher Art im Sinne von § 1 Abs. 1 Nr. 6 i.V.m. § 4 KStG anknüpft und letztlich der Gleichbehandlung gleichartiger wirtschaftlicher Tätigkeiten öffentlicher Einrichtungen und privater Steuerpflichtiger dient, können sich private Steuerpflichtige, die zueinander im Wettbewerb stehen, nicht auf einen drittschützenden Charakter dieser Norm berufen, wie *L. Kronthaler*, DStR 2007, S. 227, zurecht feststellt.

864 *R. Seer*, Verständigungen in Steuerverfahren, S. 264; *J. N. Stolterfoht*, DStJG Bd. 21 (1998), S. 233, 245.

865 Vgl. *B. Knobbe-Keuk*, BB 1982, S. 385; *R. Seer*, Verständigungen in Steuerverfahren, S. 264.

866 Ein solcher ist unzulässig. §§ 163, 227 AO ermächtigen die Verwaltung nicht zu einem Erlass aus wirtschafts-, sozialpolitischen oder sonstigen interventionistischen Gründen. BFH, Urt. v. 9.7.1970 – IV R 34/69, BStBl. II 1970, S. 696, 701 f.; Urt. v. 7.8. 1974 – II R 57/72, BStBl. II 1975, S. 51, 51; *R. Seer*, in Tipke/Lang, Steuerrecht, § 21 Rn. 341.

867 Vgl. *R. Seer*, Verständigungen in Steuerverfahren, S. 264; sich anschließend *A. Ehrhardt-Rauch*, DStZ 2004, S. 641, 644.

den[868]. In Betracht kommen die Wettbewerbsfreiheit (Art. 12 Abs. 1 GG) und die Wettbewerbsgleichheit (Art. 3 Abs. 1 GG). Die Grundrechte sind jedoch nur zurückhaltend als drittschützende Normen anzunehmen[869]. Die notwendige Zurückhaltung erschließt sich, wenn man sich die Gefahr der Unbestimmtheit und Weite der grundrechtlich geschützten Positionen und die darin bedingte Ausformungsfähigkeit des Grundrechts vor Augen führt[870]. Aus diesem Grund muss die Heranziehung der Grundrechte einer hohen Hürde unterliegen. Ob dabei tatsächlich mit der wohl herrschenden Rechtsprechung und Lehre eine schwere und unerträgliche Betroffenheit seiner Wettbewerbsfreiheit zu fordern ist[871], scheint indes fraglich. Danach muss ein schwerer, existenzbedrohender Eingriff vorliegen, um die Grundrechte als Grundlage subjektiv-individueller Ansprüche heranziehen zu können[872]. Dies würde dazu führen, dass ein Eingriff erst an der Schwelle des Wesensgehaltes anzunehmen ist[873]. Außerdem kann die Intensität der Grundrechtsbeeinträchtigung nur die Frage der Rechtfertigung des Eingriffs im Rahmen der Verhältnismäßigkeit, nicht aber der Grundrechtsbetroffenheit als solche betreffen[874]. Vielmehr ist aber bei steuerlichen Sozialzweck- und Lenkungsnormen deren korrekte Anwendung auch im Interesse des Konkurrenten geboten. Bei einem zu wirtschaftlichen Lenkungszwecken eingesetzten Steuererlass können auch die §§ 163, 227 AO zu konkreten Schutznormen für den benachteiligten Konkurrenten werden. Zum Ausschluss von Popularklagen genügt es, wenn der Kläger darlegt, in einem unmittelbaren Wettbewerbsverhältnis zu dem steuerlich Begünstigten zu stehen. Dafür muss er substantiiert darlegen, dass sich die Wettbewerbsposition des Begünstigten auf seine Kosten verbessert hat[875]. Dies ermöglicht ihm nur die Einsicht in die der Finanzbehörde vorliegenden Steuerakten.

---

868 Zu den in Frage kommenden Grundrechten (Art. 3 Abs. 1, 12 Abs. 1, 14 Abs. 1 GG) vgl. im Einzelnen *P.-M. Huber*, Konkurrentenschutz im Verwaltungsrecht, S. 370 ff., 512 ff.; *R. Hüttemann*, in StbJb 1998/99, S. 323, 330; *R. Seer*, Verständigungen in Steuerverfahren, S. 264 ff.

869 *U. Hösch*, Die Verwaltung Bd. 30 (1997), S. 211, 220 f.

870 *H. Schulze-Fielitz*, in Dreier, GG I, Art. 19 IV Rn. 63; *P. M. Huber*, in v. Mangoldt/Klein/Starck, GG, Art. 19 Abs. 4 Rn. 416.

871 BVerwG, Urt. v. 30.8.1968 – VII C 122.66, BVerwGE 30, S. 191, 197 f.; *U. Hösch*, Die Verwaltung Bd. 30 (1997), S. 211, 222; *E. Schmidt-Aßmann*, in Maunz/Dürig, GG, Art. 19 Abs. 4, Rn. 123 ff. (Februar 2003).

872 Vgl. BVerwG, Urt. v. 30.8.1968 – VII C 122.66, BVerwGE 30, S. 191, 198; *K.-J. Fassbender*, DÖV 2005, S. 89, 90 zum Rechtsschutz privater Konkurrenten gegen kommunale Wirtschaftsbetätigung.

873 *R. Seer*, in Tipke/Lang, Steuerrecht, § 22 Rn. 126.

874 *K.-J. Fassbender*, DÖV 2005, S. 89, 98.

875 Siehe hierzu umfassend *R. Seer*, Verständigungen in Steuerverfahren, S. 264 ff.; *ders*, in Tipke/Lang, Steuerrecht, § 22 Rn. 126.

Die Anzahl der drittschützenden Normen im materiellen Steuerrecht und ggf. im Grundgesetz verdeutlicht die Relevanz der Konkurrentenklage. Ein Akteneinsichtsrecht im Besteuerungsverfahren würde zu einem maximalen Informationsgewinn für einen potentiellen oder tatsächlichen Wettbewerbers führen, weil er alle Steuerdaten des konkurrierenden Unternehmens einschließlich der steuerrechtlichen Würdigung durch das Unternehmen selbst und die Finanzbehörde „auf einen Blick" erlangen könnte. Wettbewerber würden dadurch eine optimale Ausgangslage für ihre Argumentation im Rahmen einer Klage in tatsächlicher und rechtlicher Hinsicht erreichen. Auf der anderen Seite würde diese Maximalposition die informationelle Freiheit des betroffenen Unternehmens aushöhlen, worauf spätestens bei einer Abwägung Rücksicht zu nehmen ist. Denkbar wäre es insbesondere, dem Konkurrenten statt einem umfänglichen Akteneinsichtsrecht zumindest einen Auskunftsanspruch hinsichtlich punktueller, für die Klageerhebung unerlässlicher Informationen zu gewähren[876]. Damit wäre diesem in ausreichender Weise gedient und die Interessen des Konkurrenten blieben weitgehend unangetastet.

c. Doppelte Schutzrichtung des Steuergeheimnisses und Akteneinsicht

Bei der Frage, ob im Vorfeld einer steuerrechtlichen Konkurrentenklage ein Informationszugangsanspruch zu den behördlichen Daten des potentiellen Konkurrenten besteht, darf neben der Tatsache, dass diese Klagemöglichkeit ohne die dafür erforderlichen Informationen für den möglicherweise benachteiligten Wettbewerber ein „zahnloser Papiertiger" bleibt, ein weiterer Punkt nicht vernachlässigt werden: Das Steuergeheimnis dient nicht nur dem Schutz des Einzelnen, sondern soll auch die im öffentlichen Interesse stehende richtige Besteuerung sicherstellen[877].

Die Kenntnisse der Besteuerung des Konkurrenten könnten der Durchführung eines gerichtlichen Steuerverfahrens, nämlich dem des potentiell benachteiligten Wettbewerbers gegen den Freistellungsbescheid des Wettbewerbers bzw. auf Erlass eines Steuerbescheides gegen letzteren dienen. Das Steuergeheimnis wäre mithin eingeschränkt, weil einer der Offenbarungstatbestande des Absatz 4 eingreift (§ 30 Abs. 4 Nr. 1, Abs. 2 Nr. 1a AO) würde[878]. Das Interesse an der gehö-

876 Dazu 5. Kapitel B. II. 2. c.

877 *E. Benda*, DStR 1984, S. 351, 352; *K.-D. Drüen*, in Tipke/Kruse, AO/FGO, § 30 AO Tz. 10 (März 2004); *ders.*, ZBR 2002, S. 115, 117; *B. Knobbe-Keuk*, BB 1982, S. 385, 389; *T. Marx*, DStR 2002, S. 1467, 1469.

878 *B. Knobbe-Keuk*, BB 1982, S. 385, 389; daran anschließend *R. Braun*, DStZ 1986, S. 46, 48 f.; ebenso *K.-D. Drüen*, in Tipke/Kruse, AO/FGO, § 30 AO Tz. 65 (März 2004); *W. Reiß*, IStR 2005, S. 53, der deutlich macht, dass – im konkreten Fall – eine Auskunft außerdem wegen des Anwendungsvorrang des EG-Rechts nicht unter Berufung auf das Steuergeheimnis versagt werden könnte, wenn Art. 4 Abs. 5 Unterabs. 2

rigen Sachaufklärung[879] würde das Interesse der steuerbegünstigten Körperschaft an der Geheimhaltung ihrer steuerlichen Verhältnisse verdrängen.

Zu unterscheiden sind Auskünfte auf konkrete Anfragen eine potentiellen Konkurrenten und allgemeine „Vorab-Informationen“ der Finanzbehörde. Die Frage, ob einem Dritten ein (beschränkter) Auskunftsanspruch gegen das für die Besteuerung des Konkurrenten zuständige Finanzamt zusteht, hat der Bundesfinanzhof in seinem Urteil vom 15. Oktober 1997 ausdrücklich offen gelassen, weil sie nicht Gegenstand des Rechtsstreits war[880]. In seinem Vorlagebeschluss vom 8. Juli 2004 hat er einen solchen Auskunftsanspruch dem Grunde nach bejaht[881]. Mit dem Hinweis auf die grundgesetzlich garantierte Rechtsweggarantie bejahen einige Vertreter der Rechtswissenschaften einen solchen Anspruch auf Information[882]. *U. Hösch* geht sogar von einer „Mitwirkungslast“ aus[883].

Für eine Offenbarungsbefugnis muss die Finanzbehörde sicher sein, dass der die Akteneinsicht Begehrende ein Verfahren im Sinne von § 30 Abs. 2 Nr. 1a AO tatsächlich durchzuführen gedenkt. Die Offenbarung müsste der Durchführung eines solchen Verfahrens dienen (§ 30 Abs. 4 Nr. 1 AO). Ein „Dienen“ in diesem Sinne ist bereits gegeben, wenn die Information notwendig ist, um das Verfahren überhaupt ordnungsgemäß in Gang zu setzen[884]. Dies muss jedenfalls dann gelten, wenn eine andere zumutbare Kenntnisnahme ausscheidet. Ein effektiver Rechtsschutz des steuerpflichtigen Wettbewerbers setzt voraus, dass er einen Anspruch auf Information gegen die Finanzverwaltung auf Offenbarung der steuerlichen Verhältnisse des steuerbegünstigten Anbieters hat[885]. Wenn eine begehrte und einer Behörde mögliche Auskunfts- und Informationsleistung zum

---

der Richtlinie 77/388/EWG einen Auskunftsanspruch enthielte; dazu auch *H.-H. Heidner*, in Bunjes/Geist, UStG, § 2 Rn. 155.

879 So FG Hamburg, v. 4.12.1975 – III 106/74, EFG 1976, S. 301, 302.

880 BFH, Urt. v. 15.10.1997 – I R 10/92, BStBl. II 1998, S. 63, 65; trotz der eindeutigen Aussage des BFH zieht *S. Lahme*, Spendenabzugsverfahren und Anerkennungsverfahren gemeinnütziger Körperschaften, S. 44 f. den Schluss, dass ein Auskunftsanspruch zu bejahen sei.

881 BFH, Vorlagebeschl. v. 8.7.2004 – VII R 24/03, BStBl. II 2004, S. 1034; vorgehend bereits FG des Landes Sachsen-Anhalt, Urt. V. 10.2.2003 – 1 K 30456/99, EFG 2003, S. 910. *T. Küffner*, DStR 2006, S. 1120, 1122, erwartet nach der Entscheidung des EuGH in diesem Fall „eine Fülle von Auskunftsersuchen von privaten Wirtschaftsteilnehmern“.

882 *R. Hüttemann*, in StbJb 1998/99, S. 323, 330 f.; *O. Wunsch*, Die Wettbewerbsklausel des § 65 Nr. 3 AO als Schutznorm zugunsten nicht begünstigter Konkurrenten gemeinnütziger Körperschaften, S. 177.

883 *U. Hösch*, Die Verwaltung Bd. 30 (1997), S. 211, 230.

884 BFH, Urt. v. 5.10.2006 – VII R 24/03, BStBl. II 2007, S. 243, 244 f.; FG des Landes Sachsen-Anhalt, Urt. v. 10.2.2003 – 1 K 30456/99, EFG 2003, S. 910, 912 f.

885 *B. Knobbe-Keuk*, BB 1982, S. 385, 388 f.

Schutze des grundrechtlich gesicherten Freiheitsraumes des jeweiligen Grundrechtsträgers unerlässlich ist, kann an einem berechtigtem Interesse an einer solchen Leistung kein beachtlicher Zweifel bestehen[886]. Dabei muss der potentiell benachteiligte Konkurrent sein Informationsinteresse, das sich aus dem Konkurrenzverhältnis und der Benachteiligung ergibt, in der Weise geltend machen, wie er es auch im Rahmen der Klageerhebung müsste. Da die Einschränkungen des Steuergeheimnisses im Lichte dieses Grundrechts betrachtet werden müssen, kann ein Akteneinsichts- oder Auskunftsrecht des klagenden Wettbewerbers nur so weit reichen, wie es zur Wahrung seiner Interessen notwendig ist. Der potentielle Kläger darf also nur diejenigen Informationen erhalten, die für die Klageerhebung notwendig sind[887]. Dies sind Angaben, ob und in welchem Umfang, mit welcher Begründung und durch welche Bescheide die konkurrierende Körperschaft von der Besteuerung freigestellt worden ist[888]. Ein Einsichtsrecht ist hierfür nicht zwingend erforderlich. Vielmehr genügt als milderes Mittel ein Auskunftsanspruch[889]. Der potentiell benachteiligte Konkurrent benötigt ganz konkrete Daten, die er auch erfragen kann, um eine Klage einreichen zu können. Die Finanzbehörde kann ihm diese Informationen mündlich oder schriftlich übermitteln[890]. Die Gefahr einer Verletzung des Steuergeheimnisses ist dann deutlich geringer. Außerdem ist die Behörde zu einem rechtmäßigen Verhalten verpflichtet, so dass nicht davon auszugehen ist, dass sie dem potentiellen Kläger falsche oder unzureichende Daten übermittelt.

Das Steuergeheimnis könnte demgegenüber bei allgemeinen „Vorab-Informationen“ seitens der Finanzverwaltung verletzt sein. Denkbar wären Vorab-Informationen über die Steuervergünstigung gegenüber steuerpflichtigen Konkurrenten begünstigter Körperschaften, die die Finanzbehörde von sich zu erteilen hätte. Dies ist schon im Ansatzpunkt mit Schwierigkeiten behaftet, weil die Finanzbehörde schwerlich allen potentiellen Konkurrenten des Begünstigten

886 BFH, Urt. v. 5.10.2006 – VII R 24/03, BStBl. II 2007, S. 243, 244 f.; BVerwG, Urt. v. 2.7.2003 – 3 C 46/02, BVerwGE 118, S. 270, 271 f.

887 *B. Knobbe-Keuk*, BB 1982, S. 385, 389; *I. v. Lishaut*, Die Konkurrentenklage im Steuerrecht, S. 37.

888 *S. Lahme*, Spendenabzugsverfahren und Anerkennungsverfahren gemeinnütziger Körperschaften, S. 44 f.; *O. Wunsch*, Die Wettbewerbsklausel des § 65 Nr. 3 AO als Schutznorm zugunsten nicht begünstigter Konkurrenten gemeinnütziger Körperschaften, S. 175; differenzierender *O. Roth*, Die steuerliche Gemeinnützigkeit, S. 164.

889 Siehe bereits 5. Kapitel B. II. 2. b. am Ende.

890 BFH, Urt. v. 5.10.2006 – VII R 24/03, BStBl. II 2007, S. 243, 244, bejaht einen Anspruch auf ermessensfehlerfreie Entscheidung über einen Antrag auf Auskunftserteilung. Ebenso geht BVerwG, Urt. v. 2.7.2003 – 3 C 46/02, BVerwGE 118, S. 270, 271, in einem vergleichbaren Konkurrentenfall von Omnibus- und Straßenbahnlinien lediglich von einem Informationsanspruch in Form einer Auskunft aus.

Informationen erteilen kann[891]. Diese Vorgehensweise scheitert sowohl an dem tatsächlichen Problem, diese zu identifizieren, als auch an der verfassungsrechtlichen Bedeutung des Steuergeheimnisses. Die Finanzbehörde kann in der Regel nicht feststellen, zu wem sich die begünstigte Körperschaft in tatsächlichem oder potentiellem Wettbewerb befindet[892]. Gewichtiger sind jedoch die verfassungsrechtlichen Implikationen des Steuergeheimnisses. Die Finanzbehörde muss zwischen der Wettbewerbsfreiheit (potentieller) nicht begünstigter Wettbewerber und dem Recht auf informationelle Selbstbestimmung der begünstigten Körperschaft abwägen und einen möglichst schonenden Ausgleich zwischen beiden Positionen finden. Zu diesem Zeitpunkt steht noch nicht fest, ob ein steuerpflichtiger Anbieter in seinen Rechten verletzt wird oder sich in seiner Wettbewerbsfreiheit verletzt fühlt. Die Finanzbehörde würde mithin das Recht auf informationelle Selbstbestimmung einseitig „opfern", wenn sie von sich aus schon vorab Informationen an möglicherweise benachteiligte Wettbewerber weiterleiten würde[893]. Die Offenbarung von steuerlichen Daten über die begünstigte Körperschaft kommt folglich frühestens in Betracht, wenn ein Konkurrent ausdrücklich einen Konkurrentenrechtsschutz nachfragt oder wenn sich die Gefährdung einer subjektiv-rechtlichen Wettbewerbsposition dem Finanzamt evident aufdrängt[894]. Eine frühzeitige Mitteilung gegenüber allen tatsächlichen und potentiellen Konkurrenten des begünstigten Unternehmens über die Anerkennung einer Steuervergünstigung im Wege einer „Vorabinformation" durch die Finanzbehörde ist mithin unzulässig. Eine derartige Verpflichtung besteht demnach erst recht nicht.

3. Akteneinsicht seitens des Insolvenzverwalters und Steuergeheimnis

Weitere Anwendungsfälle von Akteneinsichtsbegehren treten in der Praxis in Insolvenzverfahren auf. Fraglich ist hier, ob das Steuergeheimnis berührt ist, wenn ein Insolvenzverwalter die den Insolvenzschuldner betreffenden Akten des Finanzamtes einsehen möchte. Verletzt könnte das Steuergeheimnis sein, wenn es sich bei dem Insolvenzverwalter um einen „anderen" im Verhältnis zum steuerpflichtigen Insolvenzschuldner handeln würde. Im Falle der Akteneinsicht durch den Insolvenzverwalter liegt der Blickpunkt auf der Unterscheidung eines Einsichtsersuchens in eigene oder fremde Steuerakten. Prima vista gehört diese Konstellation nicht zu den Fällen einer Akteneinsicht in eigene Steuerakten, bei denen das Steuergeheimnis grundsätzlich nicht verletzt ist. Es ist daher notwen-

891 *R. Braun*, DStZ 1986, S. 46, 48 f.; *B. Knobbe-Keuk*, BB 1982, S. 385, 389.

892 Vgl. ausführliche Untersuchung bei *O. Wunsch*, Die Wettbewerbsklausel des § 65 Nr. 3 AO als Schutznorm zugunsten nicht begünstigter Konkurrenten gemeinnütziger Körperschaften, S. 176, 100 ff.

893 So auch *R. Braun*, DStZ 1986, S. 46, 49.

894 *O. Wunsch*, Die Wettbewerbsklausel des § 65 Nr. 3 AO als Schutznorm zugunsten nicht begünstigter Konkurrenten gemeinnütziger Körperschaften, S. 175 ff.

dig, sich über die Natur der Rechtsstellung des Insolvenzverwalters Klarheit zu verschaffen.

Mit Eröffnung des Insolvenzverfahrens über sein Vermögen verliert der Steuerpflichtige die Verwaltungs- und Verfügungsmacht über sein Vermögen, soweit es zur Insolvenzmasse (§ 35 InsO) gehört (§ 80 Abs. 1 InsO). Die Finanzbehörde darf ab diesem Zeitpunkt gegenüber dem Steuerpflichtigen keine Steuerbescheide mehr erlassen[895], sofern Steueransprüche betroffen sind, die bis zur Verfahrenseröffnung entstanden sind und keine Masseforderungen (§§ 53, 55 InsO), sondern Insolvenzforderungen darstellen[896]. Die rechtliche Stellung des Insolvenzverwalters ist umstritten. Rechtsprechung und weite Teile der Literatur vertreten die sog. Amtstheorie, wonach der Insolvenzverwalter materiellrechtlich und prozessual im eigenen Namen mit Wirkung für und gegen die Insolvenzmasse handelt[897]. Mit der Eröffnung des Verfahrens ist der Insolvenzverwalter danach Rechtsnachfolger des Insolvenzschuldners[898]. Nach der sog. Vertretertheorie ist der Insolvenzverwalter Vertreter des Insolvenzschuldners[899]. Nach beiden Ansichten ist er kein „anderer" i. S. d. § 30 Abs. 2 AO. Wird er Rechtsnachfolger des Insolvenzschuldners, tritt er in die Rechtsstellung desselben vollkommen ein und übernimmt dessen Rechte und Pflichten[900]. Wird der Insolvenzverwalter durch die Eröffnung des Insolvenzverfahrens demgegenüber Vertreter des Insolvenzschuldners, so ist er kein „anderer" hinsichtlich der Verhältnisse des Insolvenzschuldners, soweit seine Vertretungsmacht kraft Gesetzes reicht[901]. Da mit Eröffnung des Verfahrens der Insolvenzschuldner die Verwaltungs- und Verfügungsmacht über sein Vermögen, soweit es zur Insolvenzmasse (§ 35 InsO) gehört (§ 80 Abs. 1 InsO), zugunsten des Insolvenzverwalters verliert, sind die Verhältnisse der ersten für den Insolvenzverwalter keine „Verhältnisse eines anderen". Eine praktische Bedeutung hat dieser Streit mithin nicht[902].

---

895 BFH, Urt. v. 2.7.1997 – I R 11/97, BStBl. II 1998, S. 428, 429 (Urteil noch zur KO ergangen); *M. Loose*, in Tipke/Kruse, AO/FGO, § 251 AO Tz. 44 (Oktober 2006).

896 *R. Bartone*, AO-StB 2002, S. 22, 23; *ders.*, AO-StB 2004, S. 142.

897 St. Rechtsprechung, vgl. BGH, Urt. v. 24.1.1991 – IX ZR 250/89, BGHZ 113, S. 262, 269 ff.; *J. Kilger/K. Schmidt*, KO, § 6 Rn. 2, *H. Kroth*, in Braun, InsO3, § 80 Rn. 19 ff.

898 BFH, Beschl. v. 23.5.2000 – IX S 5/00 (n.v.), DStRE 2000, S. 946, 947, mit Verweis auf Beschl. v. 15.6.2000 – IX B 13/00, BStBl. II 2000, S. 431, 432; Beschl. v. 28.3.2007 – III B 10/07, BFH/NV 2007, S. 1182.

899 *K.-D. Drüen*, in Tipke/Kruse, AO/FGO, § 30 AO Tz. 23 (März 2004); *M. Loose*, in Tipke/Kruse, AO/FGO, § 251 AO Tz. 36 (Oktober 2006).

900 So zum Rechtsnachfolger *K.-D. Drüen*, in Tipke/Kruse, AO/FGO, § 30 AO Tz. 16 (März 2004).

901 *H. G. Hofmann*, DStR 2000, S. 1078, 1079 f.

902 Ebenso *U.-C. Dißars*, in Schwarz, AO/FGO, § 251 AO Rn. 21 (November 2002); *H. Kroth*, in Braun, InsO, § 80 Rn. 24; *M. Loose*, in Tipke/Kruse, AO/FGO, § 251 AO Tz. 36 (Oktober 2006).

Das Steuergeheimnis des Insolvenzschuldners ist nach beiden Ansichten nicht verletzt, wenn der Insolvenzverwalter die Finanzamtsakten des Insolvenzschuldners einsieht, weil es sich dabei nicht um „Verhältnisse eines anderen" handelt[903]. Darum ist die in der Praxis bisweilen anzutreffende zögerliche Gewährung von Akteneinsicht gegenüber dem Insolvenzverwalter nicht berechtigt. Die Finanzbehörde sollte diesem vielmehr umgekehrt möglichst frühzeitig Akteneinsicht gewähren[904], damit er zugunsten der Masse – und damit anteilig des Fiskus als Insolvenzgläubiger – Anfechtungsmöglichkeiten erkennen kann.

III. Besteuerungsgleichheit durch Schutz der Ermittlungstätigkeit der Finanzbehörde

Der Finanzausschuss erkannte zutreffend, dass das Ermittlungsinteresse der Finanzverwaltung beeinträchtigt sein kann, wenn ein Einsichtnehmender aufgrund einer Akteneinsicht Informationen erfährt, die dazu führen, dass er sein Verhalten grundsätzlich oder zumindest gegenüber der Finanzbehörde ändert. Das Interesse an einer umfänglichen Sachaufklärung könnte den Umfang der einzusehenden Akten ebenfalls begrenzen.

1. Sachaufklärung durch die Finanzbehörde

Finanzbehörden haben die Aufgabe, Steuern gesetzmäßig und gleichmäßig festzusetzen und zu erheben (§ 85 S. 1 AO)[905]. Bevor das Finanzamt aber in das Festsetzungs- und Erhebungsverfahren übergehen kann, muss es im Rahmen des Ermittlungsverfahrens die erforderlichen Daten und Informationen erlangen. Dabei ist sie an das Vorbringen oder die Beweisanträge der Beteiligten nicht förmlich gebunden. Vielmehr gilt der Untersuchungsgrundsatz (§ 88 Abs. 1 S. 1 AO). Die Finanzbehörde trägt die „Letztverantwortung" für die materielle Richtigkeit der Sachaufklärung. Sie darf sich der gesetzlich bereitgestellten Mittel bedienen, die zur Ermittlung des Sachverhalts erforderlich sind[906]. Eines dieser Mittel sind sog. Kontrollmitteilungen, bei denen es sich um Fälle der spontanen Amtshilfe handelt[907]. Sie sind dem Steuerpflichtigen in aller Regel nicht bekannt und sollen es auch nicht sein. Kontrollmitteilungen können etwa Anzeigen oder Mitteilungen innerhalb der Finanzbehörde selbst oder von anderen (Finanz-) Behörden, Gerichten, Rechtsanwälten oder Notaren, Vermögensverwaltern oder

903 BFH, Beschl. v. 23.5. 2000 – IX S 5/00 (n.v.), DStRE 2000, S. 946, 947.

904 Nach BFH, Beschl. v. 28.3.2007 – III B 10/07, BFH/NV 2007, S. 1182, ist die Akteneinsicht des Insolvenzverwalters bereits ab dem Zeitpunkt des Antrags auf Eröffnung des Insolvenzverfahrens zulässig.

905 Zu den verfassungsrechtlichen Grundlagen des finanzbehördlichen Interesses an einer ungestörten Ermittlungstätigkeit siehe 3. Kapitel B. III.

906 *R. Seer*, in Tipke/Lang, Steuerrecht, § 21 Rn. 170; *K. Tipke*, Steuerrechtsordnung III, S. 1186.

907 Hierzu sowie zum Folgenden *R. Seer*, in Tipke/Lang, Steuerrecht, § 21 Rn. 263.

Kreditinstituten sein[908]. Sie berühren häufig das Recht der durch die Weitergabe der Informationen betroffenen Person auf informationelle Selbstbestimmung (Art. 2 Abs. 1 i.V.m. Art. 1 Abs. 1 GG). Dieses schützt den Einzelnen gegen eine unbegrenzte Erhebung, Speicherung, Verwendung und Weitergabe seiner personenbezogenen Daten[909]. Dieses Recht ist allerdings nicht schrankenlos gewährleistet. Der Einzelne muss Einschränkungen im überwiegenden Allgemeininteresse hinnehmen. Diese bedürfen einer gesetzlichen Grundlage (Gesetzesvorbehalt)[910]. Ressortfremde Behörde sind den Finanzbehörden in den Fällen der §§ 93 Abs. 1 S. 2, 97 Abs. 1 S. 3 AO zur Auskunft und Urkundenvorlage verpflichtet. Diese Normen genügen den Anforderungen an gesetzliche Grundlagen, um das Recht auf informationelle Selbstbestimmung einzuschränken. Eine ausdrückliche gesetzliche Grundlage haben Kontrollmitteilungen für den Bereich der Außenprüfung in der Norm des § 194 Abs. 3 AO erfahren. Darin erschöpft sich ihr Einsatz aber wie gesehen keineswegs. Sie sind auch außerhalb des Anwendungsbereichs dieser Vorschrift zulässig[911]. Für Kontrollmitteilungen innerhalb der Finanzbehörden bedarf es keiner ausdrücklichen gesetzlichen Grundlage, weil sie von ihrer Aufgabe her als Einheit zu betrachten sind[912].

2. Schutz der Ermittlungstätigkeit trotz Akteneinsicht

Der Fall der Kontrollmitteilung illustriert zum einen deutlich, dass die Steuerakte keineswegs nur dem Steuerpflichtigen Bekanntes enthält. Den Fakt der Mitteilung selbst – wenn auch nicht der zugrunde liegende Sachverhalt – ist ihm unbekannt. Zum anderen wirft er die Frage auf, ob dieses Interesse an umfassenden und „ungestörten" Ermittlungen soweit führen kann, eine Akteneinsicht entweder – wie es der Gesetzgeber getan hat – ganz oder zumindest teilweise auszuschließen. Dabei ist zwischen zwei Ausgangslagen zu differenzieren: Das Akteneinsichtsbestreben liegt entweder zeitlich vor oder aber nach etwaigen auf der Mitteilung beruhenden Ermittlungsschritten.

In der Praxis erlangt der Steuerpflichtige regelmäßig rein zufällig von Kontrollmitteilungen Kenntnis, etwa wenn er aus einem anderen Anlass im Vorfeld von auf der Anzeige fußenden Ermittlungsmaßnahmen eine Einsicht wünscht. Diese

---

908 Vgl. zu möglichen Anlässen für Kontrollmitteilungen *P. Bilsdorfer/R. Weyand*, Die Informationsquellen und –wege der Finanzverwaltung, S. 47 ff.

909 BVerfG, Urt. v. 15.12.1983 – 1 BvR 209, 269, 362, 420, 440, 484/83, BVerfGE 65, S. 1, 41 ff.; Urt. v. 17.7.1984 – 2 BvE 11/83 und 15/83, BVerfGE 67, S. 100, 143.

910 BVerfG, Urt. v. 15.12.1983 – 1 BvR 209, 269, 362, 420, 440, 484/83, BVerfGE 65, S. 1, 44.

911 *R. Rüsken*, in Klein, AO9, § 194 Rn. 28 f.; *K. Tipke*, Steuerrechtsordnung III, S. 1217; *A. v. Wedelstädt*, AO-StB 2005, S. 238; kritisch und letztlich ablehnend *R. Eckhoff*, in Hübschmann/Hepp/Spitaler, AO/FGO, § 194 AO, Rn. 157, 162 (August 2004).

912 *R. Seer*, in Tipke/Lang, Steuerrecht, § 21 Rn. 266; vgl. etwa BFH, Beschl. v. 2.4.1992 – VIII B 129/91, BStBl. II 1992, S. 616, 617 f.

Konstellation wird zwar Ausnahmecharakter haben. Sie ist allerdings nicht ausgeschlossen, weshalb eine Interessenabwägung erforderlich ist. Kontrollmitteilungen dienen lediglich dazu, dass Finanzbehörden etwaigen Unregelmäßigkeiten der Besteuerung nachgehen können. Es handelt sich also um Vorbereitungshandlungen für eine gleichmäßige Besteuerung. Diese dürfen nicht durch Einsichtnahmen der Steuerpflichtigen bereits im Ermittlungsstadium zunichte gemacht werden. Ansonsten lässt sich eine vom Bundesverfassungsgericht geforderte Verifikation der seitens der Steuerpflichtigen deklarierten Daten[913] nicht vornehmen. In diesem Stadium des Besteuerungsverfahrens muss das Interesse des Steuerpflichtigen an einer Akteneinsicht auch in diejenigen Aktenteile, die Kontrollmitteilungen enthalten, hinter dem Allgemeininteresse an einer gleichmäßigen und damit gerechten Besteuerung zurück treten. Ein völliger Ausschluss der Akteneinsicht würde jedoch das verfassungsrechtliche Gewicht der Akteneinsicht im Besteuerungsverfahren nicht genügend beachten. Es ist für einen hinreichenden Schutz des Ermittlungsinteresses auch gar nicht notwendig, die Akteneinsicht vollkommen auszuschließen. Die Finanzbehörde trifft lediglich die Pflicht, Aktenteile mit besonderer Bedeutung für eine künftige Ermittlungsmaßnahme auszusondern oder unkenntlich zu machen, um eine gleichmäßige Besteuerung zu sichern[914]. Der Wunsch nach einem wenig aufwändigen Verwaltungsverfahren muss gegenüber dem verfassungsrechtlich fundierten Recht auf Akteneinsicht zurück treten[915].

Daneben existiert das rein privat motivierte Interesse an einer Sachverhaltsverschleierung. Der Steuerpflichtige ist dabei daran interessiert, Ermittlungen der Finanzbehörde zu vereiteln, um eigene steuerliche Pflichtverletzungen zu vertuschen. Ein schützenswertes Gut steckt darin nicht. Der Einzelne darf gerade nicht in die Lage versetzt werden, sich anders als alle anderen Steuerpflichtigen seiner steuerlichen Pflichten zu entledigen. Dies liefe dem Grundsatz, wonach Steuergleichheit Allgemeinheit der Besteuerung bedeutet[916], zuwider. Dieses Interesse ist mithin nicht geeignet, das öffentliche Interesse an einer Sachaufklärung zu überwiegen.

Unterschiede dazu können sich bei dem Wunsch nach einer „nachträglichen" Akteneinsicht ergeben. Hat die Finanzbehörde beim Steuerpflichtigen Ermittlungsmaßnahmen durchgeführt, die zur Aufdeckung steuerlicher Pflichtverletzungen geführt haben, so kann der Steuerpflichtige ein Interesse daran haben zu wissen, ob die Maßnahmen auf Kontrollmitteilungen beruhten. Es ist auch kein überwiegender Grund ersichtlich, weshalb nach einer abgeschlossenen Ermitt-

913 Sog. Zinssteuerurteil: BVerfG, Urt. v. 27.6.1991 – 2 BvR 1493/89, BVerfGE 84, S. 239.

914 In diese Richtung auch *T. Kontny/C. Laschet*, SteuStudium 2007, S. 74, 77.

915 Zur Üblichkeit dieser Aufgabe siehe 5. Kapitel B. II. 1. c.

916 *J. Lang*, in Tipke/Lang, Steuerrecht, § 4 Rn. 78

lungsmaßnahme diese Kontrollmitteilungen von einer Akteneinsicht ausgeschlossen sein sollte. Denkbar wäre es lediglich, dass die Finanzbehörde ihre Informationsquellen nicht aufdecken wollen. Allerdings stecken in diesem Gedankengut typische Ansätze der im Rückgang befindlichen Arkantradition deutscher Verwaltungen. Der Bürger hat demgegenüber gerade das Recht, die verwaltungsinternen Vorgänge kennen zu lernen, dies umso mehr als diesen ihn betreffende Daten zugrunde liegen. Diese im Grundsatz jede Öffentlichkeit und Transparenz abwehrende Einstellung kann auch nicht mit dem Argument einer gerechten Besteuerung gestützt werden.

IV. Akteneinsichtsberechtigung und berechtigtes Interesse an einer Akteneinsicht

Im Finanzprozess steht das Recht auf Akteneinsicht jedem Beteiligten zu, mithin Kläger und Beklagtem. Wollte man diese Wertung auf das Besteuerungsverfahren übertragen, könnten sich die Beteiligten dieses Verfahrens darauf berufen. Beteiligter des Besteuerungsverfahrens ist jeweils der Adressat des beabsichtigten Steuerverwaltungsaktes (§ 78 Nr. 2 AO), mithin regelmäßig der Steuerpflichtige, seltener ein Antragsteller (§ 78 Nr. 1 AO) oder der Partner eines öffentlich-rechtlichen Vertrages (§ 78 Nr. 3 AO)[917]. Da die Finanzbehörde selbst naturgemäß von diesem Recht keinen Gebrauch machen muss, wäre in aller Regel lediglich der Steuerpflichtige selbst akteneinsichtsberechtigt. Der Mindestumfang einer Akteneinsichtsberechtigung ist damit umrissen. Im Weiteren ist zu prüfen, ob der Steuerpflichtige ein berechtigtes Interesse an einer Akteneinsicht darzulegen hat. Auf diese Weise könnte die Finanzbehörde zwischen rein querulatorischen Anfragen und seriösen, für eine Rechtsverfolgung erforderlichen Anträgen differenzieren. Im Finanzprozess bedarf es der Darlegung eines berechtigten Interesses an der einer Einsichtnahme nicht, weil es in diesem Stadium per se um die Rechtsverfolgung geht. Im Besteuerungsverfahren muss der Steuerpflichtige demgegenüber unter Umständen erst feststellen, ob eine Rechtsverfolgung Erfolg verspricht. Dies spricht dafür, ein berechtigtes Interesse vom Steuerpflichtigen zu verlangen.

Für ein voraussetzungsloses Akteneinsichtsrecht könnte der neue, in den Informationsfreiheitsgesetzen zum Ausdruck gekommene Transparenzgedanke sprechen. Ein berechtigtes Interesse muss der eine Einsicht Begehrende nach diesen Gesetzen nicht geltend machen. Fraglich ist, ob diese Wertung auf ein durch Rechtsfortbildung zu entwickelndes Recht auf Akteneinsicht im Besteuerungsverfahren übertragbar ist. Vorliegend kann lediglich ein Recht auf Akteneinsicht entwickelt werden, dass den Minimalanforderungen der Verfassung Rechnung trägt. Das Grundgesetz zwingt nicht einer Einsichtnahmemöglichkeit in Steuerakten für jedermann. Vielmehr kommt es nur darauf an, den Grundrechtsschutz

917 *R. Seer*, in Tipke/Lang, Steuerrecht, § 21 Rn. 153.

des Steuerpflichtigen selbst zu effektuieren und seine Rechtsschutzmöglichkeiten nicht von vorn herein zu beschränken. Weiter gehende Forderungen erhebt das Grundgesetz nicht. Innerhalb der Rechtsfortbildung darf der Richter über diesen verfassungsrechtlich geforderten Stand nicht hinausgehen und weiter reichende Rechtspositionen schaffen. Er würde ansonsten in den Kernbereich der Aufgaben des Gesetzgebers eingreifen. Eine unbegrenzte Aktenöffentlichkeit, wie sie die Informationsfreiheitsgesetze statuieren, ist mithin im Rahmen der Rechtsfortbildung nicht zu erreichen[918]. Außerdem sprechen durchaus Aspekte gegen eine derart weite Einsichtsmöglichkeit, wie Erfahrungen aus der USA zeigen: Es nutzen kaum Private ihr Recht auf Akteneinsicht. Vielmehr sehen Wirtschaftsunternehmen die Daten von Konkurrenzunternehmen ein. Dies führt dazu, dass viele Unternehmen ihre Geschäftsdaten den Behörden vorenthalten, um sie nicht der Konkurrenz zu offenbaren[919]. Im Endeffekt beeinträchtigt diese Form eines Akteneinsichtsrechts die Informiertheit der Verwaltung und damit auch ihre Arbeitsfähigkeit und die Qualität ihrer Entscheidungen. Ein berechtigtes Interesse an der Akteneinsicht ist daher zu fordern[920].

Der Seitenblick auf die Informationsfreiheitsgesetze unterstützt auf der anderen Seite dieses Erfordernis. Dort hat der Gesetzgeber als „antragsdämpfendes" Gegengewicht zum Einsichtsrecht eine Kostenübernahmepflicht des Antragstellers aufgenommen. Eine solche weiter führende Pflicht könnten Gerichte im Wege der Rechtsfortbildung für ein Akteneinsichtsrecht im Steuerrecht nicht einführen. Die Notwendigkeit eines berechtigten Interesses erfüllt indes eine vergleichbare Funktion.

918 Dasselbe muss für die Frage gelten, ob die Finanzbehörden für Einsichtnahmen Gebühren berechnen dürfen. Dies erscheint keineswegs als unzulässig, kann jedoch ausschließlich vom Gesetzgeber selbst, nicht aber im Rahmen einer Rechtsfortbildung festgelegt werden.

919 *J. Pietzcker*, VVDStRL Heft 41 (1983), S. 193, 200 f.

920 Ebenso mit knapper Begründung *T. Palm*, Akteneinsicht im öffentlichen Recht, S. 239.

Fazit

Der Steuerpflichtige hat grundsätzlich die Berechtigung in alle das Besteuerungsverfahren betreffenden Akten Einsicht zu nehmen. Einschränkungen erfährt dieses Recht nur durch den Schutz der Daten Dritter und das Ermittlungsinteresse der Behörde. In diesen Fällen hat die Finanzbehörde die Aktenstück, die nach ihrem Inhalt mit dem Einsichtsrecht kollidieren, auszusondern oder sonst unkenntlich zu machen. Den damit einher gehenden Verwaltungsaufwand hat sie zu tragen.

Zusammenfassung

In der Praxis besteht in vielen Situationen ein großes Bedürfnis, Einsicht in die finanzbehördlichen Akten zu nehmen. Die Abgabenordnung enthält jedoch keine positive Anspruchsgrundlage für ein Akteneinsichtsrecht. Der Finanzausschuss hat bewusst kein Recht auf Einsicht in die finanzbehördlichen Akten in die AO 1977 aufgenommen, weil ihm der damit verbundene Verwaltungsaufwand hinsichtlich des Schutzes des Steuergeheimnisses und der Ermittlungstätigkeit der Finanzbehörden als unpraktikabel erschien. Auch dem BDSG und der StPO lassen sich keine Einsichtsrechte für das Besteuerungsverfahren entnehmen. Trotz einer fehlenden Anspruchsgrundlage in der AO erachten weite Teile der Finanzrechtsprechung, der Steuerverwaltung und der Steuerrechtswissenschaft ein solches Recht als selbstverständlich. Dem Beteiligten stehe ein im Ermessen der Finanzbehörde liegendes Recht auf Akteneinsicht zu. Die Analyse der Voraussetzungen für ein solches Ermessen und seine Grenzen offenbart jedoch die Inkonsistenz dieser Rechtsprechung. Es bleibt unklar, woraus beim Fehlen einer gesetzlichen Norm ein Ermessensrahmen resultiert. Offen bleibt auch, welches rechtsmethodische Instrument dieser Rechtsprechung zugrunde liegt. Da diese Ansicht die speziellen Voraussetzungen für eine Rechtsfortbildung nicht in den Blick nimmt, ist zunächst von einer Auslegung auszugehen. Sowohl die grammatische als auch die historische Auslegung der AO 1977 führen allerdings zu einem negativen Ergebnis hinsichtlich eines Einsichtsrechts im Besteuerungsverfahren. Dem haben auch Teleologie und Systematik nichts entgegenzusetzen. Dieses Zwischenfazit nimmt das Ergebnis jedoch nicht vorweg. Es zeigt lediglich, dass der Bereich der Auslegung überschritten und die rechtsmethodische Basis einer solchen Rechtserweiterung zu untersuchen ist.

Im Vorfeld war indes zu prüfen, ob es eines Akteneinsichtsrechts im Besteuerungsverfahren überhaupt bedarf. Dabei waren vergleichbare Rechtsgebiete, die Funktionen der Akteneinsicht sowie die verfassungsrechtlichen Bezüge des Akteneinsichtsrechts zu analysieren. Der Vergleich mit den verwandten Regelungsbereichen des allgemeinen Verwaltungsverfahrens und des Sozialverwaltungsverfahrens zeigt, dass in den entsprechenden Gesetzen jeweils ein gebundener Anspruch auf Einsicht in die behördlichen Akten normiert ist. Trotz der fast zeitgleichen Arbeit an der AO 1977, dem VwVfG und dem SGB X und dem ausdrücklichen gesetzgeberischen Willen nach einem einheitlichen Recht differieren die Gesetze in diesem Punkt. Außerdem verdeutlicht der Blick auf die §§ 29 VwVfG und 25 SGB X, dass die Verwaltungsbehörde das Recht auf Akteneinsicht aus verschiedenen Gründen einschränken kann. Dazu gehört insbesondere der Schutz der Daten Dritter. Anders als im Besteuerungsverfahren sah der Gesetzgeber den damit für die Behörden einhergehenden Aufwand nicht als so unpraktikabel an, dass er ein Akteneinsichtsrecht ganz ausschloss. Im Sozialrecht hat der Gesetzgeber außerdem darauf verzichtet, das Einsichtsrecht einschränken zu können, wenn der damit verbundene Aufwand die Arbeit der Behörden unverhältnismäßig beeinträchtigt.

Nicht nur der Vergleich mit diesen verwandten Rechtsgebieten lässt Zweifel an der Entscheidung des Finanzausschusses, ein Akteneinsichtsrecht im Besteuerungsverfahren auszuschließen, aufkommen. Auch das Informationsverwaltungsrecht beeinflusst das Besteuerungsverfahren insbesondere durch die modernen Informationsfreiheitsgesetze, die sehr weite Informationszugangsrechte zu behördlichen Akten enthalten. Der Erlass von Informationsfreiheitsgesetzen auf Länderebene und auf Bundesebene ohne eine Änderung der AO 1977 hat dazu geführt, dass der Zugang zu Daten bei Bundes- und Landesfinanzbehörden nunmehr unterschiedlich geregelt ist. Der Bundesgesetzgeber hat durch die allgemeine Normierung eines Informationszugangsrechts gegenüber allen Behörden des Bundes auch ein Akteneinsichtsrecht gegenüber Finanzbehörden des Bundes geschaffen. Er hat in diesem Bereich seine eigene frühere Entscheidung ersetzt. Anders ist dies hinsichtlich der Akteneinsicht bei Landesfinanzbehörden. Die Landesinformationsfreiheitsgesetze sind gegenüber dem bewussten Ausschluss eines Akteneinsichtsrechts im Besteuerungsverfahren durch den historischen Bundesgesetzgeber nach wie vor subsidiär. Da für dieses Verfahren eine bewusste gesetzliche, wenn auch negative Regelung besteht, ist ihr Anwendungsbereich nicht eröffnet. Diese Regelung hat der Bundesgesetzgeber mit dem freien Informationszugang zu Bundesbehörden auch nicht aufgehoben. Das Bundesinformationsfreiheitsgesetz ist außerdem keine Organisationsregel im Rahmen der Auftragsverwaltung der Landesfinanzbehörden für den Bund.

Die Akteneinsichtsrechte nach den Informationsfreiheitsgesetzen und nach §§ 29 VwVfG und 25 SGB X verwirklichen zahlreiche Funktionen. Sie haben sowohl objektiv-rechtliche als auch individualrechtliche Schutzrichtungen. Zum ersten Teil gehört neben der Darstellungs- und Kontrollfunktion vor allem der verfahrensfördernde Aspekt der Akteneinsicht. Der zweite Punkt verwirklicht sich, weil eine Einsichtnahme Waffengleichheit zwischen Bürger und Behörde herstellt.

Der Vergleich mit weiteren Rechtsgebieten des Verwaltungsrechts und die Funktionsuntersuchung zeigen, dass ein Akteneinsichtsrecht auch im Besteuerungsverfahren von Nöten sein könnte. Die Analyse der verfassungsrechtlichen Wurzeln des Akteneinsichtsrechts im Verwaltungsverfahren untermauert diese Erforderlichkeit. Die Verfassungsrelevanz des Verfahrensrechts ist heutzutage unumstritten. Das Akteneinsichtsrecht als besonderes Verfahrensrecht hat ebenfalls eine hohe Verfassungsrelevanz. Es ist eine „konkretisierende Erscheinungsform“, eine „Konnexgarantie“ bzw. ein „Verfahrensinstitut im Vorfeld des verfassungsgerichtlich geschützten Anspruchs auf rechtliches Gehör“. Dieses Recht basiert im Verwaltungsverfahren auf dem Rechtsstaatsprinzip, das auch in diesem Verfahrensschritt eingreift. Außerdem bedarf es eines Akteneinsichtsrechts im Besteuerungsverfahren um die verfahrens- und organisationsrechtliche Dimension der Grundrechte zu sichern, in der sich ein wesentlicher Aspekt ihrer Realisation bewirkt. Das Akteneinsichtsrecht gewährleistet, dass der Steuerpflichtige seine Sicht auf die Dinge im Vorfeld der Verwaltungsentscheidung vortragen und damit einbringen kann. Die Bedeutung von Informationen für den einzelnen Bürger steigt in nahezu allen Lebensbereichen. In der heutigen Informationsgesellschaft sind sie Bedingung, um Freiheitsgrundrechte zu verwirklichen. Als typisches Verfahrensrecht auf Informationsteilhabe ist die Akteneinsicht ein Mitwirkungsrecht im weiteren Sinn, das der Steuerpflichtige nur wahrnehmen kann, indem er vom Verfahrensthema und –stand Kenntnis erlangt. Das Demokratieprinzip beeinflusst ein individualrechtliches Akteneinsichtsrecht nur in geringem Maß. Zwar ging der Grundgesetzgeber im Grundsatz von einer unmittelbaren Teilhabe des Bürgers am staatlichen Entscheidungsprozess aus. Konkrete Rechtsansprüche innerhalb von Verwaltungsverfahren lassen sich daraus indes nicht ableiten.

Der Schutz des Steuergeheimnisses und der Ermittlungstätigkeit der Finanzbehörden sind verfassungsrechtliche Schranken für ein solches verfassungsrechtlich verankertes Akteneinsichtsrecht. Die Geheimhaltung steuerlicher Angaben und Tatsachen ist grundrechtlich verbürgt. Aus dem Recht auf informationelle Selbstbestimmung (Art. 2 Abs. 1 GG i.V.m. Art. 1 Abs. 1 GG) resultiert eine Grenze für Einsichtnahmen Dritter. Die Verpflichtung von Amtsträgern das Steuergeheimnis zu wahren, ist das verfassungsrechtlich gebotene Gegengewicht zu den umfangreichen Offenbarungs- und Mitwirkungspflichten des Steuerpflichtigen und anderer Personen. Die verfassungsrechtliche Relevanz der Ermittlungstätigkeit der Finanzbehörden basiert auf dem Gleichheitssatz. Er gebietet einen gleichmäßigen Normvollzug durch die Behörden und damit Steuergerechtigkeit. Eine ungestörte Ermittlungsarbeit gewährleistet die damit verbundene Gleichbehandlung der Steuerpflichtigen. Der Verwaltungsaufwand, um die Daten Dritter und die Ermittlungsarbeit der Finanzbehörden zu schützen, bewog den Gesetzgeber dazu, ein Akteneinsichtsrecht im Besteuerungsverfahren wegen Unpraktikabilität auszuschließen. Das Prinzip der Verwaltungseffizienz ist indes kein Verfassungsprinzip. Eine verfassungsrechtliche Argumentation kann sich nicht nur auf die wenig aufwändige Arbeit der Behörden stützen. Die Praktikabilität des Verwaltungshandelns kann lediglich ein Aspekt sein, der bei der Abwägung zweier Verfassungsprinzipien im Wege praktischer Konkordanz zu beachten ist.

Der Gesetzgeber hat den erforderlichen Ausgleich der für und wider ein Akteneinsichtsrecht im Besteuerungsverfahren sprechenden Argumente nicht vorgenommen. Vielmehr hat er die positiven Verfassungsimplikationen für ein solches Recht gänzlich außen vor gelassen. Dadurch ist eine evidente Schieflage zwischen diesen Verfassungsgewichten entstanden, die eine Reaktion erforderlich macht. Ein zeitnahes Tätigwerden des Gesetzgebers erscheint nur wenig wahrscheinlich. Stattdessen kann aber der vom Bundesfinanzhof im Grundsatz gewählte Weg zu dem Ziel eines den verfassungsrechtlichen Anforderungen entsprechenden Akteneinsichtsrechts im Besteuerungsverfahren führen. Das Instrument der Auslegung der AO 1977 ist dabei wegen des eindeutig in den Gesetzesmaterialien zum Ausdruck gekommenen Willens des Finanzausschusses, ein solches Recht auszuschließen, nicht anwendbar. Fehlt ein von Seiten der Verfassung gefordertes Recht, so macht diese Verfassungsrelevanz jedoch die entsprechende Fortbildung des Rechts erforderlich. Eine Rechtsfortbildung praeter legem scheidet aus, weil in der Frage des Akteneinsichtsrechts im Besteuerungsverfahren kein konkreter Auftrag des Gesetzgebers zur Rechtsfortbildung besteht und der Gesetzgeber schon zur Zeit des Erlasses der AO 1977 ein Akteneinsichtsrecht hätte regeln können. Auf den ersten Blick handelt es sich daher um eine Rechtsfortbildung contra legem. Ein weiterer Blick offenbart indes die Notwendigkeit einer verfassungskonformen Rechtsfortbildung. Richter und Behörden haben die Pflicht, das Recht fort zu entwickeln, wenn der Gesetzgeber es unterlässt, eine dem Grundrechtsschutz der Bürger angemessene Verfahrenregelung zu schaffen. Da ein solcher verfassungsrechtlicher Gesamtplan zugunsten eines Akteneinsichtsrechts besteht, kann es auf den Willen des Finanzausschusses als nur eines der am Gesetzgebungsverfahren beteiligten Organe nicht ankommen.

Als analogiefähige Rechtsgrundlage für ein Akteneinsichtsrecht kommt letztlich nur das Akteneinsichtsrecht innerhalb des finanzgerichtlichen Verfahren (§ 78 FGO) in Betracht. Es nimmt eine „Pilotfunktion" für das Besteuerungsverfahren wahr. Außerdem ist es inkonsistent, im gerichtlichen Verfahren Akteneinsicht zu gewähren, jedoch nicht in dem vorausgehenden Besteuerungsverfahren, das unter anderem die Funktion erfüllen soll, finanzgerichtliche Prozesse zu vermeiden. Im Gegensatz zu §§ 29 VwVfG und 25 SGB X bestehen im finanzgerichtlichen Verfahren dieselben verfahrensrechtlichen Besonderheiten wie im Besteuerungsverfahren. Im Rahmen dieser Rechtsfortbildung für ein Akteneinsichtsrecht im Besteuerungsverfahren müssen die vom Finanzausschuss vorgebrachten Argumente als verfassungsrechtliche Schranken dieses Recht begrenzen. Dies resultiert aus ihrem verfassungsrechtlichen Gewicht und ist im Sinne einer behutsamen Rechtsfortbildung, die sich so nah wie möglich am Willen des Gesetzgebers orientiert. Den gegenläufigen Interessen kann in praktikabler Weise, insbesondere mittels einer von Beginn an durchdachten und ein Einsichtsrecht vorbereitenden Aktenführung Rechnung getragen werden. Der Schutz der Daten Dritter muss dabei grundsätzlich gewährleistet sein. Nur in besonderen Einzelfällen kann ein Abweichen von diesem Grundsatz gerechtfertigt sein. In solchen Fällen ist stets zu prüfen, ob nicht eine andere Form des Informationszugangs wie etwa ein Auskunftsanspruch als milderes Mittel zum Einsatz kommen kann. Ebenfalls muss eine effektive Ermittlungsarbeit der Finanzbehörden sichergestellt sein. Während eines laufenden Verfahrens erscheint es deshalb legitim, Kontrollmaterial von Einsichtnahmen auszunehmen. Sind die Ermittlungen abgeschlossen, ist dem Steuerpflichtigem demgegenüber auch Einsicht in diese Aktenteile zu gewähren.

Bochumer Schriften zum Steuerrecht

Herausgegeben von Roman Seer

Band 1 Roman Seer / Burkhard Kämper (Hrsg.): Bochumer Kirchensteuertag. Grundlagen, Gestaltung und Zukunft der Kirchensteuer. 2004.

Band 2 Roman Seer (Hrsg.): Bochumer Lohnsteuertag. Die Lohnsteuer im Spannungsfeld zwischen Unternehmerfreiheit und Fiskalinteresse. 2005.

Band 3 Frank-André Mönkemöller: Die Zurechnung der Überschusseinkünfte bei Personengesellschaften. 2005.

Band 4 Kai Thulfaut: Die Besteuerung international tätiger Anwaltssozietäten. 2005.

Band 5 Jens Hoffmann: Die Besteuerung von Kapitalgesellschaften und ihren Anteilseignern in Irland im Vergleich zu Deutschland. Zugleich ein Beitrag zu den Grenzen des Steuerwettbewerbs in der Europäischen Union. 2005.

Band 6 Theresa Franz: Körperschaftsteuerliche Behandlung der grenzüberschreitenden Betätigung von Kapitalgesellschaften innerhalb der EG. Eine Betrachtung unter Berücksichtigung der Rechtsprechung des EuGH, der geplanten 14. gesellschaftsrechtlichen Richtlinie und der Societas Europaea. 2006.

Band 7 Jan Michaelis: Die territoriale Zuordnung von Beteiligungsaufwand im Europäischen Unternehmenssteuerrecht. Zugleich zur Verfassungsmäßigkeit des § 8b Abs. 5 KStG in der Fassung des ProtErklG. 2006.

Band 8 Hans Anders: Die Überschussrechnung nach § 4 Abs. 3 EStG im System der steuerlichen Einkünfteermittlung. 2007.

Band 9 Björn Kahler: Die Freistellungsmethode in deutschen Doppelbesteuerungsabkommen und ihre Vereinbarkeit mit dem EG-Vertrag. Betrachtung der Freistellungsmethode in deutschen Doppelbesteuerungsabkommen, Untersuchung ihrer Folgen im Ertragsteuerrecht und Prüfung ihrer Vereinbarkeit mit dem EG-Vertrag. 2007.

Band 10 Lars Rehfeld: Die Vereinbarkeit des Außensteuergesetzes mit den Grundfreiheiten des EG-Vertrags. 2008.

Band 11 Heike Rüping: Die Umsatzsteuer-Nachschau nach § 27b UStG. 2008.

Band 12 Marius Frederik Schumann: Das Dispensverfahren im europäischen Mehrwertsteuerrecht. Grenzen nationaler Alleingänge nach Art. 395 der Mehrwertsteuersystemrichtlinie in der Betrugsbekämpfung. 2008.

Band 13 Daniela Zuschlag: Die pauschalierte Gewerbesteueranrechnung nach § 35 EStG. 2009.

Band 14 Napoleão Dagnese: Verrechnungspreise und die Aufzeichnungspflicht im brasilianischen und deutschen Steuerrecht. 2009.

Band 15 Marcel Krumm: Steuervollzug und formelle Insolvenz. 2009.

Band 16 Martin Karl Plappert: Gemeinnützigkeits- und Spendenrecht: Ein steuersystematischer Rechtsvergleich zwischen den USA und Deutschland. 2009.

Band 17 Karina Grundmann: Das Recht auf Akteneinsicht im Besteuerungsverfahren. 2009.

www.peterlang.de

Lars Rehfeld

Die Vereinbarkeit des Außensteuergesetzes mit den Grundfreiheiten des EG-Vertrags

Frankfurt am Main, Berlin, Bern, Bruxelles, New York, Oxford, Wien, 2008.
539 S.
Bochumer Schriften zum Steuerrecht. Herausgegeben von Roman Seer. Bd. 10
ISBN 978-3-631-58097-4 · br. € 86.–*

Das Außensteuergesetz (AStG) ist durch die EuGH-Rechtsprechung im Bereich der direkten Steuern zunehmend in die Kritik geraten. Es wird kritisiert, dass die einzelnen Abschnitte in protektionistischer Absicht nur auf grenzüberschreitende Sachverhalte abzielen und damit diskriminierend und binnenmarktfeindlich wirken. Der Autor untersucht daher die Frage, ob die unterschiedlichen Regelungskomplexe des AStG im Lichte des Gesetzeszwecks mit dem Gemeinschaftsrecht vereinbar sind. Die Prüfung erfolgt chronologisch: Einkünftekorrektur zwischen verbundenen Unternehmen (§ 1), Wegzugsbesteuerung natürlicher Personen (§§ 2–6), Hinzurechnungsbesteuerung (§§ 7–15), grenzüberschreitende Mitwirkungspflichten (§§ 16, 17), „Treaty Override" (§ 20).

Aus dem Inhalt: Untersuchung der gemeinschaftsrechtlichen Rechtmäßigkeit des AStG · Einkünftekorrektur zwischen verbundenen Unternehmen · Wegzugsbesteuerung natürlicher Personen · Hinzurechnungsbesteuerung · Grenzüberschreitende Mitwirkungspflichten · „Treaty Override"